HYGIÈNE PUBLIQUE

LES
POSTES DÉPARTEMENTAUX
DE DÉSINFECTION
DANS L'ISÈRE

le Rhône, la Loire, le Doubs, la Somme, le Morbihan
la Seine, la Seine-Inférieure

PAR LE

Dr L.-F. BLANCHARD

Licencié ès Sciences naturelles,
Chef des Travaux physiologiques à l'École de Médecine de Grenoble,
Ancien Chef intérimaire du Laboratoire municipal de Bactériologie,
Membre du Conseil départemental d'Hygiène de l'Isère,

avec une Préface

DU

Professeur J. COURMONT

Professeur d'Hygiène à la Faculté de Médecine de Lyon,
Membre du Conseil supérieur d'Hygiène de France,
Inspecteur de l'Hygiène publique dans le Rhône.

---

*Ouvrage suivi de textes des Lois,
Décrets et Règlements ministériels, départementaux et municipaux,
notamment sur Grenoble et Lyon.*

A. MALOINE
GRANDE LIBRAIRIE MÉDICALE

LYON	PARIS
6, Rue de la Charité	Rue de l'École-de-Médecine, 25

1910

HYGIÈNE PUBLIQUE

LES
POSTES DÉPARTEMENTAUX

DE DÉSINFECTION

DANS L'ISÈRE

le Rhône, la Loire, le Doubs, la Somme, le Morbihan,
la Seine, la Seine-Inférieure

DU MÊME AUTEUR :

PUBLICATIONS D'HYGIÈNE

Préservation et amélioration de l'organisme par l'initiative individuelle éclairée, *Rapport du premier Congrès international d'éducation et de protection de l'enfance dans la famille*, t. I, p. 112, Liège, 1905, Dewit.

Rôle prophylactique de l'éducation complète, *Société de Prophylaxie sanitaire et morale, Bulletin*, janvier 1905, Paris.

Rapports sur l'hygiène scolaire, *Recueil des travaux du Conseil départemental d'hygiène de l'Isère*, 1908, 1909, 1910.

HYGIÈNE PUBLIQUE

LES
POSTES DÉPARTEMENTAUX
DE DÉSINFECTION

DANS L'ISÈRE

le Rhône, la Loire, le Doubs, la Somme, le Morbihan
la Seine, la Seine-Inférieure

PAR LE

Dr L.-F. BLANCHARD

Licencié ès Sciences naturelles,
Chef des Travaux physiologiques à l'École de Médecine de Grenoble,
Ancien Chef intérimaire du Laboratoire municipal de Bactériologie,
Membre du Conseil départemental d'Hygiène de l'Isère.

avec une Préface

DU

Professeur J. COURMONT

Professeur d'Hygiène à la Faculté de Médecine de Lyon,
Membre du Conseil supérieur d'Hygiène de France,
Inspecteur de l'Hygiène publique dans le Rhône.

Ouvrage suivi de textes des Lois
Décrets et Règlements ministériels, départementaux et municipaux
notamment sur Grenoble et Lyon

A. MALOINE
GRANDE LIBRAIRIE MÉDICALE

LYON	PARIS
6, Rue de la Charité	Rue de l'Ecole-de-Médecine, 25

1910

A Monsieur MIRMAN

Directeur de l'Assistance et de l'Hygiène publiques
au Ministère de l'Intérieur.

PRÉFACE

L'ouvrage du Dr Blanchard a pour but de réunir les principaux travaux qui ont été publiés sur l'organisation rationnelle des postes départementaux de désinfection. Cette revue générale était utile.

On sait, en effet, quelles critiques ont été formulées contre la désinfection, notamment à Paris. Les critiques pouvaient être fondées en fait, elles ne l'étaient pas en principe. En d'autres termes, l'organisation matérielle de certains Services de désinfection était défectueuse; ce n'était pas une raison pour nier l'importance des postes de désinfection, créés d'après la loi de 1902.

Expliquons-nous. Le mot poste de désinfection *n'est peut-être pas très heureux; il semble ne donner à ces organismes qu'un rôle de désinfection après guérison ou décès. Or, un poste, qui se bornerait à attendre la fin de la maladie pour agir, ne remplirait que la centième partie de ce que la loi attend de lui.*

On a trop oublié de relire le décret qui organise la

désinfection. Il dit expressément que la désinfection en cours de maladie *est beaucoup plus importante que la* désinfection après guérison ou décès, *que la surveillance hygiénique (voilà le vrai mot) pendant la maladie, dès le diagnostic posé, est plus efficace que la destruction des germes qui subsistent après des semaines, parfois des mois, sur les parquets ou sur les vêtements. Il dit : que le premier devoir d'un poste est d'empêcher la dissémination des germes pendant la maladie, en les détruisant au fur et à mesure de leur émission, en créant une barrière sanitaire autour du contagieux.*

Donc, tout service qui se bornera à envoyer des étuves après la fin de la maladie prêtera le flanc aux critiques. Le dérangement causé, les dépenses effectuées ne sont pas équivalentes, dans ce cas, aux services rendus. L'épidémie aura depuis longtemps pris naissance quand arrivera l'étuve. A quoi bon désinfecter la literie d'un typhique, si, pendant un mois, on laisse ses matières aller journellement au puits de la ferme ou à la source voisine? La désinfection par l'étuve ne doit que parfaire la désinfection (ou mieux la surveillance) en cours de maladie.

Le rôle principal des postes de désinfection est d'accourir immédiatement, dès le cas contagieux connu, de se mettre en rapport avec le médecin praticien, de fournir à la famille tous les moyens de soigner le malade, en évitant la dissémination des germes (instructions, sarraux, sacs à linge, lessiveuse, antiseptiques, etc.), de venir surveiller l'application des mesures, d'en rendre compte aux auto-

rités, etc. Un cas de maladie contagieuse est, comme un incendie, une affaire publique, qui intéresse la collectivité, et qui doit limiter immédiatement la liberté de la famille contaminée. Telle est la principale raison d'être des postes de désinfection. L'étuve n'arrivera qu'ensuite.

*
* *

Ceci bien établi, il est facile de comprendre que cette désinfection en cours de maladie ne peut être confiée ni à un syndicat (même de médecins ou de pharmaciens), ni à des agents voyers, ni à quelque autre personne qu'un Chef de poste spécialisé, ne faisant pas d'autre métier, éduqué au point de vue social comme au point de vue technique, suffisamment appointé. Seuls, sont entrés dans l'esprit du décret, et dans celui de l'hygiène sociale, les déparments qui ont créé des postes spécialisés. Voilà un premier point.

Pareils Chefs de poste sont difficiles à trouver, et coûtent cher. Il faudra donc en réduire le nombre autant que possible. Comment ? Par un moyen bien simple et bien moderne. En les dotant d'un automobile. L'automobile est l'outil indispensable du poste de désinfection départementale. En réduisant le nombre des postes, il entraine une grosse économie ; en permettant de multiplier journellement les visites en cours de maladie, en facilitant la rapidité de la première visite, il assure un fonctionnement plus rationnel, plus hygiénique des postes.

Je conclus en disant : La désinfection départementale doit s'inspirer du grand principe de la *désinfection et surveillance, aussi hâtives et aussi fréquentes que possible,* en cours de maladie. Ce principe ne peut être suivi d'effet qu'à trois conditions :

   1° Postes peu nombreux mais bien outillés;

   2° Chefs de poste bien rémunérés et spécialisés;

   3° Automobiles pour le transport rapide des chefs de poste, avec leur outillage.

Lyon, 5 juin 1910.

Professeur J. Courmont,
Inspecteur de l'Hygiène publique dans le Rhône.

AVANT-PROPOS

Avant de présenter aux hygiénistes ce travail documentaire suivi de textes de lois, pensant qu'il pourra leur être de quelque utilité, nous tenons à exprimer notre reconnaissance à ceux qui nous ont servi de guides, de directeurs scientifiques ou de collaborateurs, soit dans nos études générales d'hygiène, soit dans la préparation de la thèse que nous exposons ici.

A M. Mirman, d'abord, directeur de l'Assistance et de l'Hygiène publiques au Ministère de l'Intérieur, à qui tient tant à cœur la préservation de la santé de la nation française, nous adressons le témoignage de notre gratitude pour l'intérêt qu'il a témoigné à notre étude sur cette question de la désinfection départementale, à laquelle il attache une si grande importance avec M. le Dr A.-J. Martin et MM. Albert Bluzet et Bonjean.

C'est un plaisir pour nous que de trouver l'occasion de remercier publiquement M. Henry Boncourt, préfet de l'Isère, président du Conseil départemental d'hygiène, de la sympathie qu'il nous a toujours témoignée et du grand honneur qu'il nous a fait en nous appelant à siéger au Conseil d'hygiène.

Nous sommes heureux de témoigner notre vive reconnaissance à notre maître, le professeur J. Courmont, qui, le premier, a si bien compris et mis en pratique le service de la désinfection dans le Rhône et nous a signalé tout l'intérêt de cette question ;

A M. le professeur agrégé Lesieur, directeur du Bureau municipal d'hygiène de la ville de Lyon, qui ne nous a pas ménagé ses conseils dans le Laboratoire d'hygiène du Professeur Courmont, au cours de son enseignement technique ;

A M. le Dr Rochaix, chef des travaux d'hygiène au Laboratoire de la Faculté de médecine de Lyon, qui nous a très amicalement facilité notre tâche de documentation.

Nous devons d'ailleurs beaucoup à l'Université de Lyon dans l'acquisition de nos connaissances biologiques pures et appliquées.

A Grenoble, la collaboration amicale et l'expérience acquise de MM. les Drs Mouret et Le Même, inspecteurs départementaux de l'Assistance et de l'Hygiène publiques, nous ont été des plus précieuses pour nos recherches dans les Recueils de travaux du Conseil général et du Conseil départemental d'hygiène de l'Isère. Leur connaissance du département de l'Isère, acquise dans leurs fréquentes tournées d'inspection, dans lesquelles nous les avons parfois accompagnés, est une des bases des conclusions de ce travail, en ce qui concerne l'organisation pratique des postes de désinfection et le choix de leur siège.

L'enseignement si vivant de la géologie géographique, professé sur le terrain par notre maître, le professeur Kilian, Correspondant de l'Institut, collaborateur principal du Service de la Carte géologique de France, chargé des expertises géologiques sur les projets d'adduction d'eau potable pour le département de l'Isère, nous a donné la révélation de l'influence qu'exerce sur la vie de ses habitants, sur l'édification de leur demeure et de ses annexes, sur leurs habitudes hygiéniques et, par conséquent, sur la morbidité, la constitution géologique et climatique du « pays » qu'ils habitent. Ces considérations trouvent leur application le jour où il s'agit de déterminer l'emplacement le plus logique d'un centre pour un service commode et rapide, et témoignent de la solidarité étroite qui existe, en théorie comme en pratique, entre la biologie et la géologie qui est elle-même, d'ailleurs, une science biologique. Puissent ces conceptions nouvelles de la géographie physique qui s'inspire de la réalité biologique, influencer nos législateurs s'ils voulaient faire une nouvelle division administrative de la France !

L'Université de Grenoble a d'ailleurs toujours montré la voie des applications pratiques, en biologie comme dans les autres domaines ; et il n'est que juste d'associer dans notre reconnaissance, à nos amis et guides cités plus haut, le professeur Louis Léger, membre du Conseil départemental d'hygiène de l'Isère et la mémoire du regretté professeur P. Lachmann, administrateur des Hospices, qui fut un apôtre de l'amélioration sociale par les œuvres d'assistance et d'hygiène auxquelles il se consacra pendant toute sa vie.

LES
POSTES DÉPARTEMENTAUX
DE DÉSINFECTION

INTRODUCTION

Dans le but de protéger la santé publique en utilisant les données les plus modernes que nous possédions sur les causes des maladies épidémiques ou contagieuses et leur mode de propagation, qui n'est pas le même pour toutes ces maladies, la loi du 15 février 1902 a rendu obligatoires la déclaration et la désinfection pour un certain nombre de maladies infectieuses.

Pour certaines autres, la loi a laissé facultatives lesdites formalités, en attendant que les progrès de l'éducation et de l'initiative publique en matière d'hygiène permettent de les ajouter à la catégorie des maladies à déclaration obligatoire.

Ce n'est que le 10 juillet 1906 que parut, pour compléter et permettre l'exécution de la loi de 1902, un décret portant règlement d'administration publique sur l'organisation de la désinfection.

Il n'est donc pas surprenant qu'en 1910, un petit nombre seulement de départements aient organisé ou tenté d'organiser un service départemental de désinfection.

Le règlement de 1906 distinguait, conformément à l'article 7 de la loi de 1902, deux catégories distinctes au point de vue de l'organisation de la désinfection :

1° Services municipaux : Dans les villes de 20.000 habitants et au-dessus et dans les villes qui sont le siège d'un établissement thermal, « le Conseil municipal, après avis du directeur du bureau d'hygiène, décide la création d'un ou de plusieurs postes et détermine la composition et la rétribution du personnel[1] ».

2° Services départementaux : « Pour les communes de moins de 20.000 habitants, le Conseil général délibère, après avis du Conseil départemental d'hygiène, sur la création des postes de désinfection. Pour l'ensemble des communes relevant du service départemental, le service de désinfection est placé sous l'autorité du préfet et sous le contrôle de l'inspecteur départemental d'hygiène[2]. »

Nous n'avons pas à insister ici sur la première de ces deux catégories puisque, dans les villes où existe un bureau d'hygiène, à Grenoble en particulier, le service de désinfection a déjà à peu près trouvé son assiette et peut être seulement susceptible d'une réorganisation. Nous nous contenterons de publier en annexes, à la fin de ce travail, les documents municipaux relatifs aux postes de désinfection dépendant des bureaux municipaux d'hygiène[3].

Mais nous voulons surtout nous occuper ici de la deuxième catégorie, c'est-à-dire des postes de désinfection

---

[1] Décret du 10 juillet 1906, article 1ᵉʳ, Ministère de l'Intérieur, Hygiène publique, Législation et réglementation, p. 338.
[2] Art. 4, p. 339 ; art. 6, p. 340.
[3] V. Annexes.

dans le reste du département; et en réunissant les éléments de ce travail, nous avons surtout songé à en tirer finalement des conclusions pratiques pour le département de l'Isère. Nous l'avons entrepris sous la direction et avec les conseils autorisés de notre maître en hygiène, M. le professeur Jules Courmont, inspecteur départemental de l'hygiène publique dans le Rhône.

On comprend aisément que les deux catégories administratives dont nous avons parlé ci-dessus et qui ont été établies par le législateur, ont forcément quelque chose d'artificiel. La morbidité, pas plus que les microbes qui en sont les causes animées, n'ont égard à ces limites artificielles de villes et de villages. Et, à notre époque surtout, où les voyages sont si fréquents et où les véhicules, presque jamais désinfectés, établissent sans cesse des communications entre les pays, le transport des maladies contagieuses par les « porteurs de bacilles » rend solidaires les unes des autres les différentes communes d'un département et les pays entre eux. Et, pour le dire en passant, cette solidarité souligne l'importance de la bonne entente et de la collaboration qui doivent exister, en vue de la protection de la santé publique, entre le directeur départemental et le directeur municipal de l'hygiène.

La nécessité de la désinfection et les principes qui doivent y présider ne sauraient donc varier qu'avec les progrès de la science et avec les progrès de l'éducation hygiénique de la population, éducation qui finira par rendre familières et populaires des mesures parfois considérées aujourd'hui, bien à tort, comme vexatoires, préjudiciables au commerce ou, en général, aux occupations journalières de la vie.

Quant aux procédés de cette désinfection, ou, pour parler plus exactement, quant au matériel employé à cet effet, à son transport et à l'emplacement géographique des postes de désinfection à créer, ils méritent d'être l'objet d'une étude spéciale pour chaque département ou pays; la situation géographique peu accidentée ou montagneuse, les voies de communications confortables ou précaires, les distances même à parcourir devant être les conditions déterminantes d'une organisation départementale logique et pratique des postes de désinfection.

Le présent travail a pour but final d'indiquer l'organisation qui nous paraît le plus souhaitable dans l'Isère, d'après la connaissance géographique que nous avons de ce département fréquemment parcouru par nous depuis plus de vingt ans et d'après l'opinion autorisée de M. le Dr Mouret qui fut inspecteur départemental d'hygiène dans l'Isère, et de son successeur, le D^r Le Même, que leurs fréquentes tournées d'inspection des enfants assistés et pupilles ont mis à même d'envisager le département au point de vue des circonscriptions sanitaires qu'il serait logique de doter d'un ou de plusieurs postes de désinfection.

Mais, avant d'examiner le département de l'Isère sous ce rapport, il entre dans notre plan d'examiner l'œuvre des inspecteurs d'hygiène et des conseils généraux dans les départements où un service de ce genre a été créé, de mettre en lumière les conditions déterminantes qui ont présidé ici à la création d'un nombre limité de postes, là d'un nombre plus grand; — qui ont milité ici en faveur de l'emploi d'une voiture automobile pour le transport du désinfecteur et de son matériel, là d'une bicyclette, ailleurs encore, des moyens locaux et usuels de transport ; — d'examiner les principes qui doivent présider au choix des chefs de postes, à leur éducation technique, au contrôle de leur action, à la discipline et à la limite rigoureuse de leurs attributions ; — d'examiner enfin les arguments plus ou moins valables qui ont été élevés contre le principe même, pourtant si logique, de la création des postes de désinfection à répartir sur le territoire d'un département, et de leur autonomie sous le contrôle de l'inspecteur départemental.

Il est naturel d'examiner d'abord, en vertu de la solidarité qui lie les pays entre eux, tant au point de vue de la santé publique qu'à celui de la morbidité, ce qui a été fait chez nos voisins du département du Rhône ; d'autant plus que c'est notre éminent maître, le professeur J. Courmont, qui nous a conseillé d'entreprendre cette étude ; qu'il est l'âme de l'organisation de l'hygiène publique dans le Rhône et que sa puissante autorité scientifique et administrative a rayonné par l'action de ses élèves sur de nombreux départements français.

Le département de l'Isère et la ville de Grenoble en particulier sont en relations journalières, scientifiques et commerciales avec la ville de Lyon. Une grande partie du département, celle qui s'étend entre la Tour-du-Pin, Saint-Marcellin et Vienne, constitue une région naturelle que l'on désigne, en termes de géographie géologique, sous le nom de « plaines et collines tertiaires du Bas-Dauphiné » et qui se relie progressivement à la région lyonnaise. D'autre part, la plus grande partie du département du Rhône, sans être aussi montagneuse que l'Oisans, la Chartreuse et le Vercors, l'est assez cependant pour que nous puissions tirer d'utiles enseignements des considérations qui ont présidé à la création d'un poste tel que celui de Tarare.

Ces diverses raisons concordent naturellement pour que nous commencions par étudier le fonctionnement des postes de désinfection dans le département du Rhône.

LES POSTES DÉPARTEMENTAUX DE DÉSINFECTION

DANS LE RHONE

L'article 5 du décret du 10 juillet 1906 dit ceci :

« Dans chacune des circonscriptions sanitaires entre lesquelles le département est divisé, conformément à l'article 20 de la loi du 15 février 1902, doit être établi au moins un poste de désinfection.

« Les sièges de chaque poste sont fixés de telle sorte qu'il ne faille pas plus de six heures pour se rendre du poste dans les diverses communes qu'il est appelé à desservir. »

L'article 6 :

« Pour l'ensemble des communes relevant du service départemental, le service de désinfection est placé sous l'autorité du préfet et sous le contrôle d'un membre du Conseil départemental d'hygiène désigné par le Préfet.

« S'il a été organisé dans le département un service de contrôle et d'inspection, conformément à l'article 19 de la loi du 15 février 1902, le contrôle prévu par le paragraphe précédent est exercé par le chef de ce service[1]. »

---

[1] Pour le texte *in extenso* dudit décret, voir les annexes à la fin du volume.

Tels sont les articles principaux, en vertu desquels le Conseil général du Rhône, après avis du Conseil départemental d'hygiène, — documenté par l'inspecteur qui, grâce à ses tournées d'inspection et de contrôle, est, sans contredit, le plus compétent des conseillers techniques, — a organisé les postes de désinfection de ce département.

« Bien peu de départements, dit le professeur J. Courmont, ont mis en œuvre ce décret, ne paraissant en avoir saisi ni la portée, ni les principes. »

C'est pourquoi M. Courmont a fait connaître dans plusieurs publications les conditions dans lesquelles ce service fonctionne dans le département du Rhône depuis le 15 février 1908.

Conformément au décret de 1906, trois postes de désinfection, Villefranche, Tarare et Lyon (non compris la ville, dont le poste dépend du Bureau municipal d'hygiène), ont été organisés.

On leur a donné un outillage qui permet la désinfection au cours de la maladie aussi bien qu'après guérison ou décès. L'expérience clinique et l'observation des épidémies ont en effet amené à cette conclusion que la désinfection au cours de la maladie est plus importante encore qu'à d'autres moments et que c'est elle qui s'oppose le plus efficacement à la transmission de la maladie infectieuse à l'entourage ou au voisinage.

Les postes sont dotés d'une série d'imprimés permettant à la fois la statistique et le contrôle de leurs opérations, et d'autres qui sont destinés à renseigner les familles sur le bien fondé et l'utilité des opérations de désinfection pour la famille et pour le voisinage.

Pour chaque poste existe naturellement un local spécial

(logement pour le chef de poste, bureau et entrepôt pour les appareils et produits chimiques).

Chacun d'eux est dirigé par un chef de poste spécialisé, choisi et éduqué par l'inspecteur d'hygiène en vue de sa fonction spéciale, rétribué en conséquence et recevant un traitement annuel. Ce chef de poste est nommé par le préfet. Les postes sont placés sous la surveillance d'un délégué de la Commission sanitaire. Enfin, l'ensemble du service est placé sous la direction de l'inspecteur départemental.

Le prix de la désinfection est très peu élevé : 2 à 3 pour 100 de la valeur locative, quel que soit le nombre des visites, la qualité d'antiseptique employé, etc. Les opérations sont gratuites pour les indigents.

Enfin les familles ont, conformément au décret de 1906, la faculté de faire procéder par leurs propres soins à la désinfection, à la condition de s'y engager par écrit et d'employer les méthodes qui ont reçu l'approbation du Conseil supérieur d'hygiène. Le contrôle des opérations leur est d'ailleurs imposé, toujours d'après le décret du 10 juillet 1906.

Chaque poste est, en principe du moins, muni d'un automobile entretenu et conduit par le chef de poste lui-même et destiné à transporter avec lui le matériel : étuve, antiseptiques, sacs, etc.

Le professeur Courmont insiste sur ce point que le chef de poste fait corps pour ainsi dire avec son automobile qui constitue comme un laboratoire ambulant de désinfection. De la sorte, le chef de poste est affranchi de la dépendance du chemin de fer et des voitures, de leur horaire, du temps perdu et des difficultés diverses de leur affrètement. Libre ainsi de ses mouvements et du choix de l'heure, il peut organiser au mieux, quand son programme journalier est chargé, son horaire et son itinéraire.

L'étuve utilisée pour ces postes est l'étuve Gonin, au formol, qui est parfaite et d'un emploi très général en France. Son poids est de 300 kilogrammes. Elle est logée facilement dans le fourgon de l'automobile. Enfin elle est peu coûteuse.

Il importe de souligner qu'avec ce système toutes les désinfections se font à domicile. Aucun objet contaminé n'est transporté au poste. Il importe, en effet, de véhiculer le moins possible, quelles que soient les précautions prises, les linges contaminés, car dans un long parcours un moment d'inattention ou un accident exposent à laisser tomber sur la voie publique des germes de maladie, contrairement au but poursuivi qui est de détruire leurs foyers sur place et d'empêcher par conséquent la transmission à d'autres êtres, d'où peut résulter une épidémie. Nous aurons à reparler de ce point capital quand nous envisagerons la question de la désinfection dans le département de l'Isère.

Le minimum de déplacement des objets à désinfecter et le minimum de temps à faire arriver sur place le désinfecteur et son matériel sont en effet, en y ajoutant la bonne exécution par un chef de poste spécial, les conditions primordiales à réaliser.

Le matériel du poste comprend :

a) Des sacs pour enfermer les linges souillés ;

b) Des lessiveuses à main ;

Les uns et les autres sont prêtés aux familles pendant

tout le cours de la maladie, surtout dans le cas de fièvre typhoïde ;

c) Des antiseptiques : crésylol sodique, formol, carbonate de chaux, huile de schiste, permanganate de chaux ;

d) Des pulvérisateurs.

Les chefs de poste ont été choisis dans le milieu ouvrier intelligent. L'Inspecteur départemental d'hygiène a fait lui-même leur éducation technique, leur a fait comprendre leur mission sociale, la limite de leurs attributions qui ne doivent en aucun cas, et sous peine de sanctions disciplinaires, empiéter sur celles du médecin praticien.

Pour que la désinfection puisse être effectuée en cours de maladie, aussitôt que possible et aussi complètement que possible (water-closets, fosses, fumiers, puits, etc.) et en toute connaissance de cause, les carnets de déclaration des médecins ont reçu une addition ; un trait de plume suffit à indiquer si le malade est en cours de maladie, décédé, guéri, sorti. Les maires ont reçu des instructions pour que les déclarations parvenues à la mairie soient immédiatement envoyées au chef de poste. En outre, les médecins peuvent, pour gagner du temps, téléphoner directement au poste. Les chefs de poste ont ordre de se présenter autant que possible au médecin traitant avant d'aller opérer chez le malade ; ils deviennent bientôt personnellement connus de tous les médecins de leur secteur, ce qui facilite beaucoup le service. Ils doivent aussi se mettre en relations avec tous les maires et les secrétaires de mairie pour assurer la rapidité des envois de déclarations.

« Le service fonctionne ainsi, dit le professeur Courmont, à la satisfaction de tous. Quelques explications ont calmé certaines susceptibilités injustifiées ; les déclarations se font sinon en totalité, du moins beaucoup plus nombreuses qu'auparavant et, en tout cas, suffisamment nombreuses pour que certains postes soient surmenés. Les familles acceptent avec grand plaisir la nouvelle organisation, en raison du coût peu élevé des opérations (dont l'ensemble arrive rarement à 10 francs à la campagne), en raison du prêt très recherché des lessiveuses et des sacs, en raison de l'étuvage au formol, qui plaît beaucoup, en raison enfin de la rapidité des opérations et de la compétence des chefs de poste, qui ont été très vite appréciées. »

M. Courmont ajoute :

« L'expérience que je viens d'acquérir en organisant le service départemental de désinfection dans le Rhône m'autorise à formuler quelques réflexions qui auront peut-être leur utilité pour d'autres départements.

« 1° Les médecins ne peuvent ressentir aucun ombrage de ce nouveau service public. Les chefs de poste ne sont que des agents d'exécution chargés d'une besogne que les médecins ne peuvent faire eux-mêmes, et qu'ils n'ont ni le temps, ni le pouvoir de surveiller après l'avoir conseillée.

« Le poste fournit, en outre, des désinfectants et instruments (sacs, lessiveuses, etc.,) que nulle organisation antérieure ne pouvait prêter. Le coût total de tous ces prêts, de toutes ces visites, de toutes ces désinfections est nul pour les indigents, infime pour les autres. Le service départemental de désinfection est donc une innovation que rien ne peut remplacer. Il est surveillé par des médecins ou des délégués élus par les Commissions sanitaires : tout excès de zèle du chef de poste, toute maladresse seraient immédiatement réprimés. En peu de temps, d'ailleurs, les médecins connaîtront personnellement les chefs de poste.

« Le rôle hygiénique des médecins n'est nullement diminué. Ceux-ci sont simplement débarrassés de l'exécution matérielle de leurs conseils et ils sont assurés de cette exécution. Il ne faut pas oublier, d'ailleurs, que la désinfection n'est pas toute la prophylaxie des maladies contagieuses. De plus en plus on fait (à juste titre) jouer un rôle de premier ordre à la contagion directe. La recherche des cas frustes, par exemple : l'examen systématique des gorges dans les collectivités ou les familles contaminées de scarlatine ou de diphtérie, pour ne citer que celui-là, l'étude de la propagation des épidémies, les conseils à tous tiendront toujours le premier rang dans la prophylaxie sociale contre les maladies infectieuses. Rien ne peut, ni ne doit remplacer cette action médicale, mais elle a besoin d'être complétée par un service public bien organisé de désinfection en cours de maladie et après maladie.

« 2° Les familles (dans le peuple surtout) acceptent beaucoup plus facilement qu'on ne le croit la désinfection, à condition qu'elle soit bien et rapidement faite. *Un chef de poste connu, arrivant immédiatement en automobile, distribuant sacs et lessiveuses, opérant ensuite avec une étuve à formol et non à vapeur, devient très vite populaire.* Dans le Rhône, non seulement nous n'avons eu aucune difficulté, mais nombre de familles se sont adressées directement au chef de poste, se plaignant que leur médecin n'avait pas fait sa déclaration. Par contre, une désinfection bruyante, faite par un agent quelconque, seulement après guérison ou décès, avec les anciennes étuves à vapeur, longtemps après la déclaration, sans explications, est forcément impopulaire.

« Je crois, par les exemples que je viens d'avoir sous les yeux, que l'éducation de la masse sera facile à ce point de vue. *Il n'y aura pas de résistance si le service est bien fait.* Bien plus, cela facilitera les déclarations médicales, leur utilité éclatant alors à tous les yeux.

« 3° Il est indispensable *que la désinfection soit très bien faite, surtout en cours de maladie.* Un poste qui négligerait la période de maladie pour ne désinfecter qu'après guérison ou décès ne rendrait que des services bien minimes, peu en rapport avec les sacrifices consentis par les départements. *Je crois plus à la lessiveuse, au sac, aux antiseptiques mélangés de suite aux excréments, qu'aux pulvérisateurs et aux étuves.* Il en découle que le diagnostic doit être hâtif, la déclaration hâtive et envoyée au poste par les moyens les plus rapides, par téléphone par exemple. Les médecins et les maires doivent en être persuadés : ils ont en main la mise en marche du service.

« Il en découle aussi que le chef de poste doit pouvoir se rendre immédiatement sur les lieux (voir plus loin).

« 4° Il faut, le plus tôt possible, rendre la déclaration obligatoire pour les familles et non plus seulement pour les médecins (projet de loi en préparation).

« 5° Il faut, pour soulager les services en leur supprimant tout travail inutile, que l'Académie de Médecine prenne l'initiative de faire rayer la rougeole de la liste des maladies à déclaration obligatoire. Sauf cas exceptionnels, la désinfection est inutile pour la rougeole. Or, une épidémie de rougeole suffit actuellement à immobiliser complètement un poste.

« *Pour que le service de la désinfection départementale fonctionne bien, soit populaire, rende les services qu'on doit en attendre, il faut absolument qu'il soit organisé sur le modèle du Rhône, c'est-à-dire avec un local spécial, un chef de poste spécialisé, un outillage moderne et des moyens de transport rapides.*

« Nous l'avons dit, le chef de poste doit être un ouvrier intelligent, absolument spécialisé dans son métier, ne faisant absolument que cela, logé au poste et payé à l'année. *Nous ne saurions trop protester contre les tentatives d'organisation des services départementaux de désinfection à l'aide de syndicats de pharmaciens, d'agents voyers ou de fonctionnaires quelconques* faisant à l'occasion les désinfections nécessaires. Le fait même de la désinfection est moins important que la façon dont celle-ci est faite, conseillée, organisée, surtout en cours de maladie. *Avoir un bon chef de poste, alors qu'il ne fait que cela et qu'il est commandé et surveillé est déjà chose difficile ; avoir des aides de pharmacie, des agents voyers, des cantonniers transformés en bons chefs de poste est chose absolument impossible.*

« Ce serait la négation même de la tentative actuelle. Le métier de chef de poste est fort difficile et se suffit largement à lui-même. Un chef de poste n'a que de lointains rapports avec les anciens chefs d'équipe de désinfection ou les employés de maisons spéciales de désinfection. C'est un rouage social et non simplement technique que le Ministère a très justement voulu créer.

« J'insiste encore sur l'utilité d'un outillage approprié. En cours de maladie, des antiseptiques peu nombreux, mais bien choisis, des sacs, des lessiveuses à main qu'on laisse dans les familles, sont indispensables. Comme étuve, une étuve à formol doit remplacer partout les étuves à vapeur, lourdes, difficiles et coûteuses à mobiliser, effrayant les familles, altérant les objets. Le public a, au contraire, la plus grande confiance dans les étuves à gaz. Le formol doit être aussi, après lavage et pulvérisation, largement employé dans les appartements.

« Un dernier point, mais capital : celui des moyens de transport. *Le chef de poste et son outillage doivent être extrêmement mobiles* pour plusieurs raisons. D'abord, le service fonctionnera d'autant mieux que les postes seront moins nombreux. Ce n'est pas un paradoxe. Le chef de poste, tel que nous l'avons compris, est difficile à rencontrer, à éduquer, et doit être étroitement surveillé. *On peut découvrir dans un département trois ou quatre bons chefs de poste* et arriver à les surveiller. *On ne peut en avoir quinze ou vingt* satisfaisant aux conditions requises : *on ne peut pas surveiller quinze ou vingt postes.* J'estime donc qu'il faut avoir *peu de postes*, mais il faut alors leur fournir les moyens de desservir un grand rayon. Le seul moyen de desservir est l'automobile. *L'automobile permet donc la réduction et par suite le meilleur fonctionnement des postes.*

« En second lieu, même avec des postes très multiples, dans la majorité des départements français, en particulier *dans les départements montagneux* et mal desservis en chemins de fer, tramways, voitures publiques, etc... comme le Rhône, *la rapidité indispensable au bon fonctionnement du service ne peut pas être assurée sans automobile.*

« En troisième lieu le chef de poste muni d'automobile, se rendant à un point donné, peut s'arrêter en chemin dans toutes les maisons où il y a une désinfection en cours. Il lui est facile de leur consacrer quelques minutes, de s'assurer que tout fonctionne bien, de donner un conseil. Comment le ferait-il avec le chemin de fer ? Un crochet de quelques kilomètres n'est rien en automobile. En plus, dans chaque village traversé, le chef de poste peut se mettre en rapport avec les maires, les médecins, les pharmaciens, bref, connaître à fond sa circonscription et se faire connaître de tous. Bien entendu sa première désinfection terminée, il se rend à une deuxième sans revenir au point de départ, ayant organisé sa journée le matin avant de quitter le poste. *Avec l'automobile le chef de poste part quand il faut et revient tard s'il est nécessaire.* Comment faire cela avec nos lignes de province qui n'ont parfois que deux ou trois trains par jour ?

« Enfin une chose surprenante au premier abord mais cependant certaine, l'usage de l'automobile *sera économique.* La première économie réside dans la réduction des postes. Un poste (local, chef de poste) représente une dépense minima annuelle de 3.000 ou 4.000 francs. Mais ce n'est pas tout. *Je prétends qu'un seul et même poste coûtera moins cher avec automobile que livré aux moyens ordinaires de communication.* Sans l'automobile le chef de poste sera obligé d'user des chemins de fer et surtout des voitures. Une lessiveuse à porter à quelques kilomètres de la gare nécessitera la location d'une voiture.

« Il faudra souvent déjeuner en route et perdre une demi-journée pour attendre le train de retour. Le malade mort ou guéri, il faudra mobiliser des chevaux pour trainer l'étuve. Je connais des déplacements d'étuve dans le Rhône qui durent deux jours et nécessitent quatre chevaux et coûtent 80 francs. Avec l'automobile le transport de l'étuve (placée dans le fourgon arrière) ne coûtera pour ainsi dire rien.

« Bref, j'estime que l'automobile, indispensable pour le bon fonctionnement de la désinfection rurale, est en outre un des moyens les plus économiques de la réaliser[1]. »

Le service de désinfection dans le Rhône ne fonctionnait que depuis quatre mois quand M. Courmont publia cet article. Il avait cependant montré dans ce court laps de temps que les prévisions de l'inspecteur et du Conseil d'hygiène du Rhône étaient justifiées et on pouvait déjà prévoir les services que rendrait cette organisation dans l'avenir.

En effet, dès l'été suivant, le rapport de l'Inspecteur de l'Hygiène publique, présenté au Conseil général du Rhône, mettait en lumière les services rendus par les postes spéciaux de désinfection et l'avantage qu'ils présentaient non seulement au point de vue du bon fonctionnement mais au point de vue économique, sur les systèmes préconisés *a priori* par d'autres hygiénistes et dans lesquels la désinfection serait confiée à des hôpi-

---

[1] J. Courmont, *Presse médicale*, n° 49, 17 juin 1908.

taux, à des entreprises de désinfection ou à des syndicats de pharmaciens :

« La désinfection départementale, organisée suivant les récentes circulaires ministérielles, fonctionne dans le Rhône, depuis le 15 février 1908.

« Le poste de l'arrondissement de Lyon, dont le rayon est le plus étendu, est doté d'un automobile que conduit le chef de poste. L'étuve (étuve Gonin, au formol) est transportée, quand la maladie est terminée, par le même automobile aménagé à cet effet, par conséquent sans supplément de frais. En un mot, l'automobile remplace complètement le chemin de fer, les voitures, la traction animale de l'étuve.

« Les deux autres postes (Villefranche et Tarare) n'ont pas d'automobile ; le chef de poste emprunte les moyens publics de locomotion. Ces postes sont munis d'anciennes et volumineuses étuves à vapeur, transportées par des chevaux qu'on loue quand cela est nécessaire.

« La désinfection en cours de maladie (instructions, prêt de lessiveuses, sacs, etc..., désinfection des lieux d'aisance, des puits) est mise au premier plan. Chaque logement abritant un infectieux est visité aussi souvent que possible.

« Les linges, la literie sont toujours désinfectés sur place, rien n'est transporté au poste.

« Il est intéressant de résumer le rapport qui vient d'être soumis au Conseil général du Rhône sur les six premiers mois de fonctionnement (15 février-15 août).

« Première remarque très importante : L'organisation rationnelle du service a immédiatement augmenté dans de notables proportions les déclarations médicales. Le nombre des cas déclarés en six mois s'est élevé à 645 (non compris les rougeoles des écoles), alors que le chiffre annuel était de 400 seulement. On peut prévoir que pour 1908, les déclarations se feront quatre fois plus qu'auparavant. Ce sera encore très éloigné de la totalité des cas qui devraient être déclarés ; ce sera cependant une notable amélioration de la situation.

« A lui seul le poste de l'arrondissement de Lyon, *mieux organisé, plus rapide*, a reçu 518 déclarations. Les deux autres, réunis, que 127. Ce rapprochement est très instructif et montre que les *déclarations augmentent de fréquence en raison de la meilleure organisation du poste et de sa plus grande rapidité de fonctionnement*. Il faut, pour inspirer confiance, qu'un chef de poste soit connu, qu'il rende fréquemment visite aux mairies, aux médecins et aux pharmaciens.

« Le service de désinfection a d'ailleurs été mieux accueilli qu'on ne pouvait s'y attendre. A part quelques protestations sans importance, les médecins et (chose à retenir) les familles l'ont vivement apprécié. Nous avons vu des familles pour lesquelles la déclaration n'avait pas été faite venir réclamer la désinfection auprès du chef de poste opérant chez un voisin. En un mot, la désinfection départementale, sérieusement et rapidement organisée, surtout en cours de maladie, deviendra, contrairement aux prédictions pessimistes, très vite populaire.

Voici le tableau des maladies déclarées :

Rougeole	266
Scarlatine	166
Diphtérie	80
A reporter.	512

Report	512
Fièvre typhoïde	61
Tuberculose	49
Variole	6
Bronchopneumonie	5
Oreillons	4
Grippe	3
Infection puerpérale	2
Coqueluche	1
Erysipèle	1
Dysenterie	1
Total	645

« On remarquera de suite le nombre des rougeoles (bien que les rougeoles scolaires ne soient pas comptées). Une fois de plus nous affirmons l'inutilité de la désinfection pour l'immense majorité des cas de rougeole. Il faut modifier les règlements à ce point de vue. Nos chefs de poste ont d'ailleurs reçu des instructions leur prescrivant de ne s'occuper des rougeoles qu'après avoir terminé toutes leurs opérations concernant les autres maladies.

« Depuis le 15 août le nombre des cas de fièvre typhoïde a considérablement augmenté. La statistique annuelle sera très modifiée à ce point de vue.

« Les chefs de poste ont fait 1.298 visites. La désinfection des locaux et de la literie a été opérée 382 fois. Pour cela 14.539 kilomètres ont été parcourus. On a prêté 63 lessiveuses et 68 sacs. *Tous ces chiffres se rapportent à six mois, mais seront plus que doublés au bout de l'année*, les premières semaines de fonctionnement d'un service encore peu connu ayant été fort peu chargées.

« Le rouage le plus défectueux a été la transmission

des déclarations par les mairies aux chefs de poste : oublis, retards. Heureusement les déclarations envoyées à la préfecture ou à la sous-préfecture étaient immédiatement transmises aux postes. On obtiendra difficilement la rapidité des envois des mairies. Le téléphone pourrait rendre à ce point de vue de grands services.

« La partie la plus intéressante du rapport est celle où le *fonctionnement des trois postes* est *comparé, surtout financièrement*. Elle se résume ainsi : dans un département comme le Rhône, en partie montagneux et aux rares moyens publics de communication, l'automobile seul peut faire rendre au service le maximum de résultats. Inutile d'insister sur la rapidité, sur la facilité d'établir journellement une tournée de plusieurs visites sans être obligé de revenir au point de départ, avec économie de kilomètres. Mais surtout, le chef de poste, sans aucun supplément de dépense, peut s'arrêter dans tous les villages qu'il traverse et se mettre continuellement en rapport avec les maires et secrétaires de mairies, avec les médecins, les pharmaciens, etc. Il peut, sans se détourner, faire de multiples observations et les signaler à l'Inspecteur départemental de l'hygiène publique (ce que ne ferait pas l'agent d'une entreprise privée de désinfection ou un désinfecteur des hôpitaux). Il devient, de ce chef, non plus l'agent de la désinfection, mais celui de l'hygiène départementale. Son rôle grandit dans des proportions considérables.

« J'ajouterai qu'il est impossible de faire arriver les énormes étuves à vapeur que nous possédons (3.000 kilogrammes) dans beaucoup de chemins vicinaux et particuliers. *L'étuve légère Gonin, à formol, sur automobile, pénètre partout.*

« Au point de vue financier les résultats ont été les suivants : *Le chiffre des dépenses a été notablement inférieur dans le poste de Lyon, à automobile*. Si nous considérons le coût d'une déclaration, nous le trouvons trois fois plus élevé à Tarare et cinq fois plus à Villefranche.

« Voici d'ailleurs le détail des opérations et des dépenses des trois postes :

Comparaison des opérations des trois postes.

POSTES	Cas déclarés	Visites en cours de maladie	Kilom. parcourus pour les visites	Désinfection	Kilom. parcourus par les étuves
Lyon	767	1.082	4.644[1]	565	8.157
Tarare	118	273	5.828	107	2.089
Villefranche	86	12	10	85	1.264

« Les deux colonnes les plus importantes sont celles des visites en cours de maladie et des kilomètres parcourus pour ces visites. On voit de suite que les postes de Lyon et de Tarare ont seuls compris leur rôle.

Comparaison des dépenses des trois postes.

« Les trois postes étant différemment outillés, il est intéressant de comparer leurs dépenses.

« Voici les chiffres de celles-ci quant au fonctionnement (personnel fixe, loyers, surveillants, frais de bureau non compris).

---

[1] « Il faut y ajouter plusieurs milliers de kilomètres qui figurent à la colonne des « kilomètres parcourus par les étuves », le chef de poste faisant toujours plusieurs visites en cours de maladie, pendant les tournées où, ayant une étuvée à faire, il a son étuve dans l'automobile. »

	Frais de déplacement (Chemins de fer, voitures)	Désinfectants	Entretien des appareils	Matériel courant	Frais de transport des appareils	Fonction des appareils et auxiliaires	Autres	Destruction d'objets	Total
	fr. c.	fr. c.	fr. c.	fr. c.	fr. c.[1]	fr. c.	fr. c.		fr. c.
Lyon . . .	24,90	2012,35	130,95	174,05	2637,95	1168,75	650,04	0	6998,79
Tarare . .	614,90	435,35	260,74	216,80	1424,05	220,10	58,16	86	3316,10
Villefranche .	68,90	914,30	122 »	105,40	1099,85	140,50	57,04	0	2507,99

[1] Le chiffre officiel est seulement de 1850 fr. 45, mais il faut y ajouter 787 fr. 50 représentant l'usure des enveloppes caoutchoutées arrière de l'automobile qui n'ont été changées qu'en juillet 1909 (1350 francs pour 18 mois, 75 francs par mois, 787 fr. 50 pour 10 mois et demi).

« Si nous mettons ces chiffres en regard des opérations effectuées nous arrivons au tableau suivant, en prenant comme unité soit la déclaration, soit le nombre des visites ou désinfections.

POSTES	Déclarations	Visites ou désinfections
Lyon	(767) = 8 fr. 80	(1.647) = 4 fr. 10
Tarare . . .	(118) = 28 10	(380) = 8 70
Villefranche .	(86) = 29 10	(97) = 25 80

« Ainsi, chaque déclaration faite au poste de Lyon a coûté (frais fixes non compris, voir plus haut) 8 fr. 80 au lieu de 28 fr. 10 et de 29 fr. 10. Chaque visite ou désinfection faite par le poste de Lyon, a coûté 4 fr. 10 au lieu de 8 fr. 70 et de 25 fr. 80.

« On voit que le poste de Lyon a opéré à bien meilleur marché que les deux autres.

« Pour se rendre un compte exact *du prix de revient du transport en automobile* (tout compris, sauf l'amortissement du capital), il faut considérer seulement la cinquième colonne du tableau ci-dessus (frais de transport des appareils) dans laquelle tous les frais occasionnés par l'automobile sont comptés au poste de Lyon (kilomètres avec ou sans étuve, soit 11.681 kilomètres). On a dépensé 2.637 fr. 95 pour 11.681 kilomètres effectivement parcourus. Cela fait 0 fr. 22 par kilomètre. Ce chiffre est important.

« En effet si l'on veut se rendre compte de ce que coûte le transport des étuves par chevaux, il faut considérer la même colonne pour les deux autres postes et diviser par le nombre de kilomètres effectivement parcourus par les étuves.

« Tarare a dépensé 1.424 francs pour 1.486 kilomètres. Cela fait : 0 fr. 95 par kilomètre.

« Villefranche a dépensé 1.099 francs pour 1.624 kilomètres. Cela fait : 0 fr. 85 par kilomètre.

« Voici donc le prix comparé du kilomètre parcouru par les étuves :

>Lyon (automobile) 0 22
>Tarare (chevaux) 0 95
>Villefranche (chevaux). 0 85

« L'économie réalisée par l'automobile est donc considérable. On voit par ces chiffres ce qu'aurait coûté le transport d'une étuve à chevaux, au prix de Tarare ou de Villefranche, pour les 8.157 kilomètres parcourus par l'étuve du poste de Lyon.

Le tableau suivant peut donc se compléter ainsi :

POSTES	Déclarations	Visites ou désinfections	Kilomètres de transport de l'étuve
Lyon . . .	(767) = 8 fr. 80	(1.647) = 4 fr. 10	(8.157) = 0 fr. 22
Tarare. . .	(118) = 28 10	(380) = 8 70	(1.486) = 0 95
Villefranche .	(86) = 29 10	(97) = 25 80	(1.099) = 0 85

« *L'automobile* a réalisé une autre économie, encore plus considérable. *Il a permis à un seul poste de faire le travail de trois postes, au minimum.* Il aurait largement fallu trois postes pour désinfecter les 767 cas de l'arrondissement de Lyon. La suppression de deux postes se traduit, uniquement par la suppression des frais fixes, par une économie de plus de 3.000 francs par poste, soit près de 7.000 francs.

« On peut donc affirmer que *l'automobile du poste de Lyon a été entièrement amorti en 10 mois 1/2.*

« On pourrait réaliser une certaine économie en dotant les postes d'une bicyclette. Un assez grand nombre de courses ne nécessitant aucun transport de matériel, par exemple la première visite après la déclaration, pourraient ainsi être faites presque sans frais[1]. »

---

[1] J. Courmont, la Désinfection départementale *(Presse médicale*, n° 49, 17 juin 1908). La Désinfection départementale dans le Rhône *(Presse méd.*, n° 80, 3 octobre 1908). *Rapport au Conseil général du Rhône*, 2ᵉ session ordinaire de 1909.

LES POSTES DÉPARTEMENTAUX DE DÉSINFECTION

DANS LA LOIRE

C'est au Dr Emeric, nommé depuis un an Inspecteur départemental de l'hygiène publique dans la Loire à la suite d'un brillant concours, qu'est revenu l'honneur d'organiser le Service de la désinfection dans ce département.

Le Dr Emeric, qui a été notre excellent camarade d'études au Laboratoire d'hygiène de la Faculté de Médecine de Lyon, a publié cette année dans la *Revue Pratique d'Hygiène municipale urbaine et rurale*, le résultat de son expérience et de son initiative, avec des considérations qui seront de la plus haute utilité pour les Administrations départementales qui voudront s'en inspirer.

Nous préférons laisser la parole au Dr Emeric et publier *in extenso* son article, car nous jugeons inutile, dans notre travail qui est avant tout documentaire, de paraphraser les idées originales et la propriété scientifique de leurs auteurs.

SUR QUELQUES PARTICULARITÉS DE L'ORGANISATION ET DU FONCTIONNEMENT DU SERVICE DÉPARTEMENTAL DE DÉSINFECTION DANS LE DÉPARTEMENT DE LA LOIRE [1]

« Lorsqu'il s'est agi d'organiser le Service départemental de désinfection, je me suis inspiré de l'exemple offert par quelques départements qui n'ont pas hésité à s'imposer les sacrifices nécessaires pour placer à la tête du Service d'inspection et de contrôle un technicien présentant toutes les garanties désirables et pour confier l'exécution matérielle à des agents spécialisés ayant fait leurs preuves. Je veux parler du Rhône, où le service est dirigé par mon éminent maître, le professeur Courmont; de la Somme et de la Seine-Inférieure, où les inspecteurs, nommés au concours, sont mes amis, les Drs Lacomme et Ott. C'est plus spécialement l'organisation du Rhône qui m'a servi de modèle.

« Mais si j'ai emprunté aux chefs de service que je viens de citer un certain nombre d'idées susceptibles de réalisations pratiques économiques, j'ai néanmoins cherché a donner à l'organisation de la Loire un caractère un peu spécial par la création, à côté des postes généraux, de postes cantonaux et communaux de désinfection.

« J'indiquerai la composition de ces postes secondaires qui sont plutôt des dépôts de matériel et de désinfectants.

---

[1] Dr Emeric, *Revue pratique d'Hygiène municipale urbaine et rurale* n° 2, février 1910, p. 59.

« Nous verrons alors comment a été conçu et exécuté le projet de mettre immédiatement à la disposition du médecin traitant au moins une lessiveuse et quelques antiseptiques. Un matériel aussi simple, facile à loger dans la mairie de chaque commune, peut permettre aux praticiens de faire commencer par la famille elle-même et *sans aucun retard, dès le diagnostic établi*, les opérations prophylactiques de désinfection.

Organisation générale du service.
Création de deux postes généraux, de vingt-sept postes cantonaux et de trois cent trente postes communaux.

A. — Postes généraux.

« Pour les postes généraux, j'ai suivi de près l'organisation du Rhône et, mettant à profit l'expérience du professeur Courmont, j'ai préféré (avec l'assentiment de M. le Préfet et de M. le D\ Merlin, conseiller général, qui se sont activement occupés de l'orientation à donner au nouveau service) créer un nombre de postes très limité, mais pourvus de moyens de locomotion rapides.

« Je me suis rappelé que M. le professeur Courmont attachait la plus grande importance au choix des chefs de poste qui doivent devenir de véritables moniteurs d'hygiène. Pour cela, il faut qu'ils possèdent un certain nombre de qualités, rares à trouver réunies chez le même individu : intelligence, probité, discrétion, solide éducation professionnelle, beaucoup de tact, pour ne pas éveiller, en pénétrant dans les familles, les susceptibilités médicales si promptes à s'émouvoir. En outre, dans une organisation comme la nôtre, *les chefs de poste doivent être encore d'excellents mécaniciens, puisqu'ils ont à entretenir et à faire fonctionner un automobile, une étuve et une motocyclette.* On voit combien le problème se montre compliqué et difficile à résoudre.

« Aussi, en face de ces considérations, l'Administration a-t-elle adopté le mode de recrutement par voie de concours entre concurrents qui devaient être des mécaniciens de profession. Pour la préparation aux épreuves du concours, j'ai fait, dans un local de la préfecture, plusieurs conférences qui ont été suivies avec beaucoup d'assiduité par un nombre relativement élevé de candidats : quatorze postulants pour deux et peut-être trois places.

« Les sujets traités au cours des conférences visaient la prophylaxie des affections contagieuses et surtout la pratique de la désinfection en cours de maladie et après terminaison par guérison ou décès. La désinfection en cours de maladie, exécutée par l'entourage du malade, sur les conseils et sous le contrôle du chef de poste, fut présentée comme une opération fondamentale d'une indiscutable efficacité et la seule vraiment indispensable.

« Le jour du concours, les quatorze candidats se sont présentés devant le jury, présidé par un conseiller de préfecture, délégué du préfet, et composé de trois médecins, spécialistes en matière d'hygiène : les Drs Merlin, conseiller général ; Fleury, directeur du Bureau d'hygiène de Saint-Etienne, et Emeric, inspecteur départemental.

« Les résultats du concours ont été très satisfaisants dans l'ensemble, excellents même pour les premiers. Le jury a procédé au classement de huit candidats qui furent reconnus aptes à remplir les fonctions de chef de poste; mais seuls les deux premiers ont été nommés. Les suivants pourront être désignés au fur et à mesure des besoins du service.

« C'est dire que nous n'avons, depuis le début de notre fonctionnement, c'est-à-dire depuis le 1er septembre 1909, que deux postes généraux pour l'ensemble des communes du département dont le chiffre de la population est inférieur à 20.000 habitants (un à Saint-Etienne pour les arrondissements de Saint-Etienne et de Montbrison; l'autre à Roanne, pour l'arrondissement de Roanne). Les avantages de ce procédé frappent l'esprit; ils ont été souvent signalés par le professeur Courmont : économie de traitements du personnel; économie d'achat de matériel et d'appareils de désinfection, simplification notable du Service de surveillance et de contrôle.

« Mais si on adopte le principe du personnel restreint, le corollaire obligé consiste dans le choix de moyens de locomotion autonomes et très rapides. C'est pourquoi nos agents disposent d'un automobile pour le transport de l'étuve (démontable, système Gonin) et d'une motocyclette pour les autres voyages; ils ont aussi la facilité de prendre chemins de fer ou tramways si le temps est mauvais. Dans ce dernier cas, une bicyclette déposée aux bagages peut servir de moyen de locomotion complémentaire et permettre de franchir aisément les quelques kilomètres qui séparent la gare la plus proche de la localité à desservir. Grâce à la combinaison de ces divers modes de transport, les chefs de poste se rendent rapidement, en tout temps, dans les communes où ils ont à opérer; les distances les plus longues sont franchies en quatre ou cinq heures.

« Quant à la composition des postes généraux en matériel et en désinfectants, elle est très simple. On trouve, dans les locaux servant à abriter l'auto, la moto, la bicyclette et l'étuve, des provisions de crésylol, de soude caustique, de carbonate de soude, d'ammoniaque, de fumigators, de papier gommé, des lessiveuses, des sacs à linge, des sacs à matelas, des vêtements de désinfecteur, un seau, un arrosoir, des éponges, un double mètre, etc. Il faut ajouter à cette liste les produits nécessaires à la mise en marche de l'auto et de la moto, tels que : essence, huile, carbure de calcium; et au fonctionnement de l'étuve, tels que : radioléine et alcool à brûler.

« L'automobile étant réservé aux déplacements avec étuve, le moyen de transport habituel est la motocyclette. Or, avec cette dernière, on ne peut pas emporter de lourds paquets, encore moins des objets aussi encombrants qu'une lessiveuse. Et pourtant les lessiveuses sont indispensables pour la désinfection des linges souillés, soit au cours, soit à la fin d'une maladie contagieuse. Elles permettent d'obtenir, au domicile même du malade, pour une dépense infime, la destruction des germes contenus dans les mouchoirs, serviettes, draps de lit, chemises, flanelles, etc. On évite ainsi de manipuler et surtout de transporter dans les lavoirs publics où ils deviennent souvent l'origine de véritables épidémies, les linges souillés par les malades.

« Comme d'un côté nous ne voulions pas nous priver des services très réels que peuvent rendre les lessiveuses, et que, de l'autre, les chefs de poste ne pouvaient pas les transporter sur leur motocyclette, nous avons songé à établir dans chaque canton et même dans chaque commune du département, un dépôt dont les plus simples se composent au moins d'une lessiveuse et de quelques désinfectants. Nous avons été amenés de la sorte à créer des postes cantonaux et communaux de désinfection d'importance et de composition différentes, comme nous allons le voir.

B. — Postes cantonaux.

« Le dépôt établi dans chaque chef-lieu de canton est tout entier contenu dans une caisse en bois de la dimension d'une malle moyenne. Cette caisse, divisée en quatre compartiments, renferme des sacs à linge, un sac à matelas, un vêtement de désinfecteur, un bidon de crésylol, un de soude caustique, dix fumigators, un seau, un arrosoir, une petite quantité d'ammoniaque, un rouleau de papier gommé, une éponge, une serpillière, une brosse à ongles, du savon et deux serviettes pour la toilette des chefs de poste. Le dépôt cantonal est alimenté en produits de consommation courante par le poste général dont il dépend et il sert lui-même à assurer le réapprovisionnement des postes communaux.

« Si l'on tient compte que les agents désinfecteurs peuvent compléter ces réserves de produits et de matériel par les lessiveuses déposées à la mairie de chaque commune, on comprendra que les chefs de poste ne soient jamais pris au dépourvu, et qu'ils aient constamment sous la main tout ce qui leur est nécessaire pour effectuer les désinfections en cours de maladie et les désinfections des locaux occupés par les malades.

« Les postes cantonaux offrent aux agents du service un gros avantage : ils leur permettent de voyager sans *impedimenta*, et par suite, d'utiliser des moyens de locomotion très économiques. Ces dépôts sont à la disposition exclusive du chef de poste qui, seul, possède la clef de la caisse dont nous avons parlé, tandis que le poste communal est à la disposition à la fois du chef de poste et du médecin traitant.

C. — Postes communaux.

« Ils sont aussi simples que possible et se composent d'une ou plusieurs lessiveuses, selon l'importance de la commune, d'un ou plusieurs flacons de crésylol sodique et de quelques paquets de carbonate de soude. Les doses et le mode d'emploi sont indiqués par des étiquettes spéciales que j'ai fait apposer sur les flacons et sur les paquets de carbonate. C'est là juste ce qu'il faut pour prendre les premières mesures efficaces de protection avant l'arrivée des agents du Service départemental. Le crésylol sodique est utilisé pour la destruction des germes contenus dans les sécrétions ou déjections du malade ; la lessiveuse et le carbonate de soude servent à la désinfection des linges contaminés.

« Les médecins praticiens peuvent faire demander par leurs clients à la mairie de chaque commune, sur une simple note écrite de leur main, la lessiveuse et les désinfectants qui l'accompagnent. Le médecin conserve ainsi, vis-à-vis de la clientèle, son rôle d'initiateur et d'éducateur, dont il se montre jaloux à juste titre. Il ne tient qu'à lui de devenir le collaborateur actif du Service départemental en faisant exécuter par l'entourage du malade les premières mesures de désinfection, dès qu'il a reconnu l'existence d'une maladie contagieuse. Qui ne voit là un incontestable avantage permettant de supprimer purement et simplement le délai qui, d'ordinaire, s'écoule entre une déclaration médicale et l'exécution des premières mesures de protection de la collectivité ! Le praticien peut établir sans retard, au moment même où il affirme son diagnostic, une barrière sanitaire suffisante autour du contagieux, car les mesures de protection qu'il est à même de faire observer : isolement rigoureux du malade, désinfection des sécrétions ou déjections, désinfection des linges contaminés, sont certainement parmi les plus utiles et les plus efficaces. Il nous semble donc que cette façon de faire est de nature à ménager les susceptibilités du corps médical en même temps que les intérêts de la collectivité.

« En temps d'épidémie, le poste communal sera rapidement insuffisant ; mais alors doit intervenir la notion de solidarité intercommunale en face du danger. Cette éventualité a été prévue : M. le Préfet de la Loire a appelé l'attention des municipalités sur ce point spécial. De mon côté, j'ai expliqué aux maires que l'organisation projetée ne peut donner de bons résultats en dehors de l'aide mutuelle que se doivent entre elles les communes voisines. Si les cas de maladies contagieuses se répètent dans une commune, si une épidémie y sévit, il faut de toute nécessité que les chefs de poste et les médecins traitants puissent emprunter les dépôts disponibles des localités situées dans le voisinage. D'ailleurs, dans ce dernier cas, les chefs de poste voyageront avec leur étuve, et pourront transporter sur leur automobile les lessiveuses, ainsi que les provisions de matériel et d'antiseptiques dont ils auront besoin.

« Les lessiveuses placées en dépôt dans les mairies ont été achetées, sur nos instances, par les municipalités elles-mêmes, tandis que celles du poste général appartiennent au Service départemental. Les désinfectants qui, joints à la lessiveuse, servent à constituer le poste communal, sont fournis et renouvelés par les soins du Service départemental.

« Notons, en passant, que la grande majorité des municipalités, environ 80 pour 100, ont répondu favorablement à nos sollicitations et ont voté les fonds suffisants pour l'achat d'une lessiveuse ; quelques-unes en ont même acheté plusieurs. Si un petit nombre de communes ont ajourné l'achat proposé, il n'est pas douteux qu'elles nous donneront satisfaction, le jour prochain où les maires auront mieux compris l'importance et l'utilité de notre service. Quoi qu'il en soit, dès maintenant, le nombre des votes favorables est suffisant, et les agents ont pu fonctionner sans heurt ni à-coup.

« Lorsque les postes communaux, tels que nous les avons décrits, seront installés à peu près partout, nous nous efforcerons d'en augmenter l'importance en engageant les communes à acheter un ou deux sarraux destinés à être prêtés aux familles nécessiteuses. La désinfection de ces vêtements protecteurs pourrait être obtenue, dans les cas urgents, à l'aide de la lessiveuse communale ; habituellement les sarraux seraient désinfectés à l'étuve.

« En terminant, il nous reste à dire deux mots de l'accueil réservé par les médecins à cette organisation. Beaucoup d'entre eux ignorent encore, malgré les lettres d'information que je leur ai adressées, l'existence dans les mairies d'un dépôt d'appareils et de désinfectants mis à leur disposition. Quelques-uns, cependant, les ont déjà utilisés et nous espérons que peu à peu les médecins apprécieront mieux les services que peuvent leur rendre les postes communaux.

« En tout cas, ce qu'on ne saurait nier, c'est que ces postes ont, dès le début, singulièrement facilité la tâche des agents désinfecteurs et leur ont permis de remplir leur rôle d'une façon tout à fait économique, ainsi que le démontrera l'étude du fonctionnement du service.

Fonctionnement du service.

« Un Service départemental de désinfection étant organisé, lorsqu'il s'agit de le mettre en marche, la première difficulté à résoudre réside dans l'obligation où l'on se trouve de faire prévenir les chefs de poste d'une façon plus sûre et plus rapide que ne le comporte le décret du 10 juillet 1906. Aux termes de ce décret, c'est la lettre d'avis du maire de la commune intéressée qui donne l'ordre de mise en route. Or, certains maires négligent cette formalité. C'est pourquoi, instruit par l'expérience du professeur Courmont et du Dr Lacomme, j'ai résolu de faire avertir les chefs de poste directement par l'Administration préfectorale. Celui de Roanne reçoit ses lettres d'avis de la Sous-Préfecture ; celui de Saint-Etienne du Service d'inspection. De la sorte, on supprime toute cause de retard ; les agents se mettent en route dès que les déclarations médicales parviennent à la préfecture ou aux sous-préfectures.

« S'agit-il d'une désinfection en cours de maladie ? le chef de poste part sur sa motocyclette (modèle Terrot légère deux chevaux), n'emportant que les papiers administratifs et au plus une bouteille de crésylol sodique. Il trouvera au poste cantonal, et dans la mairie de la commune où il se rend, tout ce dont il aura besoin.

« Si, au contraire, il y a lieu de procéder à une désinfection en profondeur, l'agent voyagera sur l'automobile qui transportera, avec l'étuve, des lessiveuses et des provisions de désinfectants. Il profitera de l'occasion pour réapprovisionner les postes cantonaux ou communaux rencontrés sur sa route.

« A propos des voitures automobiles, nous sommes obligé de signaler un contretemps fâcheux, dont a été responsable le fournisseur et qui, dans la circonstance particulière, nous a permis de montrer à nos agents qu'on peut faire de la désinfection sans étuve.

« La maison qui devait nous livrer, pour le 1er septembre 1909, deux voitures 10-12 HP 4 cylindres, avec carrosserie spéciale pour le transport de l'étuve, nous a totalement manqué de parole. Même, lorsque les voitures sont arrivées, nous n'avons pas pu nous en servir tout de suite, parce qu'il a fallu y adapter un palan destiné à faciliter le maniement de l'étuve. Ce palan est conforme à celui qui a été placé sur la voiture de l'arrondissement de Lyon. Et cependant, il nous était impossible d'ajourner notre entrée en service, puisque les conseillers généraux, les maires et les confrères avaient été prévenus par l'Administration que nous commencerions à fonctionner le 1er septembre.

« En présence de cet événement imprévu, j'ai donné

aux chefs de poste l'ordre formel de faire, en cours de maladie des désinfections d'autant plus rigoureuses et minutieuses que nous devions être plus tard dans l'impossibilité d'étuver la literie. J'ai accompagné les agents dans leurs premiers voyages et, en leur présence, j'ai fourni aux familles toutes les explications utiles, en insistant longuement sur chacun des actes que comporte une désinfection en cours de maladie. Les agents se sont donnés consciencieusement à leur tâche, si bien que, dans les premiers temps de fonctionnement du service, nous sommes parvenus à éteindre des foyers de scarlatine et de diphtérie avec les moyens réduits dont nous disposions, c'est-à-dire simplement grâce à la désinfection en cours de maladie, avec, accessoirement, la désinfection en surface des locaux habités par les malades.

« Il nous est possible de citer des villages, dans le canton de Saint-Symphorien-de-Lay, où régnaient depuis plusieurs mois des épidémies de scarlatine, que l'application des mesures élémentaires de prophylaxie a suffi à faire disparaître.

« J'ai profité de ces circonstances pour bien montrer aux chefs de poste tout le parti qu'on peut tirer des mesures de préservation prises journellement, au lit du malade, pendant l'évolution de l'affection. Je leur ai donné l'habitude de se rendre compte de l'état de salubrité des immeubles, d'examiner attentivement la situation des puits, des fosses d'aisances, et je leur ai fait toucher du doigt les principales causes d'insalubrité si fréquentes dans nos campagnes. Le but que j'ai poursuivi et que je poursuis encore, consiste à leur inculquer cette notion fondamentale, que l'agent responsable d'un Service départemental de désinfection a quelque chose de plus à faire que d'assurer l'occlusion hermétique d'une pièce où l'on fera dégager des vapeurs de formol et que de passer à l'étuve des objets de literie.

« Les circonstances m'ont servi à souhait, puisque d'un côté nous n'avions pas d'étuve, et que de l'autre nous réussissions cependant à mettre obstacle à la propagation des maladies contagieuses. Et j'ai eu la satisfaction de constater qu'au bout de quelque temps d'efforts communs, les chefs de poste ont fini par acquérir une conception nette de leur rôle. S'il en fallait une preuve, je citerais volontiers une lettre que m'a adressée un de mes agents à propos d'un cas de diphtérie. Je reproduis textuellement :

« Monsieur le Docteur,

« Je suis allé voir la malade ; la maison est très mal tenue, les parents sont pourtant propriétaires. La malade a cinq ans environ, il y a trois sœurs et un frère, sur lesquels deux vont en classe ; j'ai recommandé qu'on ne les envoie pas de quelque temps. La petite malade couche seule dans une chambre à part ; j'ai donné du crésylol sodique et fait toutes les recommandations, en donnant la feuille modèle A au père de famille. Je suis allé voir l'instituteur pour qu'il ne reçoive pas le petit garçon et qu'il fasse attention aux maux de gorge. J'ai fait de même à l'école libre où va la sœur de la malade. La malade n'allait pas en classe... »

« On voit ainsi combien l'application des mesures prophylactiques élémentaires, mais néanmoins très efficaces, préoccupe à juste titre l'esprit du chef de poste.

« Nous terminerons par quelques considérations sur les résultats obtenus pendant les quatre premiers mois de fonctionnement, du 1er septembre 1909 au 1er janvier 1910.

« Comme dans les autres départements où le service a été sérieusement organisé, nous avons vu le nombre des déclarations subir un accroissement sensible. Ce détail prend ici une importance toute particulière, puisque les médecins de la Loire ne faisaient pas, ou presque pas, de déclarations. Je n'ai pas la naïveté de croire qu'actuellement tous les cas sont signalés ; je constate simplement que les déclarations sont plus nombreuses, *cinq ou six fois plus nombreuses* qu'auparavant.

« Au point de vue de la lutte contre les affections contagieuses, nous devons à la vérité de dire que nous ne nous sommes pas encore trouvés en face d'une épidémie massive, présentant un caractère de gravité exceptionnel. Cependant, comme nous le disions plus haut, nous avons réussi à faire disparaître certains foyers en activité depuis plusieurs mois, et nous avons pu arrêter une épidémie de fièvre typhoïde dans un village où les cas sont, chaque année, nombreux et fréquents. Mais ici le foyer ne sera véritablement éteint que lorsqu'on aura trouvé un mode d'alimentation en eau potable offrant toutes garanties. Un projet est à l'étude.

« Du côté des médecins, aucun froissement, aucune récrimination, ne m'ont été signalés. Au contraire, un de mes confrères exerçant dans l'arrondissement de Montbrison m'a exprimé toute sa satisfaction d'avoir appris que le chef de poste avait effectué une désinfection, chez un commerçant de sa clientèle, d'une façon très discrète et sans que rien ait signalé son passage. Nous n'avions encore ni auto, ni étuve.

« Sous le rapport des dépenses, nous pouvons donner des chiffres favorables et tout à fait rassurants. Les frais d'organisation se sont élevés, tout compris, avec l'achat des auto, moto et étuve, à 24.500 francs. Les dépenses de fonctionnement sont minimes.

« Le poste de Saint-Etienne dépensait, avant la réception de l'automobile et de l'étuve, pour un nombre de déclarations mensuelles variant de 40 à 50, environ 120 francs tout compris. Depuis l'arrivée de l'auto, les dépenses sont un peu plus élevées ; mais comme les agents ont pris l'habitude de restreindre l'usage de l'étuve aux seuls cas indiqués par le Chef de service, il s'ensuit que le total ne dépasse pas 250 à 275 francs par mois.

« Le poste de Roanne reçoit moins de déclarations et dépenserait proportionnellement un peu plus que celui de Saint-Etienne ; cependant la différence est peu importante.

« Dans l'appréciation de ces chiffres, il faut d'ailleurs évidemment tenir compte de certaines circonstances avantageuses : nos machines et appareils, étant depuis peu de temps en usage, n'ont nécessité ni grosses réparations, ni changement de pièces importantes. Nous n'avons pas la prétention de maintenir nos dépenses dans des limites aussi restreintes. Cependant, dès maintenant, nous croyons avoir acquis la certitude qu'un budget des plus modestes couvrira les frais de fonctionnement du service. »

Dr EMERIC,
Inspecteur départemental
de l'Hygiène publique dans la Loire.

LES POSTES DÉPARTEMENTAUX DE DÉSINFECTION

DANS LA SEINE

RÉORGANISATION DU SERVICE DÉPARTEMENTAL
DE DÉSINFECTION DU DÉPARTEMENT DE LA SEINE

*Circulaire du Préfet de police à MM. les Maires
du département de la Seine* [1]

« Le nouveau service fonctionne depuis le 1er janvier 1908.

Division du département en circonscriptions sanitaires. — Le département est divisé en six secteurs. Chaque secteur est desservi par un poste central de désinfection qui fonctionne sous le contrôle du service des médecins-inspecteurs des épidémies.

Attributions et organisation du service. — Le service départemental de la désinfection a pour mission, dès qu'un cas de maladie transmissible lui est signalé, de procéder aux opérations nécessaires pour détruire les germes de la maladie ou les rendre inoffensifs.

[1] *L'Hygiène générale et appliquée*, 1908, p. 315.

Ces opérations sont effectuées soit au cours de la maladie, soit après qu'elle a pris fin.

Au cours de la maladie, elles consistent dans la désinfection du linge, des vêtements, des effets de literie et des objets souillés par le malade, des locaux occupés antérieurement par lui et qu'il a pu contaminer.

Après l'issue de la maladie, elles consistent dans les mêmes opérations et, en outre, dans la désinfection complète des locaux où a été soigné le malade.

A. *Désinfection du linge en cours de maladie.* — La désinfection du linge se fera, en règle générale, au domicile même du malade, de manière à éviter la dissémination des germes contagieux par le transport dans les ateliers de blanchissage. Dès que le service aura reçu la déclaration d'un cas nécessitant ce genre d'opération, un agent se rendra chez le malade : il remettra aux personnes qui le soignent des sacs pour placer le linge contaminé, au fur et à mesure des besoins ; il déposera en même temps des appareils pour la désinfection de ce linge. Au jour convenu entre la famille et lui, il viendra plonger le linge contaminé avec le sac qui le contient dans les appareils dans lesquels il aura préalablement versé une solution désinfectante (formacétone). Il fermera les récipients et plombera le couvercle, de manière que le linge ne puisse être retiré hors de sa présence. Vingt-quatre heures après, il viendra retirer le plomb et remettra le linge désinfecté aux ayants droit : ce linge pourra être désormais livré au blanchisseur sans inconvénients. Cette opération sera renouvelée tout le cours de la maladie et au moins deux fois par semaine.

B. *Désinfection des vêtements, objets de literie, etc., en cours de maladie ou après la maladie.* — Cette désinfection aura lieu au poste de désinfection et non plus sur la voie publique, devant le domicile des malades, comme par le passé.

Un agent du service viendra, après entente avec la famille, chercher ces objets, dont il donnera un reçu. Il les enveloppera soigneusement dans des bâches ou toiles et les transportera au poste de désinfection dans des voitures automobiles hermétiquement fermées. Les objets recueillis le matin seront rapportés à leurs propriétaires dans l'après-midi, après avoir été désinfectés.

C. *Désinfection des locaux.* — Les locaux seront désinfectés après que le malade les aura quittés : les familles seront toujours prévenues, douze heures à l'avance, de la date et de l'heure de cette opération.

Telles sont les bases sur lesquelles fonctionnera désormais le Service départemental de la désinfection. Il me reste à vous indiquer de quelle manière vous aurez à me prêter dans la circonstance votre concours pour assurer dans les meilleures conditions possibles l'exécution de la loi sur la protection de la santé publique.

Réception des déclarations. — Avis à donner au Service départemental. — Aux termes du décret du 10 février 1903 et de l'arrêté ministériel du même jour, les médecins, dans le département de la Seine, doivent effectuer la déclaration des maladies contagieuses à la fois à mon administration et au maire de la commune dans laquelle réside le malade. Je leur ai fait distribuer, à cet effet, un carnet de cartes-lettres leur permettant de faire cette double déclaration. C'est la déclaration qui vous est adressée qui doit être la base des mesures de désinfection.

Tous les jours, avant le dernier courrier, vous voudrez bien adresser au chef du poste central de désinfection dont relève votre commune un état des déclarations que vous aurez reçues dans la journée; cet état doit comprendre le nom et l'adresse du malade, lisiblement écrits, la désignation de la maladie par le numéro qu'elle porte sur la liste établie par le décret du 10 février 1903, le numéro du carnet porté sur la déclaration ou le nom du médecin qui a fait la déclaration, les indications diverses que ce médecin aurait jugées utiles de donner : mesures à prendre, désignation de l'école ou de l'atelier fréquenté par le malade, etc.

Si vous avez reçu une déclaration de décès à la suite d'une maladie contagieuse pour laquelle la désinfection est obligatoire et même facultative, vous devez, alors même que vous n'auriez pas reçu de déclaration médicale porter ce cas sur la liste du jour.

D'autre part, aux termes de l'article 14 (§ 3 et 4) du décret du 10 juillet 1906, vous êtes appelé à recevoir des personnes qui soignent un malade atteint de maladie transmissible un avis vous avertissant que ce malade a été transporté hors de son domicile, ou que, convalescent ou guéri, il a effectué sa première sortie : il est indispensable que vous informiez de ces faits le chef du poste central de désinfection par une mention sur la liste dont je viens de parler.

Au cas où vous jugeriez nécessaire de faire procéder à la désinfection des locaux d'urgence, avant même le délai de douze heures prévu par l'article 16 du décret précité, vous prendriez un arrêté que vous signifieriez aux personnes intéressées et dont vous feriez porter sans délai une copie au chef de poste. Je n'ai pas besoin de vous dire que c'est là une mesure extrême qui ne doit être prise qu'avec la plus grande circonspection.

Vous voudrez bien adresser la liste des déclarations au chef de poste central de désinfection, tous les soirs, par le dernier courrier, de manière qu'il la reçoive le soir même ou au plus tard le lendemain matin à la première distribution. Si le poste n'est pas trop éloigné de votre mairie ou si votre appariteur doit passer dans la localité où il est installé, vous pouvez la lui faire porter. D'ici peu de temps les postes seront reliés au service public téléphonique : vous pourrez donc communiquer la liste des cas par téléphone, mais cette déclaration devra toujours être confirmée par lettre.

Désinfection par le service public. — Le service public une fois prévenu, vous devez considérer que la désinfection sera faite dans les conditions prévues par le Conseil supérieur d'hygiène et vous pouvez vous reposer sur ce service du soin d'assurer la défense contre les maladies transmissibles dans votre commune. Néanmoins dans certains cas, vous aurez encore à intervenir. C'est ainsi qu'aux termes de l'article 19 du décret du 10 juillet 1906, si, au cours de la désinfection, la destruction d'un objet mobilier est jugée nécessaire par le service, il ne peut y être procédé que sur votre ordre, et c'est seulement sur votre refus de l'ordonner que j'aurais à statuer. L'état descriptif et estimatif des objets à détruire ou le procès-verbal qui tient lieu de cet état doit être déposé à votre mairie et vous avez à m'en transmettre un duplicata. Si une indemnité est réclamée pour la destruction de ces objets, la demande doit vous en être remise : vous me la transmettrez ultérieurement avec votre avis.

Désinfection par les soins des intéressés. — Les personnes de l'entourage du malade ou ses héritiers ont le droit, d'après l'article 17 du décret précité, et sous la réserve de certaines obligations, d'exécuter ou de faire exécuter la désinfection par leurs soins ou par des entreprises privées.

Cette faculté leur est laissée à la condition que la désinfection soit opérée d'une façon vraiment efficace et à l'aide d'appareils ou de procédés approuvés par le Conseil supérieur d'hygiène publique.

Le service public a le droit de contrôler ces opérations de désinfection : s'il résulte des constatations faites par ses agents que les engagements pris en vertu des articles 14 et 17 du décret du 10 juillet 1906 n'ont pas été tenus, ou que la désinfection a été opérée par les particuliers ou par leurs soins d'une façon insuffisante, il vous appartient, sur l'avis qui vous en sera donné par mon administration, de prescrire l'exécution immédiate par le service public des mesures indispensables.

Tels sont, Monsieur le Maire, les principaux points sur lesquels je désirerais appeler votre attention. Ainsi que vous le remarquerez, votre rôle consistera surtout à mettre en œuvre le service public départemental de désinfection. Pour que son action soit rapide et efficace, il est nécessaire que vous l'avisiez des cas de maladies contagieuses le jour même où ils auront été portés à votre connaissance. Je suis assuré que, dans l'accomplissement de ces instructions, vous vous acquitterez avec le plus grand dévouement de la mission que la loi sur la santé publique vous a confiée. »

(Suit la liste des postes centraux de désinfection et secteurs desservis.)

LES POSTES DÉPARTEMENTAUX DE DÉSINFECTION

DANS LA SEINE-INFÉRIEURE

Comme nous l'avons fait pour les documents relatifs au département de la Loire, nous citerons intégralement, en ce qui concerne la Seine-Inférieure, le rapport présenté par M. le Dr Ott, Inspecteur départemental de l'Hygiène publique, à M. le Préfet de la Seine-Inférieure.

Nous nous permettrons seulement de souligner les points qui nous paraissent essentiels et dont nous voulons faire état dans nos conclusions, parce qu'ils sont conformes à nos idées.

Nous devons ajouter que l'article de M. le Dr Ott est chronologiquement antérieur à celui du Dr Emeric qui le précède dans le présent volume.

SEINE-INFÉRIEURE.
SERVICE DÉPARTEMENTAL DE LA DÉSINFECTION.
RAPPORT PRÉSENTÉ PAR M. LE D' OTT,
INSPECTEUR DÉPARTEMENTAL DE L'HYGIÈNE PUBLIQUE,
A M. LE PRÉFET DU DÉPARTEMENT [1].

A. Organisation du service.

« Les idées directrices qui ont présidé à l'organisation du service de désinfection dans le département de la Seine-Inférieure sont les suivantes : *ramener au minimum le temps* qui s'écoulera entre le moment où le médecin traitant fait la déclaration obligatoire du cas de maladie transmissible et celui où l'agent de désinfection vient se mettre à la disposition des intéressés ; rendre la désinfection aussi simple et aussi discrète que possible.

« *La désinfection étant par définition même la destruction complète des germes morbides au fur et à mesure de leur émission* il y a un intérêt primordial à réduire le plus possible cette période d'attente qui s'écoule forcément entre le moment où le danger est reconnu par le diagnostic médical d'un cas d'affection transmissible et le moment où les premières mesures de désinfection peuvent être appliquées. Plus cette période sera courte, plus grande sera la probabilité de limiter la contagion dans l'entourage même du malade et bien souvent d'empêcher la propagation à distance.

« La désinfection incombant à un service public se fera,

---

[1] *Revue pratique d'Hygiène municipale urbaine et rurale*, 1909, p. 517.

par conséquent, grâce à l'installation d'un certain nombre de *postes judicieusement répartis* et grâce au concours d'un certain nombre d'*agents convenablement choisis et pratiquement éduqués.*

« Jusqu'à présent il était d'usage de prévoir deux sortes de postes de désinfection : les postes étudiés spécialement pour la désinfection dite en surface et ceux étudiés spécialement pour la désinfection dite en profondeur, chacun de ces derniers pouvant lui-même être un poste fixe ou un poste mobile.

« Dans le département de la Seine-Inférieure *l'installation des postes fixes n'a pas même été envisagée*, car l'installation d'un poste de ce genre *paraît un non-sens* en se plaçant au point de vue prophylactique, le seul à envisager en l'espèce. On comprend malaisément, en effet, que pour assurer la désinfection, c'est-à-dire la destruction aussi rapide et aussi complète que possible des germes morbides on commence tout d'abord par promener ces germes dans des emballages plus que suspects au point de vue de l'étanchéité, aux quatre coins du territoire, au risque de semer partout la contagion au lieu de la restreindre. Aucun poste fixe n'a, par suite, été prévu dans l'organisation du Service départemental. Tous les postes créés sont des postes mobiles.

« *La seconde distinction qu'il est presque classique de faire : désinfection en surface et désinfection en profondeur, paraît avoir été établie bien plus en se basant sur la nature des instruments et appareils utilisés dans l'art de la désinfection que pour répondre aux nécessités d'une désinfection rationnelle et pratiquement efficace.*

« Suivant les instructions pour la pratique de la désinfection adoptées par le Conseil supérieur d'hygiène publique de France, il m'a paru plus logique d'envisager séparément la désinfection *en cours de maladie* et la désinfection *en fin de maladie :* la première ayant pour but, en faisant l'éducation hygiénique de l'entourage du malade, en mettant à la disposition de cet entourage des instruments simples, des agents microbicides d'une action sûre, efficace et d'un maniement facile, de restreindre le plus possible le territoire infecté autour du malade, et, partant, de restreindre au minimum les chances de contamination de l'entourage et du voisinage.

« Comme conséquence de l'application de ces mesures de désinfection en cours de maladie, mesures qui, je le répète, auront détruit, au fur et à mesure de leur émission, les germes morbides provenant du malade, il suffira, une fois la maladie terminée, pour en supprimer toute trace dans le milieu social, de désinfecter efficacement le local occupé par le malade et le mobilier contaminé par ce dernier ; ce sera l'œuvre du poste de désinfection en fin de maladie, auquel est réservé le coup de balai final qui rendra assainis, à l'usage commun, locaux et mobilier.

« Dans la Seine-Inférieure, deux sortes de postes ont été établis :

« 1° Postes pour la désinfection en cours de maladie ;

« 2° Postes pour la désinfection en fin de maladie.

« Répartition des postes. — D'après la répartition des postes, *moins de six heures seront nécessaires pour se rendre de chaque poste dans les diverses communes qu'il est appelé à desservir.* Pour arriver à ce résultat, il a suffi, d'une part, de mettre une *motocyclette* à la disposition des agents chargés d'intervenir pour la désinfection pendant la maladie; d'autre part, de doter l'un des postes — en l'espèce celui de Rouen — d'un *automobile sanitaire* qui transporte rapidement sur place l'agent, le matériel et les produits nécessaires à la désinfection, à la fin de la maladie.

« Mais, objectera-t-on, comment l'agent, monté à motocyclette, pourra-t-il transporter dans sa circonscription le matériel et les produits nécessaires à la désinfection en cours de maladie? En parlant plus loin du rôle de cet agent, je répondrai à cette question ; j'indiquerai alors avec quelle facilité et avec quelle rapidité les familles auront à leur disposition les objets et désinfectants indispensables. Je me borne à dire dès maintenant que la désinfection pendant la maladie *doit logiquement être faite par la famille*, avec l'aide et sous le contrôle du Service départemental ; que, pour procéder à cette désinfection, il n'est pas besoin de grands appareils ni de produits chimiques variés ; qu'à la rigueur, un récipient quelconque pouvant aller au feu, un foyer pouvant porter le contenu de ce récipient à l'ébullition, suffisent dans les cas urgents, pour assurer la désinfection efficace des produits morbides ou du linge contaminé.

« CHOIX DES CHEFS DE POSTE ET DES AGENTS DE DÉSINFECTION. — L'article 8 du décret du 10 juillet 1906 dispose que « chaque poste de désinfection, doit être dirigé par un chef de poste assisté, s'il y a lieu, d'agents ou aides » ; que les chefs de poste et les agents procèdent eux-mêmes aux opérations de désinfection.

« Les fonctions de chef de poste ont été confiées à un employé de la préfecture et de la sous-préfecture, qui sera uniquement chargé, en raison de son importance, de la partie administrative du service.

« En ce qui concerne les agents de désinfection, contrairement à la solution généralement adoptée qui consiste presque toujours à charger accessoirement du Service de désinfection des employés pris dans un service départemental quelconque, la commission a estimé qu'il était préférable de *spécialiser* dès le début les agents du Service départemental.

« Les avantages de cette spécialisation sautent aux yeux. L'idée pouvait être en effet séduisante de prendre simplement, au moment où l'on en aurait besoin, en rémunérant à l'heure ou à la journée, des agents d'un service public quelconque, du service vicinal, par exemple, de les transformer en agents de désinfection d'occasion.

On pensait que cette façon de procéder était simple, peu coûteuse et pratique ; l'expérience à démontré, au contraire, qu'elle entraînait un retard considérable dans le moment d'intervention de l'agent, qu'elle était onéreuse et qu'elle était dangereuse.

« Dans un rapport adressé au préfet des Hautes-Pyrénées, M. le Dr Lafosse, chargé du contrôle du Service de désinfection dans ce département, écrit : « *C'est une hérésie administrative que de s'imaginer qu'on peut improviser un désinfecteur, fût-ce au moyen de la transmutation temporaire des agents du service vicinal ....* » ; il ajoute que *les agents de désinfection, sans éducation technique préalable, deviendront des agents d'infection* et qu'ils ne faut avoir recours qu'à des désinfecteurs de métier, des spécialistes.

« De même, et au nom de l'expérience acquise, M. le professeur Courmont, inspecteur départemental de l'hygiène publique dans le Rhône, déclare : « .....C'est dire que
« *je condamne absolument les organisations départemen-*
« *tales ou urbaines qui ont mis la désinfection entre les*
« *mains de fonctionnaires à tout faire*..... »

« Tous nos agents de désinfection sont donc spécialisés et, afin de rendre leur intervention aussi discrète que possible, ils ne portent aucune tenue spéciale, aucun signe distinctif ; revêtus du classique costume de cuir de tous les motocyclistes ou chauffeurs, leur passage dans une commune, leur arrêt devant une maison, restent inaperçus, et ils remplissent ainsi leur mission sans éveiller aucune susceptibilité ni heurter aucun préjugé.

B. — Fonctionnement.

« Parmi les personnes appelées à assurer le fonctionnement du Service de désinfection, il faut, en première ligne, citer le médecin traitant ; viennent ensuite le chef de poste, puis l'agent qui interviendra pour la désinfection en cours de maladie ; enfin, l'agent qui doit procéder à la désinfection lorsque la maladie est terminée, lorsque le malade est décédé ou qu'il a été transféré hors de son domicile.

« Rôle du médecin et rémunération de son concours. — Si l'on s'en tient aux dispositions légales en vigueur, le rôle du médecin en la matière est des plus limités : il lui suffit, en effet, de faire à l'autorité publique la déclaration de tout cas de maladie transmissible prescrite par l'article 15 de la loi du 30 novembre 1892 et par l'article 5 de la loi du 15 février 1902. Mais le Conseil départemental d'hygiène et le Conseil général ont, avec juste raison, estimé que le médecin traitant était tout indiqué pour préparer les familles à accepter les mesures de désinfection ; ils ont pensé que dans l'organisation du plus important des services publics, institué dans l'intérêt de la santé publique, il fallait demander et obtenir du médecin plus qu'une simple déclaration ; qu'il était utile qu'il mît à la disposition de l'Administration l'influence morale qu'il exerce dans sa clientèle ; qu'il était en un mot indispensable d'en faire un collaborateur volontaire du nouveau Service départemental.

« En quoi consistera cette collaboration ? D'abord à adresser au maire et au sous-préfet, dès la constatation de la maladie, la déclaration prescrite par la loi et à la compléter par quelques brèves indications de nature à renseigner immédiatement l'Administration sur la mission qu'auront à remplir ses agents ; ensuite à produire aux mêmes autorités une seconde déclaration après la guérison, après le décès ou en cas de transport du malade hors de son domicile ; enfin et surtout, à faire comprendre à l'entourage du malade la nécessité de la désinfection, à préparer de la sorte la venue de l'agent désinfecteur.

« Appréciant comme il convient l'utilité et l'importance du concours du médecin, le Conseil général a estimé qu'il était légitime de l'en rémunérer. Sur l'avis d'une commission spéciale et conformément à vos propositions, la Commission départementale a fixé à 2 francs l'indemnité qui lui sera allouée lorsqu'une des maladies énumérées ci-dessous¹ aura été de sa part l'objet des recommandations prévues par le règlement départemental (art. 8) et de l'envoi au sous-préfet et au maire, sur des formules qui lui seront fournies par l'Administration :

« 1° D'une première déclaration, une fois son diagnostic posé ;

« 2° D'une deuxième déclaration à la fin de la maladie, après le décès ou le transport du malade hors de son domicile.

« En consentant à fournir les brèves indications facultatives que comportent les formules de déclaration, en facilitant ainsi le fonctionnement du service, en se faisant en quelque sorte, auprès des familles, *le conseiller de la désinfection*, le médecin préparera à nos agents, lorsqu'ils se présenteront, sinon un accueil cordial, du moins un accueil bienveillant.

« Au sujet de l'accueil fait par les familles à l'application des mesures de désinfection, on a un peu trop abusé de l'hostilité présumée des intéressés. Il est de mise, dans certains milieux, même médicaux, de prétendre que le peuple ne veut pas la désinfection. Or, l'expérience que je viens d'acquérir par les contacts successifs que j'ai eus avec les populations de notre département, pendant ces derniers mois, à l'occasion des cas de méningite cérébro-spinale qui se sont montrés un peu partout, me permet de

---

[1] 1° Fièvre typhoïde ; 2° typhus exanthématique ; 3° variole et varioloïde ; 4° scarlatine ; 5° rougeole compliquée (la rougeole ordinaire ne donnant pas lieu à rémunération) ; 6° diphtérie ; 7° suette miliaire ; 8° choléra et maladies cholériformes ; 9° peste ; 10° fièvre jaune ; 11° dysenterie ; 12° infection puerpérale et ophtalmie des nouveau-nés (lorsque le secret de l'accouchement n'a pas été réclamé) ; 13° méningite cérébro-spinale ; 14° tuberculose pulmonaire.

donner un démenti formel à ces prétentions. Partout où j'ai été appelé à prescrire des mesures de désinfection, à conseiller des pratiques d'hygiène, j'ai été admirablement accueilli. Bien souvent, les intéressés faisaient plus qu'on ne leur demandait. Enfin, j'ai remarqué que l'intervention rapide des agents du service calmait au plus haut point les émois de l'opinion publique ; il suffisait que, dans un village où venait de se produire un cas de méningite cérébro-spinale, l'agent de service parût, pour voir aussitôt toute inquiétude disparaître et l'opinion publique, bouleversée, se ressaisir.

« A l'appui de ce que je viens de mentionner, et bien que ce soit une digression, je ne crois mieux faire que de reproduire quelques-unes des lettres qui parviennent journellement au Service d'inspection, lettres émanant des intéressés eux-mêmes.

« Je passe intentionnellement sous silence des lettres contenant des plaintes contre les médecins ou leur adressant des reproches quelquefois mérités.

« Une femme d'ouvrier écrit :

« Je m'adresse directement à vous après plusieurs réclamations à la mairie, car j'ai perdu une enfant de sept ans de la tuberculose aiguë, le 18 janvier 1909. Le docteur avait porté « à désinfecter » sur l'acte de décès. J'ai un enfant de quatre ans qui est malade et mon mari qui est au lit, blessé. J'ai toujours attendu depuis bientôt deux mois, et rien !

« Je compte sur vous, Monsieur le Préfet, et recevez mes salutations. »

« Un propriétaire écrit :

« **Monsieur le Chef du Bureau d'hygiène. Un enfant**

de neuf ans, atteint de coxalgie suppurée et de tuberculose, a contaminé une maison d'ouvriers m'appartenant, située près de l'école de X... ; il n'y a qu'une chambre pour la famille.

« Je vous prie donc, Monsieur, de bien vouloir procéder à la désinfection aussitôt que possible, cela est très urgent. »

« Un voisin écrit :

« Je vous prie de bien vouloir faire désinfecter une maison sise à Y,.., où est décédé M. Z..., atteint de tuberculose ; cela est d'autant plus dangereux pour la santé publique que cette maison est à usage d'épicerie, café, auberge.

« C'est vous dire, Monsieur, qu'il y a urgence de le faire le plus tôt possible. »

« Un instituteur écrit :

« Monsieur le Sous-Préfet. J'ai l'honneur de vous prier de bien vouloir me faire savoir s'il ne vous serait pas possible de m'accorder gratuitement l'envoi de l'étuve de l'arrondissement pour mon logement de l'école de garçons, dont la direction m'a été confiée le 1er juin dernier. Il contient trois chambres. Dans la première, M. X..., mon prédécesseur, est mort d'un cancer à l'estomac. Dans la deuxième, une jeune adjointe est décédée de la phtisie, il y a deux ans. La troisième a été habitée dans le courant de l'année par un suppléant atteint de tuberculose si avancée, qu'il s'est éteint à Rouen, il y a plusieurs mois.

« Nous avons un petit garçon qui a de grandes prédispositions à la tuberculose, et nous serions heureux si vous pouviez éviter sa perte par une désinfection que nous n'avons pu réclamer dès notre arrivée, dans l'ignorance où nous étions de tous ces faits. Je m'offre à fournir le combustible et de l'eau pour l'étuve.

« Veuillez agréer, Monsieur le Sous-Préfet... »

« Enfin, voici un appel touchant adressé par un instituteur à l'Inspecteur d'Académie :

« Je soussigné, X..., instituteur public à..., ai la douleur de vous informer que l'un de mes enfants, âgé de trois ans et demi, est décédé lundi soir des suites de diphtérie. C'est M. Y..., docteur en médecine, des épidémies, qui le soignait, et, comme les jours de la semaine dernière il faisait un froid rigoureux, mes enfants ont joué dans l'école. Le petit enfant atteint a pu dès lors contaminer le local scolaire, ce que craint fortement M. Y... En conséquence, les classes vaquent pour l'instant, et il est indispensable de désinfecter la classe avant la rentrée des élèves.

« Père de deux autres enfants, âgés, l'un de six ans et le second de huit mois, il y a aussi urgence, pour prévenir de nouveaux malheurs, de désinfecter les locaux de la maison avant la réintégration des membres de la famille.

« Fils et frère d'instituteur, je prie instamment monsieur l'Inspecteur d'Académie, en qui j'ai toute confiance, de vouloir bien faire le nécessaire pour faire envoyer, dans le plus bref délai possible, l'étuve à désinfection départementale.

« Les dépenses occasionnées par le malheur qui me frappe dans ce que j'ai de plus cher, et les suites possibles qui peuvent encore en découler, me causent une grande inquiétude pour les enfants qui me restent, et que je voudrais bien préserver du mal terrible, me font espérer,

Monsieur l'Inspecteur d'Académie, que ma demande sera favorablement accueillie par vous.

« Daignez agréer, Monsieur l'Inspecteur d'Académie.. »

« Je considère donc la question de l'accueil fait par les populations à l'application intégrale de la loi du 15 février 1902 comme résolue. Cet accueil sera un accueil bienveillant, et je n'hésite pas à dire que la désinfection entrera très facilement dans les mœurs de nos populations normandes, et que, si le corps médical ne veut pas qu'elle y entre malgré lui, il est nécessaire qu'il s'en fasse le conseiller, ainsi que le lui demandent l'Administration départementale et le Conseil général de la Seine-Inférieure.

« Je viens de dire que les deux déclarations, l'une au début, l'autre à la fin de la maladie, donneraient lieu à une rétribution de deux francs. Exception est faite pour la rougeole, par suite du peu d'utilité pratique de la désinfection, la rougeole étant la plus contagieuse avant l'apparition de l'érythème, avant, par conséquent, que le diagnostic puisse en être établi. Il résulte de ce fait que toute mesure de défense contre la propagation de cette maladie était inutile et sans effet. La Commission spéciale chargée par vous d'étudier les mesures de détail relatives à l'organisation du service, a néanmoins pensé que la rétribution serait due en cas de rougeole grave compliquée d'infections secondaires.

« A la liste des treize maladies citées plus haut et dont la déclaration est obligatoire, la Commission a ajouté, comme donnant droit à la rétribution, la tuberculose. D'une part, le nombre relativement considérable de demandes de désinfections pour tuberculose, qui nous parviennent journellement et émanent des intéressés eux-mêmes; d'autre part, l'utilité incontestable qu'il y a pour le corps social tout entier à la désinfection des locaux habités par un tuberculeux et contaminés par lui, ont motivé cette addition.

« Les conséquences sociales que cette innovation peut avoir n'échapperont à personne et, à ce point de vue encore, l'initiative prise dans notre département doit être hautement louée et pourra être utilement imitée ailleurs.

« Rôle du Chef de poste. — Aux termes des dispositions des articles 7 et 8 du décret du 10 juillet 1906, les attributions du chef de poste sont de deux sortes : les unes administratives, les autres techniques.

« La Commission spéciale d'organisation du service a pensé qu'il était préférable de charger le chef de poste exclusivement des attributions administratives et de réserver les attributions techniques aux agents de désinfection. Une des raisons pour lesquelles elle a envisagé cette séparation très nette entre les différentes attributions des chefs de poste est la suivante :

« Aux termes de l'article 10 du décret du 10 juillet 1906, le chef de poste est mis en mouvement par le maire de la commune où réside le malade, au reçu de la déclaration faite par le médecin. L'observation stricte de cet article offre dans nos campagnes un grave inconvénient. En effet, la majeure partie des communes rurales n'a qu'une seule distribution postale, d'où un retard considérable et quelquefois préjudiciable à la santé publique.

« Supposons qu'un médecin constate le dimanche un cas de maladie transmissible et qu'il fasse le même jour les deux déclarations prescrites par la loi. Le sous-préfet, d'une part, le maire, de l'autre, la recevront le lundi. En admettant que le maire avertisse le chef de poste le jour même, cet avis ne partira que le mardi et n'arrivera que le mercredi au chef de poste.

« Dans notre organisation, nous transformons en chef de poste l'employé de la Sous-Préfecture chargé de la réception des déclarations médicales. Dans le cas cité plus haut, dès le lundi matin, il aura connaissance du cas et expédiera le jour même l'agent technique du service. Donc, en suivant la filière prévue par le décret, pratiquement, l'agent ne pourra être à pied d'œuvre que trois jours après la constatation médicale; en adoptant notre manière de faire, il sera à pied d'œuvre vingt-quatre heures au plus après la constatation médicale.

« Mais, l'employé de la Préfecture ou de la Sous-Préfecture, investi de la direction du poste sanitaire, n'a cependant pas toutes les attributions du chef de poste; il est uniquement chargé en effet :

« 1° De recevoir les déclarations de maladies transmissibles, de les transcrire sur le registre prescrit par l'article 3 du décret du 10 février 1903 et sur le registre-journal spécial au département;

« 2° De tenir, pour chaque maladie, une fiche de contrôle sur laquelle il consigne les indications suivantes : numéro de la maladie, nom et adresse du malade, dates de la réception de la déclaration, de la première visite, et des visites successives de l'agent de désinfection, de la guérison, du décès ou du transport du malade hors de son domicile, de la désinfection finale;

« 3° D'établir chaque soir, pour être remis à l'agent de désinfection : *a)* une feuille de route quotidienne où il indique le domicile des malades chez lesquels l'agent se rendra le lendemain ; b) pour chaque maladie, une feuille d'opérations sur laquelle l'agent mentionnera la date et l'heure de chacune de ses visites, ses observations, quelles formules d'instructions imprimées, quels désinfectants il a remis à la famille ;

« 4° D'avertir la famille du malade de la date et de l'heure approximative auxquelles il sera procédé à la désinfction finale ;

« 5° D'aviser le délégué de la Commission sanitaire des cas de maladies transmissibles ;

« 6° De transmettre chaque soir à l'Inspecteur départemental des services d'hygiène, qui sera ainsi tenu au courant au jour le jour de la marche du service et pourra exercer le contrôle qui lui incombe : a) une copie de la liste des déclarations de maladies reçues dans la journée ; b) une copie de la feuille de route quotidienne remise à l'agent de désinfection pour le lendemain ; c) une copie de la feuille d'opérations lorsque le malade est guéri, décédé ou transporté hors de son domicile ; d) un relevé des observations de toute nature (rapports des agents, plaintes des intéressés, réflexions du corps médical...) parvenues au chef de poste ;

« 7° Dresser, pour le Ministre de l'Intérieur, un état mensuel des cas de maladies transmissibles ;

« 8° Tenir les archives de service.

« Par cette simple énumération des attributions d'ordre administratif qui incombent au chef de poste, on se rend compte qu'il y avait intérêt à en charger un employé sédentaire, rompu à ce genre de travail, plutôt qu'un agent actif.

« Agents de désinfection. — Les agents actifs du service sont les agents de désinfection, qu'il faut ranger dans deux catégories : les uns s'occupant de la désinfection en cours de maladie, les autres procédant à l'exécution des mesures de désinfection après la maladie.

« A propos de cette division des agents du service en deux catégories, je répète que j'attache la plus grande importance *à la désinfection en cours de maladie. C'est par elle, et par elle seule, qu'on arrive à enrayer la propagation des maladies épidémiques.* La désinfection en fin de maladie ne constitue, je le répète, que « le coup de balai final » qui assainit les locaux et le mobilier contaminés par le malade.

« Désinfection pendant la maladie. — Au début de ce rapport, j'ai indiqué que la désinfection pendant la maladie devait être logiquement faite par la famille, première intéressée; qu'à la rigueur, un récipient quelconque pouvant aller au feu et dont le contenu serait porté à l'ébullition suffirait pour assurer la désinfection des produits morbides et du linge contaminé.

« Mais cette façon de procéder serait de nature à soulever les récriminations des ménagères, dont le linge pourrait se trouver taché d'une façon indélébile par l'ébullition, lorsqu'il est imprégné de produits organiques (sang, pus...). Aussi, m'a-t-il paru préférable de faire procéder à la désinfection par trempage dans une solution antiseptique énergique et de recourir, à cet effet, à un seul antiseptique : le *crésylol sodique*, qui, à lui seul, remplace tous les autres, suivant la formule désormais lapidaire du Conseil supérieur d'hygiène publique de France. En mettant donc à la disposition de l'entourage du malade un récipient métallique et du crésylol sodique, on lui procure le moyen de procéder à la désinfection de tous les produits morbides émis par le malade.

« Comment la famille du malade sera-t-elle mise en possession de ces récipients et désinfectants? Le Service départemental a fait et fera entreposer, au fur et à mesure des besoins, à la mairie de chaque commune, un certain nombre de lessiveuses (deux au moins), et à la mairie de certaines communes judicieusement choisies[1], une provision de flacons de crésylol sodique; je vais indiquer, en traçant le rôle de l'agent de désinfection, comment lessiveuses et désinfectants passeront du dépôt chez le malade.

« A l'arrière de la motocyclette de l'agent se trouve une caissette contenant six flacons de crésylol sodique, dont il s'approvisionne au poste sanitaire chaque matin, avant son départ; il porte en sautoir une petite sacoche de cuir renfermant les imprimés et feuilles d'opérations réglementaires. Suivant l'itinéraire indiqué sur la feuille quotidienne de service, qu'il a reçue la veille au soir du chef de poste, il arrive chez un malade. Que va-t-il faire? Il se présente à la personne responsable des mesures de désinfection, dont le nom a été inscrit en tête de la feuille d'opérations par le chef de poste, et lui remet, si elle a réclamé le concours du service public, ce que mentionne également la feuille d'opérations :

---

[1] Le choix de ces communes a été dicté par des considérations topographiques. On a choisi de préférence, quelle que soit leur importance administratives, les communes situées au point de bifurcation des routes ou aux carrefours.

« 1° Une note imprimée signalant l'utilité et l'obligation de la désinfection, et rappelant les pénalités encourues en cas de refus d'y procéder ;

« 2° L'instruction prophylactique s'appliquant au numéro de la maladie porté en tête de la feuille d'opérations ;

« 3° Des flacons de crésylol sodique ;

« 4° Un bon pour aller retirer à la mairie une ou deux lessiveuses, si cette personne a déclaré ne posséder ni lessiveuses, ni récipient métallique pouvant en tenir lieu.

« Se conformant aux conseils qui lui ont été donnés par l'inspecteur départemental, l'agent commente l'instruction prophylactique qu'il remet ; il indique la manière de procéder pour désinfecter selles, crachats, mucosités, linge de corps ou de literie, par un trempage de six heures au moins dans la solution forte à 4 pour 100 de crésylol sodique ; il ne craint pas d'être terre à terre dans ses explications et d'entrer dans les détails les plus minutieux ; il est, en un mot, *un moniteur de l'hygiène*, ne perdant jamais de vue ce principe : qu'en cette matière, la propreté est la première règle à observer, et qu'avec un morceau de savon et de l'eau propre on pourrait se préserver de presque toutes les maladies évitables.

« Après avoir annoncé qu'il reviendra s'assurer si les mesures de désinfection sont réellement exécutées, il se rend chez un autre malade, en ayant soin, s'il est nécessaire, de se réapprovisionner de désinfectants au dépôt communal le plus proche.

« Lorsque le chef de poste a mentionné sur la feuille d'opérations de l'agent que la désinfection serait pratiquée sans la participation du Service départemental, l'agent remet à la personne responsable de l'exécution des mesures de désinfection la note dont il vient d'être parlé sur l'utilité et l'obligation de la désinfection ; il fait signer à cette personne l'engagement prévu par l'article 14 du décret du 10 juillet 1906 ; enfin il procède à des visites de contrôle, aux jours fixés par le chef de poste et mentionne ses visites et observations sur sa feuille d'opérations.

« Si dans l'exercice de ses fonctions, il rencontre une résistance quelconque, il essaie, par la discussion courtoise, de lever les hésitations ou les craintes des familles ; je puis dire, après l'expérience de ces derniers mois qu'il arrivera souvent par la persuasion, mieux que par la menace d'une contravention, à convaincre les ignorants ou les récalcitrants. Si, cependant, il se heurte à une hostilité irréductible, il en rend compte au chef de poste. Alors le Délégué de la commission sanitaire ou l'Inspecteur départemental intervient pour assurer l'application de la loi ; l'un ou l'autre, par une démarche personnelle, tant auprès des intéressés que du médecin traitant, arrivera presque toujours à lever les hésitations ou les objections.

« Tel est le rôle de notre agent de désinfection pendant la maladie : c'est un instructeur et un contrôleur.

« Désinfection en fin de maladie. — En cas de guérison, de décès ou de transport du malade hors de son domicile, le chef du poste sanitaire de Rouen, prévenu, soit par la seconde déclaration du médecin traitant, soit par la réception de la feuille d'opérations de l'agent chargé d'intervenir en cours de maladie, fait immédiatement procéder à la désinfection des locaux qui étaient occupés par le malade et des objets qui, contaminés par lui, n'ont pu, en raison de leur nature ou de leur destination, être désinfectés pendant la maladie.

« En principe, la désinfection finale, totale, en profondeur se fera, dans le département de la Seine-Inférieure, à l'*étuve démontable Gonin* et par l'action de l'aldéhyde formique produit par les cartouches dénommées *fumigators*, à base de trioxyméthylène pur.

« Mais, on sait que l'emploi de l'aldéhyde formique pour la désinfection des locaux nécessite une condition essentielle qui est l'herméticité absolue du local envisagé, obtenue par l'occlusion, à l'aide de papier gommé, de toutes les fissures, fentes, orifices de serrure, etc., pouvant donner issue au gaz désinfectant.

« Si, dans les constructions urbaines, l'étanchéité des pièces peut être facilement obtenue, il n'en est pas de même dans la plupart des constructions rurales.

« La présence, dans presque toutes les maisons rurales, des immenses cheminées de campagne, l'absence d'un double plafond, la fermeture incomplète des portes, la construction des murs en pisé, sont autant de conditions qui s'opposent à l'occlusion absolue de la pièce à désinfecter.

« Dans les cas où la désinfection par les vapeurs d'aldéhyde formique est pratiquement impossible, la désinfection sera réalisée à l'aide de pulvérisations d'eau de chaux fraîchement préparée suivant la formule du Conseil supérieur d'hygiène de France. Ce reblanchiment des plafonds et des murs, qui constitue un excellent procédé microbicide, aura de plus le grand avantage d'être admirablement accueilli et par les locataires et par les propriétaires. Dans les mêmes cas, la désinfection des placards, armoires, se fera par une pulvérisation et un lavage à la solution forte de crésylol sodique.

« La désinfection du sol, lorsque le sol sera planchéié ou carrelé, sera obtenue par un lavage copieux avec de l'eau de Javel diluée et par une large imbibition à l'eau de chaux, lorsque le sol de la pièce sera constitué par de la terre battue.

« Pour transporter rapidement à pied d'œuvre le matériel nécessaire à ces diverses opérations, l'un des postes de désinfection — celui de Rouen — a été pourvu d'une voiture sanitaire automobile, laquelle ne constitue pas seulement un moyen de transport, mais un véritable *poste de désinfection mobile* susceptible de satisfaire à tous les besoins.

« Elle comporte en effet :
Une étuve démontable Gonin ;
Deux pulvérisateurs, l'un pour le crésylol sodique, l'autre pour le lait de chaux ;
Des seaux pour divers usages ;
Une petite étuve pour la désinfection des vêtements des désinfecteurs ;
Un approvisionnement suffisant de crésylol sodique, de chaux éteinte, de fumigators[1], etc. ;
Toutes les pièces des vêtements spéciaux à l'usage des agents de désinfection ;

---

[1] L'approvisionnement normal de la voiture ne comporte pas d'eau de Javel. Ce produit, qui se trouve partout, sera acheté sur place par l'agent de désinfection.

Des enveloppes pour le transport sans danger des matelas et autres objets de literie.

« Cette voiture sanitaire a été construite par la maison

Fig. 1

de Dion-Bouton, sur mes indications quant à la carrosserie spéciale. Avec le matériel qu'elle porte, il est possible de faire rapidement, sans perte de temps, une désinfection efficace, en surface comme en profondeur, d'un local quelconque et de son contenu, quel que soit le milieu social des occupants et quelles que soient les conditions d'aménagement que l'on puisse rencontrer dans la pratique[1].

« Son poids, avec tous ses accessoires et ses approvisionnements, oscillant autour de 1.500 kilogrammes, son transport sera des plus faciles et des moins onéreux. Son prix, y compris l'étuve et ses acccessoires, n'atteint pas 9.000 francs.

« Elle comprend tout d'abord, supportée par une sorte de berceau, l'étuve Gonin, montée sur galets. Pour le fonctionnement, il est inutile de détacher complètement l'étuve de la voiture, il suffit de la faire rouler sur les rails jusqu'à l'extrémité du berceau et de supporter l'autre extrémité libre de l'étuve sur un chevalet. Dans le cas, toutefois, où il y aurait lieu de détacher l'étuve complètement de la voiture, deux autres chevalets ont été prévus, permettant, par exemple, d'introduire l'étuve dans une chambre.

« En glissant sur ses rails, l'étuve met à découvert le double fond qui constitue la partie inférieure de la carrosserie. Ce double fond est aménagé spécialement pour le transport des accessoires qui ne sont utilisés qu'avec l'étuve. Tous les produits liquides sont renfermés dans des flacons carrés dits de marine, de 500 grammes.

« Au-dessus de l'étuve et attenante au dais qui protège le conducteur contre les intempéries, se trouve une galerie sur laquelle sont arrimés :

1 pulvérisateur pour l'eau de chaux ;

---

[1] Pour la force et la vitesse, cf. Dr Ott, la Voiture sanitaire de la Seine-Inférieure, *l'Arsenal de l'Hygiène*, n° 11, nov. 1909.

1 pulvérisateur pour crésylol sodique ;
1 jeu de seaux ;
1 réservoir de pétrole pour la lampe Primus ;
1 petite étuve pour la désinfection des vêtements de protection du désinfecteur ;
Les chevalets divers.

Fig. 2

« De chaque côté de la voiture, sur le marchepied, se trouvent trois coffres renfermant : fumigators, enveloppes pour matelas, blouses, bottes spéciales, couvre-chef, objets de toilette, accessoires, etc., etc.

« L'habillement des agents est constitué par une blouse en forte toile, une paire de bottes de forme spéciale, un couvre-chef (le modèle adopté est la copie du suroît des marins, et a été adopté parce qu'il s'adapte à toutes les têtes, quelle qu'en soit la circonférence, et qu'il simplifie l'approvisionnement.

« Il est classique de prévoir, dans l'habillement des agents de désinfection, un pantalon et des chaussures spéciales. Nous avons préféré faire établir, par la maison Gonin, un modèle spécial de bottes. Il est constitué par une semelle en cuir fort sur laquelle est cousue une sorte de sac haut de 80 centimètres. L'agent introduit dans ce sac son pied chaussé et sa jambe revêtue de son pantalon ordinaire. Un fort ruban fixé au talon se croise sur le cou-de-pied et remonte en s'entrelaçant jusqu'au-dessus du genou et produit l'adhérence de cette botte. La marche, dans ces conditions, est des plus faciles. Ce dispositif évite le changement de pantalon et de chaussures de l'agent.

« On remarque sur la plateforme de la voiture une « petite étuve pour la désinfection des vêtements de pro-« tection du désinfecteur ». Voici la description de cette étuve que j'ai fait construire par la maison Gonin :

« Un récipient métallique, à fermeture hermétique par joint en caoutchouc et trois écrous à oreilles, renferme un panier en toile métallique à larges mailles, destiné à contenir les effets à désinfecter. Un espace annulaire de plusieurs centimètres est ménagé entre la paroi intérieure et le panier pour faciliter la circulation de l'air chaud saturé d'humidité. La saturation est obtenue par l'introduction d'une petite quantité d'eau au moment de l'emploi. Dix à quinze minutes sont suffisantes pour l'obtention d'une température de 60 degrés. Un ajutage inférieur permet l'adaptation du fumigator spécial. Cet ajutage peut être obturé, après combustion du fumigator, par un bouchon hermétique. Il est également classique d'admettre que lorsque les agents de désinfection ont terminé leur désinfection, ils introduisent comme dernier objet dans l'étuve les blouses et autres vêtements qui

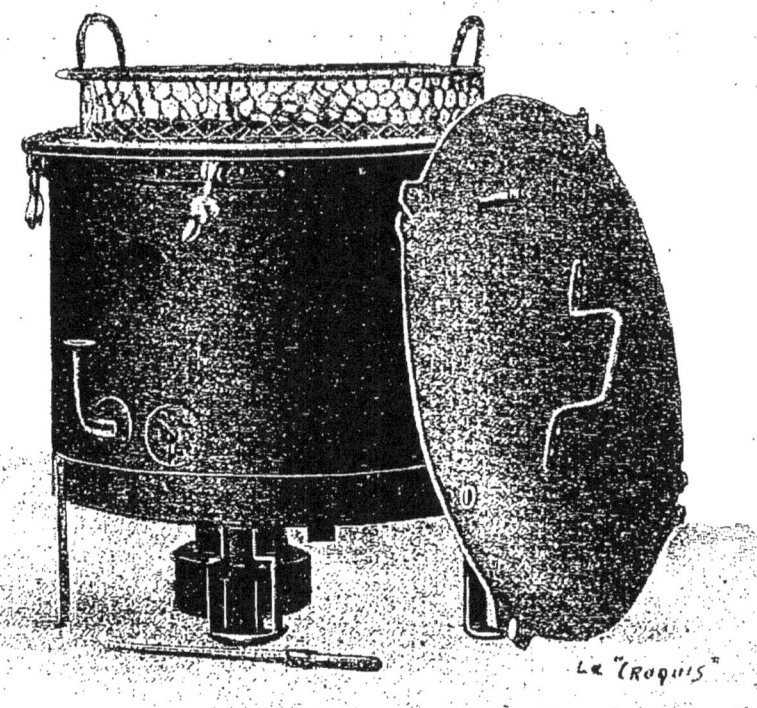

Fig. 3

les ont protégés. Dans la pratique, les agents se trouvent placés dans l'une ou l'autre des deux alternatives suivantes : ou bien attendre pour mettre en marche l'étuve à désinfection que la désinfection de tous les locaux soit terminée, ou bien ne pas désinfecter leurs vêtements. Dans le premier cas, il en résulte une perte de temps considérable ; dans le second, qui, je crois, est le plus fréquent, il peut en résulter de graves inconvénients pour la santé publique.

« La difficulté est ainsi tournée : en arrivant à pied d'œuvre, l'agent revêt son costume spécial, procède au chargement de l'étuve, la met en marche, surveille le chauffage jusqu'au moment où la température propice est atteinte, puis enflamme les fumigators et règle convenablement l'appareil de chauffage pour maintenir la température réglementaire. A partir de ce moment, pendant un laps de temps de deux heures (période obligatoire d'action des vapeurs d'aldéhyde formique), l'agent devient disponible et peut procéder à la désinfection des locaux, soit par l'obtention de l'herméticité et l'allumage de fumigators, soit par la pulvérisation des murs et plafonds, suivant le cas. Deux heures sont, en général, largement suffisantes pour cela. Puis la désinfection des locaux terminée, l'agent fait une première toilette de ses mains et de sa figure, enlève ses vêtements de protection, les introduit dans la petite étuve en question, refait une deuxième toilette, après laquelle il allume la lampe à alcool destinée à chauffer cette étuve. Pendant que cette étuve chauffe, il a le temps d'ouvrir la grande étuve et d'en retirer les objets désinfectés. Puis, la température de la petite étuve s'étant suffisamment élevée pendant les dix ou quinze minutes qui viennent de s'écouler, il allume un petit fumigator spécial, dont le contenu a été proportionné à la capacité de l'étuve. La combustion demande quelques minutes qu'il met à profit pour réarrimer tous les objets qui lui ont servi, et il est prêt à partir pour une nouvelle destination où il pourra procéder à une nouvelle désinfection, en revêtant des vêtements stérilisés de rechange, dont la voiture est munie en nombre suffisant. Les vapeurs d'aldéhyde formique resteront ainsi en vase clos, en contact avec les vêtements contaminés, pendant un laps de temps qui ne sera jamais inférieur à quatre heures en moyenne, temps largement suffisant pour en assurer la désinfection.

« Après ces explications, je n'ai qu'un mot à ajouter, et c'est pour affirmer que la voiture sanitaire automobile nous rend les plus réels services. Je le prouve par un exemple : le 28 avril au matin, l'agent qui conduit cette voiture et procède aux désinfections quittait Rouen ; dans la journée, il effectuait une désinfection à Vieux-Rouen, à Tourville-sur-Arques et à Offranville ; le soir, il couchait à Sanvic, où il procédait, le lendemain 29, à deux désinfections ; à la fin de l'après-midi, il était de retour à Rouen, après avoir parcouru plus de 256 kilomètres et assuré cinq désinfections complètes.

C. — Conclusions.

« Reste à examiner si le service, tel qu'il est organisé et fonctionne actuellement, répondrait, en temps normal, à tous les besoins.

« Cela dépendra du nombre des déclarations de maladies transmissibles, qui, jusqu'ici, il faut bien le dire, a été inférieur à la réalité : les médecins, en effet, se montraient en général rebelles à la déclaration, et, peut-être, leur attitude avait-elle une excuse, puisqu'ils la jugeaient inutile en l'absence de tout service organisé pour opérer la désinfection.

« Aujourd'hui que le corps médical n'aura plus cette excuse, qu'il va, répondant aux espoirs du Conseil général et de l'Administration, apporter sa précieuse collaboration à la bonne exécution de notre service, la situation se modifiera : le nombre des déclarations, et, par conséquent, des désinfections, augmentera.

« En s'appuyant sur le chiffre des déclarations enregistrées dans les bureaux de la préfecture et des sous-préfectures, *pendant le premier semestre* de cette année, il aurait dû être procédé à sept cent dix-neuf désinfections, dont la presque totalité par le Service public. Si ce chiffre, qui ne constitue, à mon avis, qu'une faible partie des cas constatés dans la pratique médicale, était dépassé, même dans une notable proportion, il n'en serait pas moins possible d'assurer les mesures que comporte la désinfection en cours de maladie avec l'agent attaché à chacun de nos postes d'arrondissement.

« Mais il n'en sera pas de même pour la désinfection finale, car notre voiture sanitaire qui, depuis le 20 avril, a assuré 128 désinfections, ne peut en effectuer que 550 par an au maximum ; il serait donc utile d'en acquérir deux autres pour faire face aux nécessités du service.

« Si vous partagez ma manière de voir, il y aura lieu, au budget de 1910, de relever le crédit affecté aux dépenses de fonctionnement du service de désinfection, suivant les indications du tableau ci-dessous, et de le porter de 35.000 francs à 48.767 francs.

I. — Frais généraux.

Indemnités aux médecins traitants, 1.500 déclarations.			3.000 »
Accidents aux tiers. { 5 motocyclettes. . 300 } 540 { 3 automobiles . . 240 }			540 »
A reporter. . . .			3.540 »

Report	3.540 »
Assurances : Loi du 9 avril 1898, 8 agents 300	
Incendie. { 5 motocyclettes. . 20 / 3 automobiles . . 150 } 212 / Recours des voisins 42 }	512 »
Indemnités pour destruction d'objets	1.000 »
Indemnité au garde-magasin chargé de la comptabilité-matières et de la manutention des produits divers	200 »
Impôts { indirects, 5 motocyclettes à 12 fr.	60 »
{ directs, 3 voitures automobiles. .	225 »
Dépenses de prélèvements pour les analyses. .	1.000 »

II. — Désinfection en cours de maladie.

Indemnité au Chef de poste	300	
Traitement de l'agent de désinfection.	1.200	Prix
Indemnité de logement . .	300	d'entretien
Indemnité de déplacement .	600	d'un poste :
Désinfectants et imprimés .	500	3.700 fr.
Vêtements de protection de l'agent	100	
Entretien de la motocyclette	700	

Soit pour 5 postes.	18.500 »

III. — Désinfection en fin de maladie.

Traitement de l'agent . .	1.600	
Indemnité de logement . .	300	Prix
Indemnités de déplacement.	850	d'entretien
Désinfectants et imprimés .	1.000	d'un poste :
Entretien de la voiture automobile sanitaire. . . .	4.000	7.900 fr.
Vêtements de protection de l'agent	150	

Soit pour 3 postes.	23.700 »
TOTAL GÉNÉRAL.	__48.767__ »

Notre excellent confrère le Dr Ott, dont le consciencieux travail se termine par les chiffres ci-dessus représentant le budget de la désinfection qu'il présentait au Conseil général de la Seine-Inférieure, vient de nous envoyer (juin 1910) les résultats réels des dépenses d'organisation et de fonctionnement de ce service en 1909.

Nous transcrivons ces nouveaux documents, qui seront des plus précieux à consulter pour l'Inspection d'hygiène et pour le Conseil général de l'Isère :

« En application des principes exposés dans mon rapport au Conseil général en août 1909, rapport inséré dans les numéros 10 et 11 de la *Revue pratique d'hygiène municipale*, le Service départemental de désinfection a commencé à fonctionner dans les divers arrondissements aux dates suivantes :

« Rouen : 1er mai 1909 ;
« Dieppe : 20 juillet 1909 ;
« Yvetot : 25 juillet 1909 ;
« Neufchâtel : 5 août 1909 ;
« Le Havre : 25 août 1909.

« Les agents du Service ont été, en 1909, au nombre de 6 dont 5 spécialisés pour la désinfection en cours de maladie et 1 pour la désinfection en fin de maladie.

« Les 5 agents spécialisés pour la désinfection en cours de maladie et dont le rôle est d'être auprès des familles des moniteurs de l'hygiène, ont fait en cette qualité :

« 2.160 visites d'instruction lorsque la désinfection incombait au service public ;

« 387 visites de contrôle lorsque les particuliers assuraient eux-mêmes la désinfection.

« L'agent spécialisé pour la désinfection finale qui est

en même temps conducteur de la voiture sanitaire, a assuré :

« 274 désinfections finales portant à la fois sur les locaux et la literie.

« Enfin 48 désinfections finales faites par les familles, ont été contrôlées par les agents du Service.

« Les dépenses *d'organisation* ont atteint le chiffre de 20.322 fr. 61, se décomposant comme suit :

Transformation et aménagement des locaux. .	3.091	59
Voiture sanitaire et 5 motocyclettes avec leur gréement	14.525	»
Gros outillage d'atelier et des dépôts	1.356	02
100 jeux de 2 lessiveuses rentrant l'une dans l'autre	1.350	»
	20.322	61

« Les dépenses de fonctionnement ont atteint le chiffre total de 30.450 fr. 07, se décomposant comme suit :

Impôts	60	»
Assurances	453	50
Désinfectants	4.334	12
Imprimés.	2.146	07
Verrerie	1.227	40
Fournitures diverses	374	70
Accessoires et rechange pour l'étuve	118	35
Habillement des agents	829	90
Vêtements de désinfection	205	»
Agents. { Traitements	4.486	»
Déplacements.	3.014	15
Avances	319	10
Indemnités aux chefs de postes administratifs .	650	»
Indemnités au magasinier comptable	100	»
Prime d'entretien de matériel aux agents . .	425	»

Destruction d'objets	22	50
Mise en route, gréement, entretien et réparations des motocyclettes du service, agencements des dépôts, etc.	10.167	36
Indemnités aux médecins déclarants	986	»
Avances aux chefs de poste.	111	55
Divers.	419	37
	30.450	07

« Le chiffre de 10.167 fr. 36 qui figure sous la rubrique « mise en route, gréement, entretien et réparations de la voiture sanitaire et des motocyclettes du Service, agencements des dépôts, etc... » se décompose comme suit:

	Total général	Voiture sanitaire	5 motocyclettes
Essence	1.998 25	» »	» »
Huile	672 80	» »	» »
Graisse	52 70	» »	» »
Droits d'octroi	224 25	» »	» »
Pièces de rechange. . .	1.576 90	507 05	1.089 85
Réparations	1.124 45	347 85	776 80
Pneus (Enveloppes. .	2.296 »	1.854 »	442 »
Pneus { Chambres à air.	305 25	178 »	127 25
Pneus (Accessoires. .	174 »	118 25	55 75
Outillage de voiture et d'atelier	614 60	» »	» »
Gréement	594 75	292 75	302 »
Divers	513 11	» »	» »
	10.167 36		

« Sur les 863.876 habitants du département de la Seine-Inférieure, 589.361 sont justiciables du Service départemental de désinfection.

« L'organisation du Service a donc coûté, par habitant, la somme de 34 millimes.

« Et le fonctionnement avec ses 2.547 visites en cours de maladie et ses 322 désinfections finales faites ou contrôlées, a entraîné par habitant une dépense de 51 millimes. »

D^r OTT,
Inspecteur départemental de
l'Hygiène publique dans la Seine-Inférieure.

LES POSTES DÉPARTEMENTAUX DE DÉSINFECTION

DANS LE DOUBS[1]

SESSION D AVRIL 1907

RAPPORT DU PRÉFET DU DOUBS

Au Conseil général.

Organisation d'un service départemental de désinfection.

« Conformément aux dispositions du décret du 10 juillet 1906 et aux prescriptions des circulaires de M. le Ministre de l'Intérieur, en date des 28 juillet 1906, 29 janvier et 18 mars 1907, j'ai l'honneur de déposer sur votre bureau le projet d'organisation d'un Service départemental de désinfection élaboré par le Conseil départemental d'hygiène du Doubs et modifié par la Commission spéciale nommée par le Conseil général, dans sa séance du 22 août 1906.

« Dans sa réunion du 4 avril courant, cette Commission a décidé de proposer l'acquisition d'étuves modèle Gonin, qui vont être soumises à l'approbation du Conseil supérieur d'hygiène, de demander la création d'un poste de désinfection dans chacune des huit circonscriptions sani-

---

[1] Nous devons ces renseignements à l'obligeance du Dr Maréchal, directeur du Service de désinfection départemental du Doubs. Voir *l'Arsenal de l'Hygiène*, n° 12, décembre 1909.

taires du Doubs, et, afin de limiter les dépenses, de proposer de confier, dans chaque circonscription, la direction du service à l'agent voyer cantonal. Chaque poste serait dirigé par un cantonnier chef assisté de cantonniers du service vicinal spécialement attachés à ce service.

« Le nombre de désinfections à effectuer annuellement pouvant être fixé approximativement, pour la période de début, à 20 par poste, soit en tout 160 pour le département du Doubs, le budget de ce nouveau service a été établi, pour l'année 1907, sur les bases suivantes :

1° Dépenses d'organisation.

Acquisition de huit étuves modèle Gonin, à 600 francs pièce	4.800 »
Frais de port et d'emballage desdites étuves .	450 »
Provision de substances emmagasinées pour le Service de désinfection (fumigator, crésylol, eau de Javel, alcool dénaturé), à raison de 150 francs par poste, soit, pour les 8 postes, une dépense de	1.200 »
Acquisition de sacs imperméabilisés pour transport d'objets et de linges (2 sacs à 10 francs pièce par poste), soit, pour les 8 postes . .	160 »
Acquisition de costumes et de chaussures pour les désinfecteurs (30 fr. × 3 = 90 fr. par poste), soit, pour les 8 postes, une dépense de	720 »
Acquisition d'accessoires divers (brosses, balais, linges, baquets, seaux en tôle, etc.), 40 francs par poste, soit, pour les 8 postes	320 »
Acquisition de fournaux à alcool	50 »
Aménagement de locaux pour le remisage des	
A reporter . .	7.700 »

Report. . . .	7.700 »
étuves et du matériel de désinfection (200 fr. par poste), soit, pour les 8 postes	1.600 »
Frais de déplacement du Chef du Service départemental pour instructions pratiques aux délégués des Commissions sanitaires et aux Chefs de poste	300 »
Dépenses imprévues (50 francs par poste), soit, pour les 8 postes.	400 »
TOTAL DES DÉPENSES D'ORGANISATION. . .	**10.000** »

à supporter par l'Etat, dans la proportion de 40 o/o, soit 4.000 francs, et par le département, dans la proportion de 60 o/o, soit 6.000 francs.

2° *Dépenses de fonctionnement du service.*

Chef du Service départemental :		
Traitement annuel	600 »	
Frais de bureau	200 »	
Frais de déplacement à raison de 1 franc par kilomètre (aller et retour compris)	400 »	
	1.200 »	1.200 »
Délégués des Commissions sanitaires :		
Indemnité forfaitaire	100 »	
Frais de bureau	50 »	
Total par poste . .	150 »	
Soit pour les 8 postes.		1.200 »
Traitement fixe annuel des chefs de poste, à 50 francs l'un, soit en tout		400 »

Les chefs de poste et les aides seraient rétribués en outre à l'aide de gratifications par prélèvement d'une somme de 1.000 francs sur le cré-

A reporter . . .	2.800 »

Report	2.800 »

dit de 5.000 francs inscrit au chapitre 4 du budget départemental pour allocation de gratifications aux cantonniers de service vicinal, par suite, il n'y aurait lieu de prévoir aucun crédit spécial à cet effet . . . . » »
Location de voiture avec cheval pour transport au lieu de désinfection (10 francs par jour) soit, pour les 160 désinfections prévues, une dépense de . . . . 1.600 »
Indemnités kilométriques de déplacement allouées pour l'exécution des mesures de désinfection aux chefs de poste et aux aides (à raison de 0 fr. 50 par kilomètre en se basant sur une distance moyenne de 20 kilomètres à parcourir), ce qui occasionnerait une dépense approximative de . . . . 3.200 »
Indemnités pour destruction d'objets mobiliers (100 francs par poste), soit, pour les 8 postes. 800 »
Renouvellement de la provision de substances emmagasinées pour le Service de la désinfection (fumigator, crésylol, eau de Javel, alcool dénaturé) (150 francs par poste), soit, pour les 8 postes . . . . 1.200 »
Dépenses imprévues et imprimés (50 francs par poste), soit, pour les 8 postes, une dépense de 400 »

TOTAL DES DÉPENSES DE FONCTIONNEMENT.	10.000 »

« Les taxes de remboursement, prévues par le paragraphe 4 de l'article 26 de la loi du 15 février 1902, pourraient être fixées proportionnellement à la valeur locative de l'ensemble des locaux d'habitation dont dépendrait la pièce occupée par le malade, soit à 3 pour 100 de la valeur locative pour toutes les communes du département dont la population est inférieure à 5.000 habitants, et à

2,50 pour 100 de la valeur locative pour la commune d'Audincourt et les villes de Montbéliard et de Pontarlier dont la population se trouve comprise entre 5.000 et 20.000 habitants (sans toutefois que la taxe excède la somme de 30 francs par pièce soumise à la désinfection totale, et sous réserve d'une réduction de moitié dans le cas où les opérations ne porteraient exceptionnellement que sur des objets désinfectés au dehors).

« Toute désinfection pratiquée de nuit donnerait lieu à une redevance supplémentaire fixée à 50 pour 100. Le tarif pourrait être uniformément fixé à 4 francs pour les chambres d'hôtels garnis, les loges de concierges, les chambres de domestiques ou les chambres individuelles d'ouvriers logés chez leurs patrons ; à 3 francs pour les chambres des établissements scolaires et à 2 francs pour les chambres des établissements charitables.

« Dans ces conditions, le crédit de 500 francs inscrit actuellement en recette au budget primitif de 1907 pourrait être élevé à 3.000 francs. Par suite, les dépenses de fonctionnement restant à la charge exclusive des communes, du département et de l'Etat, ne s'élèveraient plus qu'à 7.000 francs sur lesquels l'Etat aurait à payer une contribution de 40 pour 100 soit 2.800 francs, et les communes 3.000 francs environ.

« Le montant de la dépense restant définitivement à la charge du département tant pour l'organisation que pour le fonctionnement de ce nouveau Service d'hygiène, ne s'élèverait qu'à 7.200 francs qui pourraient être prélevés sur les reliquats disponibles de l'exercice 1906.

« Je vous prie de vouloir bien délibérer au sujet de ces diverses propositions. »

CONSEIL GÉNÉRAL DU DOUBS

Séance du 16 avril 1907

Organisation d'un service départemental de désinfection.
M. BORNE, Rapporteur.

M. Borne. — « Comme suite à votre délibération du 22 août 1906, nommant une commission spéciale chargée d'étudier les détails d'organisation d'un Service départemental de désinfection, un projet préparatoire a été étudié et présenté par le Conseil départemental d'hygiène.

« Dans sa réunion du 4 avril courant, la commission spéciale nommée par vous a, sur ma proposition, décidé de vous proposer d'organiser ce nouveau Service d'hygiène sur les bases suivantes :

1° Création d'un poste de désinfection dans chacune des huit circonscriptions sanitaires du Doubs (Besançon, Ornans, Baume, Vercel, Montbéliard, Saint-Hippolyte, Pontarlier et Morteau) ;

2° Direction du service confiée, dans chaque circonscription sanitaire, à l'agent voyer cantonal agissant en qualité de délégué de la commission sanitaire ;

3° Direction de chaque poste de désinfection confiée à un cantonnier chef assisté, dans sa tâche, de cantonniers du service vicinal spécialement attachés à ce service.

« *Les dépenses d'organisation* comprenant : l'acquisition de huit étuves modèle Gonin (au fumigator), à

600 francs pièce ; les frais de port et d'emballage desdites étuves ; l'approvisionnement de substances pour le service de la désinfection (fumigator, crésylol, eau de Javel, alcool dénaturé, etc.) ; l'acquisition : de sacs imperméables pour transport d'objets et de linges, de fourneaux, à alcool et d'accessoires divers (brosses, balais, linges baquets, seaux en tôle, etc.) ; l'aménagement de locaux pour le remisage des étuves et du matériel de désinfection ; les frais de déplacement du chef de service départemental pour instructions pratiques (sur place) aux délégués des commissions sanitaires et aux chefs de poste : les dépenses imprévues, s'élèveraient à 10.000 francs, sur lesquels 4.000 francs seraient à la charge de l'Etat et 6.000 francs à la charge du département.

Les dépenses du fonctionnement, comprenant : le traitement et les frais de bureau du chef de service départemental, l'indemnité annuelle et les frais de bureau des délégués des commissions sanitaires, les traitements fixes des chefs de poste et des aides, la location de voitures avec cheval pour transport au lieu de désinfection, les indemnités kilométriques de déplacement aux chefs de poste et aux aides ; les indemnités pour destruction d'objets mobiliers, le renouvellement de la provision de substances emmagasinées pour le service de la désinfection, les dépenses imprévues et les imprimés s'élèveraient annuellement à 10.000 francs, desquels il y aurait lieu de déduire le montant des taxes de remboursement évaluées à 3.000 francs, la contribution de l'Etat, soit 2.800 francs et les contingents communaux, soit 3.000 francs environ.

De sorte que le montant de la dépense restant définitivement à la charge du département, tant pour l'organisation que pour le fonctionnement de cet important service d'hygiène, ne s'élèverait, pour l'année 1907, qu'à 7.200 francs et, pour les années suivantes, en tenant compte de l'extension du service, à 2.000 francs.

Les taxes de remboursement prévues par le paragraphe 4 de l'article 26 de la loi du 15 février 1902 seraient fixées proportionnellement à la valeur locative de l'ensemble des locaux d'habitation dont dépendrait la pièce occupée par le malade, soit à 3 pour 100 de la valeur locative pour toutes les communes du département dont la population est inférieure à 5.000 habitants, et à 2,50 pour 100 de la valeur locative pour la commune d'Audincourt et les villes de Montbéliard et de Pontarlier, dont la population se trouve comprise entre 5.000 et 20.000 habitants (sans toutefois que la taxe excède la somme de 30 francs par pièce soumise à la désinfection totale, et sous réserve d'une réduction de moitié dans le cas où les opérations ne porteront exceptionnellement que sur des objets désinfectés au dehors).

Toute désinfection pratiquée de nuit donnerait lieu à une redevance supplémentaire fixée à 50 pour 100. Le tarif serait uniformément fixé : à 4 francs pour les chambres d'hôtels garnis, les loges de concierges, les chambres de domestiques ou les chambres individuelles d'ouvriers logés chez leurs patrons ; à 3 francs pour les chambres des établissements scolaires et à 2 francs pour les chambres des établissements charitables.

Comme conséquence de ces diverses propositions, il y aurait lieu d'introduire les modifications suivantes dans le budget supplémentaire de 1907, savoir :

1° Recettes

Elévation de 500 francs à 3.000 francs du montant des taxes à recouvrer pour le Service départemental de désinfection.

Augmentation de 6.800 francs du montant de la subvention de l'Etat pour la protection de la santé publique ;

Augmentation de 3.000 francs du montant des contingents communaux pour la protection de la santé publique.

2° Dépenses

Elévation de 500 francs à 17.000 francs du montant des dépenses du Service départemental de désinfection ;

Inscription au chapitre 9 d'un crédit spécial de 3.000 francs représentant la part des dépenses de désinfection à la charge des communes du département.

Si vous approuvez ces diverses propositions, nous aurons ainsi, avec un sacrifice relativement minime, organisé un Service départemental de désinfection susceptible de donner satisfaction à tous les besoins et de servir de type aux organisations similaires. (Marques d'approbation.)

Le Conseil général décide :

1° *De créer un poste de désinfection dans chacune des huit circonscriptions sanitaires du Doubs ;*

2° *De confier, dans chaque circonscription, la direction du Service à l'agent voyer cantonal agissant en qualité de délégué de la commission sanitaire ;*

3° *De confier la direction de chaque poste de désinfection à un cantonnier chef assisté, dans sa tâche, par des cantonniers du Service vicinal spécialement attachés à ce service ;*

4° *De faire l'acquisition de huit étuves Gonin au fumigator ;*

5° *De fixer le taux des taxes de remboursement conformément aux propositions ci-dessus présentées par la commission ;*

6° *D'inscrire les crédits suivants au budget supplémentaire de 1907, pour couvrir les dépenses d'organisation et de fonctionnement du service conformément aux propositions contenues dans le rapport de M. le Préfet, savoir :*

Recettes

Augmentation du crédit prévu au budget primitif de 1907 pour les taxes de remboursement .	2.500 »
Augmentation de la subvention de l'Etat pour la protection de la santé publique . .	6.800 »
Augmentation des contingents communaux pour la protection de la santé publique	3.000 »

Dépenses

Augmentation du crédit prévu au chapitre 1ᵉʳ, article 57, du budget primitif de 1907 pour les dépenses du Service départemental de désinfection	16.500 »
Ouverture au chapitre 9 d'un crédit spécial de 3.000 francs représentant la part des dépenses de désinfection à la charge des communes	3.000 »

7° Vote des félicitations aux membres du Conseil départemental d'hygiène qui ont pris part à l'élaboration du projet et à M. le sénateur Borne, qui l'a amendé dans un sens aussi favorable aux intérêts départementaux. »

LES POSTES DÉPARTEMENTAUX DE DÉSINFECTION

DANS LE MORBIHAN[1]

« Le Service départemental de désinfection a commencé à fonctionner dans le Morbihan à dater du 1ᵉʳ janvier 1908 ; cette période de fonctionnement a été précédée d'une courte, mais laborieuse période d'organisation, au cours de laquelle le Conseil départemental d'hygiène, la Commission départementale et enfin le Conseil général du Morbihan ont été successivement appelés à élaborer un règlement spécial à ce service. Ce texte primitif a, depuis, subi de la part de la Commission départementale, dûment déléguée à cet effet par le Conseil général, diverses modifications importantes ; il en est résulté un nouveau règlement qui a reçu l'approbation de M. le Président du Conseil, Ministre de l'Intérieur, et que nous avons toutes raisons de considérer comme définitif. Ce règlement, qui porte la date du 20 octobre 1909, comprend trente-cinq articles répartis en cinq titres : 1° organisation générale;

---

[1] Dʳ G. Benoist, inspecteur départemental de l'Assistance et de l'Hygiène publiques dans le Morbihan, *l'Arsenal de l'Hygiène*, février et mars 1910.

2° fonctionnement; 3° taxes; 4° locaux, personnel et matériel; enfin 5° organisation financière.

Inspection départementale. — Le Service de la désinfection est, aux termes de ce règlement, placé sous l'autorité du Préfet et sous le contrôle de l'Inspecteur départemental de l'hygiène publique institué par l'article 8 du règlement général du Morbihan, en conformité de l'article 19 de la loi du 15 février 1902 sur la protection de la santé publique. Ce contrôle, qui s'exerce sur toute l'étendue du département, centralise et vérifie les informations et documents intéressant l'hygiène publique; c'est ainsi qu'il est tenu dans les bureaux de l'Inspection, pour chacune des 257 communes du département, un dossier spécial contenant les déclarations des maladies contagieuses avec les décès qu'elles ont occasionnés dans les différents groupes d'âge. L'Inspecteur départemental est spécialement délégué à l'effet d'assurer l'exécution des décrets et des règlements relatifs au Service de la désinfection; il présente au Préfet, tant au point de vue administratif qu'au point de vue technique, toutes propositions utiles quant au personnel et au fonctionnement du service, à l'achat et à l'entretien du matériel et des désinfectants nécessaires. Il doit, de plus, lorsqu'une épidémie d'une gravité exceptionnelle vient à se manifester sur un point quelconque du département, s'y transporter aussitôt afin d'y prendre, avec le concours du médecin des épidémies et du délégué sanitaire, la direction des opérations de désinfection.

Circonscriptions et Délégués sanitaires. — Le Conseil

général, se conformant à l'avis émis à cet égard par le Conseil départemental d'hygiène, a fixé à quatre le nombre des circonscriptions sanitaires; ces dernières correspondent exactement à la division administrative du département en ses quatre arrondissements. A la tête de chacune des circonscriptions est placé un délégué, nommé par le Préfet, sur la proposition de la Commission sanitaire, lequel est chargé de la direction et de la surveillance des postes de désinfection installés dans sa circonscription. On pouvait, à cet égard, craindre de voir naître certaines difficultés d'ordre technique entre les délégués nés d'hier et les médecins des épidémies créés depuis longtemps déjà; les Commissions sanitaires ont élégamment résolu le problème en réunissant dans les mêmes mains les attributions des délégués sanitaires et celles des médecins des épidémies.

Le Service de la désinfection devrait toujours, d'ailleurs, être étroitement associé au Service des épidémies; le département du Morbihan possède, à cet égard, une organisation complète et, selon nous, rationnelle, puisque le médecin des épidémies de l'arrondissement est secondé, dans chaque canton, par un médecin adjoint.

Le délégué sanitaire est chargé de veiller à l'exécution immédiate et régulière des mesures de désinfection dans les conditions prescrites par le Conseil supérieur d'hygiène publique de France et de se transporter sur les points contaminés de sa circonscription en provoquant, le cas échéant, la délivrance d'une délégation toutes les fois que sa présence y sera nécessaire ou utile. Le délégué de la Commission sanitaire doit présenter, chaque mois, un rapport sur les besoins de service et sur les résultats obtenus ; il doit également tenir la main à ce que les postes de désinfection dont il a la surveillance immédiate soient constamment munis du matériel et des désinfectants nécessaires.

Postes de désinfection. — Au siège des quatre circonscriptions, entre lesquelles le département du Morbihan est divisé, est installé un poste principal de désinfection ; de plus, pour parachever l'organisation du service, le Conseil général a bien voulu, par des décisions successives, autoriser la création de postes secondaires dans des centres du département trop éloignés d'un poste principal ou dans des régions d'accès difficile ; il a été rigoureusement tenu compte à cet égard des prescriptions du décret du 10 juillet 1906, lequel dispose que le nombre de périmètre d'action des postes de désinfection doit être établi de telle sorte qu'il ne faille pas plus de six heures pour se rendre du poste dans les diverses parties des communes que ce dernier est appelé à desservir.

Les postes actuellement créés dans le département du Morbihan sont au nombre de dix, dont quatre principaux et six secondaires ; ils sont, pour la presque totalité, installés dans des locaux dépendant des hôpitaux, des hospices ou des bureaux de bienfaisance, soit à titre gratuit, soit moyennant une location qui, à l'exception d'un seul de ces postes, pour lequel des circonstances particulièrement difficiles se sont rencontrées, ne dépasse, pour aucun des autres postes, le prix annuel de cent francs.

Le rayon d'action de chacun des postes, principaux ou

secondaires, est déterminé par la carte qui figure ci-après à titre d'annexe [1] et par le tableau ci-dessous :

CIRCONSCRIPTIONS SANITAIRES	EMPLACEMENTS ET NUMÉROS DES POSTES (P) principaux (S) secondaires	CANTONS DESSERVIS
1. VANNES	1. Vannes	Vannes-Est, Vannes-Ouest, Grand-Champ, Elven, Sarzeau, Questembert.
	6. Rochef^t-en-T. (S)	Rochefort-en-Terre, La Gacilly, Allaire.
	9. La Roche-B^{ard} (S)	La Roche-Bernard, Muzillac.
2. LORIENT	2. Lorient (P)	Lorient 2e, Hennebont, Port-Louis, Pont-Scorff, Plouay.
	5. Auray (S)	Auray, Belz, Pluvigner, Quiberon (moins les îles de Houat et d'Hœdic).
	10. Palais (B.-Ile) (S)	Belle-Ile (plus les îles d'Houat et d'Hœdic).
3. PONTIVY	3. Pontivy (P)	Pontivy, Guémené, Locminé, Baud, Cléguérec.
	8. Gourin (S)	Gourin, Le Faouët.
4. PLOERMEL	4. Ploërmel (P)	Ploërmel, La Trinité-Porhoët, Mauron, Guer, Malestroit.
	7. Josselin	Josselin, Rohan, Saint-Jean-Brévelay.

Dans des circonstances extraordinaires, notamment s'il s'agit d'une épidémie offrant un caractère de gravité

[1] Dans le numéro précité de l'*Arsenal de l'Hygiène*.

exceptionnelle, et sur la décision spéciale du Préfet, le poste de désinfection installé à Vannes constitue un poste central dont l'action s'exerce à titre temporaire et sous le contrôle de l'inspecteur de l'Hygiène publique sur toute l'étendue du département.

Matériel de désinfection. — Tous les postes, sans exception, sont outillés en vue de la désinfection, tant en surface qu'en profondeur; la composition du matériel nécessaire au fonctionnement du service est sensiblement la même dans les différents postes; seul, celui de Vannes possède, en plus, une étuve mobile à vapeur sous pression, du système de Geneste-Herscher, avec son pulvérisateur; cette étuve est destinée à être, en cas d'épidémie grave, transportée sur les points du département où sa présence serait nécessaire.

Les postes principaux et secondaires comprennent :

1º Une voiture-étuve démontable, à formol;

2º Des fumigators en quantité suffisante;

3º Un matériel secondaire comprenant des ustensiles de lavage, de trempage et d'arrosage, des brosses, des pinceaux à blanchir, des vêtements spéciaux pour le personnel, etc...

4º Des désinfectants, savoir : crésylol sodique, agermol (formol chlorure), sulfate de fer, permanganate de potasse, chaux vive, sublimé, soufre, etc...

Le poste central de Vannes est chargé de l'approvisionnement en produits antiseptiques et désinfectants des postes principaux et secondaires; le poste d'Auray est chargé de l'entretien et des petites réparations du matériel de désinfection.

Les différents postes du département ont été approvisionnés, pour la désinfection en surface, du fumigator Gonin, adopté par le Conseil général du Morbihan sur l'avis du Conseil départemental d'hygiène; cet appareil, par sa simplicité et sa discrétion, a semblé, en effet, devoir être exclusivement employé dans un pays dont les populations, quelque peu réfractaires aux idées nouvelles, ont peur de l'inconnu et de tout ce qui peut troubler la quiétude du foyer domestique : le fumigator a ainsi résolu dans le Morbihan l'important problème de la désinfection facilement acceptée par le public.

Dans certains cas, lorsqu'il est impossible d'obtenir une étanchéité suffisante des locaux, ce qui se produit notamment lorsque la chambre du malade communique, le fait n'est pas rare dans le Morbihan, avec une écurie ou une étable, on est obligé de recourir au blanchissage des murs au moyen de lait de chaux fraîchement préparé et au lavage du sol, des parois et des meubles au moyen d'une solution désinfectante. A cet égard nous avons dû reconnaître que le crésylol sodique, recommandé par le Conseil supérieur d'hygiène est assez difficilement accepté par le public ; certains malades sont péniblement impressionnés par la persistance de l'odeur du crésylol sodique lorsqu'on emploie ce produit pour le lavage du sol et pour garnir les crachoirs, vases... etc., destinés à rester à proximité du malade. De plus, il est souvent difficile d'obtenir ce produit dans des conditions de composition identiques; aussi, sur l'avis conforme du Conseil départemental d'hygiène, le Service de désinfection emploie, au cours de la maladie, un produit à base de formol qui offre l'avantage de ne dégager aucune odeur appréciable lorsqu'il est convenablement dilué.

L'appareil généralement en usage dans le Morbihan pour la désinfection en profondeur est l'étuve Gonin ; la simplicité de son fonctionnement, sa robustesse, son poids relativement léger et surtout son alimentation au moyen des fumigators déjà employés par le Service pour la désinfection en surface ont déterminé le Conseil départemental d'hygiène et le Conseil général à en adopter l'emploi ; cette étuve, qui nous donne pleine satisfaction, est montée sur une voiture robuste qui en permet le transport facile malgré le peu de viabilité de certains de nos chemins ruraux. Chacun des postes de désinfection du département, principaux et secondaires, a été muni de cet appareil, à l'exception toutefois du poste installé à Belle-Ile-en-Mer, pour lequel, en raison des difficultés présentées par le transport éventuel aux Iles d'Houat et d'Hœdic, il a du être fait choix d'une étuve à panneaux démontables, système Guasco, susceptible d'être arrimée à bord d'un bateau de faible tonnage.

Chefs de Poste. — Les chefs de poste constituent, sans aucun doute, le rouage essentiel du service ; ils sont assermentés et reçoivent, en plus de leurs frais réels de déplacement, lesquels leur sont intégralement remboursés sur la production de pièces justificatives, une rémunération fixe, proportionnée à l'importance du poste et qui varie de 400 à 1.200 francs par an. Nous avons l'intention, lorsque les disponibilités budgétaires le permettront, notamment lorsque nous en aurons fini avec les dépenses d'organisation proprement dites et lorsque des vacances se produiront dans le personnel, de proposer de fixer les traitements des chefs de poste aux taux suivants :

1° Chef de poste principal de 1ʳᵉ classe à 1.200 francs ;
2° Chefs de poste principaux de 2ᵉ classe à 1.000 francs ;
1° Chef de poste secondaire de 1ʳᵉ classe à 800 francs ;
2° Chefs de poste secondaires de 2ᵉ classe à 600 francs ;
3° Chefs de poste secondaires de 3ᵉ classe à 400 francs ;

Le chiffre du traitement serait ainsi lié à l'importance du poste, laquelle serait déterminée par le nombre des cantons desservis, la rémunération fixe étant ainsi calculée à raison de 200 francs par canton.

De l'intelligence, du zèle et de la compétence du chef de poste dépendent la réussite absolue ou l'échec complet de la désinfection ; aussi s'est-on appliqué à n'appeler à cette délicate mission que des personnes, rentiers retraités ou fonctionnaires du service vicinal, présentant toutes les garanties nécessaires ; on relève en effet, parmi les chefs de poste, un ancien gardien de la paix de la ville de Paris, un ex-secrétaire de la Préfecture maritime de Lorient, un ancien pharmacien, un ex-secrétaire de mairie, un ex-administrateur des Hospices, des agents voyers cantonaux, etc. ; il serait désirable, pour l'avenir, afin d'être toujours assuré d'un bon recrutement, de ne nommer à cet emploi que des personnes ayant satisfait à un examen portant sur la pratique de la désinfection.

Sous-Chefs de Poste. — Les chefs de poste sont, en cas d'empêchement majeur, d'absence régulière ou de maladie, et sur autorisation spéciale du Préfet ou du Sous-Préfet, remplacés momentanément par un sous-chef de poste, lequel est également assermenté, et reçoit, mais seulement lorsqu'il est en fonctions, une indemnité de trois francs par vacation d'une demi-journée, temps normal du voyage compris.

Agents Sanitaires. — Les chefs de poste sont secondés par un certain nombre d'agents sanitaires ; les uns, dits agents cantonaux, nouvellement institués dans le département, sont chargés, dans toute l'étendue du canton de leur résidence, des opérations de désinfection au début et au cours de la maladie ; les autres, dits agents communaux, sont destinés à aider le chef de poste dans toute l'étendue de leur commune respective lors des opérations de désinfection, après transport, décès ou guérison du malade : les premiers de ces agents sont rémunérés à la visite, avec indemnité kilométrique ; les seconds sont rétribués à l'heure, d'après la durée des opérations.

Cette création des agents sanitaires cantonaux constitue une des modifications les plus importantes qui aient été apportées au règlement primitif du Service de désinfection du Morbihan. Aux termes du règlement précédemment en vigueur, le chef de poste, dès qu'il recevait l'avis de déclaration d'une des maladies contagieuses figurant à la première partie du décret du 10 février 1903, devait se rendre au domicile du malade en se faisant accompagner par un agent, désigné d'avance dans chaque commune, lequel était chargé de continuer à assurer la désinfection pendant le cours de la maladie. Or il est maintes fois arrivé que le chef de poste, immobilisé sur un autre point de son territoire par une désinfection totale, ne pouvait se rendre aussi rapidement qu'il l'aurait fallu au lieu où se trouvait un malade objet d'une autre déclaration ;

ce fait s'est notamment produit à l'occasion d'épidémies massives de rougeole ou de dysenterie.

C'est pour cette raison que nous avons été amené à proposer au Conseil départemental d'hygiène d'apporter au règlement du Service de la désinfection une modification ayant pour objet de confier à un agent sanitaire cantonal la pratique de la désinfection au début et au cours de la maladie au lieu d'en charger le chef de poste et l'agent communal. Il est, en effet, relativement facile de faire, à cet égard, l'éducation de 40 agents cantonaux tandis que celle de 257 agents communaux présente, sinon une impossibilité absolue, du moins une difficulté presque insurmontable. Les agents communaux continueront, toutefois, à prêter leur concours au chef de poste, mais seulement à l'occasion des opérations de désinfection en fin de maladie.

L'institution des agents cantonaux aura aussi pour résultat de réduire dans une notable proportion les frais de transport de première visite dans le cas où une maladie transmissible se déclarerait dans une commune dépendant d'un canton autre que celui du siège du poste de désinfection.

En outre de cette modification, qui fut adoptée par le Conseil départemental d'hygiène, la Commission départementale autorisa l'introduction dans le règlement d'une disposition additionnelle demandée par l'Inspection générale des services administratifs et consistant à faire aviser directement les chefs de poste par les Sous-Préfets des cas de déclaration de maladies contagieuses. On ne saurait évidemment contester l'utilité de prévenir, de la Préfecture ou de la Sous-Préfecture, les délégués sanitaires des déclarations de maladies épidémiques qui se produisent dans leur circonscription ; mais, ainsi que l'a fait remarquer l'Inspection générale des services administratifs, il est préférable que les chefs de poste soient aussi avisés de ces maladies épidémiques par la même Administration. Rien n'établit, en effet, que le délégué, s'il n'est pas fonctionnaire, ainsi que cela existe actuellement pour le Morbihan, sera touché en temps utile par l'avis et pourra immédiatement le transmettre au chef de poste.

Fonctionnement du Service. — Il est résulté de ces dispositions nouvelles que le fonctionnement du Service départemental de la désinfection dans le Morbihan peut être représenté par les deux schémas suivants, les flèches simples indiquant les envois d'avis et les flèches doubles les déplacements des divers agents du service :

A. — Désinfection au début et au cours de la maladie :

Du domicile du malade (D. M.) la déclaration du médecin traitant est adressée, à la fois au Maire (M.) et au Sous-Préfet (S. P.). Ces magistrats en avisent sans retard et séparément le chef de poste (C. P.), lequel invite l'agent sanitaire cantonal (A. S. C.) à se rendre immédiatement au domicile du malade pour y prendre les mesures utiles. En même temps le Sous-Préfet avise le délégué de la Commission sanitaire (D.) et l'Inspection départementale (I.) de la déclaration de maladie reçue par lui [1].

[1] Voir, pour les tableaux, l'*Arsenal de l'Hygiène*, février et mars 1910, page 45.

B. — Désinfection en fin de maladie :

Du domicile du malade (D. M.) part l'avis de fin de maladie adressé au Maire (M.); ce dernier en avise le chef de poste (C. P.) lequel, après avoir prévenu la famille du malade du jour où il procèdera à la désinfection totale des locaux, avise l'agent communal (A. C.) d'avoir à se transporter au domicile du malade en même temps qu'il s'y rendra lui-même.

En outre des conseils techniques qui seront donnés par les délégués sanitaires et les chefs de poste aux agents cantonaux, ces derniers ont reçu des instructions spéciales, complétées par un résumé des prescriptions I, II et III du Conseil Supérieur d'Hygiène publique de France et dont nous reproduisons ci-après les dispositions les plus importantes :

La mission des agents sanitaires cantonaux, lesquels sont spécialement chargés des mesures de désinfection au début et au cours de la maladie, est, avant tout, d'instruire, de renseigner et d'aider les intéressés avec intelligence, discrétion et dévouement.

Dès la réception de l'avis (modèle F) de déclaration de maladie transmissible qui lui est adressé par son chef de poste, l'agent cantonal, muni de sa carte d'identité, doit se rendre au domicile du malade en emportant cet avis de déclaration ainsi que l'instruction prophylactique I, II, ou III correspondant au numéro de la maladie mentionnée sur le bulletin d'avis ; il doit emporter en outre une certaine quantité d'agermol (formol chloruré) renfermée dans deux flacons gradués. L'agent se mettra immédiatement en rapport avec le représentant du malade et lui remettra la note (modèle A), destinée à lui faire connaître le caractère obligatoire de la désinfection, au besoin il le lui lira et le lui expliquera en lui indiquant le tarif fixé par le Conseil général pour le Service départemental; il demandera au représentant du malade s'il désire faire procéder à la désinfection par le Service public ou si, ainsi qu'il en a le droit, il préfère charger de cette opération telle personne qu'il lui conviendra.

Deux cas peuvent alors se présenter :

1° *Le représentant du malade déclare vouloir faire procéder à la désinfection par une personne étrangère au Service départemental :* Dans ce cas l'agent remet à ce représentant les notes B et C sur lesquelles ce dernier doit prendre l'engagement de se conformer exactement, pour les mesures de désinfection, au cours ou en fin de maladie, aux prescriptions du Conseil Supérieur d'Hygiène publique de France contenues dans les instructions I, II ou III applicables au numéro de la maladie et qu'il lui remet aussitôt.

2° *Le représentant du malade déclare faire appel au Service public pour la désinfection :* Dans ce cas l'agent sanitaire cantonal remet au représentant du malade un résumé des instructions prophylactiques élaborées par le Conseil Supérieur d'Hygiène publique de France et se met à sa disposition pour l'exécution des mesures qui y sont indiquées; il prépare notamment la quantité de solution antiseptique immédiatement nécessaire, en indique l'emploi et l'usage aux personnes de l'entourage du malade et leur enseigne les moyens propres à éviter la contagion. Il doit tout spécialement attirer l'attention de ces dernières sur les notions générales, les prescriptions essentielles et les recommandations spéciales contenues dans ces instructions prophylactiques.

Toutes les fois que la chose est possible, l'agent sanitaire cantonal se met en rapport avec le médecin traitant et s'inspire de ses conseils sans jamais perdre de vue qu'il ne doit, sous aucun prétexte, s'immiscer dans le traitement ou les soins du malade et qu'il ne doit pénétrer dans la chambre occupée par ce dernier qu'en cas d'absolue nécessité.

L'agent sanitaire doit, lors de sa première visite, en même temps qu'il rend compte au chef de poste de l'accomplissement de sa mission sur la feuille (modèle G), remplir le questionnaire y annexé pour permettre ultérieurement au chef de poste d'effectuer, en toute connaissance de cause, la désinfection totale lorsque la maladie sera terminée.

L'agent ne devra se présenter au domicile du malade qu'avec la plus grande discrétion et lorsque sa présence y sera réellement nécessaire ; il devra, chaque fois, apporter avec lui la quantité de liquide antiseptique qui lui semblera utile et remportera chaque fois les flacons vides ; il apposera sa signature et mentionnera la date de sa visite sur la feuille (modèle F') destinée à rester constamment déposée au domicile du malade et à être reprise par le chef de poste lors de la désinfection totale.

L'agent sanitaire cantonal doit, de plus, à moins qu'il n'en soit lui-même chargé par les intéressés, recommander au représentant du malade de ne pas omettre de prévenir le Maire dès que la maladie sera terminée, afin de permettre à ce dernier d'en aviser le chef de poste en vue de la désinfection totale ; il doit enfin, dans le cas où la literie du malade ne comprendrait que de la paille ou de la balle d'avoine, engager le représentant de ce dernier à s'assurer à l'avance qu'il pourra s'en procurer d'autre pour le jour où il sera procédé à la désinfection totale, ces produits de peu de valeur étant destinés à être détruits par le feu après avoir toutefois été immédiatement remboursés aux intéressés par le chef de poste.

Chacun des agents sanitaires cantonaux reçoit, de son chef de poste, une provision d'agermol (formol chloruré) contenue dans des flacons gradués. Il est expressément recommandé à ces agents de ne jamais se laisser complètement démunir de ce produit désinfectant et d'adresser, chaque fois qu'il est nécessaire, une demande à leur chef de poste, lequel leur en envoie alors dix autres flacons. Les agents cantonaux doivent emballer avec soin les flacons vides dans la caisse qui contenait les flacons pleins et retourner immédiatement cette dernière au chef de poste par la voie la plus rapide et *en port dû*.

Enfin il est rappelé aux agents cantonaux que la désignation de la maladie est essentiellement confidentielle et qu'elle ne doit être divulguée à qui que ce soit sous les peines prévues par l'article 378 du Code pénal.

Les instructions ci-dessus prévoient, en conformité des prescriptions du règlement départemental, l'incinération des objets de peu de valeur (paillasses, matelas et oreillers en balle d'avoine) et leur remboursement immédiat aux intéressés par les soins du chef de poste, chargé d'en faire l'avance. Cette mesure est une de celles qui ont le plus contribué à faire accepter la désinfection par les populations rurales du Morbihan ; il semblerait, en effet, inhumain, alors qu'il s'agit de personnes nécessiteuses, de leur faire attendre un temps plus ou moins long la délivrance d'un mandat départemental.

La nouvelle organisation du Service départemental de désinfection a été notifiée aux Sous-Préfets, Maires, Délégués sanitaires, Chefs de poste, Agents du service et enfin Médecins du département ; il nous paraît utile de reproduire ici les instructions adressées le 26 octobre dernier au corps médical par M. le Préfet du Morbihan :

« J'ai l'honneur de vous communiquer ci-joint le nouveau règlement du Service départemental de la désinfection accompagné d'une circulaire que j'adresse à MM. les Sous-Préfets, Maires, Délégués sanitaires, Chefs de poste et Agents du service.

« Je me permets d'appeler tout spécialement votre attention sur l'organisation nouvelle qui résulte de la création d'agents sanitaires cantonaux spécialement chargés, ainsi que le comporte l'article 9 du règlement, d'assurer les opérations de désinfection dès le début et au cours de la maladie ; leur mission consistera, dit la circulaire, à renseigner et à aider les personnes de l'entourage du malade avec intelligence, discrétion et dévouement.

« Je ne doute pas, Monsieur le docteur, que cet agent, auquel il est expressément recommandé de ne s'immiscer, de quelque manière que ce soit, dans le traitement du malade, ne trouve auprès de vous, en toutes circonstances, l'aide de vos conseils éclairés qui lui sera si nécessaire ; je vous prie donc de bien vouloir faciliter à ces agents l'accomplissement de la tâche délicate qui leur est confiée, soit, ainsi que je le disais plus haut, au moyen des conseils et des instructions que vous voudrez bien leur donner, soit par votre intervention auprès de la famille du malade en vue de faire accepter sans difficulté le Service de la désinfection. Il reste toutefois bien entendu que, sous la condition de se conformer aux prescriptions du Conseil supérieur d'hygiène publique de France, les familles ont la pleine et entière faculté de faire exécuter les opérations de la désinfection par telle personne qu'il leur plaît de choisir ; elles ont toutefois, dans ce cas, à se soumettre au contrôle de l'agent du Service public, lequel apportera à cet égard toute la discrétion et tout le tact désirables.

« Je vous serai obligé, lorsque la maladie sera près de prendre fin, de bien vouloir donner à l'agent cantonal toutes les indications utiles en vue de renseigner le chef de poste sur le nombre et la nature des pièces ou des objets dont la désinfection totale devra être faite après sortie, guérison ou décès du malade ; à cet égard, lorsque vous aurez été appelé, pour la première fois, trop tardivement auprès du malade pour que votre déclaration puisse provoquer la désinfection au cours de la maladie, au cas où le malade serait déjà décédé par exemple, je ne puis trop vous recommander de spécifier, sur l'avis de déclaration que vous devez adresser au Maire et au Sous-Préfet, que la désinfection totale doit être faite d'urgence et d'indiquer en même temps le nombre et le volume approximatif des pièces à désinfecter, ainsi que la composition de la literie du malade.

« Ces derniers renseignements sont indispensables au chef de poste pour lui permettre d'apprécier la quantité de désinfectants et le nombre des fumigators qu'il doit emporter avec lui et, le cas échéant, pour lui permettre de faire transporter au domicile du malade la voiture-étuve lorsqu'il y aurait lieu de désinfecter en profondeur des matelas en laine et des objets de literie en plume ; dans les cas où il ne s'agirait en effet que de paillasses, matelas, traversins et oreillers remplis de paille ou de balle d'avoine, on procéderait à leur destruction en raison du peu de valeur de leur contenu. »

Des difficultés relatives au nombre des pièces à désinfecter se sont parfois élevées entre les familles des malades et les agents du Service départemental ; dans un de ces cas, notamment, une famille avait exigé la désinfection totale de onze pièces d'une même maison. Aussi, pour mettre fin aux abus de cette nature, une disposition spéciale a-t-elle été introduite à l'article 23 du règlement départemental ; cette disposition spécifie que, dans le cas où la famille du malade demanderait la désinfection de locaux où il n'y aurait manifestement aucune raison de l'effectuer, cette désinfection supplémentaire serait payée en plus de la taxe et à un autre tarif que celui du règlement.

Nous insérerons ci-après le tableau du résumé des attributions des autorités ou agents appelés à concourir à l'exécution du service, telles qu'elles sont déterminées par le règlement départemental actuellement en vigueur.

Inspecteur départemental.

Délégué au contrôle général du service dans toute l'étendue du département, doit se rendre en cas d'épidémie grave sur les points contaminés pour y prendre la direction des opérations de désinfection.

Bureaux de la Préfecture et des Sous-Préfectures.

Reçoivent les déclarations des maladies épidémiques et en donnent immédiatement avis au Général commandant le corps d'armée, à l'Inspecteur départemental, au Médecin des épidémies, au Délégué sanitaire et au chef de poste.

Maires.

Avisent immédiatement le chef de poste des déclarations de maladies épidémiques et lui font connaître sans retard le moment où la désinfection totale peut être opérée par suite de la guérison, du transport ou du décès du malade.

Dressent, de concert avec le chef de poste, l'état des objets mobiliers dont la destruction s'impose et facilitent à ce dernier, par tous les moyens dont ils disposent, l'accomplissement de sa mission.

Délégués sanitaires.

Chargés de la Direction du service dans toute l'étendue de leur circonscription, veillent à l'exécution régulière et immédiate des mesures de désinfection, surveillent l'approvisionnement du poste principal et des postes secondaires et adressent chaque mois à la Commission sanitaire un rapport sur le fonctionnement du service.

Chefs de poste.

Envoient immédiatement, dès qu'ils en ont reçu l'avis, au domicile du malade, l'agent cantonal pour la pratique de la désinfection au cours de la maladie, prennent toutes dispositions utiles en vue de la désinfection totale qui doit être opérée dès qu'ils ont reçu l'avis du maire de la commune, lors de la première sortie ou du décès du malade.

Sous-chefs de poste.

Remplacent le chef de poste en cas d'empêchement majeur, d'absence régulière ou de maladie de ce dernier.

Agents sanitaires cantonaux.

Chargés spécialement d'appliquer les mesures de désinfection au cours de la maladie, doivent se conformer aux instructions qui leur sont données par le chef de poste.

Agents communaux.

Sont chargés de seconder et d'aider le chef de poste lors des opérations de désinfection totale en fin de maladie.

Ces attributions sont nettement délimitées et sont de nature à éviter tout conflit et toute erreur d'interprétation entre des éléments d'ordre différent, mais appelés à concourir au même but.

Conclusions. — Toute cette organisation resterait toutefois lettre morte si le concours du corps médical faisait défaut en ce qui a trait aux déclarations des maladies transmissibles; il est, en effet, indispensable que les médecins et même les sages-femmes signalent rigoureusement, aussitôt leur diagnostic établi, les maladies justiciables de la désinfection, afin de permettre au service départemental de mettre, sans retard, en œuvre les moyens dont il dispose. Cette déclaration constitue le point de départ de la désinfection ; il dépend d'elle que le Service fonctionne régulièrement ou ne fonctionne pas du tout. La formule proposée par M. le Dr L. Martin, et adoptée à l'unanimité par la réunion sanitaire provinciale qui s'est tenue dans les premiers jours de novembre dernier à l'Institut Pasteur de Paris, serait sans doute appelée à faire disparaître, en sauvegardant le principe du secret professionnel, les inconvénients, souvent plus apparents que réels, de la déclaration ; cette formule consacre l'obligation de la déclaration des maladies transmissibles, mais en l'imposant à la famille et, seulement à son défaut, au médecin traitant.

En somme, la désinfection, au cours de la maladie, est réellement faite par la famille, mais avec l'aide et sous le contrôle de l'Administration représentée, en l'espèce, par l'Agent sanitaire cantonal. Ce contrôle n'a aucun caractère vexatoire et constitue, en réalité, une sorte de mise à exécution des mesures déjà préconisées par le médecin traitant.

Le Service départemental doit nécessairement user de la plus grande discrétion lorsqu'il procède à une opération ; il est, en effet, à la rigueur, possible, avec les procédés dont on dispose actuellement, d'effectuer une désinfection efficace sans même que les voisins immédiats du malade en soient avertis ; nous en avons fait nous-même l'expérience concluante chez un notable commerçant d'une ville du Morbihan qui s'était formellement refusé à ce qu'on procédât aux opérations de désinfection en surface et qui s'y est ensuite volontiers prêté lorsqu'il lui a été démontré que, grâce aux fumigators, aucun instrument de désinfection apparent ne serait introduit chez lui.

Il importe donc de faire, sans relâche, l'éducation des populations ; aussi, en dehors des occasions qui se présentent pour l'inspection départementale de vulgariser cette pratique par tous les moyens dont elle peut disposer, le Conseil général a-t-il, dans sa séance du 19 août 1908, adopté un vœu présenté à cet égard par M. le Dr Marivint, rapporteur des questions d'hygiène publique, dans l'exposé ci-après :

« Messieurs,

« A la suite du rapport que je vous ai présenté sur le service d'hygiène, vous avez approuvé le crédit relatif au Service de la désinfection dans le Département.

« Les agents chargés du fonctionnement de ce nouveau service dans les campagnes trouveront certainement de grandes difficultés, au début, de la part des familles qui ne sont pas habituées à ces mesures d'hygiène.

« Pour faciliter la tâche de ces agents, pour assurer la bonne exécution du règlement administratif et surtout pour faire disparaître aux yeux des populations ce que ces mesures pourraient, à première vue, avoir de vexatoire et d'inquisitorial, votre troisième Commission vous propose d'émettre le vœu suivant :

« Faire distribuer dans toutes les communes du Département, par les soins des maires, une petite notice explicative ayant pour but de bien montrer aux intéressés la nécessité de la désinfection pendant et après les maladies contagieuses et épidémiques et les moyens pratiques à employer pour éviter la transmission de ces maladies.

« Nous prions M. l'Inspecteur départemental de vouloir bien se charger de la rédaction de cette notice et des soins de l'impression.

« Sa compétence en la matière et la sollicitude éclairée qu'il apporte dans l'application des règlements d'hygiène nous assurent d'avance de son bienveillant concours.

« Les dépenses occasionnées par l'impression de cette notice seront supportées par le service. »

A la suite de l'adoption d'urgence et à l'unanimité de ce vœu par le Conseil général nous avons fait imprimer et distribuer à un grand nombre d'exemplaires, dans toutes les communes du Morbihan, une notice sur « la nécessité de la désinfection », laquelle figure ci-après à titre d'annexe. Ce moyen de propagande semble avoir produit d'heureux effets car les cas dans lesquels les agents du service ont éprouvé certaines difficultés de la part des familles ont été extrêmement rares.

En résumé le Service départemental de la désinfection fonctionne d'une façon régulière et semble avoir été organisé dans les conditions les plus économiques puisque l'installation des dix postes de désinfection créés dans le Morbihan n'aura pas dépassé la somme de dix mille francs.

En terminant cet exposé nous tenons à remercier nos excellents collaborateurs, MM. les Drs Goupil, Langlais, Letoux et Pédrono, médecins des épidémies et délégués sanitaires, du précieux concours qu'ils ont bien voulu nous prêter ; nous nous faisons également un devoir d'ajouter que c'est grâce au bienveillant appui et aux encouragements que le Conseil général, le Conseil départemental d'Hygiène, MM. Mirman et Roux, Directeur et Sous-Directeur de l'Assistance et de l'Hygiène publiques au Ministère de l'Intérieur, MM. du Chaylard et Roth, Préfets du Morbihan, n'ont cessé de nous apporter en toutes circonstances, qu'il nous a été donné de mener à bien l'œuvre d'organisation et de fonctionnement du Service départemental de la désinfection ; qu'il nous soit permis de leur en exprimer ici notre plus respectueuse reconnaissance. »

Dr Gabriel BENOIST,
*Inspecteur départemental de l'Assistance
et de l'Hygiène publiques.*

Vannes, 3 décembre 1909.

Nous insérons ci-après une notice, rédigée par l'Inspecteur départemental, sur la nécessité de la désinfection. Nous publierons le texte du règlement départemental du Service de la désinfection dans le Morbihan dans les Annexes.

PROTECTION DE LA SANTÉ PUBLIQUE

De la nécessité de la désinfection. — (Instructions rédigées par l'Inspecteur départemental de l'Assistance et de l'Hygiène publiques en exécution de la décision du Conseil général en date du 19 août 1908 et approuvées par le Conseil départemental d'hygiène dans sa séance du 20 novembre 1908.

« La plupart des maladies contagieuses ou épidémiques sont causées par des organismes infiniment petits auxquels on a donné le nom générique de microbes. Ces organismes, qui sont d'autant plus dangereux qu'ils sont invisibles à l'œil nu, se multiplient avec une étonnante rapidité lorsqu'ils se trouvent dans des conditions favorables à leur développement : un seul microbe peut en effet donner naissance, en moins de vingt-quatre heures, à plus de dix millions de microbes de même nature. Ces conditions favorables se rencontrent fréquemment, soit dans les organes d'individus déjà malades, débilités ou affaiblis, soit dans des milieux extérieurs déjà souillés (eau, détritus, fumiers, etc...) ; les germes morbides peuvent, ou se développer sur place ou être véhiculés par divers insectes (mouches, moustiques, puces, etc...) ; il est donc de l'intérêt général de se mettre à l'abri d'une contamination toujours possible du fait de la présence des insectes en empêchant la pullulation ou la reproduction **de ces derniers, notamment par l'éloignement des fumiers ou immondices des habitations.**

Il existe deux principaux moyens de se préserver des **maladies contagieuses ou épidémiques, le premier con-**

siste à prévenir l'éclosion et le développement des germes, le second a pour but de les détruire et d'en empêcher la propagation : l'un constitue la prophylaxie des maladies contagieuses, l'autre la désinfection proprement dite.

Par suite de la connaissance relativement récente mais presque complète des causes originelles des maladies contagieuses, celles-ci sont souvent plus faciles à éviter que d'autres affections moins redoutées d'ordinaire et souvent plus meurtrières ; il est facile d'en trouver un exemple frappant dans l'affection connue sous les noms de diphtérie et de croup, laquelle, récemment encore, causait 92 décès sur 100 cas observés. Depuis la remarquable découverte du sérum antidiphtérique du Dr Roux, la proportion a été renversée et c'est maintenant 92 guérisons sur 100 cas qu'il est donné d'observer ; il est nécessaire toutefois, pour obtenir ce résultat, que le sérum soit immédiatement et méthodiquement appliqué. Ces procédés thérapeutiques sont, en temps d'épidémie diphtérique, heureusement complétés par des injections préventives de sérum qui contribuent à assurer plus efficacement encore le succès de la méthode ainsi que par des mesures d'isolement ; aussi est-il instamment recommandé de ne laisser approcher le malade que par les mêmes personnes et encore ces dernières doivent-elles s'isoler elles-mêmes, ne prendre aucun de leurs repas dans la chambre du malade et ne se mettre à table qu'après s'être minutieusement lavé les mains et, si possible, avoir procédé à une toilette presque complète.

La désinfection est un des moyens les plus puissants dont nous disposions pour combattre la contagion sous toutes ses formes ; elle comporte une série de mesures applicables au cours de la maladie ou après la maladie : les premières consistent notamment à détruire, à mesure qu'ils se forment, les germes morbides déposés à la surface des linges et objets divers souillés par le malade ou contenus dans les produits d'expectoration ou de déjection de ce dernier : les linges, tels que les chemises, draps de lit, essuie-mains, mouchoirs, etc..., sont, soit soumis à l'ébullition, au moins pendant une heure, dans une lessive de carbonate de soude, soit plongés pendant le même temps dans une cuvette ou un baquet contenant une solution faible de crésylol sodique obtenue en versant une cuillerée à bouche de ce produit désinfectant dans chaque litre d'eau. Les pièces de pansement sans valeur, les loques, vêtements sordides, les chemises usées, l'ouate salie, etc..., sont brûlés dans une cheminée ou dans un poêle toutes les fois que cela est possible et, dans le cas contraire, plongés pendant une heure au moins dans la solution ci-dessus. Quant aux produits d'expectoration ou de déjection ils doivent être recueillis dans des vases contenant une certaine quantité de crésylol sodique forte, c'est-à-dire contenant deux cuillerées à bouche par litre d'eau ; le sol de la pièce ainsi que les meubles non susceptibles d'être détériorés doivent être lavés avec cette même solution : aucun linge ou objet contaminé par le malade ne doit être transporté à un lavoir public, aucun produit d'expectoration ou de déjection ne doit être jeté au dehors sans avoir été préalablement désinfecté par le même procédé.

Une fois la maladie terminée par la guérison, la sortie ou le décès du malade, intervient alors la seconde phase de la désinfection : la chambre occupée auparavant par le malade est, après obturation des fissures et des joints des portes et des fenêtres, soumise, avec les objets particuliers ou mobiliers qui la garnissent, à l'action des vapeurs antiseptiques destinées à détruire les germes morbides déposés à la surface des objets divers souillés par le malade ou ayant pu être contaminés par leur séjour dans la chambre de ce dernier. Ce procédé de désinfection en surface est applicable aux objets de mince épaisseur ; le Service départemental de désinfection utilise à cet effet la combustion de cartouches spéciales appelées fumigators, lesquelles, disséminées en nombre déterminé (une par 20 mètres cubes) dans la pièce à désinfecter, donnent naissance à des vapeurs de formol qui envahissent toutes les parties de la pièce, pénètrent dans les meubles, tiroirs, caisses, etc... qu'on a eu soin de laisser ouverts et se répandent à la surface de tous les objets de mince épaisseur préalablement étendus sur des claies ou sur des cordes : l'action de ces vapeurs sur les objets ou tissus délicats ne produit aucun effet fâcheux. Pour que ce procédé puisse avoir une réelle efficacité, il faut, ainsi qu'il est dit plus haut, que les objets soient de mince épaisseur ; la literie, les vêtements épais et les objets perméables souillés par les produits et germes dangereux, éliminés par le malade atteint d'une affection épidémique ne sont pas justiciables de ce procédé et doivent être soumis à une désinfection en profondeur réalisée par des procédés plus compliqués, généralement au moyen d'étuves. L'étuve en usage dans le Service départemental du Morbihan fonctionne à l'aide des fumigators dont il a été question ci-dessus ; malgré la simplicité de son fonctionnement il n'est pas toujours possible de transporter cet apparei partout où il s'agit de pratiquer une désinfection complète, aussi convient-il d'indiquer les procédés suivants qui, à défaut d'étuve, et complétés par les indications précédemment données relativement aux linges, effets, produits d'expectoration ou de déjection, peuvent réaliser une désinfection suffisante dans la plupart des cas :

« 1º Les couvertures seront plongées dans une solution de savon, préparée avec 250 grammes de savon pour 10 litres d'eau et qui sera, après deux heures de contact, portée à l'ébullition ; on les y remuera de manière à déplacer l'air retenu dans les plis des tissus et on les fera bouillir dans le bain recouvert d'un couvercle ;

« 2º Les matelas, traversins, oreillers, édredons, lits de plumes seront défaits après avoir été largement arrosés avec la solution forte de crésylol sodique ; les enveloppes seront mises à la lessive ou plongées dans la même solution pendant une heure au moins. La laine, le crin ou la plume seront désinfectés par un trempage et un lavage à froid dans la solution forte de crésylol sodique ; le crin et la laine devront y rester douze heures au moins au cours desquelles ils seront fréquemment agités de manière à déplacer l'air contenu dans leur épaisseur ; ils seront ensuite rincés dans l'eau pure pendant une ou deux heures.

« 3º Les paillasses, vieilles couvertures, etc..., seront brûlées après avoir été enduites de pétrole ; si elles doivent pour cela être transportées à une certaine distance elles seront renfermées dans des sacs préalablement arrosés avec la solution forte de crésylol sodique. »

Ces procédés sommaires de désinfection ne peuvent toutefois être appliqués partout et ne visent d'ailleurs qu'une certaine catégorie d'objets. Les vêtements de laine et de drap, les uniformes, les fourrures, les chaussures, les effets d'habillement en cuir, en caoutchouc, les tissus délicats tels que la soie, le velours, etc..., ne peuvent être soumis à ce traitement sans être gravement détériorés ; aussi est-on, dans ce cas, obligé de recourir à l'étuve.

Les familles des malades ne sauraient être trop convaincues qu'il est de leur propre intérêt de provoquer elles-mêmes l'application des mesures de désinfection dans tous les cas obligatoires ou facultatifs prévus par la loi ; non seulement il est de leur devoir de ne pas créer de difficultés aux médecins traitants relativement à la déclaration légale qui leur incombe, mais encore elles doivent encourager ce dernier à signaler le plus promptement possible aux autorités compétentes, lesquelles sont tenues au secret à cet égard, les cas de maladies contagieuses ou épidémiques comprises dans la nomenclature ci-dessous :

1° Maladies pour lesquelles la déclaration et la désinfection sont actuellement obligatoires :

La fièvre typhoïde ; le typhus exanthématique ; la variole et la varioloïde ; la scarlatine ; la rougeole ; la diphtérie ; la suette miliaire ; le choléra et les maladies choleriformes ; la peste ; la fièvre jaune ; la dysenterie ; les infections puerpérales et l'ophtalmie des nouveau-nés lorsque le secret de l'accouchement n'a pas été réclamé ; la méningite cérébro-spinale épidémique.

2° Maladies pour lesquelles la déclaration est facultative :

La tuberculose pulmonaire ; la coqueluche ; la grippe ; la pneumonie et la broncho-pneumonie ; l'érysipèle ; les oreillons; la lèpre; la teigne; la conjonctivite purulente et l'ophtalmie granuleuse.

La désinfection, pour les maladies comprises dans la deuxième partie, ne devra être pratiquée par le Service départemental que si la déclaration en a été préalablement faite par le médecin et si la famille du malade en a adressé la demande formelle au Maire de la commune. Malgré que la désinfection soit obligatoire dans ceux des cas de la première partie précédemment cités, les opérations qui la constituent sont tout entières conçues dans l'intérêt des familles et de la société, elles ne présentent aucun caractère abusif ou vexatoire. Les personnes de l'entourage immédiat du malade doivent donc être les premières à faciliter aux agents du service l'accomplissement d'une tâche généralement fort délicate, toujours difficile et souvent dangereuse; les opérations de désinfection ne constituent pas un monopole au profit du Service départemental et toute personne peut y procéder elle-même ou y faire procéder par qui bon lui semble; toutefois, dans ce cas, la désinfection doit être faite au moyen des procédés approuvés par le Conseil supérieur d'hygiène, ceux indiqués ci-dessus, par exemple, et être contrôlée par l'agent du Service départemental lequel pourrait, au besoin, dans le cas où les mesures seraient insuffisantes, y substituer l'exécution d'office.

La désinfection publique est gratuite pour les indigents, a dépense qui peut en résulter pour les autres personnes est relativement minime puisque, quel que soit le procédé employé, cette dépense ne peut, par pièce désinfectée et pour l'ensemble des opérations occasionnées par une même maladie, pour une période de six mois, dépasser le taux de 2,50 pour 100 de la valeur locative de l'ensemble des locaux d'habitation occupés par le malade. »

Dr G. Benoist,
Inspecteur départemental de l'Assistance et de l'Hygiène publiques du Morbihan.

LES POSTES DÉPARTEMENTAUX DE DÉSINFECTION

DANS L'ISÈRE

L'historique de l'organisation de la désinfection dans le département de l'Isère mettra en évidence les tâtonnements inévitables, mais utiles, que détermine l'interprétation d'une loi nouvelle et montrera les vicissitudes que parcourt souvent la mise en pratique d'une réforme.

Le but de ce recueil est précisément d'utiliser l'expérience acquise et d'épargner aux départements qui n'ont pas encore mis en pratique le décret du 10 juillet 1906, ces tâtonnements qui se traduisent au moins par du temps et peut-être par des existences humaines perdues.

Les conditions biologiques dans lesquelles nous vivons et les lois qui régissent la morbidité humaine dépassant les limites d'un Etat, en vertu de la solidarité physiologique de l'espèce, les nations voisines pourront profiter de l'expérience française et méditer avec profit les réflexions des hygiénistes français qui suivent eux-mêmes avec attention les initiatives des pays voisins en matière de protection de la santé publique.

Dès le *24 mars 1905*, c'est-à-dire plus d'un an avant le

décret de 1906, le *Conseil départemental d'hygiène de l'Isère*, sur l'initiative de l'Inspecteur départemental, Dr Mouret, se préoccupa d'organiser le Service de la désinfection départementale, de façon à répondre aux obligations de la loi du 15 février 1902. Il estimait qu'il y avait lieu de désigner dans chaque canton un ou deux pharmaciens chargés de procéder à la désinfection des locaux qui auraient été occupés par des malades atteints de maladies épidémiques.

Un crédit de 10.000 francs ayant été prévu au Budget départemental pour l'année 1905 en vue d'assurer la désinfection prescrite par les articles 7 et 2 de la loi du 15 février 1902, le Conseil départemental d'hygiène demandait à l'Administration s'il ne serait pas possible de consacrer dès cette année une partie notable de cette somme à l'achat d'appareils au formol qui seraient distribués dans les divers cantons, en premier lieu dans celles des circonscriptions qui en étaient totalement dépourvues. Dans cette hypothèse, les pharmaciens auraient été responsables des appareils qui leur auraient été confiés et auraient eu à supporter les frais d'entretien et de réparation.

Dans sa séance du *14 avril 1905*, le *Conseil départemental d'hygiène* désignait une Commission chargée d'étudier si l'achat d'appareils au formol destinés aux divers cantons n'exposerait pas le département à engager une dépense qui ne serait pas justifiée par les services rendus.

Cette Commission était composée de MM. les Drs Girard, Bordier et Hermite, auxquels était adjoint le Dr Mouret, inspecteur, à titre consultatif.

Dans la séance du *22 mai 1905* du *Conseil départemental*, cette Commission, après avoir émis son avis sur les agents chimiques de désinfection qu'elle estimait les plus efficaces, proposait l'achat d'un matériel approprié et proposait, suivant l'avis précédemment émis, de le confier dans chaque canton à un homme expert, un pharmacien, par exemple, qui serait chargé d'exécuter les opérations de désinfection.

Le Conseil départemental d'hygiène ajoutait que, quelle que fût la décision du Conseil général au sujet des mesures proposées, le Conseil d'hygiène insistait pour que cessât dans l'Isère l'inexécution ou l'exécution précaire des prescriptions de la loi, en raison de la fausse sécurité que donnait cette situation ; le Conseil tenait à faire savoir qu'il avait eu l'initiative de se préoccuper de cette importante question et qu'il tenait à le dire nettement pour dégager sa responsabilité.

A ce moment M. Dumolard, conseiller général, membre du Conseil départemental d'hygiène, préoccupé à juste titre de déterminer exactement où on allait, et au point de vue de la légitimité des dépenses et au point de vue de l'efficacité d'une organisation nouvelle qui, n'ayant pas encore été expérimentée, pouvait présenter des aléas et occasionner des déconvenues, estimait qu'il y aurait lieu, « avant de procéder à une réorganisation générale du Service de la désinfection dans le département, de tenter un essai dans trois ou quatre cantons, de manière à pouvoir se rendre un compte exact des résultats qui pourraient être obtenus et des dépenses qu'entraîneraient les nouvelles dispositions prises ».

Le Conseil d'hygiène se rallia d'ailleurs à cette manière

de voir et décida de faire une démarche auprès de M. le Préfet en vue d'obtenir qu'il y soit donné suite.

En effet, dans sa séance du *14 juin 1905*, le *Conseil départemental d'hygiène*, en possession du résultat de l'enquête ouverte par l'Administration sur le point de savoir dans quelle mesure étaient appliquées dans l'Isère les prescriptions de la loi du 15 février 1902 relatives à la désinfection, décidait de prier l'Administration de faire procéder à un essai dans les communes de Bourg-d'Oisans, Notre-Dame-de-Vaulx, La Motte-d'Aveillans et Saint-Martin-d'Hères, de pourvoir ces quatre communes d'un appareil à désinfection au moyen du crédit de 10.000 francs voté par le Conseil général et de désigner un médecin ou un pharmacien pour diriger les opérations et veiller à l'entretien de l'appareil.

Nous ignorons quelle suite fut donnée à cette décision. Il semble bien qu'elle n'ait pas été mise à exécution et cela est regrettable, car nous ne serions pas aujourd'hui en retard sur le département du Rhône au sujet de l'organisation de la désinfection départementale et nous l'aurions probablement précédé dans cette voie. Mais d'autre part, il n'y a peut-être pas lieu de trop le regretter, puisqu'aucune dépense inutile et aucune fausse manœuvre ne s'en sont suivies et que nous pouvons aujourd'hui profiter de l'expérience du Rhône.

D'ailleurs, la cause qui fit ajourner l'expérience proposée par M. Dumolard fut sans doute l'intervention de la circulaire ministérielle du 28 juillet 1906 sur la mise en pratique du décret du 10 juillet 1906.

Cette circulaire priait M. le Préfet de saisir le Conseil départemental d'hygiène et, en même temps, le Conseil général, de l'organisation de la désinfection départementale dans les circonscriptions sanitaires, c'est-à-dire de la création des postes, de la composition et de la rétribution du personnel.

A cet effet, le *Conseil départemental d'hygiène*, dans sa séance du 7 août 1906, constituait une Commission spéciale pour l'étude de cette question « complexe et délicate ». Elle était composée de MM. Dr Girard, Dr Dufour, Bouvier et Verne.

Un an plus tard, M. le Dr Girard donnait lecture, dans la séance du 7 juin 1907 du *Conseil départemental d'hygiène*, du rapport de cette Commission.

C'est de ce rapport très consciencieusement étudié que nous allons parler maintenant.

Nous regrettons de ne pouvoir donner le texte *in-extenso* de ce rapport, mais nous l'analyserons aussi complètement que possible et nous en citerons les passages essentiels. Pour le surplus, nous renverrons nos lecteurs au *Recueil des travaux du Conseil départemental d'hygiène et des Commissions sanitaires* pendant l'année 1907, page 57.

Au point de vue de l'efficacité de la désinfection, le rapport de la sous-commission cherchait d'abord à établir quel était le procédé de principe qui présentait le plus de garanties et, conformément à l'opinion de la plupart des hygiénistes sur ce point, elle concluait que les vapeurs de formol, ou de formo-chlorol, qui ont un pouvoir de pénétration considérable, sont capables d'assurer d'une manière suffisante la désinfection, tant en surface qu'en profondeur.

« A Grenoble, dit le rapport, on emploie le formo-chlorol (procédé de Trillat), pour la désinfection des appartements et l'étuve de Geneste-Herscher pour la désinfection des objets de literie ou effets personnels.

« Ainsi qu'il sera établi dans les travaux manuscrits annexés au rapport, le prix de revient moyen d'une désinfection par les vapeurs de formo-chlorol (appareil Trillat) s'élèvera à 15 francs, alors que l'emploi simultané des vapeurs d'aldéol (étuve Berlioz) entraînerait une majoration de dix francs.

« En présence de cette majoration, votre Commission s'est demandé s'il était indispensable de joindre l'étuve Berlioz à l'appareil Trillat.

« En se plaçant au point de vue financier, elle a recherché si on ne pourrait pas opérer des désinfections sérieuses tout en réalisant une notable économie. »

Le formo-chlorol, dont il a été question plus haut, réalise une partie de ce desideratum.

Dans le § 2, le rapport examine comment le Service de la désinfection devra être organisé pour être le moins coûteux.

Avant de passer à cet examen, le rapport de la sous-commission établit, à l'aide de documents statistiques empruntés au Bureau d'Hygiène de la ville de Grenoble, que le nombre annuel des désinfections à opérer dans le département sera vraisemblablement de 5 pour 1000 habitants, soit 2.400 en tout (défalcation faite des villes de Grenoble et de Vienne).

La loi prévoyant un poste de désinfection par circonscription sanitaire, soit neuf postes pour l'Isère, chaque poste aurait chaque année 266 désinfections à opérer.

Dans la seconde partie de son rapport, la sous-commission examine la valeur relative des quatre systèmes qui se trouvent en présence en ce qui concerne l'attribution du Service de la désinfection, savoir :

1ᵉʳ cas : Service assuré par le Département (conformément au décret du 10 juillet 1906) ;

2ᵉ cas : Service assuré par les 19 hôpitaux régionaux ou cantonaux ;

3ᵉ cas : Service assuré par le Syndicat des pharmaciens de l'Isère ;

4ᵉ cas : Service assuré par la Société de désinfection économique de Paris.

Laissant de côté le premier cas, le rapport examine d'abord le second, qui consiste à confier le service de la désinfection aux Administrations des hôpitaux. M. le Dʳ Girard arguait que « les avantages de cette solution seraient d'utiliser un personnel exercé, stable, ayant les qualités professionnelles voulues, et d'économiser au département les frais de premier établissement, car tous les hôpitaux possèdent des appareils à désinfection ».

Nous verrons plus loin que M. le Directeur de l'Assistance et de l'Hygiène publiques au Ministère de l'Intérieur n'a pas été de cet avis. Mais nous observerons que ce n'est pas non plus l'opinion de M. le professeur J. Courmont, médecin des hôpitaux de Lyon.

Quoi qu'il en soit, le rapport présenté par M. le Dʳ Girard conclut que : « le prix de revient moyen d'une désinfection pratiquée dans la circonscription de Grenoble, calculé très exactement, sera :

Avec l'appareil Trillat seul, de . . . . 15 fr.
Avec l'appareil Trillat, combiné avec celui de Berlioz. . . . . 25 »

Nous ne pouvons nous empêcher de faire remarquer en passant qu'avec le système d'organisation de M. le professeur J. Courmont, chaque déclaration, avec la ou les désinfections qui l'ont suivie, a coûté, pour le poste de Lyon, le prix moyen de 8 fr. 80, grâce à l'emploi d'étuves moins coûteuses, grâce à l'autonomie et à la rapidité du service, et malgré l'emploi de l'automobile. Il est vrai que dans ce prix de 8 fr. 80, coût moyen des opérations qui ont suivi une déclaration, n'intervient pas le traitement du chef de poste ni le prix de location du poste. Mais il est facile de rétablir la correspondance des chiffres : en attribuant 1.500 francs au chef de poste et en admettant 500 francs de loyer, ce qui fait 2.000 et divisant ce chiffre par 767, qui est le nombre des déclarations du poste de Lyon, nous obtenons comme quotient : *2 fr. 60*. Ajoutant à ce prix : *8 fr. 80*, coût moyen cité plus haut, nous obtenons : *11 fr. 40*, chiffre encore inférieur au coût moyen de la désinfection prévu par M. le Dr Girard en ce qui concerne le 2e cas (désinfection confiée aux hôpitaux).

En outre, le rapport présenté par M. Girard ajoute :

« Nous nous sommes basés, dans les calculs qui viennent d'être faits, sur un prix de revient, tant des fournitures que des transports, très strictement établi ; mais il est certain que les Commissions administratives des hôpitaux, qui seraient disposées à nous prêter leur concours, ne consentiraient pas à s'exposer à un déficit et qu'elles nous demanderaient une majoration de *trois* francs, par exemple, pour une désinfection avec l'appareil Trillat, pour se mettre à l'abri des aléas que comporterait l'entreprise. »

Cette restriction nous fait prévoir que le coût d'une désinfection dans la combinaison des hôpitaux serait très chère, de 18 à 28 francs. Mais d'autres raisons — administratives, celles-là — interviennent, ainsi que nous le verrons plus tard, pour écarter cette combinaison.

Le rapport de M. le Dr Girard examine ensuite la troisième hypothèse : celle où le Service de la désinfection serait assuré par le Syndicat des pharmaciens de l'Isère. « Votre commission, dit le rapport, a provoqué des propositions de la part du Syndicat des pharmaciens de l'Isère ». Le syndicat en question proposait que « chaque pharmacien adhérent serait chef de poste, qu'il aurait un appareil pour la désinfection en surface et ferait faire toutes les désinfections demandées, par un des ses employés, sous sa responsabilité ».

Le syndicat demandait 12 francs de fixe pour chaque désinfection, plus 0 fr. 50 par kilomètre aller lorsque le pays serait desservi par un tramway, un chemin de fer ou une voiture publique ; 0 fr. 75 dans le cas contraire ; enfin, 0 fr. 05 par mètre cube désinfecté, avec un minimum de 60 mètres cubes par désinfection.

Somme toute, ces désinfections auraient été coûteuses.

M. le Dr Girard croyait voir des avantages dans l'hypothèse n° 3, mais lui-même y trouvait aussi des inconvénients :

« Les pharmaciens, disait-il, ne pourront que très rarement quitter leurs officines pour pratiquer eux-mêmes la désinfection ; les opérations seront donc confiées à des agents choisis par eux.

« Ces agents qui seront au nombre de 120, et qui auront une moyenne annuelle de vingt désinfections à opérer, pourront-ils acquérir l'aptitude professionnelle nécessaire et seront-ils bien pénétrés de l'importance de leur mission ? »

Poser la question, c'est la résoudre. Nous verrons d'ailleurs bientôt les objections très naturelles que fit M. le Ministre à cette combinaison.

M. le Dr Girard concluait lui-même que « le prix moyen de la désinfection par le Syndicat des pharmaciens s'élèverait à 17 fr. 68, prix sensiblement égal à celui que pourraient faire les hôpitaux ».

Les pharmaciens demandaient, en outre, une somme de *trois* francs, ce qui majorait le coût de la désinfection (absolument comme dans le système des hôpitaux).

Enfin, le rapport de M. le Dr Girard examinait la quatrième hypothèse, celle où le service de la désinfection serait assuré par la Société de désinfection économique de Paris, qui emploie et vend des étuves Berlioz.

« Cette Société propose », dit le rapport :

« 1° Que le matériel, tant étuve qu'autoclave, sera payé par le département, suivant le choix fait par lui;

« 2° Que le prix minimum par désinfection sera de 20 francs et comprendra :

« Désinfection en surface avec le « Trillat », désinfection en profondeur avec l'étuve « Berlioz ». Lavage des parquets, boutons de porte et trempage des linges avec l'antiseptique l'Agermol;

« Chaque désinfection ne comprend qu'un seul déplacement. Autant de déplacements, autant de désinfections supplémentaires;

« 3° Que ce prix minimum ne sera établi qu'à condition expresse d'avoir une garantie de 2.000 désinfections annuelles au moins dans les 19 postes indiqués ;

« 4° En résumé, pour assurer intégralement le service de la désinfection dans les 19 postes, le prix serait de 40.000 francs. Au-dessus de 40.000 francs, chaque désinfection serait comptée 22 fr. 50 en supplément ;

« 5° Le contrat serait valable pour dix années. » « Cette solution, ajoute M. le Dr Girard, présenterait l'avantage d'assurer une désinfection aussi complète que possible, mais elle aurait pour inconvénient d'entraîner pour le département une première mise de fonds de 40.000 francs pour l'achat du matériel. »

Constatons, pour notre part, que ce système aurait été plus coûteux que tout autre et qu'au bout de dix ans, le département se serait trouvé avoir dépensé 400.000 francs au moins, plus 40.000 francs pour l'achat du matériel ! Il est d'ailleurs inutile d'insister sur ce point : ce projet était contraire au but de la loi.

Restait à examiner le premier cas (celui où la désinfection serait assurée, comme service public, par le département lui-même.) Mais il n'en est pas question dans le rapport de M. le Dr Girard. C'est pourtant le système qui a prévalu et celui qui, d'ailleurs, était dans l'esprit de la loi, comme on le verra ci-après dans les circulaires ministérielles et dans nos conclusions.

« Après examen et discussion (dit le compte rendu de la séance du 7 juin 1907) le Conseil départemental d'hygiène donne son approbation au rapport qui vient de lui être présenté par son président.

« Il estime que la solution la meilleure, tant au point de vue du bon fonctionnement des services qu'au point de vue économique, serait de confier le service de la désinfection aux hôpitaux et de faire appel, dans ce but, au dévouement de leurs administrateurs ;

« Subsidiairement, et si cette solution était impossible, en tout ou partie, il y aurait lieu de s'adresser au Syndicat des pharmaciens ;

« Les propositions de la Société économique de désinfection pourraient être prises en considération si cette Société n'exigeait pas du département l'acquisition et l'entretien du matériel nécessaire.

« Le Conseil décide enfin l'impression du rapport si documenté dont il a donné lecture. »

La tâche du Conseil départemental d'hygiène étant terminée à ce moment, ses propositions allaient être examinées par le *Conseil général de l'Isère*. C'est à la *session d'août 1907* que M. le Préfet présenta son rapport, à la suite des propositions du Conseil d'hygiène qui lui avaient été transmises par l'Inspecteur départemental.

Nous extrayons les passages suivants du rapport de M. le Préfet :

« ... *La Commission départementale*, que vous avez chargée d'examiner la question, a estimé, dans sa *séance du 27 juillet 1907*, que le système reposant sur le concours des hôpitaux présentait plus de sécurité et plus de garanties que les autres.

« Si vous adoptez sa manière de voir, il conviendra d'augmenter de 30.000 francs les dépenses du budget, ce qui portera à 40.000 francs le chapitre de la désinfection. J'ai inscrit cette somme dans mes prévisions pour 1908, ainsi que la part contributive du département au fonctionnement des services autonomes des villes de Grenoble, Vienne et Allevard.

« Vous avez également à statuer sur le tarif des taxes à récupérer sur les particuliers : M. l'Inspecteur départemental propose de le porter au maximum prévu par l'article 22 du décret du 10 juillet 1906, et je partage sa manière de voir.

« En résumé, j'ai l'honneur de vous proposer :

« 1° D'organiser le service de la désinfection avec le concours des hôpitaux, conformément aux conclusions du Conseil d'hygiène et de la Commission départementale ;

« 2° De taxer la désinfection de la pièce occupée par le malade proportionnellement à la valeur locative de l'ensemble des locaux d'habitation dont elle dépend, à :

3 o/o dans les communes de moins de 5.000 habitants.
2,50 o/o — — de 5.000 à 20.000 habitants.
2 o/o — — de 20.000 à 100.000 habitants.

6° d'inscrire au budget, pour assurer la nouvelle organisation de la désinfection et le fonctionnement des bureaux d'hygiène :

En dépenses :

Dépenses du Conseil départemental d'hygiène et des Commissions sanitaires de circonscription	20.000	»
Service de la vaccine	17.500	»
Service des épidémies	8.530	»
Service de la désinfection	40.000	»
Inspection et contrôle	5.000	»
Contribution du département aux dépenses de fonctionnement des bureaux d'hygiène des villes de 20.000 habitants et au-dessus et des villes d'eaux de 2.000 habitants	2.300	»
Contribution du département aux dépenses de		

fonctionnement des Services de désinfection
dans les mêmes villes . . . .   2.250   »

Mais, dans la *séance du 22 août 1907* du *Conseil général*, une proposition inattendue, ou tout au moins nouvelle, se produisit, qui était contraire à l'avis du Conseil départemental d'hygiène, de la Commission départementale du Conseil général et à celui de M. le Préfet. Elle provenait d'un vœu du *Conseil d'arrondissement* et fut présentée au Conseil général par M. Sautreaux, rapporteur de la Commission d'hygiène publique.

Nous citons le compte rendu de la séance du Conseil général du 22 août 1907, p. 1255 :

CONSEIL GÉNÉRAL DE L'ISÈRE

Séance du 22 août 1907

Hygiène publique. — Service de la désinfection
M. Sautreaux, Rapporteur

« La Commission est d'avis de confier la désinfection au Syndicat des pharmaciens, qui l'a demandée, dans tout le département, en dehors des trois villes autonomes de Grenoble, Vienne et Allevard; elle se base sur deux points :

« 1° Economie pour le département ;
« 2° Service certainement mieux fait.

« Les pharmaciens créeraient une Société par actions pour l'achat des appareils et ne demanderaient, de ce chef, aucune subvention du département.

« Chaque pharmacien adhérent serait chef de poste, posséderait son appareil pour désinfecter et la désinfection serait faite par lui ou par un de ses employés, sous sa propre responsabilité et sous sa surveillance.

« Les pharmaciens achèteraient à leurs frais et à leur choix un des appareils approuvés par le Conseil supérieur d'hygiène, de façon à pouvoir choisir ceux dont la manipulation et le transport sont plus faciles.

« En outre des avantages ci-dessus énumérés, nous aurions une installation de postes très nombreux et la désinfection également répartie dans tout le département.

« Dans sa dernière séance, le Conseil d'arrondissement a émis le vœu que la désinfection soit faite par les pharmaciens.

« M. Ernest Dumolard indique dans quelles conditions la Commission départementale s'est prononcée sur la question. Il fait connaître que le Conseil d'hygiène a émis l'avis que le Service de la désinfection pouvait être confié aux hôpitaux, au Syndicat des pharmaciens ou à la Société de désinfection économique de Paris, mais en manifestant sa préférence pour le premier de ces systèmes.

« M. le docteur Ogier appuie les conclusions du rapport. Il estime que le système de désinfection par les hôpitaux, s'il est pratique dans les villages, serait très coûteux dans les campagnes.

« D'autre part il est bien difficile d'adopter un mode unique de désinfection, en raison même de la disposition des habitations de la campagne, généralement ouvertes à tous les vents; aussi lui semble-t-il préférable de laisser aux médecins le soin d'apprécier dans chaque cas le procédé le plus efficace.

« M. Ernest Dumolard pense que le Conseil d'hygiène n'hésitera pas à se ranger à cette manière de voir.

M. le Président met aux voix les conclusions du rapport de la Commission.

« Ces conclusions sont adoptées. »

Séance du 23 août 1907[1]

Commission d'hygiène publique.
M. Sautreaux, Rapporteur.

« Vous avez adopté hier le principe de la désinfection par le Syndicat des pharmaciens. Les dépenses qu'occasionnera le nouveau service ont été prévues dans les propositions de M. le Préfet.

« Il nous reste à statuer sur les autres points du service.

« Votre Commission vous propose :

« 1° de fixer au taux maximum les taxes à récupérer... (voir p. 134);

« 2° d'inscrire au budget... (voir p. 134, 6°) ». Adopté.

[1] *Comptes rendus du Conseil général*, 1907, p. 1370.

Cette décision du Conseil général, survenue sans qu'aucun membre de la Commission qui avait conclu aux propositions adoptées par le Conseil départemental d'hygiène, ait été entendu, émut à juste titre le Conseil d'hygiène.

Aussi le *27 septembre 1907*, le *Conseil départemental d'hygiène* adoptait à l'unanimité cette motion très justifiée du docteur Hermite :

« A l'occasion de la solution donnée par le Conseil général au projet d'organisation du Service départemental de la désinfection, le Conseil d'hygiène émet le vœu que, dans les questions ayant fait l'objet d'une étude spéciale et documentée, soit au Conseil départemental d'hygiène, soit d'une Commission spéciale instituée pour examiner une question de ce genre, la Commission compétente du Conseil général ne se prononce pas sans avoir appelé dans son sein le président, le rapporteur, ou tel délégué désigné par la Commission spéciale, pour l'inviter à soutenir devant elle les conclusions formulées dans le rapport soumis au Conseil général. »

Là-dessus intervint, le 11 octobre 1907, une dépêche ministérielle qui repoussait les propositions du Conseil général :

Paris, le 11 octobre 1907.

« Le Président du Conseil, Ministre de l'Intérieur,
à Monsieur le Préfet de l'Isère.

« En vue de l'organisation dans votre département du Service public de la désinfection, vous m'avez consulté sur le point de savoir si les fonctions de chef de poste pourraient être régulièrement et utilement confiées aux pharmaciens dans le rayon de leur clientèle.

« Outre que ce système ne saurait se concilier avec les dispositions du décret du 10 juillet 1906, je verrais, Monsieur le Préfet, des inconvénients sérieux à son application pratique.

« La mission du chef de poste, telle qu'elle résulte du décret sus-visé, des instructions du 18 mars 1907 et des documents qui y sont annexés, comporte des garanties de discrétion, de responsabilité, d'ordre administratif qui doivent relever exclusivement de l'autorité publique; elle s'applique tout à la fois à l'exécution et au contrôle des opérations, suivant que celles-ci sont ou non assurées par les intéressés.

« Ces conditions sont évidemment incompatibles avec les obligations professionnelles des pharmaciens, notamment avec celle d'être constamment présents à leur officine, avec des exigences de clientèle croissant précisément dans les périodes épidémiques, je dirai même avec la situation personnelle qu'ils occupent et qui leur rendrait difficile une intervention continue dans les milieux contaminés pour y assurer effectivement la besogne matérielle incombant aux chefs de poste et à leurs aides. Ce n'est pas à dire que le concours des pharmaciens ne puisse s'exercer en matière de désinfection dans des conditions très efficaces; leur rôle apparaît tout au contraire comme indiqué lorsqu'il s'agit des opérations directement assurées par les intéressés; ceux-ci pourront toujours s'adresser avec profit aux pharmaciens et, de ce chef, le rôle du service public se réduira à un simple contrôle. Les délégués des Commissions sanitaires sont chargés, d'autre part, de la direction et de la surveillance des chefs de poste; ces délégués seront très souvent des pharmaciens; là encore ils interviendront avec la compétence nécessaire et dans la situation qui leur convient. A un point de vue tout différent, les chefs de poste doivent être les agents spéciaux du service, expressément affectés à leurs attributions dans la mesure qui leur sera assignée, personnellement désignés et assermentés.

« Vous apprécierez, Monsieur le Préfet, combien cette conception de leur fonction s'éloigne d'une mesure qui consisterait à confier indistinctement à tous les membres d'une profession, quelque honorable qu'elle soit, une part d'attributions officielles souvent délicate, impliquant en tout cas des obligations et des responsabilités inconciliables sous cette forme en droit, en fait.

« J'appelle en même temps toute votre attention sur le passage de ma circulaire du 18 mars qui vise la désignation des chefs de poste et de leurs auxiliaires. Vous trouveriez, en outre, à cet égard, d'intéressantes indications dans le projet du Conseil général du Doubs utilisant le concours du personnel du Service vicinal. »

« Pour le Ministre,
« Le Directeur,
« MIRMAN. »

Reprenant alors les propositions de la Commission spéciale, adoptées par le Conseil départemental d'hygiène, M. le Préfet demandait à M. le Ministre de lui donner son appréciation sur l'installation des postes de désinfection dans les hôpitaux.

Voici quelle fut la réponse de M. le Ministre :

Paris, le 18 octobre 1907.

« Le Président du Conseil, Ministre de l'Intérieur,
à Monsieur le Préfet de l'Isère,

« Vous m'avez demandé quel serait mon sentiment au sujet d'une proposition du Conseil d'hygiène de votre département tendant à l'installation des postes de désinfection dans les hôpitaux.

« Je n'ai pas d'objection à faire en principe à une organisation de ce genre. Mes réserves ne porteront que sur les conditions mêmes dans lesquelles serait appelé à fonctionner le service, étant donné le rôle actif et permanent qu'exige la fonction du chef de poste au point de vue notamment de la désinfection en cours de maladie, l'obligation de se déplacer d'autant plus fréquente que les cas de maladies seront plus nombreux ou plus disséminés, la difficulté de concilier ces déplacements urgents avec les nécessités de services hospitaliers augmentant en raison de l'apparition ou du développement parallèle des manifestations épidémiques. A ces considérations qui méritent la plus sérieuse attention, vient s'ajouter la question d'utilisation des appareils existants, d'un maniement parfois compliqué ou susceptibles de détériorer les objets confiés au service. De nouveaux procédés, parmi ceux qui ont été vérifiés par le Conseil supérieur d'hygiène, peuvent présenter à cet égard des avantages appréciables, tant au point de vue de leur fonctionnement que sous le rapport de la sécurité et du prix de revient des opérations. Il importerait dès lors de ne point engager l'avenir et de prévoir expressément la résiliation des conventions passées, au cas où les progrès réalisés dans l'outillage sanitaire justifieraient l'emploi d'un matériel plus pratique, plus efficace ou plus économique. »

« Pour le Ministre,
« Le Directeur,
« Mirman. »

A la *session d'avril 1908* du *Conseil général*, M. le Préfet rendit compte qu'il avait saisi la Commission départementale de ces documents. Celle-ci, par sa décision du 30 octobre 1907, avait chargé son président, M. Dumolard, d'étudier, de concert avec le Conseil d'hygiène et l'Administration préfectorale, un projet donnant satisfaction à M. le Ministre.

Le *Conseil départemental d'hygiène* avait délibéré de nouveau *le 27 mars 1908*. Nous donnons ci-après le compte rendu de cette séance :

« A l'unanimité de ses membres, la Commission de désinfection a refusé de reconnaître aux cantonniers les qualités nécessaires pour exécuter une désinfection efficace. Elle a maintenu ses conclusions antérieures, qui résultent d'une étude très complète et très consciencieuse de M. le Dr Girard et propose aujourd'hui au Conseil d'hygiène de prier de nouveau M. le Préfet de vouloir bien demander au Conseil général de confier le Service de la désinfection aux hôpitaux et de faire appel, dans ce but, au dévouement de leurs administrateurs. »

Après discussion, il en est décidé ainsi par le Conseil qui, sur la proposition de M. Dumolard, « *émet le vœu qu'au préalable des essais soient faits dans quelques circonscriptions* afin de se rendre compte des dépenses occasionnées par le système préconisé ».

Le *2 avril 1908*, la *Commission départementale* s'était rangée à cet avis. M. le Préfet soumit donc au Conseil général, à la session d'avril 1908, le projet de règlement qui entendait confier le Service de la désinfection départementale aux hôpitaux.

Mais M. le Ministre, craignant avec raison que le défaut d'autonomie des postes hospitaliers ne portât obstacle au rôle actif et permanent qui, d'après l'esprit de la loi et du décret, devait incomber au chef de poste; craignant d'ailleurs qu'en cas d'épidémie le chef de poste ne voyant son travail augmenté n'eût à faire face à la fois à la désinfection hospitalière et à la désinfection départementale et n'eût à recevoir des ordres simultanés de deux administrations, M. le Ministre, par sa dépêche du *28 avril 1908*, donnait à entendre qu'il serait préférable de renoncer à confier le Service de la désinfection départementale aux hôpitaux.

Voici le texte de cette dépêche :

Ministère de l'Intérieur

Direction de l'Assistance et de l'Hygiène publiques.
Dépêche du 28 avril 1908.

« La disposition de votre projet de règlement tendant à rattacher le Service de la désinfection aux établissements hospitaliers présente, en droit et en fait, de sérieuses objections.

« Elle serait de nature à enlever aux délégués des commissions sanitaires et aux chefs de poste les garanties d'indépendance et de responsabilité que prescrit expressément le décret de 1906 et à créer, par la dualité de direction et d'attribution, une source de retards et de difficultés non compensée, semble-t-il, par des économies bien appréciables.

« Il en serait différemment s'il s'agissait seulement d'utiliser concurremment les appareils de désinfection en profondeur sous condition de réserver expressément, dans les conventions passées, l'action du Service départemental. »

Dès le lendemain, *29 avril*, le *Conseil général* décidait de « demander à M. le Préfet de présenter, lors de la prochaine session d'août, un nouveau projet donnant en principe toute autorité aux médecins pour l'application des procédés de désinfection les plus efficaces et les plus économiques ».

M. le Dr Mouret, inspecteur départemental, élabora ce projet avec M. le Dr Ogier, conseiller général, président de la Commission des établissements départementaux et des services d'assistance, de protection et d'hygiène.

Dans la séance du *18 août 1908* du *Conseil départemental d'hygiène*, M. le Dr Mouret, après avoir rappelé au Conseil les différentes phases de la question, soumit ledit projet à son approbation. Après quelques demandes d'éclaircissement, le Conseil d'hygiène approuva, en effet, le projet de règlement qu'il présentait au nom de M. le Préfet.

Mais, dès le *25 septembre 1908*, le *Conseil départemental* d'hygiène, sur l'intervention de M. le Dr Girard, revenait sur ce vote et adoptait la motion suivante :

« Nous ne pouvons donner un avis favorable au projet

d'organisation du Service départemental qui a été soumis au Conseil, parce que nous considérons que cette organisation est défectueuse et qu'elle entraînera pour le département et les communes des dépenses importantes sans aucun résultat utile. »

« Ont signé : MM. les Drs Girard, Berthollet, Bordier, Hermite, M. Chatrousse.

« A voté contre : M. Dumolard. »

Peu de jours après, à la *session de septembre* du *Conseil général*, M. le Préfet présentait le règlement en question :

« Conformément, disait M. le Préfet, à votre délibération du 29 avril dernier, j'ai préparé un nouveau projet de règlement pour le Service de la désinfection.

« J'en ai soumis les termes à M. le Ministre qui, par sa *dépêche du 8 août 1908*, en a accepté les dispositions générales, appelant seulement mon attention sur quelques points de détail. J'ai tenu compte de ses observations dans le texte que je soumets à votre approbation. »

Ce texte, présenté au *Conseil général de l'Isère* par M. le Dr Ogier, rapporteur de la Commission d'hygiène publique, fut adopté dans la *séance du 29 septembre 1908*.

Nous en donnerons le texte plus loin dans les annexes (documents départementaux).

Nous terminerons cette étude chronologique de la question de la Désinfection départementale dans l'Isère, en citant la plus grande partie du rapport par lequel le Dr Ogier accompagnait les propositions de M. le Préfet :

« Avant d'exposer les arguments qui militent en faveur des propositions de M. le Préfet, il me sera permis de dire que le médecin n'a pas attendu le législateur pour prévenir la contagion des maladies, et qu'il a en tout temps rempli son devoir de prophylaxie.

« L'éloigner du nouveau service serait une faute ; il doit y conserver l'influence légitime que lui assurent ses études et l'intérêt de ses malades.

« Tout le système repose d'ailleurs sur la déclaration du médecin. Cette mesure, rendue obligatoire par l'article 5 de la loi, rencontre des résistances dans son application.

« La presse, les congrès médicaux se sont occupés de cette situation et leurs protestations ont trouvé écho au Ministère qui annonce le dépôt d'un projet de loi mettant en partie la déclaration à la charge des familles.

Organisation pratique.

« La déclaration effectuée, il y a lieu d'instituer un service public de désinfection aussi régulier, aussi assuré dans ses effets et aussi économique que possible.

« *Rapidité d'exécution.* — L'article 5 satisfait à la première de ces qualités en instituant des postes fixes de telle sorte qu'il ne faille pas plus de six heures pour se rendre de chacun d'eux dans les diverses communes qu'il est appelé à desservir. Les 23 hôpitaux de notre département remplissaient parfaitement ces conditions. M. le Préfet les remplace par 25 groupements de cantons. Mais, étant donné le sol heurté et les difficultés de communication de notre département, il fallait songer à augmenter la promptitude des secours. Nous inspirant d'un substantiel rapport de M. le Dr Seytre, directeur du Bureau d'hygiène de Cannes, nous avons demandé de prévoir des postes secondaires dans chaque commune.

« Nous avons trouvé l'accueil le plus favorable auprès des maires et je suis certain qu'avec les indications des médecins-inspecteurs, on trouvera des sous-chefs de poste intelligents, actifs et dévoués.

« *Sûreté du procédé.* — La loi indique, dans son article 7, précisé par le décret du 7 mars 1903, les conditions dans lesquelles doivent être autorisés les procédés à employer. La section compétente du Conseil supérieur d'hygiène est chargée d'en vérifier l'efficacité. Inutile d'ajouter que notre choix s'est porté exclusivement sur ceux-ci.

« La désinfection doit s'exercer en profondeur et en surface.

Désinfection en profondeur.

« Il n'existe malheureusement pas de système qui permette de réaliser à la fois la désinfection totale en profondeur et en surface.

« Il est un produit très prôné par les instructions ministérielles. C'est le crésylol qui, mélangé ou non à une égale quantité de lessive de soude, et dilué dans 98 parties d'eau, donne d'excellents résultats pour désinfecter les tissus sans les détériorer.

« L'immersion à froid doit durer vingt-quatre heures.

« Après ce laps de temps, tous les ensemencements opérés ont été négatifs.

Désinfection en surface.

« Pour l'appliquer nous n'avons que l'embarras du choix. La pratique est orientée vers l'emploi de l'aldéhyde formique, qui a un grand pouvoir bactéricide et ne détériore pas les tentures et les vêtements.

« A l'état de pureté, c'est un gaz incolore, composé de carbone, d'hydrogène et d'oxygène, qu'on obtient en faisant passer un courant d'air chargé de vapeurs d'alcool méthylique sur une spirale de platine chauffée au rouge.

« L'aldéhyde formique possède la propriété de se polymériser, en d'autres termes, de se condenser en plusieurs composés qui ne sont pas antiseptiques. Le plus stable de ces derniers est le trioxyméthylène qui, par lui-même, n'est pas microbicide, mais qui, en se décomposant, donne son poids total de gaz aldéhyde formique pur.

« L'observation a démontré que la polymérisation peut se produire :

1° Sous l'influence de l'humidité et de la température, ce qui rend infidèle la teneur des solutions commerciales, puisqu'un poids d'aldéhyde formique égal à celui qui est condensé se sépare de la solution primitive ;

2° Selon la distance du foyer de production des vapeurs. Il résulte des expériences faites récemment par les docteurs Lemoine et Sacquépée, que la diffusibilité de l'aldéhyde formique est très faible et n'agit que dans une zone limitée.

« Ces données scientifiques nous ont guidé dans les propositions que nous avions à présenter à M. le Préfet.

« Nous avons éloigné tous les appareils dont l'emploi exige un maniement trop précis et compliqué. Nous avons également rejeté le formol liquide trop instable, pour adopter la production des vapeurs d'aldéhyde formique par la décomposition du trioxyméthylène.

« Cette décomposition s'obtient par plusieurs procédés parmi lesquels nous retenons les plus simples.

« *Le Fumigator* inventé par M. Gonin, se compose d'une cartouche de trioxyméthylène. [1] »

« En 1905, Eichengrünn présenta sous le nom d'*Autane*, un mélange de peroxyde de baryum ou de strontium et de trioxyméthylène qui donne en présence de l'eau des vapeurs de formol et de la vapeur d'eau[2].

« L'effervescence produite par la réaction demande un récipient d'autant de litres qu'il y a de mètres cubes d'air à désinfecter. »

« *Economie du procédé*. — Par la décomposition du trioxyméthylène, la désinfection peut s'opérer par n'importe qui et il suffira d'une petite armoire dans chaque mairie pour renfermer quelques boîtes d'aldogène, quelques litres de crésylol et un sarrau pour le sous-chef de poste.

« Ainsi nous aurons réalisé toutes les qualités requises : rapidité, sûreté, économie, et nous pourrons mettre en œuvre le règlement si complet et si bien étudié que M. le Préfet soumet à votre approbation.

« La tâche paraît simple, elle présentera quelques difficultés si on se rappelle par exemple que la rougeole est contagieuse pendant la période prééruptive et qu'on trouve des bacilles de Löffler chez des sujets atteints de diphtérie, trente jours après leur guérison.

---

[1] Depuis le rapport du Dr Ogier, le Service de la désinfection dans l'Isère a employé ces *fumigators*, qui ont donné toute satisfaction. Ils sont d'ailleurs employés par plus de 70 services départementaux. L'armée en consomme 50.000 par an.

[2] Procédé coûteux.

« Il ne faut pas attendre aussi le rétablissement d'un typhique pour désinfecter les linges et ustensiles qu'il a contaminés, mais procéder chaque jour à leur scrupuleuse désinfection.

« Des instructions ministérielles prophylactiques ont réglementé les conditions les plus minutieuses de la désinfection à employer dans chaque cas infectieux.

Conclusions.

« J'appelle, enfin, l'attention de M. le Préfet sur le choix des délégués des Commissions sanitaires chargées de la surveillance du Service. Comme M. l'Inspecteur départemental, je rends le plus grand hommage au zèle et au dévouement des membres des Commissions sanitaires et je reconnais que chacun d'eux, par sa spécialité, présente les plus hautes garanties, mais j'estime que la valeur de de ces assemblées ne peut que s'accroître par son recrutement dans le corps médical.

« M. le Dr Cassin disait à la Société de Vaucluse :

« En chargeant le médecin de chaînes étroites, on met en suspicion sa valeur scientifique et morale.

« Dans le conflit entre les droits individuels et les droits sociaux, nous conservons des traditions assez hautes pour demeurer eutre eux, comme juges. Nous aimons notre pays et ses lois, et nous ne demandons qu'à le servir en les observant, mais nous ne pouvons pas ignorer non plus le malade qui nous confie sa santé et celle des siens. »

Chaque circonscription cantonale étant pourvue d'un médecin-inspecteur responsable des épidémies, on pourrait compléter les Commissions sanitaires par l'adjonction de membres consultatifs recrutés parmi ceux-ci, et les faire désigner comme contrôleurs des opérations prophylactiques, ainsi que cela se pratique dans le département de la Seine.

« En résumé, au nom de votre Commission, j'ai l'honneur de vous proposer :

« 1° De donner un avis favorable au projet de règlement du Service de désinfection présenté par M. le Préfet et approuvé par la Commission départementale et le Conseil d'hygiène;

« 2° D'approuver les dépenses de 1907;

« 3° De répartir de la façon suivante les 40.000 francs que vous avez inscrits au Budget pour le Service de la désinfection et qui recevront l'affectation ci-après :

1° Dépenses

a) *Frais généraux.*

Un employé	1.200 »
Frais de bureau	500 »
Imprimés	500 »

b) *Dépenses des postes de désinfection.*

Indemnités aux délégués des Commissions sanitaires	2.00 »
Traitements des Chefs de poste et de leurs auxiliaires	10.000 »
Désinfectants	22.800 »
Frais de bureau et de laboratoire	2.000 »
Indemnités pour destruction d'objets	1.000 »
Ensemble	40.000 »

Total des dépenses. . . . 40.000 »

2° Recettes

Produit des taxes (à déduire)	10.000 »
Montant net des dépenses de fonctionnement .	30.000 »

« 6° D'inscrire au Budget, pour assurer, en 1909, l'application de la loi du 15 février 1902 :

En dépenses

Dépenses du Conseil départemental d'hygiène et des Commissions sanitaires de circonscription	2.000 »
Service de la vaccine	17.500 »
Service des épidémies	8.530 »
Service de la désinfection	40.000 »
Inspection et contrôle	5.000 »
Contribution du département aux dépenses de fonctionnement des bureaux d'hygiène des villes de 20.000 habitants et au-dessus et des villes d'eaux de 2.000 habitants	2.300 »
Contribution du département aux dépenses de fonctionnement des Services de désinfection dans les mêmes villes	2.250 »
Total	77.580 »

En recettes

Taxes du Service départemental de désinfection	10.000 »
Subvention de l'Etat	12.583 50
Contingent des Communes	25.635 »
Total	48.218 50
Reste au compte du Département	29.361 50
Total égal	77.580 »

« 7° De remercier très sincèrement notre distingué Inspecteur départemental de sa précieuse collaboration qui a favorisé si puissamment notre désir commun de doter l'Isère d'un Service de désinfection pratique et économique. »

« M. le Président met aux voix, tout d'abord, les conclusions du rapport de la Commission qui ont trait à la désignation des chefs de postes.

« *Ces conclusions sont adoptées.*

« M. le Président met ensuite aux voix les autres conclusions du rapport, à l'exception de celles qui concernent la désignation des délégués du Conseil général au sein du Conseil d'hygiène et des Commissions sanitaires.

« *Ces conclusions sont adoptées*[1]. »

Nous arrêtons ici cette étude documentaire sur l'organisation de la désinfection départementale en France. Nous nous sommes bornés à l'étudier dans les départements qui avaient montré la voie ou qui avaient fait preuve de la plus grande originalité. Bien des questions connexes resteraient à étudier, soit en ce qui concerne les postes municipaux de désinfection dépendant des bureaux d'hygiène, soit en ce qui concerne l'organisation de la désinfection dans les pays voisins. Mais il faut se limiter à un objet précis.

Pour les bureaux municipaux d'hygiène, nous nous contenterons de publier en annexes les documents officiels relatifs aux villes de Lyon et de Grenoble.

Quant à l'étude de la désinfection à l'étranger, nous ne saurions mieux faire que de conseiller la lecture d'un livre précieux aux inspecteurs de l'hygiène publique, aux

---

[1] *Conseil général de l'Isère*, séance du 29 septembre 1908.

directeurs de bureaux d'hygiène, aux conseillers généraux et municipaux, aux médecins praticiens : celui de notre ami le Dr Rochaix, qui a publié chez Maloine, en 1909, un travail très documenté : *la Lutte contre les maladies contagieuses en Allemagne*, dont il avait recueilli les éléments au cours d'une mission spéciale qui lui avait été confiée par M. le Ministre de l'Intérieur.

L'ouvrage de M. Rochaix est divisé en trois parties. Dans la première, il fait l'exposé de la législation sanitaire allemande et de quelques règlements sanitaires. La seconde est consacrée à l'organisation de la désinfection. Enfin, l'état de la lutte contre les principales maladies contagieuses en Allemagne fait l'objet de la troisième partie. Les résultats remarquables obtenus dans l'accroissement de la population allemande et à d'autres points de vue forment la conclusion de l'ouvrage.

CHAMBRE DES DÉPUTÉS

Extrait du Rapport de M. ARAGO
Rapporteur du Budget du Ministère de l'intérieur [1].

CHAPITRE 43. — **Hygiène et salubrité générale. Épidémies.**

Le rapporteur du budget du ministère de l'Intérieur, après avoir demandé d'élever de fr. 350.000 à 400.000 le crédit nécessaire pour faire face à la part qui incombe à l'Etat dans les dépenses nécessitées par l'application de la loi du 15 février 1902 et après avoir publié à l'appui de cette demande les tableaux de relevé des dépenses de ce chapitre de 1902 à 1908, les fait suivre des réflexions que nous transcrivons ci-après et qui sont des plus instructives :

« Le Parlement, en votant la loi du 15 février 1902 relative à la protection de la santé publique, a fait une œuvre de sage prévoyance. Il est utile et juste d'assurer le pain des vieillards, mais il est d'une importance capitale, pour une nation, de faire le maximum d'efforts en vue de diminuer — dans toute la mesure où le permet la science moderne de l'hygiène publique — les causes de décès et de morbidité. Les sacrifices financiers que

---

[1] *Revue pratique d'hygiène municipale urbaine et rurale*, n° 2, février 1910.

supporte la nation pour les services d'assistance qui lui sont imposés par le plus noble sentiment d'humanité, ceux qu'elle doit supporter pour améliorer les conditions de l'hygiène publique doivent être placés au premier rang des dépenses réellement productives, puisqu'elles ont pour but et pour effet de fortifier, dans tous les domaines, la « production » générale du pays.

« Si l'on recherche les raisons pour lesquelles la loi de 1902 n'a pas encore produit son plein effet, quatre considérations essentielles ne manquent point tout d'abord d'apparaître :

« 1° L'Etat participe aux dépenses dans une faible mesure. La contribution est calculée d'après le barème de l'assistance médicale gratuite, c'est-à-dire que, par exemple, dans les villes de plus de 20.000 habitants ayant ainsi l'obligation de constituer un bureau d'hygiène, l'Etat ne supporte que 1 pour 100 de la dépense. On sait qu'il supporte 25 pour 100 au moins et, dans les communes et départements à faible centime démographique, jusqu'à 85 pour 100 des dépenses résultant de la loi d'assistance aux vieillards. Et si, dans ce dernier cas, on peut très légitimement craindre qu'une contribution si forte et parfois si prépondérante de l'Etat ne détermine les abus, en incitant les Commissions locales à admettre un trop grand nombre de bénéficiaires, on peut considérer aussi comme certain que la minime contribution de l'Etat dans les dépenses de l'hygiène publique a pour effet de paralyser souvent les bonnes volontés des départements et des communes.

« Les dépenses d'assistance sont, peut-on dire, populaires : celles d'hygiène le sont beaucoup moins, car le public n'en comprend pas absolument l'intérêt et n'en reçoit pas le bienfait immédiat; peut-être donc eût-il été sage à la fois de ne pas donner une trop forte prime à l'exagération des premières et d'en offrir une plus sérieuse au juste et nécessaire engagement des secondes. On conçoit, en tous cas, combien aurait plus de force persuasive l'insistance exercée par le Ministre de l'Intérieur auprès d'une commune ou d'un département pour obtenir la constitution d'un des services publics d'hygiène prescrits par la loi de 1902 (tel le Service de désinfection) ou indiqués par elle comme souhaitables (telle l'inspection départementale d'hygiène), si l'Assemblée municipale ou le Conseil général savaient qu'aux dépenses que doit entraîner ce service nouveau l'Etat participera de façon plus effective;

« 2° La loi donne aux maires, en matière d'hygiène, une autorité considérable. Sans doute, le préfet peut se substituer à un maire défaillant. Mais cette substitution ne se peut opérer que dans des cas exceptionnels et graves, tandis que l'œuvre de surveillance qu'aurait à accomplir le maire idéal, exerçant le plein de ses attributions, exige un effort en quelque sorte permanent. Or, de cet effort, le plus grand nombre se souvient peu. Le cas, surtout dans les petites localités, est trop fréquent des communes où, en présence de l'indifférence prolongée de la municipalité, le règlement sanitaire a été, conformément à la loi, imposé d'office, mais où ce règlement devient vite lettre morte, soit que le maire n'en comprenne pas l'utilité, soit qu'il ne puisse en assurer l'application qu'en prenant une initiative et en dominant des résistances dont la seule perspective l'effraye et le paralyse. Ces attributions des maires en matière d'hygiène publique ne sont pas de celles auxquelles ils sont le plus attachés, et, si quelque referendum était organisé en vue de leur demander leur avis sur ce point spécial, on peut douter que le nombre soit grand de ceux qui ne solliciteraient pas ardemment d'être déchargés d'une si gênante prérogative.

« L'autonomie communale est assurément dans plus d'un domaine une chose excellente et qui pourrait même parfois être étendue; c'est un principe général cependant auquel on a fait sagement brèche quand il s'est agi d'organiser l'enseignement primaire; il eût été fort dangereux de s'en remettre aux municipalités du soin d'assurer l'instruction des enfants. Il serait non moins périlleux de proclamer l'autonomie communale en matière de police proprement dite, et cependant « l'ordre sanitaire » est au même degré indispensable à la vie normale d'une nation que l'ordre matériel. Le fait que des déjections de malade typhique peuvent être jetées au hasard et contaminer une source, une rivière, le fait que les chemineaux non vaccinés peuvent semer la variole le long des routes, sont des faits d'intérêt général, et qu'une autorité, mieux armée et moins localisée que celle d'un maire, devrait avoir pour mission de prévenir.

« 3° L'opinion publique n'est pas encore assez instruite pour soutenir les maires dans leur action. Il est des communes où les maires ont perdu leur écharpe pour avoir pris au sérieux le devoir qui leur incombe de par la loi de 1902 et pour avoir essayé de faire respecter le règlement sanitaire, cependant peu draconien; en revanche, on n'en peut malheureusement point citer où la population se soit dressée contre sa municipalité pour exiger la plus efficace exécution de la loi. L'indifférence ou l'ignorance sont plus grandes encore, dans les collèges cantonaux, lors des élections au Conseil général, en ce qui concerne le rôle, considérable cependant, de l'Assemblée départementale en matière d'hygiène publique.

« Sans aucun doute, de sérieux progrès ont été en ce sens réalisés, dont les meilleurs sont dus à l'action féconde des instituteurs, qu'il convient ici de citer en première ligne, afin de leur rendre un juste hommage. Des associations, comme l'Alliance d'hygiène sociale, ont déterminé et entretiennent un excellent mouvement d'opinion. La presse aussi, dont l'action peut être décisive, comprend l'importance de ces questions vitales ; sa propagande dissipe bien des préventions et prépare utilement le terrain à l'action des autorités compétentes. La mutualité a senti qu'elle avait là un rôle de premier ordre à jouer, et, à l'occasion du récent Congrès tenu à Agen par l'Alliance d'hygiène sociale, les représentants mandatés des unions de Sociétés de secours mutuels et de la Ligue de l'enseignement ont pris l'engagement de mettre au service de l'hygiène publique, au service de la loi de 1902, les forces morales et matérielles de leurs imposants bataillons.

« Enfin, c'est un fait digne de retenir l'attention que cette visite faite, il y a quelques mois, à M. le Président du Conseil par les membres ouvriers du Conseil supérieur du travail, lesquels venaient, au nom de la classe ouvrière dont ils sont les élus, demander au Gouvernement de redoubler d'efforts pour assurer l'intégrale application de la loi. Ce sont là autant de symptômes encourageants et qui permettent d'espérer.

« Il convient de souhaiter que toutes les bonnes volontés

qui se sont ainsi manifestées, agissent, chacune dans sa sphère, auprès des autorités locales : un grand problème social serait résolu si, dans chaque commune importante, les Syndicats ouvriers, les Sociétés de secours mutuels, les sections de la Ligue de l'enseignement, exerçaient une pression sur les municipalités hésitantes et prenaient énergiquement en main la cause de l'hygiène publique qui est, au premier chef, d'intérêt national.

« 4° Notre analyse ne serait pas complète si nous ne signalions pas, comme des raisons qui expliquent le retard d'application de la loi de 1902, l'indifférence parfois hostile témoignée par un certain nombre de médecins en ce qui concerne la déclaration des maladies contagieuses.

« Dès maintenant, d'ailleurs, il est juste de reconnaître que cette indifférence s'atténue peu à peu. Partout où les Services de désinfection ont été sérieusement organisés, les déclarations augmentent sensiblement, et, si le Ministre de l'Intérieur continue son effort, si les préfets y tiennent la main, si, comme nous devons le croire, le mouvement d'opinion que nous signalions plus haut se continue, le but que se proposait le législateur de 1902 sera bientôt atteint. »

SERVICES DÉPARTEMENTAUX DE DÉSINFECTION

« Nous dirons un mot, tout d'abord, des services départementaux de désinfection :

« La Direction de l'assistance et de l'hygiène publiques n'a pu placer encore sous nos yeux le compte rendu de la dernière session des Conseils généraux ; avant cette date, soixante-cinq départements avaient procédé à leur organisation, et nous avons tout lieu de croire que, lors de la dernière session, les départements retardataires, dont plus d'un, d'ailleurs, a déjà un ensemble de services importants, se seront presque tous mis en règle. Cette organisation n'a pas été sans difficultés ; le contraire eût été bien surprenant. La plupart des assemblées départementales et des préfets se trouvaient en face d'une question nouvelle pour eux, ne ressemblant en rien à celles qu'ils avaient l'habitude de traiter. Le choix du personnel, le choix des appareils, soulevaient des problèmes fort délicats. Des tâtonnements se produisirent qui étaient inévitables. Chacun attendait que son voisin eût montré le chemin et fait la première expérience.

« Le branle cependant fut donné, et les résultats, dans la plupart des régions, ont dépassé les espérances en ce qui concerne l'accueil fait par les populations rurales à ce service nouveau. On craignait de divers côtés de l'hostilité ; c'est au contraire avec sympathie, souvent avec empressement, que les populations des campagnes ont accueilli les agents de la désinfection. Il est à noter que le nombre des déclarations facultatives, lesquelles comportent pour le service public l'obligation de désinfecter, augmente progressivement, et c'est là un des effets de la propagande des ligues contre la tuberculose.

« Pour juger à son exacte valeur cette réforme sanitaire, prescrite par la loi de 1902, et dont seuls des esprits bien peu réfléchis ont pu faire grief à l'administration du ministère de l'intérieur de travailler avec ténacité à poursuivre la réalisation effective, il convient de ne pas oublier ceci : l'opération de désinfection est, sans aucun doute, de première utilité en elle-même, puisque, détruisant les germes nocifs, elle diminue les risques de contagion ; mais elle est, en outre, de la plus haute utilité en ce qu'elle comporte la plus nette leçon de choses que l'on puisse donner en matière d'hygiène.

« Il apparaît avec évidence que, lorsque dans une commune où, jusqu'à ce jour, a prévalu la plus dangereuse ignorance et où a régné la plus périlleuse insouciance à l'égard des maladies contagieuses, des agents du service départemental se sont présentés à plusieurs reprises, dans l'intérêt de la famille du malade comme dans l'intérêt de la nation elle-même ; qu'ils ont, sous les yeux curieux de ces braves gens, procédé aux opérations très simples et très saines qui doivent prévenir la transmission du mal ; qu'ils ont en plus donné leurs conseils et laissé les instructions imprimées arrêtées, pour chaque groupe de ces maladies, par le Conseil supérieur de l'hygiène, il apparaît avec évidence que, dans cette commune, en dépit des sceptiques les plus irréductibles, quelque chose a été changé, qu'une amélioration est apportée non seulement pour aujourdhui, mais pour l'avenir, et il paraît impossible qu'après quelques années, une modification considérable ne se produise pas dans les habitudes mêmes, et les plus mauvaises habitudes hygiéniques, de la population.

« Une des caractéristiques du service départemental mérite encore d'être notée. Il est hors de doute que la loi de 1902 n'entre réellement dans la voie d'une application complète et sincère que dans les départements où il a été créé un service « d'Inspection départementale de l'hygiène ». Cette création n'est pas légalement obligatoire ; le Parlement, dans l'article 20, en a au moins présenté la suggestion et le ministre de l'Intérieur n'a pas manqué, en diverses occasions, d'attirer l'attention des préfets sur cette question. L'inspecteur, en même temps qu'il dirige dans son ensemble le Service de la désinfection, est, pour toutes les questions, si multiples aujourd'hui, d'hygiène, le collaborateur immédiat du préfet ; il va sur place étudier avec les maires, les avant-projets de travaux. Il est le propagandiste actif de la loi, il est le trait d'union entre toutes les bonnes volontés qui, pour agir, n'attendent souvent qu'un conseil autorisé et tout proche.

« Plusieurs départements sont entrés dans cette voie. Citons, parmi les plus récents, la Somme, le Pas-de-Calais, la Seine-Inférieure et la Loire : l'expérience est faite, l'importance du rôle de l'inspecteur a été mise en pleine lumière ; ces exemples ne peuvent manquer d'être suivis. Beaucoup de départements sont évidemment arrêtés ici par la question financière ; l'inspecteur, ne pouvant accomplir utilement sa tâche que s'il est dégagé de la préoccupation de clientèle, doit recevoir un traitement convenable.

« Or, pour l'organisation du service départemental de désinfection, il est de toute nécessité, à défaut d'inspecteur départemental de l'hygiène, de charger un délégué du Conseil départemental d'hygiène d'une mission générale de contrôle ; ce contrôleur des services de désinfection reçoit une indemnité et des frais de déplacement ; il est infiniment vraisemblable que le préfet fera appel à lui lorsqu'il aura besoin de faire examiner sur place, en son nom, quelque question relevant de la loi de 1902 et ne touchant pas au service de désinfection ; ainsi, par la force même des choses, ce contrôle départemental de la désinfection, cette visite deviendra comme l'amorce de l'inspection départementale de l'hygiène. Lorsque, par ailleurs, le département a peu de ressources et que le chef-lieu, ayant un peu plus de 20.000 habitants, a un bureau d'hygiène, ce bureau sera d'importance moyenne et n'absorbera pas tout le temps de son directeur ; il y aurait, dans ce cas, tout intérêt à ce que ce directeur du bureau d'hygiène du chef-lieu fût en même temps chargé de l'inspection de l'hygiène dans tout le département : les appointements cumulés qu'il recevrait à deux titres permettraient d'exiger de lui qu'il se consacrât exclusivement à ces fonctions publiques en dehors de toute clientèle.

« **Assainissement d'office des localités**. — L'article 9 de la loi de 1902 offre un intérêt particulier et joue, dans l'assainissement général de notre pays, un rôle de premier ordre. Il prescrit que « lorsque, pendant trois années consécutives, le nombre des décès dans une commune a dépassé le chiffre de la mortalité moyenne de la France », le préfet est tenu de faire procéder à une enquête sur les conditions sanitaires de la commune. « Si cette enquête, précise ledit article, établit que l'état sanitaire de la commune nécessite des travaux d'assainissement, notamment qu'elle n'est pas pourvue d'eau potable de bonne qualité ou en quantité suffisante, ou bien que les eaux usées y restent stagnantes », les travaux jugés nécessaires peuvent être, après une procédure nettement spécifiée par la loi, imposés à la commune.

« Le Ministère de l'Intérieur veille à ce que cet article produise tout son effet utile, et très nombreuses sont les communes où, par cette voie, des améliorations notables ont été apportées aux conditions sanitaires.

« L'action de l'administration se trouve, d'ailleurs, depuis un an, très puissamment fortifiée par le fait de la création de la caisse de subvention alimentée au moyen du prélèvement sur le produit des jeux ; la partie de beaucoup la plus importante de ces fonds, distribuée par une Commission siégeant au Ministère de l'Intérieur, est consacrée à faciliter les travaux d'assainissement; les adductions d'eau restant subventionnées par le prélèvement spécial sur les fonds du pari mutuel, réparti par une Commission siégeant au Ministère de l'Agriculture.

« Désormais, donc, pour décider une commune à entreprendre des travaux d'assainissement jugés indispensables après enquête, il ne sera plus nécessaire, sauf en cas d'inertie systématique des autorités locales, d'avoir recours à l'arme, si délicate à manier, de l'imposition d'office ; il ne sera même plus nécessaire de menacer les municipalités de cette mesure extrême ; l'offre d'une subvention sur la caisse des jeux sera plus décisive que les menaces. Ainsi secondée par la caisse des jeux, l'application méthodique de l'article 9, que le Ministre de l'Intérieur a recommandée de façon très pressante à l'attention des préfets, ne peut manquer de produire, au bout de quelques années, de très appréciables résultats.

« Dans le même ordre d'idées, il y a lieu de signaler une heureuse initiative du Ministre de l'Intérieur. Cet article 9 ne vise que les communes ayant enregistré un nombre anormal de décès pendant trois années consécutives. Mais il est un certain nombre de localités qui présentent des conditions très spéciales : ce sont les stations balnéaires ou thermales qui, pendant quelques mois de l'année, attirent une foule de visiteurs. Lorsque ces stations sont mal outillées, au point de vue hygiénique, il n'est pas rare que ces visiteurs y contractent, pour le rapporter à la ville, quelque mal comme la fièvre typhoïde ; les décès provenant de ces causes ne figurent pas au compte de la station, pour laquelle, ainsi, l'article 9 ne peut jouer. Il est nécessaire que toutes les stations placent au premier rang de leurs soucis la volonté de mettre leurs conditions hygiéniques à l'abri de toute critique ; elles le doivent et elles y ont intérêt, car la clientèle des voyageurs, chaque jour plus avertie, finirait par délaisser les localités où l'eau potable serait insuffisante et peu sûre et où nul système d'égouts ne fonctionnerait.

« Dans l'intérêt bien compris et de la santé publique et de la station elle-même, le Ministre de l'Intérieur a ouvert une vaste enquête sur les conditions hygiéniques, à ce double point de vue, de ces diverses localités ; l'enquête est actuellement soumise au Conseil supérieur d'hygiène publique de France. Déjà, sous cette impulsion, un certain nombre de localités ont préparé les projets de travaux nécessaires pour remédier à une situation fâcheuse ; d'autres, comme conclusion de cette enquête, seront incitées, de façon pressante, à suivre cet exemple.

« La loi de 1902 ouvre aux autorités locales et à l'administration un champ d'action très vaste ; nous n'avons pas voulu ici en faire une étude d'ensemble, mais simplement, par quelques exemples, en marquer la haute importance sociale. Le Ministre de l'Intérieur, président du Conseil, d'hier, s'est efforcé d'inculquer aux préfets cette conviction très nette qu'il leur assignait, comme un de leurs premiers devoirs, la mission de travailler d'un effort permanent et tenace à assurer la plus complète application de cette loi tutélaire de l'intérêt public ; nul doute que le Gouvernement actuel ne poursuive cette campagne dont les résultats ne peuvent manquer d'améliorer, dans la plus notable proportion, l'état sanitaire et, par suite, l'état économique de notre pays[1]. »

---

[1] « Il n'est pas indifférent de noter ici que la mortalité moyenne pour 1908 a été de 1.90 pour 100, ce qui est le chiffre le plus bas qui ait été constaté jusqu'à ce jour. »

CONCLUSIONS

Au point de vue de la meilleure organisation possible du Service de la désinfection départementale, le système du Rhône, inspiré par l'inspecteur départemental d'hygiène, Dr J. Courmont, a fait ses preuves à la fois en ce qui concerne la spécialisation des chefs de poste, le nombre réduit de postes et l'usage de l'automobile.

Il en est de même des expériences concluantes qui ont été faites dans la Seine-Inférieure, par le Dr Ott, inspecteur et dans la Loire, par l'inspecteur départemental, Dr Emeric.

Ces résultats favorables étaient d'ailleurs à prévoir. S'il est un service dans lequel l'usage de l'automobile, instrument de travail, soit justifié, c'est bien dans un service qui exige la rapidité dans l'intervention, tel que celui qui a pour but d'arrêter l'extension des maladies contagieuses. Une seule inconnue pouvait subsister avant ces expériences, celle du prix de revient. M. Courmont a définitivement démontré qu'avec un nombre réduit de postes et avec les automobiles il y avait économie réelle.

Quant au succès du système auprès des médecins et des populations, il s'est manifesté clairement et sans tarder en présence d'une organisation consciencieuse et rapide, qui inspirait confiance et qui n'a pas tardé à devenir populaire.

Dans l'Isère, après des divergences d'opinion bien compréhensibles en présence d'une question complexe et nouvelle, on est revenu à la seule interprétation logique et légale de la loi du 15 février 1902 et du décret du 10 juillet 1906, c'est-à-dire à la thèse de la désinfection organisée par le département et contrôlée par l'inspecteur départemental.

La loi du 15 février 1902, en effet, a fait de l'organisation et du contrôle de l'hygiène publique un service national, considérant avec raison la nation comme un organisme qui, à ce point de vue spécial, doit avoir des organes départementaux, mais qui doit avoir au Ministère une direction centrale chargée de coordonner, en une résultante harmonieuse, les opérations en quelque sorte synergiques des organes départementaux et même municipaux.

Dans ces conditions, il n'aurait été conforme ni à la lettre, ni à l'esprit des lois et des règlements d'administration publique de rompre cette unité de fonctionnement en confiant l'exécution matérielle du service de la désinfection aux Commissions administratives des hôpitaux, à des Syndicats de pharmaciens et encore moins à des Sociétés privées de désinfection.

En admettant que le travail ou la ponctualité de ceux-ci eussent été irréprochables, l'inspecteur départemental chargé du contrôle général n'aurait pas eu assez d'autorité pour accomplir sa mission ; et, dans les cas où des contestations auraient dû être élevées et des observations faites, on imagine aisément l'impression regrettable créée par un conflit toujours possible qui aurait, quoiqu'exceptionnellement, pu naître avec une administration voisine, un syndicat ou une compagnie, dont les chefs de poste auraient relevé à la fois de deux administrations et se seraient senti ou cru soutenu par l'une d'elles.

Il est bien préférable que les chefs de poste dépendent des délégués des Commissions sanitaires et, par leur intermédiaire, de l'inspecteur départemental et du préfet.

M. le Ministre de l'Intérieur et M. le Directeur de l'Assistance et de l'Hygiène publiques étaient donc dans la vraie thèse légale, en même temps que dans la thèse logique, en refusant le système qui consistait à confier le service de la désinfection à des Syndicats de pharmaciens et celui qui consistait à le confier aux Commissions administratives des hôpitaux.

Ceci dit, il n'est que juste de rendre hommage à l'initiative, au travail consciencieux et au dévouement de M. le Dr Mouret, de M. le Dr Girard, vice-président du Conseil départemental d'hygiène et, d'une manière générale, de tous les membres de ce Conseil qui, dès l'année 1905, s'étaient préoccupés de doter le département de l'Isère d'un service de désinfection, conformément à la loi de 1902.

Aujourd'hui, le département de l'Isère, malgré des flottements et du temps perdu, est doté d'un service de désinfection dont le règlement a été élaboré par les soins de M. le Préfet, avec la collaboration de l'inspecteur Dr Mouret et du regretté Dr Ogier. Il avait été adopté par le Conseil départemental d'hygiène le 16 août 1908, quoique ce vote paraisse avoir été contredit et annulé par celui du 25 septembre 1908.

Quoi qu'il en soit, le Conseil général l'a adopté le 29 septembre 1908. Il nous reste donc à l'apprécier.

Puisque la création matérielle des postes n'est pas encore accomplie, nous pensons bien qu'on ne commettra pas la faute d'en créer 25, de payer 25 chefs de poste et d'acheter 50, ni même 25 étuves.

Nous n'éprouvons aucun embarras à déclarer que la création de 25 postes départementaux de désinfection dans l'Isère nous paraît absolument exagérée. Nous espérons que les auteurs et les approbateurs de ce règlement, dont le dévouement et la conscience sont incontestables et unanimement appréciés ne nous en voudront pas de notre opinion, sachant d'ailleurs la profonde estime que nous avons pour eux, mais la création d'un nombre aussi exagéré de postes va aboutir, contrairement à leur esprit d'économie, à un véritable gaspillage de deniers qui pourraient être mieux employés.

Sur ce point — et sur ce point seulement — nous approuvons la protestation du Conseil départemental d'hygiène dans sa séance du 25 septembre 1908.

Pourquoi, d'abord, créer 25 postes d'emblée, alors que le décret de 1906 n'en exige qu'un par circonscription sanitaire, c'est-à-dire neuf pour le département de l'Isère? Pourquoi surtout avoir laissé tomber dans l'oubli et n'avoir donné aucune suite, bien qu'elle eût été approuvée par un vote du Conseil départemental d'hygiène le 14 juin 1905, bien qu'elle ait été renouvelée par son auteur dans le même Conseil, le 27 mars 1908, la sage proposition de M. Dumolard, conseiller général délégué au Conseil d'hygiène, président de la Commission départementale?

M. Dumolard était en effet d'avis, pour ne pas se lancer dans l'inconnu et tabler sur des résultats positifs et des chiffres réels, que l'on institue une expérience en créant des postes d'essai à Bourg-d'Oisans, Notre-Dame-de-Vaulx, La Motte-d'Aveillans et Saint-Martin-d'Hères.

Cette logique tentative devait être réalisée quelques années plus tard, dans le Rhône, par M. le professeur Courmont, qui, de son côté, avait eu la même idée. On sait les excellents résultats qu'a donnés cette expérience.

Nous ajoutons que si l'on venait à créer autant de postes que de circonscriptions sanitaires, c'est-à-dire neuf, nous ne serions pas d'avis de les superposer exactement et sans raison autre que l'esprit systématique de symétrie rigide, aux sièges des circonscriptions sanitaires actuelles.

Pour des raisons géographiques auxquelles nous faisions allusion au début de ce travail, dans l'intérêt des « pays » qu'il s'agit de desservir vite et bien, et non pas sur le papier; et en raison de la connaissance que les Drs Mouret, Le Même et nous avons du département de l'Isère, nous adoptons bien comme centres de postes de désinfection : Grenoble, Saint-Marcellin, Bourgoin, Rives, La Mure, Beaurepaire et Vienne, mais nous repoussons le choix de Vizille et de la Tour-du-Pin, qui pourraient être desservies par un des postes précités, et nous les remplacerions par Le Bourg-d'Oisans, Clelles et Pont-de-Beauvoisin, en tout dix postes.

Mais nous disons plus : nous sommes d'avis de ne créer et de n'outiller pour le moment que cinq postes : Grenoble, Bourgoin, Vienne, La Mure et le Bourg-d'Oisans; et en outre un poste cantonal à Mens. Cela pour deux raisons :

1° Parce que nous instituerons ainsi l'expérience créée dans le Rhône par le professeur Courmont, réclamée dans l'Isère par M. Dumolard, votée par le Conseil d'hygiène et non réalisée encore.

2° Parce que, s'agissant d'un petit nombre de postes, nous pourrons les doter, ou du moins, pour commencer, trois d'entre eux, que nous qualifierons de *postes généraux*, de voitures automobiles.

Malgré la surprise que pourra provoquer cette proposition avec laquelle on est peu familiarisé dans l'Isère, bien qu'on soit familiarisé avec la vue des automobiles dont on apprécie les services, nous espérons démontrer, après M. J. Courmont dans le Rhône, que l'usage de l'automobile nous vaudra dans l'Isère un service bien fait, rapide et économique.

Un poste doté d'un automobile équivalant, d'après l'expérience du professeur Courmont, à au moins trois postes au point de vue des services, et même à quatre, car les postes ne seront guère surmenés dans l'Isère, où la morbidité est peu élevée, nos cinq postes munis d'automobiles feraient le travail de vingt postes, avec l'avantage de la rapidité.

L'expérience décisive en a été faite par le professeur Courmont. Ce ne serait donc pas se lancer dans l'inconnu que de le suivre dans cette voie et de faire à notre tour un essai. Nous espérons qu'il se trouvera au Conseil départemental d'hygiène et au Conseil général des esprits assez peu timorés ou traditionnalistes excessifs pour plaider cette cause.

Mais, sans plus tarder, nous pensons dès maintenant démontrer qu'avec les sommes qu'on prétendait consacrer à l'achat d'un nombre injustifié, pour le début du moins, d'étuves d'ailleurs beaucoup trop coûteuses, il sera facile de faire, sans préjudice de l'achat d'étuves confortables et moins chères, l'acquisition des automobiles nécessaires, dont la rapidité est un des facteurs de la désinfection vraiment efficace, et de prévoir le budget de leurs réparations et de l'usure de leurs enveloppes.

Dans le rapport de la sous-commission qu'il présenta au Conseil départemental d'hygiène le 7 juin 1907, M. le Dr Girard estimait à 1.950 francs le prix de l'appareil Trillat et de l'étuve Berlioz à acheter pour un poste, ci . . . . fr. 1.950 »

Il prévoyait comme traitement minimum du chef de poste une somme de. . . . . 1.500 » peut être suffisante dans le « système des hôpitaux », si le chef de poste avait été rémunéré par ailleurs, mais insuffisante dans le « système autonome ».

Il prévoyait la rémunération d'un aide, mais n'en fixait pas la somme, qui peut être évaluée à . . . . 1.000 »

En outre, dans son rapport (page 68 du Rec. des trav. C. D. H.), il laissait entendre qu'il serait vraisemblable de compter sur une majoration de 3 francs par désinfection (dans le « système des hôpitaux »), soit au moins . 800 »

Par contre, il n'évaluait peut-être pas à un prix suffisant le coût de la location des voitu-

A reporter. . . . . 5.250 »

Report	5.250 »
res et chevaux pour le transport du matériel dans les communes éloignées de l'hôpital, coût assez élevé (voir les statistiques de M. Courmont, pour le Rhône), et pour lequel il est modéré de prévoir une majoration de.	1.600 »
fr.	6.850 »

Le prix d'un poste, dans de telles conditions, aurait donc été, d'après les évaluations du Dr Girard, précisées par nous, de 6.850 francs.

Voyons ce que coûterait un poste dans le système de M. le professeur Courmont :

D'abord, avec le système du Rhône, qui emploie l'étuve légère Gonin, au formol, nous n'aurions à prévoir par poste, pour une étuve, qu'une somme de . . . . fr.   800   »

Nous prévoyons, pour le traitement du chef de poste et de son aide, le chef de poste spécialisé devant être convenablement rémunéré, une somme de . . . .   2.800[1]   »

En supposant que l'automobile dont on fait usage coûte 9.000 francs (sans étuves ni accessoires), la part de chaque poste dans cette

A reporter . . . . .   3.600   »

---

[1] Ce chiffre est une moyenne. Suivant le périmètre à desservir et la fréquence des opérations, le chef de poste devra être plus ou moins rémunéré et, dans certains cas, assisté d'un aide qu'il faudra rémunérer. C'est ainsi que dans le Rhône le chef de poste de Lyon a 3.000 francs et son aide 1.500; tandis que le chef de poste de Tarare a 2.000 francs, ainsi que celui de Villefranche (la population du Rhône, Lyon excepté, est de 300.000 habitants).

Report	3.600	»
dépense, étant donné la rapidité de l'automobile, qui permet de desservir quatre postes, sera de	2.250	»
En prévoyant pour le loyer, le matériel et les réparations une somme de 900 francs par poste (soit 3.600 francs pour 4 postes). . .	900	»
nous arrivons à un total de . . . . . fr.	6.750	»

comme budget d'un poste pour la première année.

Mais il faut tenir compte de l'amortissement de l'automobile qui (outre l'économie sur les voitures) se fait, d'après M. Courmont, en quelques mois.

Et il convient de souligner que le poste, c'est-à-dire le Département, contrairement à ce qui se passerait dans le « système des hôpitaux » et les autres systèmes, **reste propriétaire de ses élèves, de son matériel de transport et du reste de son matériel**, ce qui, dès la deuxième année, abaisse considérablement le chiffre des dépenses. M. Courmont évalue d'ailleurs à 4.500 francs environ le budget annuel d'un poste[1] déjà installé.

Le système départemental autonome est donc plus économique. Mais, pour rendre plus sensible la différence entre les deux systèmes et l'avantage du second sur le premier, présentons la comparaison d'une autre façon :

Nous venons d'évaluer à 6.850 francs le prix d'un poste dans le « système des hôpitaux », prix qui serait sensi-

---

[1]. Ce chiffre est une moyenne, pour des raisons correspondantes à celles qui font l'objet du renvoi précédent. Le budget d'un gros poste, comme le serait celui de Grenoble, pourrait s'élever à 5.000 ou 6.000 francs, mais rendrait des services proportionnels.

blement le même, pour ne pas dire supérieur, dans le « système d'une société privée ».

Nous avons évalué à 6.750 francs le prix d'un poste autonome supportant le quart de la dépense d'achat d'un automobile non spécialement équipé.

Mais, puisque l'emploi de l'automobile permet de faire avec un seul poste le travail de quatre postes, faisons le calcul du budget de ce « poste général ».

Une voiture automobile sanitaire complète, avec une bonne étuve et tous accessoires coûte. fr.   9.700 »

Nous prévoyons, pour la rémunération moyenne du chef d'un *poste général* et de son aide une somme de . . . .   3.000 »

Pour la location du logement du chef de poste, les frais de bureau et les réparations du matériel. . . . .   1.300 »
                                           14.000 »

Un *poste général* coûterait donc 14.000 francs la *première année*.

Or, le prix de quatre postes dans le « premier système » serait : 6.850 ×4. . . .   27.400 »
En déduisant le prix d'un *poste général* .   14.000 »
nous obtenons un bénéfice de . . . fr.   13.400 »

Mais, dès la deuxième année, l'automobile étant amorti en moins d'un an, le poste général ne coûte plus que 14.000 — 9.700 = 4.300 francs et il reste propriétaire de son matériel. Le budget, économique, d'un poste ainsi installé et outillé permet, tout en profitant de l'économie, de faire face à bien des imprévus (assurance-accidents, assurance-incendie, etc.).

Il n'y a donc pas à discuter : aux avantages de la bonne exécution des opérations par un chef de poste spécialisé, de la rapidité d'intervention grâce à l'automobile, s'ajoute celui d'une incomparable économie.

Aucun système ne répondant parfaitement à toutes les particularités, certaines objections se présentent pour assurer le service de certains « pays » reculés ou moins facilement accessibles et non pourvus de routes carrossables.

Pour la partie du département qui comprend des plaines et des plateaux séparés par des vallonnements assez peu importants pour n'avoir pas apporté d'obstacles à la création d'un assez riche réseau de routes, l'automobile répondra à tous les cas et permettra de desservir des périmètres très étendus. Il en est de même des grandes vallées, telles que celle du Grésivaudan et celle de la Basse-Isère, que le poste de Grenoble, grâce à l'état des routes, peut desservir à lui seul.

En outre, pour se rendre dans certaines subdivisions de ces pays et pour faire la première visite après la déclaration (pour se rendre compte), il sera très utile d'adjoindre au poste une bicyclette, ainsi que le conseillent le professeur Courmont dans le Rhône, le Dr Emeric (Loire), le Dr Ott (Seine-Inférieure), qui se servent de motocyclettes. Dans ce cas nous sommes d'avis que le chef de poste achète sa machine à ses frais (il n'en aura que plus de soin) et reçoive seulement (du moins dans le cas d'une bicyclette simple), une allocation annuelle en prévision de l'usure et des réparations.

On pourrait utilement doter ces subdivisions de pays, d'après l'heureuse idée du Dr Emeric, de *postes cantonaux*[1] moins coûteux, comprenant une caisse en bois de la dimension d'une malle moyenne, divisée en quatre compartiments, renfermant des sacs à linge, un sac à matelas, un vêtement de désinfecteur, un bidon de crésylol, un de soude caustique, dix fumigators, un seau, un arrosoir, une petite quantité d'ammoniaque, un rouleau de papier gommé, une serpillière, une éponge, une brosse à ongles, du savon et deux serviettes pour la toilette du chef de poste.

En ce qui concerne les « hauts pays » peu facilement accessibles, des grandes Alpes, il y aura lieu parfois de louer un mulet pour le transport des lessiveuses et de l'étuve et d'avoir par conséquent au poste un matériel *ad hoc* qui permette un arrimage confortable de ces instruments ; à moins d'utiliser pour ces cas spéciaux un dispositif beaucoup plus simple et portatif : une ou deux lessiveuses, et quelques fumigators Gonin.

On pourrait aussi établir dans ces pays reculés des *postes communaux* aussi simples que possibles, comprenant une ou plusieurs lessiveuses, un ou plusieurs flacons de crésylol sodique et quelques paquets de carbonate de soude ; en un mot le matériel nécessaire pour exécuter les premières mesures de désinfection en cours de maladie,

---

[1] Les postes cantonaux dotés d'une motocyclette pourront assurer efficacement et rapidement la désinfection *en cours de maladie*. Il est indispensable que ceux de la partie la plus montagneuse du département possèdent des motocyclettes fortes. Dans ce cas les motocyclettes Magnat-Debon, de Grenoble, dont nous avons pu apprécier le remarquable rendement en côte et la sûreté de fonctionnement, paraissent les plus indiquées.

dès le diagnostic établi, avant l'arrivée des agents du service départemental. Ce matériel serait déposé à la mairie et serait à la disposition du médecin traitant et du chef de poste. Il sera d'ailleurs toujours facile, dans les petits hameaux ou les maisons isolées, d'improviser un mode particulier de désinfection, que trouvera facilement l'initiative du médecin ou l'ingéniosité d'un chef de poste intelligent et bien dressé par l'inspecteur départemental d'hygiène.

Dans ces pays, d'ailleurs (et peut-être aussi dans d'autres plus civilisés), l'intervention du chef de poste doit être, suivant la juste remarque du professeur Courmont dans ses *Questions d'hygiène*[1], l'occasion d'une leçon d'hygiène et de propreté faite avec le tact et la bonhomie nécessaires pour être écoutée favorablement et avec profit, et dont les idées auront déjà été semées par le médecin.

Il ne faut pas perdre de vue, en effet, que la loi du 15 février 1902 et les mesures de prophylaxie ne donneront leur plein effet que lorsqu'on aura donné à plusieurs générations d'enfants, dans les écoles et dans la famille, des habitudes de propreté et des notions d'histoire naturelle et de microbiologie (élémentaires, bien entendu), qui fassent considérer avec sérieux, et non avec un scepticisme niais, la nécessité de l'hygiène et de la prophylaxie. Ces notions d'histoire naturelle (dont l'enseignement, à notre avis[2], est une des bases de l'éducation

---

[1] J. Courmont *Questions d'hygiène*, p. 56, librairie du Monde Médical.
[2] L.-F. Blanchard, Préservation et amélioration de l'organisme par l'initiative individuelle éclairée. (*Rapports du premier Congrès international d'éducation et de protection de l'enfance dans la famille*, p. 112, Liège, 1905, Dewit.)

rationnelle et devrait occuper une place plus grande à tous les degrés de l'enseignement, même dans les « grandes écoles » qui, soi-disant, n'en ont que faire), simplifieraient singulièrement plus tard la tâche des hygiénistes et, ajouterons-nous, des sociologues. Dans cette dernière matière, la confusion d'idées qui règne dans de trop nombreux cerveaux dogmatiques et abstraits, dangereux par leur propagande, vient de ce qu'ils ont ignoré ou perdu de vue la notion du réel et de la vérité naturelle. Dédaigneux ou plutôt ignorants des contingences physiques, ils oublient que nous sommes des *êtres vivants* dont les manifestations d'activité dépendent étroitement des *milieux vitaux*, que l'espèce à laquelle nous appartenons est une *espèce sociale*, que c'est la *solidarité inéluctable de l'espèce*, aussi bien dans les conditions physiologiques de la vie, dans le domaine de l'activité mentale, qu'au point de vue de la réceptivité pathologique, que c'est cette solidarité qui légitime les mesures prises dans l'intérêt collectif, et qu'une législation en chambre, élaborée par des cerveaux totalement étrangers à la biologie, se manifeste par des discordances avec les besoins réels de la société. *L'instruction biologique du citoyen et du législateur est la condition* sine qua non *de la bonne organisation, de l'éducation et de l'harmonie sociales*. Elle apaiserait bien des divisions en montrant la vérité et la raison communes.

Nous n'avons que peu de choses à ajouter en ce qui concerne les raisons qui plaident en faveur de la spécialisation des chefs de poste. Il est inutile de s'étendre sur une démonstration dont le professeur Courmont a fourni les arguments et qui a été exposée par lui-même au début de ce travail.

Nous pensons que les chefs de poste doivent être choisis par l'inspecteur départemental ou nommés à la suite d'un concours présidé par lui ; qu'ils doivent être nommés par le Préfet, placés sous son autorité, dirigés par le délégué sanitaire et contrôlés par l'inspecteur départemental ; qu'ils doivent être assermentés et s'engager par écrit, le jour de leur nomination, à respecter un règlement qui mentionne, entre autres choses, les règles de leur discipline et la limite rigoureuse de leurs attributions.

Le délégué médical[1] de la Commission sanitaire chargé de la surveillance du poste devra signaler notamment à l'inspecteur tout empiètement sur le terrain médical, à plus forte raison tout exercice illégal de la médecine, qui doit être un cas de révocation. Le chef de poste est,

---

[1] D'après la « lettre » du décret ministériel, le délégué élu de la Commission sanitaire peut être ou un médecin, ou un pharmacien, ou un architecte. Nous souhaitons une revision sur ce point, étant d'avis que notre solution sauvegarde mieux les prérogatives médicales et l'intérêt public.

En ce qui concerne l'Isère, « M. le Ministre, par sa dépêche du 25 mai 1909, a bien voulu accepter la désignation des médecins des épidémies comme délégués des Commissions sanitaires. Cette sage mesure, proposée par le Conseil général, nous évitera sûrement les conflits fâcheux déjà survenus dans certains départements entre les agents de la désinfection et le corps médical.

« Par contre, M. le Ministre maintient formellement son refus d'agréer les pharmaciens en qualité de chefs de poste. » (Rapport de l'inspecteur, Dr Mouret.)

Conformément à cette autorisation et aux propositions de M. le Préfet, datées du 10 juin 1909, les Commissions sanitaires de l'Isère ont décidé de proposer à M. le Préfet la nomination des médecins inspecteurs comme délégués, chacun dans sa circonscription. *(Rec. des trav. du Cons. dép. d'Hyg., 1909, rapport de l'inspecteur.)*

en effet, destiné à assurer l'exécution matérielle de la désinfection reconnue nécessaire par le médecin traitant. L'éducation technique et morale du chef de poste sera d'ailleurs faite par l'inspecteur départemental d'hygiène.

Le chef de poste devant être en principe un ouvrier intelligent, capable de comprendre sa mission, et devant être en même temps un mécanicien, il va de soi qu'il faut lui donner un salaire convenable. Nous avons montré que cette prévision n'obère pas le budget d'un poste. D'ailleurs, tout salaire doit être proportionnel à la qualité et à la quantité du travail fourni (seules, les spécialisations improvisées ou irréelles ne méritent pas leur salaire, parce qu'elles constituent une usurpation de fonction). Enfin, il faut considérer le rendement probable et éloigné des opérations que l'on fait et de la mise de fonds qu'elles nécessitent. Or, la diffusion de l'hygiène et l'organisation de la désinfection sont une source de richesse départementale et nationale par l'économie de vies humaines [1], de journées de travail dont la perte est épargnée, d'épargne conservée, d'hospitalisations et d'assistances évitées auxquelles elles aboutissent. Cette économie qui, faisant boule de neige, se chiffre par millions au bout de quelques générations, s'augmente de la prospérité amenée dans un pays dont les initiatives syndiquées cherchent à exploiter les beautés naturelles, par le confort et la bonne situation sanitaire assurés aux

---

[1] « Plus de la moitié des départements français se dépeuplent réellement. Presque tous les départements du Sud-Est perdent chaque année *quelques centaines* d'habitants. » « La limitation de notre natalité est volontaire » (J. Courmont, *Questions d'hygiène et la Dépopulation en France*). En attendant que nous voulions relever notre natalité, sachons vouloir restreindre la morbidité et la mortalité, et que les lois et surtout l'éducation nous en donnent le pouvoir.

étrangers que le bruit d'une épidémie ne manquerait pas d'éloigner.

La mise de fonds consentie par le Conseil général de l'Isère pour le Service de désinfection, et dans laquelle certains esprits ne veulent voir qu'une augmentation inutile des charges départementales, sera donc un capital qui travaillera.

Nous avons d'ailleurs calculé une somme de 14.000 francs par *poste général* pour la première année. Dans les années suivantes, un poste ne coûtera que 4.300 francs. Avec les trois seuls postes dont nous demandons l'établissement pour le début et qui feront le travail de vingt postes, cela fera 42.000 francs pour la première année, 12.900 francs pour les autres. Or, le Conseil général, comprenant l'importance de cette création, a prévu une somme de 40.000 francs. En vertu des considérations ci-dessus, une dépense, même supérieure, serait encore justifiée. Il ne faut d'ailleurs pas oublier que l'Etat subventionne les départements pour leur part dans les frais de l'assistance médicale, eu égard à la valeur du centime départemental par kilomètre carré[1]. Cette subvention va de 10 à 70 pour 100. Les communes participent aussi à la dépense (voir Annexes, tableau A). Nous pourrons donc, dès la deuxième année, créer de nouveaux *postes généraux* et, en tout cas, organiser des postes cantonaux que nous pourrons augmenter sagement, en bons administrateurs, au fur et à mesure des besoins et de l'utilité démontrée, et créer des postes secondaires peu coûteux, munis de lessiveuses et d'antiseptiques dont on persua-

[1] Tabl au B des barèmes annexés à la loi du 15 juillet 1893, v. p. 218, 219.

derait facilement aux municipalités de faire l'achat, comme l'a fait le Dr Emeric dans la Loire.

En attendant que le Service de la désinfection dans le département de l'Isère ait trouvé son assiette définitive, nous pouvons du moins constater que l'Administration départementale, le Conseil général et le Conseil d'hygiène, par leur dévouement, par le travail fourni et par les sacrifices consentis, ont eu, de leur mission sociale, une notion claire et qu'ils ont bien mérité de la patrie.

DOCUMENTS

DU MINISTÈRE DE L'INTÉRIEUR ET DES CULTES

DIRECTION DE L'ASSISTANCE ET DE L'HYGIÈNE PUBLIQUES

LÉGISLATION ET RÉGLEMENTATION
(Textes officiels)

I. — Loi des 15 février 1902 et 7 avril 1903 relatives à la protection de la santé publique, p. 199.

> ANNEXES. — *Extrait* de la loi du 5 avril 1884 sur l'organisation municipale (art. 97 et 99), p. 214.
> *Extrait* de l'arrêté du Chef du pouvoir exécutif du 18 décembre 1848 sur l'organisation des conseils d'hygiène publique et de salubrité p. 215.
> *Extrait* de la loi du 15 juillet 1893 sur l'assistance médicale gratuite (art. 27 à 29 et barèmes) p. 216.
> Loi du 22 mars 1890 sur les syndicats de communes, p. 219.
> *Extrait* de la loi du 21 juin 1898 sur le Code rural (police rurale), p. 221.

II. — Circulaire ministérielle du 10 mai 1902, p. 226.
III. — Circulaire ministérielle du 19 juillet 1902, p. 228.
IV. — Décret du 18 décembre 1902 sur le fonctionnement du Comité consultatif d'hygiène publique de France, p. 231.

I

Loi du 15 février 1902.

RELATIVE

A LA PROTECTION DE LA SANTÉ PUBLIQUE[1]

MODIFIÉE PAR LA LOI DU 7 AVRIL 1903
EN CE QUI CONCERNE L'ORGANISATION ET LE FONCTIONNEMENT
DES SERVICES D'HYGIÈNE DU DÉPARTEMENT DE LA SEINE

Le Sénat et la Chambre des députés ont adopté,
Le Président de la République promulgue la loi dont la teneur suit :

TITRE I. — Des Mesures Sanitaires générales.

Chapitre I. — Mesures Sanitaires générales.

Article premier. — Dans toute commune, le maire est tenu, afin de protéger la santé publique, de déterminer, après avis du Conseil

---

[1] Promulguée au *Journal officiel* du 19 février 1902.

municipal et sous forme d'arrêtés municipaux portant règlement sanitaire :

1° Les précautions à prendre, en exécution de l'article 97 de la loi du 5 avril 1884 [1], pour prévenir ou faire cesser les maladies transmissibles visées à l'article 4 de la présente loi, spécialement les mesures de désinfection ou même de destruction des objets à l'usage des malades ou qui ont été souillés par eux, et généralement des objets quelconques pouvant servir de véhicule à la contagion ;

2° Les prescriptions destinées à assurer la salubrité des maisons et de leurs dépendances, des voies privées, closes ou non à leurs extrémités, des logements loués en garni et des autres agglomérations, quelle qu'en soit la nature, notamment les prescriptions relatives à l'alimentation en eau potable ou à l'évacuation des matières usées.

ART. 2. — Les règlements sanitaires communaux ne font pas obstacle aux droits conférés au préfet par l'article 99 de la loi du 5 avril 1884 [2].

Ils sont approuvés par le préfet, après avis du Conseil départemental d'hygiène. Si, dans le délai d'un an à partir de la promulgation de la présente loi, une commune n'a pas de règlement sanitaire, il lui en sera imposé un, d'office, par un arrêté du préfet, le Conseil départemental d'hygiène entendu.

Dans le cas où plusieurs communes auraient fait connaître leur volonté de s'associer, conformément à la loi du 22 mars 1890 [3], pour l'exécution des mesures sanitaires, elles pourront adopter les mêmes règlements, qui leur seront rendus applicables suivant les formes prévues par ladite loi.

ART. 3. — En cas d'urgence, c'est-à-dire en cas d'épidémie ou d'un autre danger imminent pour la santé publique, le préfet peut ordonner l'exécution immédiate, tous droits réservés, des mesures prescrites par les règlements sanitaires prévus par l'article premier. L'urgence doit être constatée par un arrêté du maire, et, à son défaut, par un arrêté du préfet, que cet arrêté spécial s'applique à une ou plusieurs personnes ou qu'il s'applique à tous les habitants de la commune.

ART. 4. — La liste des maladies auxquelles sont applicables les

[1] Voir *Annexes*, p. 214.
[2] Voir *Annexes*, p. 215.
[3] Voir *Annexes*, p. 219.

dispositions de la présente loi sera dressée, dans les six mois qui en suivront la promulgation, par un décret du Président de la République, rendu sur le rapport du Ministre de l'intérieur, après avis de l'Académie de médecine et du Comité consultatif d'hygiène publique de France. Elle pourra être revisée dans la même forme.

Art. 5. — La déclaration à l'autorité publique de tout cas de l'une des maladies visées à l'article 4 est obligatoire pour tout docteur en médecine, officier de santé ou sage-femme qui en constate l'existence. Un arrêté du Ministre de l'intérieur, après un avis de l'Académie de médecine et du Comité consultatif d'hygiène publique de France, fixe le mode de la déclaration.

Art. 6. — La vaccination antivariolique est obligatoire au cours de la première année de la vie, ainsi que la revaccination au cours de la onzième et de la vingt et unième année.

Les parents ou tuteurs sont tenus personnellement de l'exécution de ladite mesure.

Un règlement d'administration publique, rendu après avis de l'Académie de médecine et du Comité consultatif d'hygiène publique de France, fixera les mesures nécessitées par l'application du présent article.

Art. 7. — La désinfection est obligatoire pour tous les cas des maladies prévus à l'article 4 ; les procédés de désinfection devront être approuvés par le Ministre de l'intérieur, après avis du Comité consultatif d'hygiène publique de France.

Les mesures de désinfection sont mises à exécution, dans les villes de 20.000 habitants et au-dessus, par les soins de l'autorité municipale, suivant des arrêtés du maire, approuvés par le préfet, et, dans les communes de moins de 20.000 habitants, par les soins d'un Service départemental.

Les dispositions de la loi du 21 juillet 1856 et des décrets et arrêtés ultérieurs, pris conformément aux dispositions de ladite loi, sont applicables aux appareils de désinfection.

Un règlement d'administration publique, rendu après avis du Comité consultatif d'hygiène publique de France, déterminera les conditions que ces appareils doivent remplir au point de vue de l'efficacité des opérations à y effectuer.

Art. 8. — Lorsqu'une épidémie menace tout ou partie du territoire de la République ou s'y développe, et que les moyens de défense locaux sont reconnus insuffisants, un décret du Président de la République détermine, après avis du Comité consultatif d'hygiène publique de France, les mesures propres à empêcher la propagation de cette épidémie.

Il règle les attributions, la composition et le ressort des autorités et administrations chargées de l'exécution de ces mesures, et leur délègue, pour un temps déterminé, le pouvoir de les exécuter. Les frais d'exécution de ces mesures, en personnel et en matériel, sont à la charge de l'État.

Les décrets et actes administratifs qui prescrivent l'application de ces mesures sont exécutoires dans les vingt-quatre heures, à partir de leur publication au *Journal officiel*.

Art. 9. — Lorsque pendant trois années consécutives le nombre des décès dans une commune a dépassé le chiffre de la mortalité moyenne de la France, le préfet est tenu de charger le Conseil départemental d'hygiène de procéder, soit par lui-même, soit par la commission sanitaire de la circonscription, à une enquête sur les conditions sanitaires de la commune.

Si cette enquête établit que l'état sanitaire de la commune nécessite des travaux d'assainissement, notamment qu'elle n'est pas pourvue d'eau potable de bonne qualité ou en quantité suffisante, ou bien que les eaux usées y restent stagnantes, le préfet, après une mise en demeure à la commune non suivie d'effet, invite le Conseil départemental d'hygiène à délibérer sur l'utilité et la nature des travaux jugés nécessaires. Le maire est mis en demeure de présenter ses observations devant le Conseil départemental d'hygiène.

En cas d'avis du Conseil départemental d'hygiène contraire à l'exécution des travaux ou de réclamation de la part de la commune le préfet transmet la délibération du conseil au Ministre de l'intérieur, qui, s'il le juge à propos, soumet la question au Comité consultatif d'hygiène publique de France. Celui-ci procède à une enquête dont les résultats sont affichés dans la commune.

Sur les avis du Conseil départemental d'hygiène et du Comité consultatif d'hygiène publique, le préfet met la commune en demeure de dresser le projet et de procéder aux travaux.

Si, dans le mois qui suit cette mise en demeure, le Conseil municipal ne s'est pas engagé à y déférer, ou si, dans les trois mois, il n'a pris aucune mesure en vue de l'exécution des travaux, un décret du Président de la République, rendu en Conseil d'État, ordonne ces travaux, dont il détermine les conditions d'exécution. La dépense ne pourra être mise à la charge de la commune que par une loi.

Le Conseil général statue, dans les conditions prévues par l'article 46 de la loi du 10 août 1871, sur la participation du département aux dépenses des travaux ci-dessus spécifiés.

Art. 10. — Le décret déclarant d'utilité publique le captage d'une source pour le service d'une commune déterminera, s'il y a lieu, en même temps que les terrains à acquérir en pleine propriété, un périmètre de protection contre la pollution de ladite source. Il est interdit d'épandre sur les terrains compris dans ce périmètre des engrais humains et d'y forer des puits sans l'autorisation du préfet. L'indemnité qui pourra être due au propriétaire de ces terrains sera déterminée suivant les formes de la loi du 3 mai 1841 sur l'expropriation pour cause d'utilité publique, comme pour les héritages acquis en pleine propriété.

Ces dispositions sont applicables aux puits ou galeries fournissant de l'eau potable empruntée à une nappe souterraine.

Le droit à l'usage d'une source d'eau potable implique, pour la commune qui le possède, le droit de curer cette source, de la couvrir et de la garantir contre toutes les causes de pollution, mais non celui d'en dévier le cours par des tuyaux ou rigoles. Un règlement d'administration publique déterminera, s'il y a lieu, les conditions dans lesquelles le droit à l'usage pourra s'exercer.

L'acquisition de tout ou partie d'une source d'eau potable par la commune dans laquelle elle est située peut être déclarée d'utilité publique par arrêté préfectoral, quand le débit à acquérir ne dépasse pas deux litres par seconde.

Cet arrêté est pris sur la demande du Conseil municipal et l'avis du Conseil d'hygiène du département. Il doit être précédé de l'enquête prévue par l'ordonnance du 23 août 1835. L'indemnité d'expropriation est réglée dans les formes prescrites par l'article 16 de la loi du 21 mai 1836.

Chapitre II. — Mesures Sanitaires relatives aux immeubles.

Art. 11. — Dans les agglomérations de 20.000 habitants et au-dessus, aucune habitation ne peut être construite sans un permis du maire constatant que, dans le projet qui lui a été soumis, les conditions de salubrité prescrites par le règlement sanitaire, prévu à l'article 1er, sont observées.

A défaut par le maire de statuer dans le délai de vingt jours, à partir du dépôt à la mairie de la demande de construire, dont il sera délivré récépissé, le propriétaire pourra se considérer comme autorisé à commencer les travaux.

L'autorisation de construire peut être donnée par le préfet en cas de refus du maire,

Si l'autorisation n'a pas été demandée ou si les prescriptions du règlement sanitaire n'ont pas été observées, il est dressé procès-verbal. En cas d'inexécution de ces prescriptions, il est procédé conformément aux dispositions de l'article suivant.

Art. 12. — Lorsqu'un immeuble, bâti ou non, attenant ou non à la voie publique, est dangereux pour la santé des occupants ou des voisins, le maire, ou à son défaut, le préfet invite la commission sanitaire prévue par l'article 20 de la présente loi à donner son avis :

1º Sur l'utilité et la nature des travaux ;

2º Sur l'interdiction d'habitation de tout ou partie de l'immeuble jusqu'à ce que les conditions d'insalubrité aient disparu.

Le rapport du maire est déposé au secrétariat de la mairie à la disposition des intéressés.

Les propriétaires, usufruitiers ou usagers sont avisés, au moins quinze jours d'avance, à la diligence du maire et par lettre recommandée, de la réunion de la commission sanitaire, et ils produisent, dans ce délai, leurs observations.

Il doivent, s'ils en font la demande, être entendus par la commission, en personne, ou par mandataire, et ils sont appelés aux visites et constatations de lieux.

En cas d'avis contraire aux propositions du maire, cet avis est transmis au préfet, qui saisit, s'il y a lieu, le conseil départemental d'hygiène.

Le préfet avise les intéressés, quinze jours au moins d'avance, par lettre recommandée, de la réunion du conseil départemental d'hygiène et les invite à produire leurs observations dans ce délai. Ils peuvent prendre communication de l'avis de la commission sanitaire, déposé à la préfecture, et se présenter, en personne ou par mandataire, devant le conseil ; ils sont appelés aux visites et constatations de lieux.

L'avis de la commission sanitaire ou celui du conseil d'hygiène fixe le délai dans lequel les travaux doivent être exécutés ou dans lequel l'immeuble cessera d'être habité en totalité ou en partie. Ce délai ne commence à courir qu'à partir de l'expiration du délai de recours ouvert aux intéressés par l'article 13 ci-après ou de la notification de la décision définitive intervenue sur le recours.

Dans le cas où l'avis de la commission n'a pas été contesté par le maire, ou, s'il a été contesté, après notification par le préfet de l'avis du conseil départemental d'hygiène, le maire prend un **arrêté** ordonnant les travaux nécessaires ou portant interdiction d'habiter, et il met le propriétaire en demeure de s'y conformer dans le délai fixé.

L'arrêté portant interdiction d'habiter devra être revêtu de l'approbation du préfet.

Art. 13. — Un recours est ouvert aux intéressés contre l'arrêté du maire devant le Conseil de préfecture, dans le délai d'un mois à dater de la notification de l'arrêté. Ce recours est suspensif.

Art. 14. — A défaut de recours contre l'arrêté du maire ou si l'arrêté a été maintenu, les intéressés qui n'ont pas exécuté, dans le délai imparti, les travaux jugés nécessaires, sont traduits devant le tribunal de simple police, qui autorise le maire à faire exécuter les travaux d'office, à leurs frais, sans préjudice de l'application de l'article 471, § 15, du Code pénal.

En cas d'interdiction d'habitation, s'il n'y a pas été fait droit, les intéressés sont passibles d'une amende de 16 francs à 500 francs et traduits devant le tribunal correctionnel, qui autorise le maire à faire expulser, à leurs frais, les occupants de l'immeuble.

Art. 15. — La dépense résultant de l'exécution des travaux est garantie par un privilège sur les revenus de l'immeuble qui prend rang après les privilèges énoncés aux articles 2101 et **2103** du Code civil.

Art. 16. — Toutes ouvertures pratiqués pour l'exécution des mesures d'assainissement, prescrites en vertu de la présente loi, sont exemptes de la contribution des portes et fenêtres pendant cinq années consécutives, à partir de l'achèvement de travaux.

Art. 17. — Lorsque, par suite de l'exécution de la présente loi, il y aura lieu à la résiliation des baux, cette résiliation n'emportera, en faveur des locataires, aucuns dommages et intérêts.

Art. 18. — Lorsque l'insalubrité est le résulat de causes extérieures et permanentes ou lorsque les causes d'insalubrité ne peuvent êtres détruites que par des travaux d'ensemble, la commune peut acquérir, suivant les formes et après l'accomplissement des formalités prescrites par la loi du 3 mai 1841, la totalité des propriétés comprises dans le périmètre des travaux.

Les portions de ces propriétés qui, après assainissement opéré, resteraient en dehors des alignements arrêtés par les nouvelles constructions, pourront être revendues aux enchères publiques, sans que les anciens propriétaires ou leurs ayants droit puissent demander l'application des articles 60 et 61 de la loi du 3 mai 1841, si les parties restantes ne sont pas d'une étendue ou d'une forme qui permette d'y élever des constuctions salubres.

TITRE II. — De l'Administration sanitaire.

Art. 19. — Si le préfet, pour assurer l'exécution de la présente loi, estime qu'il y a lieu d'organiser un service de contrôle et d'inspection, il ne peut y être procédé qu'en suite d'une délibération du Conseil général réglementant les détails et le budget du service.

Dans les villes de 20.000 habitants et au-dessus et dans les communes d'au moins 2.000 habitants, qui sont le siège d'un établissement thermal, il sera institué, sous le nom de bureau d'hygiène, un service municipal chargé, sous l'autorité du maire, de l'application des dispositions de la présente loi.

Art. 20. — Dans chaque département, le Conseil général, après avis du Conseil d'hygiène départemental, délibère, dans les conditions prévues par l'article 48, § 5, de la loi du 10 août 1871, sur l'organisation du Service de l'hygiène publique dans le département notamment sur la division du département en circonscriptions sanitaires et pourvues chacune d'une commission sanitaire, sur la composition, le mode de fonctionnement, la publication des travaux et les dépenses du Conseil départemental et des Commissions sanitaires.

A défaut par le Conseil général de statuer, il y sera pourvu par un décret en forme de règlement d'administration publique.

Le conseil d'hygiène départemental se composera de dix membres au moins et de quinze au plus. Il comprendra nécessairement deux conseillers généraux, élus par leurs collègues, trois médecins, dont un de l'armée de terre ou de mer, un pharmacien, l'ingénieur en chef, un architecte et un vétérinaire.

Le préfet présidera le conseil, qui nommera dans son sein, pour deux ans, un vice-président et un secrétaire chargé de rédiger les délibérations du conseil.

Chaque Commission sanitaire de circonscription sera composée de cinq membres au moins et de sept au plus, pris dans la circonscription. Elle comprendra nécessairement un conseiller général, élu par ses collègues, un médecin, un architecte ou tout autre homme de l'art et un vétérinaire [1].

Le sous-préfet présidera la commission, qui nommera dans son sein, pour deux ans, un vice-président et un secrétaire chargé de rédiger les délibérations de la commission.

Les membres des conseils d'hygiène et ceux des commissions sanitaires, à l'exception des conseillers généraux qui sont élus par leurs collègues, sont nommés par le préfet pour quatre ans et renouvelés par moitié tous les deux ans ; les membres sortants peuvent être renommés.

Les Conseils départementaux d'hygiène et les Commissions sanitaires ne peuvent donner leur avis sur les objets qui leur sont soumis en vertu de la présente loi que si les deux tiers au moins de leurs membres sont présents. Ils peuvent recourir à toutes mesures d'instruction qu'ils jugent convenables.

Art. 21. — Les Conseils d'hygiène départementaux et les Commissions sanitaires doivent être consultés sur les objets énumérés à l'article 9 du décret du 18 décembre 1848 [2], sur l'alimentation en eau potable des agglomérations, sur la statistique démographique et la géographie médicale, sur les règlements sanitaires communaux et généralement sur toutes les questions intéressant la santé publique, dans les limites de leurs circonscriptions respectives.

Art. 22 (Loi du 7 avril 1903 [3]). — Le préfet de la Seine a dans ses attributions, à Paris :

---

[1] Paragraphe modifié par l'art. 1 de la loi du 29 janv. 1906, voir ci-après.

[2] Voir *Annexes*, p. 215.

[3] Loi du 7 avril 1903 (promulguée au *Journal Officiel* du 9 avril). — Article unique : « Les articles 22, 23 et 24 de la loi du 15 février 1902 sont modifiés ainsi qu'il suit ; Les nouveaux articles sont substitués dans le texte ci-dessus à ceux qui figuraient dans la loi du 15 février 1902.

1° Tout ce qui concerne la salubrité des habitations et de leurs dépendances, sauf celle des logements loués en garni ;

2° La salubrité des voies privées closes ou non à leurs extrémités ;

3° Le captage et la distribution des eaux ;

4° La désinfection, la vaccination et le transport des malades.

Pour la désinfection et le transport des malades, il donnera suite aux demandes qui lui seraient adressées par le préfet de police.

Il nomme une Commission des logements insalubres, composée de trente membres, dont quinze sur la désignation du Conseil municipal de Paris. La durée de leur mandat est de six ans avec renouvellement par tiers tous les deux ans. A chacun de ces renouvellements, le préfet nomme dix membres, dont cinq sur la désignation du Conseil municipal.

Cette commission exerce, pour toute l'étendue de la ville de Paris et dans les limites des attributions conférées au préfet de la Seine, les pouvoirs donnés aux Commissions sanitaires de circonscription par la présente loi ; elle est présidée par le préfet de la Seine ou son délégué.

Art. 23 (Loi du 7 avril 1903). — Le préfet de police a dans ses attributions à Paris :

1° La surveillance au point de vue sanitaire des logements loués en garni ;

2° Les précautions à prendre pour prévenir ou faire cesser les maladies transmissibles visées par l'article 4 de la loi, spécialement la réception des déclarations ;

3° Les contraventions relatives à l'obligation de la vaccination et de la revaccination.

Il continuera à assurer la protection des enfants du premier âge, la police sanitaire des animaux, la police de la médecine et de la pharmacie, l'application des lois et règlements concernant la vente et la mise en vente de denrées alimentaires falsifiées ou corrompues, le fonctionnement du laboratoire municipal de chimie, la réglementation des établissements classés comme dangereux, insalubres ou incommodes, tant à Paris que dans les communes du département de la Seine.

Art. 24 (Loi du 7 avril 1903). — Le préfet de la Seine et le préfet de police sont assistés, chacun dans la limite de ses attributions sanitaires et sous sa présidence, par le Conseil d'hygiène publique et de salubrité de la Seine, dont la composition est fixée comme il suit :

Le préfet de la Seine et le préfet de police, présidents ;

Deux vice-présidents, pris en dehors des membres de droit, nommés annuellement sur la présentation du conseil d'hygiène, et deux secrétaires administratifs.

Dix-neuf membres à raison de leurs fonctions : le doyen, le professeur d'hygiène et le professeur de médecine légale de la Faculté de médecine de Paris ; le directeur de l'Ecole supérieure de pharmacie de Paris ; le président du Comité technique de santé des armées, le directeur du service de santé du gouvernement militaire de Paris ; le secrétaire général de la préfecture de la Seine ; l'inspecteur général de l'assainissement et de la salubrité de l'habitation chargé des services techniques du bureau d'hygiène de la ville de Paris ; le directeur des affaires départementales ; le directeur administratif des services municipaux d'architecture ; l'ingénieur en chef du service des eaux et de l'assainissement ; l'ingénieur en chef des ponts et chaussées chargé du service ordinaire du département ; le secrétaire général de la préfecture de police ; l'ingénieur en chef des mines chargé du service des appareils à vapeur de la Seine ; le chef de la 2e division de la préfecture de police ; l'architecte en chef de la préfecture de police ; le chef du service vétérinaire de la Seine ; le chef du bureau de l'hygiène de la préfecture de police ; l'inspecteur divisionnaire du travail.

Vingt-quatre membres titulaires nommés par le Ministre de l'intérieur, sur la présentation du conseil d'hygiène ;

Trois membres du Conseil général de la Seine et trois membres du Conseil municipal de Paris élus par leurs collègues ;

Six membres choisis par le Ministre de l'intérieur, soit parmi les représentants de la Seine dans les différentes assemblées électives, soit parmi les personnes qualifiées par leur compétence.

Le Conseil d'hygiène et de salubrité de la Seine remplira les attributions données aux Conseils départementaux d'hygiène par la présente loi.

Les Commissions d'hygiène des arrondissements de Paris continueront à exercer leurs fonctions sous l'autorité et dans les limites des attributions conférées par la présente loi au préfet de police.

Les Conseils ou commissions d'hygiène, dans le département de la Seine, en dehors de Paris, exercent les pouvoirs donnés aux

Commissions sanitaires de circonscription par la présente loi, sous l'autorité soit du préfet de la Seine, soit du préfet de police, suivant qu'elles ont à traiter d'affaires ressortissant à l'une ou à l'autre de leurs administrations.

Les maires des communes, autres que Paris, exercent les attributions sanitaires sous l'autorité soit du préfet de la Seine, soit du préfet de police, suivant les distinctions faites dans les deux articles précédents.

Le préfet de police continuera à appliquer dans les communes du département de la Seine, autres que Paris, les attributions de police sanitaire dont il est actuellement investi.

Art. 25 [1]. — Le Comité consultatif d'hygiène publique de France délibère sur toutes les questions intéressant l'hygiène publique, l'exercice de la médecine et de la pharmacie, les conditions d'exploitation ou de vente des eaux minérales, sur lesquelles il est consulté par le Gouvernement.

Il est nécessairement consulté sur les travaux publics d'assainissement ou d'amenée d'eau d'alimentation des villes de plus de 5,000 habitants et sur le classement des établissements insalubres, dangereux ou incommodes.

Il est spécialement chargé du contrôle de la surveillance des eaux captées en dehors des limites de leur département respectif, pour l'alimentation des villes.

Le Comité consultatif d'hygiène publique de France est composé de quarante-cinq membres :

Sont membres de droit : le directeur de l'assistance et de l'hygiène publiques au ministère de l'intérieur ; l'inspecteur général des services sanitaires ; l'inspecteur général adjoint des services sanitaires ; l'architecte inspecteur des services sanitaires ; le directeur de l'administration départementale et communale au Ministère de l'intérieur ; le directeur des consulats et des affaires commerciales au Ministère des Affaires étrangères ; le directeur général des douanes ; le directeur des chemins de fer au Ministère des Travaux publics ; le directeur du travail au ministère du commerce, des postes et des télégraphes ; le directeur de l'enseignement primaire au Ministère de l'Instruction publique ; le président du Comité technique de

---

[1] Article modifié par l'article 2 de la loi du 29 janvier 1906 (V. ci-après).

santé de l'armée ; le directeur du service de santé de l'armée ; le président du Conseil supérieur de santé de la marine ; le président du Conseil supérieur de santé au Ministère des colonies ; le directeur des domaines au Ministère des finances ; le doyen de la Faculté de médecine de Paris ; le directeur de l'Ecole de pharmacie de Paris ; le président de la Chambre de commerce de Paris ; le directeur de l'Administration générale de l'assistance publique à Paris ; le vice-président du Conseil d'hygiène et de salubrité du département de la Seine ; l'inspecteur général du service d'assainissement de l'habitation de la préfecture de la Seine ; le vice-président du conseil de surveillance de l'assistance publique de Paris ; l'inspecteur général des écoles vétérinaires ; le directeur de la carte géologique de France.

Six membres seront nommés par le ministre sur une liste triple de présentation dressée par l'Académie des sciences, l'Académie de médecine, le Conseil d'Etat, la Cour de cassation, le Conseil supérieur du travail, le Conseil supérieur de l'assistance publique de France.

Quinze membres seront désignés par le ministre parmi les médecins, hygiénistes, ingénieurs, chimistes, légistes, etc.

Un décret d'administration publique réglementera le fonctionnement du Comité consultatif d'hygiène publique de France, la nomination des auditeurs et la constitution d'une section permanente.

TITRE III. — Dépenses

ART. 26. — Les dépenses rendues nécessaires par la présente loi, notamment celles causées par la destruction des objets mobiliers, sont obligatoires. En cas de contestation sur leur nécessité, il est statué par décret rendu en Conseil d'Etat.

Ces dépenses seront réparties entre les communes, les département et l'Etat, suivant les règles fixées par les articles 27, 28 et 29 de la loi du 15 juillet 1893 [1].

Toutefois, les dépenses d'organisation du Service de la désinfection dans les villes de 20.000 habitants et au-dessus sont suppor-

---

[1] Voir *Annexes*, p. 216. Ce deuxième paragraphe est complété par la loi du 22 juin 1906. V. *Annexes*.

tées par les villes et par l'Etat, dans les proportions établies au barême du tableau A annexé à la loi du 15 juillet 1893. Les dépenses d'organisation du Service départemental de la désinfection sont supportées par les départements et par l'Etat dans les proportions établies au barême du tableau B.

Des taxes seront établies par un règlement d'administration publique pour le remboursement des dépenses relatives à ce service.

A défaut par les villes et les départements d'organiser les Services de la désinfection et les bureaux d'hygiène et d'en assurer le fonctionnement dans l'année qui suivra la mise à exécution de la présente loi, il y sera pourvu par des décrets en forme de règlements d'administration publique.

TITRE IV. — Pénalités.

Art. 27. — Sera puni des peines portées à l'article 471 du Code pénal quiconque, en dehors des cas prévus par l'article 21 de la loi du 30 novembre 1892[1], aura commis une contravention aux prescriptions des règlements sanitaires prévus aux articles 1 et 2, ainsi qu'à celles des articles 5, 6, 7, 8 et 14.

Celui qui aura construit une habitation sans le permis du maire sera puni d'une amende de 16 à 500 francs.

Art. 28. — Quiconque, par négligence ou incurie, dégradera des ouvrages publics ou communaux destinés à recevoir ou à conduire des eaux d'alimentation ; quiconque, par négligence ou incurie, laissera introduire des matières excrémentitielles, ou tout autre matière susceptible de nuire à la salubrité, dans l'eau des sources, des fontaines, des puits, citernes, conduites, aqueducs, réservoirs d'eau servant à l'alimentation publique, sera puni des peines portées aux articles 479 et 480 du Code pénal.

Est interdit, sous les mêmes peines, l'abandon de cadavres d'animaux, de débris de boucherie, fumier, matières fécales et, en général, de résidus animaux putrescibles dans les failles, gouffres, bétoires ou excavations de toute nature autres que les fosses nécessaires aux fonctionnement d'établissements classés.

---

[1] Loi du 30 novembre 1892. Art. 21. — Le docteur en médecine ou l'officier de santé qui n'aurait pas fait la déclaration prescrite par l'article 15 sera puni d'une amende de 50 à 200 francs.

Tout acte volontaire de même nature sera puni des peines portées à l'article 257 du Code pénal.

Art. 29. — Seront punis d'une amende de 100 francs à 500 francs et, en cas de récidive, de 500 francs à 1.000 francs, tous ceux qui auront mis obstacle à l'accomplissement des devoirs des maires et des membres délégués des Commissions sanitaires, en ce qui ouche l'application de la présente loi.

Art. 30. — L'article 463 du Code pénal est applicable dans tous les cas prévus par la présente loi. Il est également applicable aux infractions punies des peines correctionnelles par la loi du 3 mars 1822.

TITRE V. — Dispositions diverses.

Art. 31. — La loi du 13 avril 1850 est abrogée, ainsi que toutes les dispositions et lois antérieures contraires à la présente loi.

Les Conseils départementaux d'hygiène et les Conseils d'hygiène d'arrondissement actuellement existants continueront à fonctionner jusqu'à leur remplacement par les conseils départementaux d'hygiène et les Commissions sanitaires de circonscription organisés en exécution de la présente loi.

Art. 32. — La présente loi n'est pas applicable aux ateliers et manufactures.

Art. 33. — Des règlements d'administration publique détermineront les conditions d'organisation et de fonctionnement des bureaux d'hygiène et du service de désinfection, ainsi que les conditions d'application de la présente loi à l'Algérie et aux colonies de la Martinique, de la Guadeloupe et de la Réunion.

Art. 34. — La présente loi ne sera exécutoire qu'un an après sa promulgation.

La présente loi, délibérée et adoptée par le Sénat et par la Chambre des députés, sera exécutée comme loi de l'Etat.

Fait à Paris, le 15 février 1902.

Émile Loubet.

Par le Président de la République :
Le Président du Conseil,
ministre de l'Intérieur et des Cultes,
Waldeck-Rousseau.

ANNEXES

Extrait de la Loi du 5 Avril 1884 sur l'Organisation municipale.

. . . .

Art. 97. — La police municipale a pour objet d'assurer le bon ordre, la sûreté et la salubrité publiques.

Elle comprend notamment :

1° Tout ce qui intéresse la sûreté et la commodité du passage dans les rues, quais, places et voies publiques, ce qui comprend le nettoiement, l'éclairage, l'enlèvement des encombrements, la démolition ou la réparation des édifices menaçant ruine, l'interdiction de ne rien exposer aux fenêtres ou aux autres parties des édifices qui puisse nuire par sa chute, ou celle de ne rien jeter qui puisse endommager les passants ou causer des exhalaisons nuisibles ;

2° Le soin de réprimer les atteintes à la tranquillité publique, telles que les rixes et disputes accompagnées d'ameutement dans les rues, le tumulte excité dans les lieux d'assemblée publique, les attroupements, les bruits et rassemblements nocturnes qui troublent le repos des habitants, et tous actes de nature à compromettre la tranquillité publique :

3° Le maintien du bon ordre dans les endroits où il se fait de grands rassemblements d'hommes, tels que les foires, marchés, réjouissances et cérémonies publiques, spectacles, jeux, cafés, églises et autres lieux publics ;

4° Le mode de transport des personnes décédées, les inhumations et exhumations, le maintien du bon ordre et de la décence dans les cimetières, sans qu'il soit permis d'établir des distinctions ou des prescriptions particulières à raison des croyances ou du culte du défunt, ou des circonstances qui ont accompagné sa mort ;

5° L'inspection sur la fidélité du débit des denrées qui se vendent au poids ou à la mesure, et sur la salubrité des comestibles exposés en vente ;

6° Le soin de prévenir, par des précautions convenables, et celui de faire cesser, par la distribution des secours nécessaires, les accidents et les fléaux calamiteux, tels que les incendies, les inondations, les maladies épidémiques ou contagieuses, les épizooties, en provoquant, s'il y a lieu, l'intervention de l'administration supérieure ;

7° Le soin de prendre provisoirement les mesures nécessaires contre les aliénés dont l'état pourrait compromettre la morale publique, la sécurité des personnes ou la conservation des propriétés ;

8° Le soin d'obvier ou de remédier aux événements fâcheux qui pourraient être occasionnés par la divagation des animaux malfaisants ou féroces.

. . . .

ART. 99. — Les pouvoirs qui appartiennent au maire, en vertu de l'article 91, ne font pas obstacle au droit du préfet de prendre pour toutes les communes du département ou plusieurs d'entre elles, et dans tous les cas où il n'y aurait pas été pourvu par les autorités municipales, toutes mesures relatives au maintien de la salubrité, de la sûreté et de la tranquillité publique.

Ce droit ne pourra être exercé par le préfet à l'égard d'une seule commune qu'après une mise en demeure au maire restée sans résultat. »

Extrait de l'arrêté du Président du Conseil des ministres, chargé du pouvoir exécutif, du 18 décembre 1848, sur l'organisation des Conseils d'hygiène publique et de salubrité.

. . . .

ART. 9. — Les Conseils d'hygiène d'arrondissement sont chargés de l'examen des questions relatives à l'hygiène publique de l'arrondissement, qui leur seront renvoyées par le préfet ou le sous-préfet. Ils peuvent être spécialement consultés sur les objets suivants :

1° L'assainissement des localités et des habitations ;

2° Les mesures à prendre pour prévenir et combattre les maladies endémiques, épidémiques et transmissibles ;

3° Les épizooties et les maladies des animaux ;

4° La propagation de la vaccine ;

5° L'organisation et la distribution des secours médicaux aux malades indigents ;

6° Les moyens d'améliorer les conditions sanitaires des populations industrielles et agricoles ;

7° La salubrité des ateliers, écoles, hôpitaux, maisons d'aliénés, établissements de bienfaisance, casernes, arsenaux, prisons, dépôts de mendicité, asiles, etc., etc. ;

8° Les questions relatives aux enfants trouvés ;

9° La qualité des aliments, boissons, condiments et médicaments livrés au commerce ;

10° L'amélioration des établissements d'eaux minérales appartenant à l'État, aux départements, aux communes et aux particuliers, et le moyen d'en rendre l'usage accessible aux malades pauvres ;

11° Les demandes en autorisation, translation ou révocation des établissements dangereux, insalubres ou incommodes ;

12° Les grands travaux d'utilité publique, constructions d'édifices, écoles, prisons, casernes, ports, canaux, réservoirs, fontaines, halles ; établissement des marchés, routoirs, égouts, cimetières ; la voirie, etc., etc., sous le rapport de l'hygiène publique.

Extrait de la Loi du 15 Juillet 1893 sur l'Assistance médicale gratuite.

. . . .

Art. 27. — Les communes dont les ressources spéciales de l'assistance médicale et les ressources ordinaires inscrites à leur budget seront insuffisantes pour couvrir les frais de ce service, sont autosées à voter des centimes additionnels aux quatre contributions directes ou des taxes d'octroi pour se procurer le complément des ressources nécessaires.

Les taxes d'octroi votées en vertu du paragraphe précédent seront soumises à l'approbation de l'autorité compétente, conformément aux dispositions de l'article 137 de la loi du 5 avril 1884.

La part que les communes seront obligées de demander aux centimes additionnels ou aux taxes d'octroi ne pourra être moindre de 20 pour 100 ni supérieure à 90 pour 100 de la dépense à couvrir, conformément au tableau A ci-annexé.

Art. 28. — Les départements, outre les frais qui leur incombent de par les articles précédents, sont tenus d'accorder aux communes qui auront été obligées de recourir à des centimes additionnels ou à des taxes d'octroi des subventions d'autant plus fortes que leur centime sera plus faible, mais qui ne pourront dépasser 80 pour 100 ni être inférieures à 10 pour 100 du produit de ces centimes additionnels ou taxes d'octroi, conformément au tableau A précité.

En cas d'insuffisance des ressources spéciales de l'assistance médicale et des ressources ordinaires de leur budget, ils sont autorisés à voter des centimes additionnels aux quatre contributions directes dans la mesure nécessitée par la présente loi.

Art. 29. — L'État concourt aux dépenses départementales de l'assistance médicale par des subventions aux départements dans une proportion qui variera de 10 à 70 pour 100 du total de ces dépenses couvertes par des centimes additionnels, et qui sera calculée en raison inverse de la valeur du centime départemental par kilomètre carré, conformément au tableau B ci-annexé.

L'État est en outre chargé :

1º Des dépenses occasionnées par le traitement des malades n'ayant aucun domicile de secours ;

2º Des frais d'administration relatifs à l'exécution de la présente loi.

. . . .

Barèmes annexés a la loi du 15 juillet 1893

Tableau A. — *Servant à déterminer la part de dépense à couvrir par les communes au moyen des ressources extraordinaires (centimes additionnels et taxes d'octroi) et le montant de la subvention qui doit leur être allouée pour l'assistance médicale gratuite, eu égard à la valeur du centime additionnel.*

VALEUR DU CENTIME COMMUNAL	PORTION DE LA DÉPENSE A COUVRIR	
	par les COMMUNES au moyen de ressources extraordinaires.	par le DÉPARTEMENT au moyen de ses subventions et de celles de l'État.
Au-dessous de 20 francs	20 p. 100	80 p. 100
De 20 fr. 01 à 40 francs	25 —	75 —
De 40 fr. 01 à 60 francs	30 —	70 —
De 60 fr. 01 à 80 francs	35 —	65 —
De 80 fr. 01 à 100 francs	40 —	60 —
De 100 fr. 01 à 200 francs	50 —	50 —
De 200 fr. 01 à 300 francs	60 —	40 —
De 300 fr. 01 à 600 francs	70 —	30 —
De 600 fr. 01 à 900 francs	80 —	20 —
De 900 fr. 01 et au-dessus	90 —	10 —

TABLEAU B. — *Servant à déterminer le montant de la subvention qui doit être allouée par l'État aux départements pour leur part dans les frais de l'assistance médicale, eu égard à la valeur du centime départemental par kilomètre carré.*

VALEUR DU CENTIME DÉPARTEMENTAL par kilomètre carré.	COEFFICIENT de subvention de l'État.	DÉPENSE à couvrir par le département.
Au-dessous de 2 francs.	70 p. 100	30 p. 100
De 2 fr. 01 à 2 fr. 50	65 —	35 —
De 2 fr. 51 à 3 francs.	60 —	40 —
De 3 fr. 01 à 3 fr. 50.	55 —	45 —
De 3 fr. 51 à 4 francs	50 —	50 —
De 4 fr. 01 à 4 fr. 75.	45 —	55 —
De 4 fr. 76 à 6 francs.	40 —	60 —
De 6 fr. 01 à 9 francs.	30 —	70 —
De 9 fr. 01 à 15 francs.	20 —	80 —
Au-dessus de 15 francs.	10 —	90 —

Loi du 22 Mars 1890 sur les Syndicats de communes.

ARTICLE UNIQUE. — Il est ajouté à la loi du 5 avril 1884 un titre ainsi conçu :

TITRE VIII. — DES SYNDICATS DE COMMUNES

ART. 169. — Lorsque les Conseils municipaux de deux ou de plusieurs communes d'un même département ou de départements limitrophes ont fait connaître, par des délibérations concordantes, leur volonté d'associer les communes qu'ils représentent en vue d'une œuvre d'utilité intercommunale et qu'ils ont décidé de consacrer à cette œuvre des ressources suffisantes, les délibérations prises sont transmises par le préfet au Ministre de l'intérieur, et, s'il y a lieu, un décret rendu en Conseil d'Etat autorise la création de l'association, qui prend le nom de Syndicat de communes.

D'autres communes que celles primitivement associées peuvent être admises, avec le consentement de celles-ci, à faire partie de l'association. Les délibérations prises à cet effet par les Conseils municipaux de ces communes et des communes déjà syndiquées sont approuvées par décret simple.

Art. 170. — Les Syndicats de communes sont des établissements publics investis de la personnalité civile.

Les lois et règlements concernant la tutelle des communes leur sont applicables.

Dans les cas où les communes syndiquées font partie de plusieurs départements, le syndicat ressortit à la préfecture du département auquel appartient la commune siège de l'association.

Art. 171. — Le syndicat est administré par un comité.
. . . .

Art. 172. — La commune siège du syndicat est fixée par le décret d'institution, sur la proposition des communes syndiquées.

Les règles de la comptabilité des communes s'appliquent à la comptabilité des syndicats.
. . . .

Art. 177. — Le budget du syndicat pourvoit aux dépenses de création et d'entretien des établissements ou services pour lesquels le syndicat est constitué.

Les recettes de ce budget comprennent :

1º La contribution des communes associées. Cette contribution est obligatoire pour lesdites communes pendant la durée de l'association et dans la limite des nécessités du service telle que les délibérations initiales des Conseils municipaux l'ont déterminée. Les communes associées pourront affecter à cette dépense leurs ressources ordinaires ou extraordinaires disponibles. Elles sont, en outre, autorisées à voter, à cet effet, cinq centimes spéciaux ;

2º le revenu des biens, meubles ou immeubles, de l'association ;

3º les sommes qu'elle reçoit des administrations publiques, des associations, des particuliers, en échange d'un service rendu ;

4º les subventions de l'Etat, du département et des communes ;

5º les produits des dons ou legs ;

Copie de ce budget et des comptes du syndicat sera adressée chaque année aux Conseils municipaux des communes syndiquées ;

Les conseillers municipaux de ces communes pourront prendre communication des procès-verbaux des délibérations du comité et de la Commission de surveillance.

Art. 178. — Le syndicat peut organiser des services intercommunaux autres que ceux prévus au décret d'institution, lorsque les Conseils municipaux des communes associées se sont mis d'accord pour ajouter ces services aux objets de l'association primitive. L'extension des attributions du syndicat doit être autorisée par décret rendu dans la même forme que le décret d'institution.

Art. 179. — Le syndicat est formé soit à perpétuité, soit pour une durée limitée par le décret d'institution.

. . . .

Extrait de la Loi du 21 Juin 1898 sur le Code rural
(Livre III : de la Police rurale)

Titre premier. — De la police rurale concernant les personnes les animaux et les récoltes

Article premier. — Les maires sont chargés, sous la surveillance de l'administration supérieure, d'assurer, conformément à la loi du 5 avril 1884, le maintien du bon ordre, de la sécurité et de la salubrité publiques, sauf dans les cas où cette attribution appartient aux préfets. Ils sont également chargés de l'exécution des actes de l'autorité supérieure relatifs à la police rurale. »

Chapitre premier. — *De la sécurité publique.*

Art. 2. — Les maires veillent à tout ce qui intéresse et garantit la sécurité publique.

Ils doivent, par des précautions convenables, prévenir les accidents et les fléaux calamiteux, pouvoir d'urgence à toutes les mesures d'assistance et de secours et, s'il y a lieu, provoquer l'intervention de l'administration supérieure.

Art. 3. — Le maire peut prescrire la réparation ou la démolition des murs, bâtiments ou édifices quelconques longeant la voie ou la place publique, lorsqu'ils menacent ruine et qu'ils pourraient, par leur effondrement, compromettre la sécurité.

. . . .

Art. 8. — Le maire prescrit que le ramonage des fours, fourneaux et cheminées des maisons, des usines, etc., doit être effectué une fois au moins chaque année.

Il ordonne, s'il y a lieu, la réparation ou, en cas de nécessité, la démolition des fours, fourneaux et cheminées dont l'état de délabrement ferait craindre un incendie ou d'autres accidents.

Les règles prescrites par les articles 4, 5 et 6 sont applicables en cas de réparation ou de démolition.

Art. 9. — Le préfet, sur l'avis conforme du Conseil général, peut interdire, dans l'étendue du département, l'emploi de certains matériaux pour la construction des bâtiments ou celle des toitures, ou prescrire les précautions qui devront être adoptées pour cette construction.

Art. 10. — Le préfet, sur l'avis du Conseil général et des Chambres consultatives d'agriculture, prescrit les précautions nécessaires pour écarter les dangers d'incendie et, notamment, l'interdiction d'allumer des feux dans les champs à moins d'une distance déterminée des bâtiments, vignes, vergers, haies, bois, bruyères, meules de grains, de paille, des dépôts régulièrement autorisés des bois et autres matières inflammables appartenant à autrui.

Il peut, sur l'avis du maire, lever temporairement l'interdiction, afin de permettre ou de faciliter certains travaux.

Art. 11. — Les maires peuvent prescrire que les meules de grains, de paille, de fourrage, etc., seront placées à une distance déterminée des habitations et de la voie publique.

Art. 12. — Le préfet, après avis du Conseil général et des Chambres consultatives d'agriculture, détermine les mesures à prendre dans toute exploitation agricole où il est fait usage constant ou momentané d'appareils mécaniques, afin d'éviter les dangers spéciaux pouvant résulter de ces appareils, dangers d'incendie ou dangers concernant les personnes.

Art. 13. — Le maire peut prescrire aux propriétaires, usufruitiers, usagers, fermiers ou à tous autres possesseurs ou exploitants d'entourer d'une clôture suffisante les puits et les excavations présentant un danger pour la sécurité publique. »

. . . .

Chapitre II. — *De la salubrité publique.*

Art. 18. — Les maires sont chargés de veiller à tout ce qui intéresse la salubrité publique.

Ils assurent l'exécution des dispositions légales et réglementaires qui ont pour but de prévenir les maladies contagieuses ou épizootiques.

Ils doivent donner avis d'urgence au préfet, de tout cas d'épidémie, de tout cas d'épizootie qui leur seraient signalés dans le territoire de la commune.

Ils peuvent prendre les mesures provisoires qu'ils jugent utiles pour arrêter la propagation du mal.

Première section. — *Police sanitaire.*

Art. 19. — En cas d'insalubrité constatée par le Conseil d'hygiène et de salubrité de l'arrondissement, le maire ordonne la suppression des fosses à purin non étanches et puisards d'absorption.

Sur l'avis du même conseil, le maire peut interdire les dépôts de vidange ou de gadoue qui seraient de nature à compromettre la salubrité publique.

Il détermine les mesures à prendre pour empêcher l'écoulement sur la voie publique des liquides provenant des dépôts de fumiers et des étables.

Les décisions des maires peuvent toujours être l'objet d'un recours au préfet.

Art. 20. — Il est interdit de laisser écouler, de répandre ou de jeter, soit sur les places et voies publiques, soit dans les fontaines, dans les mares et abreuvoirs, soit sur les lieux de marchés ou de rassemblements d'hommes ou d'animaux, des substances susceptibles de nuire à la salubrité publique.

Art. 21. — Les maires surveillent, au point de vue de la salubrité, l'état des ruisseaux, rivières, étangs, mares ou amas d'eau. Les questions relatives à la police des eaux restent réglées par les dispositions des titres II et V du livre II du code rural sur le régime des eaux.

Art. 22. — Le maire doit ordonner les mesures nécessaires pour assurer l'assainissement et, s'il y a lieu, après avis du Conseil municipal, la suppression des mares communales placées dans l'intérieur des villages ou dans le voisinage des habitations, toutes les fois que ces mares compromettent la salubrité publique.

A défaut du maire, le préfet peut, sur l'avis du Conseil d'hygiène et après enquête *de commodo et incommodo*, décider la suppression immédiate de ces mares, ou prescrire, aux frais de la commune, des travaux reconnus utiles.

La dépense est comprise parmi les dépenses obligatoires prévues à l'article 136 de la loi du 5 avril 1884.

Art. 23. — Le maire prescrit aux propriétaires de mares ou fossés à eau stagnante établis dans le voisinage des habitations d'avoir soit à les supprimer, soit à exécuter les travaux, ou à prendre les mesures nécessaires pour faire cesser toutes causes d'insalubrité.

En cas de refus ou de négligence, le maire dénonce à l'Administration préfectorale l'état d'insalubrité constatée.

Le préfet, après avis du Conseil d'hygiène et du Service hydraulique, peut ordonner la suppression de la mare dangereuse ou prescrire que les travaux reconnus nécessaires seront exécutés d'office aux frais du propriétaire, après mise en demeure préalable.

Le montant de la dépense est recouvré comme en matière de contributions directes sur un rôle rendu exécutoire par le préfet.

Art. 24. — Le préfet peut interdire la vidange des étangs et autres amas d'eau non courante dans les cas et dans les lieux où cette opération serait de nature à compromettre la salubrité publique.

Art. 25. — Il est interdit de faire rouir du chanvre ou du lin, ou toutes autres plantes textiles, dans les abreuvoirs et lavoirs publics.

Le préfet peut réglementer ou même interdire le rouissage des plantes textiles dans les eaux courantes et dans les étangs. Cette interdiction n'est prononcée qu'après avis du Conseil d'hygiène et de salubrité.

Les routoirs agricoles, c'est-à-dire ceux exclusivement destinés à l'usage des cultivateurs, ne sont point, comme les routoirs industriels, assujettis aux prescriptions des décrets des 15 octobre 1810 et 31 décembre 1866 relatifs aux établissements insalubres.

Toutefois, le préfet peut ordonner, sur la demande du Conseil municipal ou des propriétaires voisins, la suppression de tout routoir établi à proximité des habitations et dont l'insalubrité serait constatée.

Le maire peut désigner, par un arrêté, les lieux où les routoirs publics seront établis, ainsi que la distance à observer dans le choix des emplacements destinés au séchage des plantes textiles après le rouissage.

Art. 26. — Le Président de la République peut, par décret rendu en la forme des règlements d'administration publique, interdire les cultures qui pourraient être nuisibles à l'hygiène et à la salubrité publique, ou ne les autoriser que dans des conditions déterminées.

Art. 27. — La chair des animaux morts d'une maladie quelle qu'elle soit ne peut être vendue et livrée à la consommation.

Tout propriétaire d'un animal mort de maladie non contagieuse est tenu soit de le faire transporter dans les vingt-quatre heures à un atelier d'équarrissage régulièrement autorisé, soit, dans le même délai, de le détruire par un procédé chimique ou par combustion, soit, de le faire enfouir dans une fosse située autant que possible à 100 mètres des habitations, et de telle sorte que le cadavre soit recouvert d'une couche de terre ayant au moins 1 mètre d'épaisseur.

Il est défendu de jeter des bêtes mortes dans les bois, dans les rivières, dans les mares ou à la voirie et de les enterrer dans les étables, dans les cours attenant à une habitation ou à proximité des puits, des fontaines ou abreuvoirs publics.

« Art. 28. — Le maire fait livrer à un atelier d'équarrissage régulièrement autorisé, ou enfouir, ou détruire par un procédé chimique ou par combustion, le corps de tout animal trouvé mort sur le territoire de la commune et dont le propriétaire, après un délai de douze heures, reste inconnu.

. . . .

Art. 41. — L'exposition, la vente ou mise en vente des animaux atteints ou soupçonnés d'être atteints de maladie contagieuse sont interdits.

Le propriétaire ne peut s'en dessaisir que dans les conditions déterminées par le règlement d'administration publique prévu à l'article 33.

Ce règlement fixera, pour chaque espèce d'animaux et de maladie, le temps pendant lequel l'interdiction de vente s'appliquera aux animaux qui ont été exposés à la contagion.

Art. 42. — La chair des animaux morts de maladies contagieuses quelles qu'elles soient, ou abattus comme atteints de la peste bovine, de la morve ou farcin, des maladies charbonneuses, du rouget et de la rage, ne peut être livrée à la consommation.

. . . .

Art. 43. — Lorsque les animaux ont dû être abattus comme atteints de péri-pneumonie contagieuse, de tuberculose et de pneumo-entérite, la chair ne pourra être livrée à la consommation qu'en vertu d'une autorisation spéciale du maire, sur l'avis conforme, écrit et motivé, délivré par le vétérinaire sanitaire.

Toutefois, les poumons et autres viscères de ces animaux devront être détruits ou enfouis, en observant les précautions ordonnées par l'article précédent.

Le maire adresse immédiatement au préfet copie de l'autorisation accordée ; il y joint un duplicata de l'avis formulé par le vétérinaire sanitaire, et l'attestation que les poumons et autres viscères ont été détruits ou enfouis en sa présence ou en présence de son délégué.

Le règlement prévu par l'article 33 spécifiera les cas dans lesquels la chair des animaux atteints des maladies ci-dessus pourra être livrée à la consommation.

Art. 44. — La chair des animaux abattus comme ayant été en contact avec des animaux atteints de la peste bovine ne peut être livrée à la consommation que sur l'avis du vétérinaire sanitaire ; dans tous les cas, leur peaux, abats et issues ne peuvent être enlevés du lieu de l'abattage qu'après avoir été désinfectés dans les conditions prescrites par le règlement d'administration publique.

II

Circulaire ministérielle du 10 mai 1902

AUX PRÉFETS

Monsieur le préfet, j'ai l'honneur de vous adresser ci-joint, pour l'usage de vos bureaux, deux exemplaires d'un tirage comprenant la loi du 15 février 1902 relative à la protection de la santé publique et la reproduction en annexe des différents textes législatifs ou réglementaires qui s'y trouvent visés dans leurs parties essentielles.

En vertu de l'article 34, cette loi n'est exécutoire qu'un an après sa promulgation : celle-ci ayant eu lieu le 19 février 1902, c'est le 19 février 1903 que ses dispositions devront entrer en vigueur.

D'ici là, toutes les mesures préparatoires résultant soit des règlements d'administration publique prévus, soit des délibérations des Conseils généraux, soit des arrêtés municipaux portant règlements sanitaires, devront être prises pour être légalement applicables à la date fixée.

Mon administration procède, de concert avec le Comité consultatif d'hygiène publique de France, à l'élaboration, d'une part, des règlements d'administration publique devant assurer le fonctionnement des services institués par les articles 6, 7, 19 et 26, et d'autre part, d'un ou plusieurs types de règlement sanitaire communal devant guider les municipalités dans la mise en pratique des prescriptions de l'article 1er. J'aurai soin, Monsieur le préfet, de vous tenir informé des dispositions ainsi arrêtées, au fur et à mesure qu'elles auront reçu la sanction définitive.

De votre côté, et sans attendre le résultat de ces études, il vous appartient de poursuivre l'application de l'article 20 de la loi, en vertu duquel le Conseil général de chaque département doit être appelé à délibérer, dans les conditions prévues par l'article 48, § 5, de la loi du 10 août 1871 et après avis du Conseil d'hygiène départemental, sur l'organisation du Service de l'hygiène publique. Cette organisation, indépendante des services de désinfection et de vaccination mentionnés aux articles 6 et 7, consiste notamment dans la division du département en circonscriptions sanitaires pourvues chacune d'une Commission sanitaire, la composition, le mode de fonctionnement, la publication des travaux et les dépenses du Conseil départemental et des commissions sanitaires. Les conditions générales concernant la désignation des membres et les attributions des conseils ou commissions sont formulées dans les articles 20 et 21.

Afin que ces assemblées puissent être constituées et le fonctionnement du service qu'elles impliquent assuré en temps voulu, il est indispensable que la question soit soumise à l'examen des Conseils généraux dans leur prochaine session. Je ne puis que vous inviter à prendre à cet effet aussi prochainement que possible l'avis du Conseil départemental d'hygiène publique et de salubrité, et de préparer le projet d'organisation visé par les §§ 1 et 2 de l'article 20.

Ainsi qu'il a été fait pour la loi du 15 juillet 1893 sur l'assistance médicale gratuite, la loi sanitaire du 15 février 1902 laisse à l'administration départementale la latitude de déterminer suivant les ressources et les besoins locaux, dans la limite des obligations résultant de la loi, les conditions spéciales applicables au fonctionnement de ce service. Vous apprécierez, je n'en doute pas, Monsieur le préfet, l'importance qu'il présente pour l'exécution de la loi. Suivant l'autorité et les moyens d'action qui seront donnés aux Conseils et Commissions sanitaires, les dispositions légales produiront les heureux effets qu'on est en droit d'en attendre pour la salubrité des communes et des habitations, les mesures prophylactiques et l'hygiène générale du pays. En présidant les séances du Conseil départemental dans lesquelles sera discutée l'organisation nouvelle, vous vous inspirerez des considérations d'ordre technique plus ou moins particulières aux populations des circonscriptions intéressées, considérations qui ne peuvent manquer de trouver leur écho auprès des membres du Conseil général, et qui doivent permettre d'assurer pour l'avenir une action permanente et réellement efficace.

Vous voudrez bien, Monsieur le préfet, m'accuser réception de la présente circulaire et me transmettre, dès qu'elle aura été prise, la délibération du Conseil général portant organisation du service, accompagné de l'avis du Conseil départemental d'hygiène qui l'aura précédé.

Le président du Conseil,
ministre de l'intérieur et des cultes,
WALDECK-ROUSSEAU.

III

Circulaire ministérielle du 19 juillet 1902

AUX PRÉFETS

Monsieur le Préfet, mon prédécesseur vous a adressé, le 10 mai dernier, une circulaire relative aux conditions de mise en vigueur de la loi du 15 février 1902, sur la protection de la santé publique, et spécialement à l'application de l'article 20 de ladite loi qui soumet aux délibérations des Conseils généraux l'organisation du Service départemental d'hygiène.

Cette circulaire a soulevé quelques questions d'ordre général ; la présente circulaire a pour objet de les résoudre et de vous aider ainsi à réaliser l'organisation nouvelle.

Le premier point vise l'institution des Conseils d'hygiène départementaux et des Commissions sanitaires. Ces assemblées doivent être considérées comme distinctes l'une de l'autre, de telle sorte que, pour l'arrondissement chef-lieu, le Conseil d'hygiène ne saurait, ainsi que l'opinion en avait d'abord prévalu dans l'examen du projet de loi devant le Parlement, tenir lieu de Commission sanitaire.

L'article 20 dispose expressément que le département doit être divisé en circonscriptions pourvues chacune d'une Commission sanitaire, et l'article 12 détermine, en matière d'immeubles insalubres, une procédure spéciale d'après laquelle ces deux assemblées remplissent respectivement, au point de vue technique, le rôle de juridiction de premier degré et d'appel. Il résulte de ces textes que l'action du Conseil d'hygiène doit s'exercer sur l'ensemble du département, tandis que celle de la commission reste limitée à la circonscription qui lui est propre.

Un deuxième point est relatif à l'organisation du Service d'hygiène mentionné par l'article 20. En indiquant que cette organisation est indépendante des Services de désinfection et de vaccine mentionnés aux articles 6 et 7 de la loi, la circulaire du 10 mai n'a pas entendu exclure ces services d'un ensemble dans lequel ils ont leur place marquée, mais seulement réserver, jusqu'à ce que les règlements d'administration publique aient été approuvés, la part définitive qui doit leur être faite. J'estime que, sous cette réserve, il convient de comprendre dans l'organisation prescrite par l'article 20 non seulement le Conseil d'hygiène et les Commissions sanitaires spécialement visés, mais encore les Services des épidémies et de la vaccine qui fonctionnent déjà et qui constituent des éléments importants de l'organisation générale.

Cette observation présente un grand intérêt pour l'évaluation des dépenses que les Conseils généraux auront à déterminer dans leur prochaine session. Sans doute, les Services de désinfection ne pourront être organisés qu'après que sera intervenu le règlement d'administration publique prévu par la loi, mais il est des dépenses sanitaires qui peuvent et doivent être inscrites dès maintenant au budget. Ce sont celles afférentes au fonctionnement des médecins des épidémies, du Service de la vaccine, des Conseils d'hygiène et Commissions sanitaires. Il faudra, pour ces assemblées, prévoir, outre les frais de bureau, de bibliothèque et de publications, un fonds suffisant pour allouer aux membres des indemnités de présence et de déplacement, qui peuvent seules assurer leur concours régulier. La validité des délibérations est subordonnée à la présence des deux tiers au moins des membres : cette obligation emprunte aux nouvelles fonctions qui leur sont confiées, notamment en matière d'immeubles insalubres, une importance particulière pour les intérêts généraux comme pour les intérêts privés. Il vous appartient, Monsieur le Préfet, d'appeler tout spécialement l'attention des Conseils généraux sur ces considérations.

J'ai été également consulté sur la nature et les conditions de répartition des dépenses entre les communes, les départements et l'Etat, suivant l'article 26 de la loi. Il ne me paraît pas possible de procéder à cet examen et par conséquent de faire une réponse utile tant que les règlements d'administration publique ne seront pas intervenus : c'est là une étude fort complexe qui ne pourra être terminée, tant par le Comité consultatif et l'Académie de médecine que par le Conseil d'Etat, avant l'époque des vacances.

Je vous rappelle que le Conseil d'hygiène départemental et les Commissions sanitaires doivent comprendre des conseillers généraux élus par leurs collègues. Cette désignation devra être effectuée au cours de la prochaine session de l'assemblée départementale.

Je signale, enfin, Monsieur le préfet, l'article 19 de la loi, qui laisse à votre appréciation le soin d'organiser, d'accord avec le Conseil général, un service de contrôle et d'inspection destiné à assurer l'exécution de la loi. Un tel service présenterait des avantages incontestables en centralisant auprès des préfets l'étude, l'application et la surveillance constante des diverses mesures résultant de la législation nouvelle ; il y apporterait une unité de vue et de direction qui profiterait largement au bon fonctionnement des institutions prévues, formerait entre elles le lien nécessaire et constituerait pour les commmunes un précieux guide, tout à la fois technique et administratif.

Je vous prie, Monsieur le préfet, de m'accuser réception de la présente circulaire.

*Le président du Conseil,
ministre de l'intérieur et des cultes,*

E. COMBES.

IV

Décret du 18 décembre 1902

PORTANT RÈGLEMENT D'ADMINISTRATION PUBLIQUE (EN VERTU DE L'ARTICLE 25 DE LA LOI) SUR LE FONCTIONNEMENT DU COMITÉ CONSULTATIF D'HYGIÈNE PUBLIQUE DE FRANCE, LA NOMINATION DES AUDITEURS ET LA CONSTITUTION D'UNE SECTION PERMANENTE[1].

Le Président de la République française,

Sur le rapport du Ministre de l'intérieur et des cultes ;

Vu la loi du 15 février 1902, relative à la protection de la santé publique et notamment l'article 25, § 8, ainsi conçu : « Un décret d'administration publique réglementera le fonctionnement du Comité consultatif d'hygiène publique de France, la nomination des auditeurs et la constitution d'une section permanente » :

Le Conseil d'Etat entendu,

Décrète,

ARTICLE PREMIER. — Le Ministre de l'intérieur désigne chaque année parmi les membres du Comité consultatif d'hygiène publique de France un président et un vice-président.

Un secrétaire et un secrétaire adjoint nommés par le ministre sont attachés au Comité, avec voix consultative.

ART. 2. — Les délibérations du Comité sont prises soit en Assemblée générale, soit en section. La présence du tiers des membres composant l'Assemblée générale ou la section est nécessaire pour la validité des délibérations.

Les sections sont au nombre de trois et leurs attributions sont fixées de la manière suivante :

[1] Décret publié au *Journal Officiel* du 20 février 1903.

1re Section. — *Salubrité générale.* — Eaux potables. — Evacuation des matières usées. — Habitations. — Services d'hygiène départementaux. — Conseils d'hygiène et Commissions sanitaires.

2e Section. — *Epidémies.* — Médecins des épidémies. — Services départementaux de désinfection. — Bureaux d'hygiène. — Vaccine. — Service sanitaire maritime.

3e Section. — Hygiène alimentaire. — Hygiène industrielle et professionnelle. — Exercice de la médecine et de la pharmacie. — Substances vénéneuses. — Sérums. — Eaux minérales.

La réunion de deux sections pour l'examen des affaires présentant un caractère connexe peut être ordonnée par le président du Comité.

L'Assemblée générale délibère sur les affaires présentant un caractère général ou réglementaire et sur celles dont le renvoi devant elles a été demandé par le tiers des membres de la section compétente. Les convocations de l'Assemblée générale et des sections sont faites sur l'ordre du président.

Art. 3. — La répartition des membres entre les sections est faite annuellement par le ministre sur la proposition du président du Comité. Un membre peut appartenir à plusieurs sections.

Les sections sont présidées par le président du Comité ou, à son défaut, par le vice-président.

Art. 4. — Le président du Comité désigne les rapporteurs. Il peut charger des commissions spéciales, dont il fixe la composition, de présenter un rapport sur les affaires qui leur sont renvoyées, soit devant l'Assemblée générale, soit devant la section compétente.

Art. 5. — Les auditeurs sont chargés de présenter des rapports et de remplir les missions jugées nécessaires. Ils ont voix consultative; leur nombre est fixé par le Ministre de l'intérieur, sur la proposition du Comité.

Ils sont nommés par le ministre sur une liste double de présentation.

Cette liste, préparée par une commission spéciale nommée chaque année à date fixe par le Comité, est dressée en Assemblée générale.

Les vacances des places d'auditeurs sont rendues publiques par la voie du *Journal officiel* quinze jours au moins avant la séance de la commission dans laquelle il doit être procédé à l'examen des candidatures.

Le mandat des auditeurs a une durée de trois ans ; il ne peut être renouvelé qu'une seule fois.

La répartition des auditeurs entre les diverses sections est arrêtée annuellement par le président du Comité.

Art. 6[1]. — Une section permanente, composée du président du Comité, président, du directeur de l'assistance et de l'hygiène publiques au Ministère de l'intérieur, de l'inspecteur général des services sanitaires, de l'inspecteur général adjoint des services sanitaires, du directeur des consulats et des affaires commerciales au Ministère des Affaires étrangères, du directeur du travail au Ministère du commerce et du président de la Chambre de commerce de Paris, a pour mission de donner son avis sur toutes les questions sanitaires présentant un caractère urgent ou confidentiel, sur lesquelles elle est consultée par le ministre.

Un sous-chef de bureau au Ministère de l'intérieur est attaché à la section permanente en qualité de secrétaire.

Art. 7[2]. — Le chef du bureau de la direction de l'hygiène publique, auquel ressortissent les affaires soumises au Comité, assiste, avec voix consultative, aux séances de l'Assemblée générale, des sections, de la section permanente et des commissions.

Les procès-verbaux sont signés du président et du secrétaire présent à la séance.

Art. 8. — Le président du Comité peut, à l'occasion d'une affaire déterminée, appeler à prendre part, avec voix consultative, aux séances de l'Assemblée générale, des sections, de la section permanente ou des commissions, les personnes que leur connaissances spéciales mettraient en mesure d'éclairer la discussion.

Art. 9. — Le titre de membre honoraire du Comité consultatif d'hygiène publique de France peut être accordé par arrêté ministériel aux personnes qui ont fait partie dudit Comité en qualité de membre ou d'auditeur pendant quinze années avec ou sans interruption.

Art. 10. — Le Comité arrête son règlement intérieur, qui ne devient exécutoire qu'après l'approbation du Ministre de l'intérieur.

Art. 11. — Le Ministre de l'intérieur est chargé de l'exécution

---

[1] Modifié par le décret du 19 juin 1906, v. ci-après.
[2] Modifié par le décret du 19 juin 1906.

du présent décret, qui sera publié au *Journal officiel* et inséré au *Bulletin des lois.*

Fait à Paris, le 18 décembre 1902.

EMILE LOUBET.

Par le Président de la République :
Le président du Conseil,
ministre de l'intérieur et des cultes,
E. COMBES.

V. — Décret du 10 février 1903 sur la désignation des maladies visées par l'article 4 de la loi du 15 février 1902, p. 235.
VI. — Arrêté ministériel du 10 février 1903 sur le mode de déclaration des maladies ~~contagieuses~~, p. 237.
VII. — Décret du 7 mars 1903 sur les appareils à désinfection, p. 239.
VIII. — Circulaire ministérielle du 30 mai 1903 sur l'application des articles 1, 2 et 3 de la loi du 15 février 1902 et annexes (modèles de règlements sanitaires communaux), p. 241.
IX. — Circulaire ministérielle du 5 juin 1903 sur l'application des articles 4 et 5 de la loi (Désignation des maladies visées par la loi et déclaration des cas), p. 267.
X. — Circulaire ministérielle du 12 juin 1903 relative à l'envoi des carnets à souche destinés à la déclaration des cas de maladies visées par les articles 4 et 5 de la loi. p. 279.

V

Décret du 10 février 1903 [1]

PORTANT DÉSIGNATION DES MALADIES AUXQUELLES SONT APPLICABLES EN VERTU DE L'ARTICLE 4, LES DISPOSITIONS DE LA LOI DU 15 FÉVRIER 1902.

Le Président de la République française,

Sur le rapport du président du Conseil, ministre de l'intérieur et des cultes;

Vu la loi du 15 février 1902 relative à la protection de la santé publique, notamment l'article 4 déterminant les conditions dans lesquelles doit être établie la liste des maladies auxquelles sont applicables les dispositions de ladite loi, l'article 5 relatif à la déclaration de ces maladies et l'article 7 prescrivant la désinfection;

Vu les avis du Comité consultatif d'hygiène publique de France et de l'Académie de médecine,

[1] Décret publié au *Journal officiel* du 20 février 1903.

Décrète :

Article premier. — La liste des maladies auxquelles sont applicables les dispositions de la loi du 15 février 1902 est fixée ainsi qu'il suit, en vertu des articles 4, 5 et 7 de ladite loi.

Première partie : Maladies pour lesquelles la déclaration et la désinfection sont obligatoires :

1° La fièvre typhoïde ;
2° Le typhus exanthématique ;
3° La variole et la varioloïde ;
4° La scarlatine ;
5° La rougeole ;
6° La diphtérie ;
7° La suette miliaire ;
8° Le choléra et les maladies cholériformes ;
9° La peste ;
10° La fièvre jaune ;
11° La dysenterie ;
12° Les infections puerpérales et l'ophtalmie des nouveau-nés, lorsque le secret de l'accouchement n'a pas été réclamé ;
13° La méningite cérébro-spinale épidémique.

Deuxième partie : Maladies pour lesquelles la déclaration est facultative :

14° La tuberculose pulmonaire ;
15° La coqueluche ;
16° La grippe ;
17° La pneumonie et la broncho-pneumonie ;
18° L'érysipèle ;
19° Les oreillons ;
20° La lèpre ;
21° La teigne ;
22° La conjonctivite purulente et l'ophtalmie granuleuse.

Art. 2. — Pour les maladies mentionnées dans la deuxième partie de la liste ci-dessus, il est procédé à la désinfection après entente avec les intéressés, soit sur la déclaration des praticiens visés à l'article 5 de la loi du 15 février 1902, soit à la demande des familles, des chefs de collectivités publiques ou privées, des administrations hospitalières ou des bureaux d'assistance, sans préjudice de toutes autres mesures prophylactiques déterminées par le règlement sanitaire prévu à l'article 1er de ladite loi.

Art. 3. — Le président du Conseil, ministre de l'intérieur et des cultes, est chargé de l'exécution du présent décret.

Fait à Paris, le 10 février 1903.

Emile Loubet.

Par le Président de la République :
*Le président du Conseil,
ministre de l'intérieur et des cultes,*

E. Combes.

VI

Arrêté ministériel du 10 février 1903[1]

RELATIF AU MODE DE DÉCLARATION DES MALADIES VISÉES PAR L'ARTICLE 4 DE LA LOI DU 15 FÉVRIER 1902.

Le président du Conseil, ministre de l'intérieur et des cultes,

Vu la loi du 15 février 1902 relative à la protection de la santé publique et notamment son article 5 ainsi conçu :

« La déclaration à l'autorité publique de tout cas de l'une des maladies visées à l'article 4 est obligatoire pour tout docteur en médecine, officier de santé ou sage-femme qui en constate l'existence. Un arrêté du Ministre de l'intérieur, après un avis de l'Académie de médecine et du Comité consultatif d'hygiène publique de France, fixe le mode de la déclaration. »

Vu l'article 27 de la loi susvisée et l'article 21 de la loi du 30 novembre 1892 ;

Vu les avis de l'Académie de médecine et du Comité consultatif d'hygiène publique de France ;

Sur la proposition du conseiller d'État, directeur de l'assistance et de l'hygiène publiques,

Arrête :

Article premier. — L'autorité publique, chargée aux termes de l'article 5 de la loi du 15 février 1902 de recevoir la déclaration des cas des maladies déterminées en vertu de l'article 4 de ladite loi, est représentée par le maire et par le préfet ou sous-préfet dans chaque arrondissement.

Les praticiens mentionnés dans l'article 5 précité sont tenus de faire simultanément leur déclaration à l'un et à l'autre dès qu'ils ont constaté l'existence de la maladie. A Paris, la déclaration est faite au préfet de police.

Art. 2. — La déclaration se fait à l'aide de cartes-lettres détachées d'un carnet à souches, qui portent nécessairement la date de la déclaration, l'indication du malade et de l'habitation contaminée, la nature de la maladie désignée par un numéro d'ordre suivant la nomenclature inscrite à la première page du carnet. Elles peuvent contenir en outre l'indication des mesures prophylactiques jugées utiles. Les carnets sont mis gratuitement à la disposition de tous les docteurs en médecine, officiers de santé et sages-femmes.

Art. 3. — Il est tenu dans chaque arrondissement, par le préfet ou le sous-préfet, un registre spécial où sont inscrits, par ordre chronologique, les cas de maladie, la date de la déclaration, la désignation des endroits où ils se sont produits et le nom du déclarant.

Ce registre est établi de telle sorte que chaque commune de l'arrondissement soit représentée par un ou plusieurs feuillets permettant de suivre le développement d'une épidémie et de se rendre compte à toute époque de l'état sanitaire d'une commune ou d'une ville.

A la fin de chaque mois, le registre est récapitulé sur un état transmis au ministère de l'intérieur.

Art. 4. — L'arrêté ministériel du 23 novembre 1893 est rapporté.

Art. 5. — Le conseiller d'État, directeur de l'assistance et de l'hygiène publiques, est chargé de l'exécution du présent arrêté.

Fait à Paris, le 10 février 1903.

E. Combes.

VII

Décret du 7 mars 1903 [1]

PORTANT RÈGLEMENT D'ADMINISTRATION PUBLIQUE SUR LES APPAREILS
A DÉSINFECTION
(EN VERTU DE L'ART. 7 DE LA LOI DU 15 FÉVRIER 1902).

Le Président de la République Française,

Sur le rapport du président du Conseil, ministre de l'Intérieur et des cultes ;

Vu les deux derniers paragraphes de l'article 7 de la loi du 15 février 1902, ainsi conçus:

« Les dispositions de la loi du 21 juillet 1856 et les décrets et arrêtés ultérieurs, pris conformément aux dispositions de ladite loi sont applicables aux appareils de désinfection.

« Un règlement d'administration publique, rendu après avis du Comité consultatif d'hygiène publique de France, déterminera les conditions que ces appareils doivent remplir au point de vue de l'efficacité des opérations à y effectuer. »

Vu l'avis du Comité consultatif d'hygiène publique de France ;

Le Conseil d'Etat entendu,

Décrète :

ARTICLE PREMIER. — Les appareils destinés à la désinfection déclarée obligatoire par le paragraphe premier de l'article 7 de la loi du 15 février 1902 sont soumis, au point de vue de la vérification de leur efficacité, aux dispositions du présent règlement.

ART. 2. — Aucun appareil ne peut être employé à cette désinfection avant d'avoir été l'objet d'un certificat de vérification délivré par le Ministre de l'Intérieur après avis du Comité consultatif d'hygiène publique de France.

Les appareils conformes à un type déjà vérifié ne peuvent être mis en service qu'après délivrance par le préfet, sur le rapport de

[1] Décret publié au *Journal Officiel* du 12 mars 1903.

la Commission sanitaire de la circonscription, d'un procès-verbal de conformité.

Ils doivent porter une lettre de série correspondant au type auquel ils appartiennent et un numéro d'ordre dans cette série.

Art. 3. — La demande de vérification est accompagnée des plans de l'appareil, de sa description et d'une notice détaillée faisant connaître sa destination et son mode de fonctionnement.

Le Ministre de l'intérieur adresse la demande et les pièces annexées au Comité consultatif d'hygiène publique de France.

Art. 4. — La section compétente du Comité fait procéder, en présence du demandeur ou de son représentant, aux expériences nécessaires pour vérifier l'efficacité de l'appareil.

Si l'appareil se trouve hors de Paris, la section compétente peut désigner, pour procéder aux expériences, un ou plusieurs délégués choisis parmi les membres du Conseil d'hygiène départemental ou des Commissions sanitaires du département.

Les procès-verbaux des expériences sont communiqués aux intéressés ; ceux-ci ont un délai de quinze jours pour adresser leurs observations au président du Comité.

Après l'expiration de ce délai, la section compétente émet son avis. Cet avis est transmis, avec les procès-verbaux des expériences au Ministre de l'intérieur, qui statue.

Art. 5. — La décision du Ministre est notifiée à l'intéressé, qui, si elle défavorable, a un délai de deux mois à partir de cette notification pour réclamer une nouvelle vérification de son appareil.

Art. 6. — Il est procédé à cette nouvelle vérification par le Comité en Assemblée générale. Le président désigne un nouveau rapporteur, et, dans le cas du deuxième paragraphe de l'article 4, un ou plusieurs nouveaux délégués. La procédure est celle qui est prévue à l'article 4, la section compétente étant remplacée par l'Assemblée générale du Comité.

La décision du Ministre est notifiée à l'intéressé.

Art. 7. — En cas de décision favorable, le certificat de vérification délivré par le Ministre de l'intérieur est accompagné des pièces visées au paragraphe premier de l'article 3.

Art. 8. — Tout détenteur d'un appareil vérifié ou dont le type a été vérifié conformément aux prescriptions de l'article 2 doit adresser au préfet une déclaration accompagnée de la copie du certificat de vérification et des pièces désignées au paragraphe premier de l'article 3, et indiquant, s'il y a lieu, la lettre de série et le numéro d'ordre de l'appareil. Cette déclaration est enregistrée à sa date. Il en est délivré récépissé. Elle est communiquée sans délai à la Commission sanitaire de la circonscription.

S'il s'agit d'un appareil ayant fait lui-même l'objet d'un certificat de vérification, le préfet, sur le rapport de la commission sanitaire, délivre au détenteur un certificat d'identité.

S'il s'agit d'un appareil conforme à un type déjà vérifié, le procès-verbal prévu par le paragraphe 2 de l'article 2 du présent décret constate cette conformité.

Art. 9. — Les attributions conférées au préfet par l'article précédent sont exercées à Paris par le préfet de la Seine.

Art. 10. — Les intéressés doivent fournir la main-d'œuvre et tous les objets nécessaires aux expériences de vérification et de contrôle.

Art. 11. — Le Ministre de l'intérieur est chargé de l'exécution du présent décret, qui sera publié au *Journal Officiel* et inséré au *Bulletin des lois*.

Fait à Paris, le 7 mars 1903.

Le Président de la République française,
Emile Loubet.

Par le Président de la République :
Le Président du Conseil,
Ministre de l'Intérieur et des cultes,
E. Combes.

VIII

Circulaire ministérielle du 30 mai 1903

SUR LA RÉGLEMENTATION SANITAIRE COMMUNALE
(Art. 1, 2 et 3 de la loi du 15 février 1902).

Monsieur le Préfet, la loi du 15 février 1902 relative à la protection de la santé publique donne à notre pays les moyens de lutter avec efficacité contre les causes de mortalité ou de morbidité dont la science a démontré le caractère évitable.

Il vous appartient, Monsieur le Préfet, d'assurer à la nouvelle loi sanitaire le concours des bonnes volontés auquel est subordonné le succès de son exécution. Le mien vous est acquis. Je vous adresserai des instructions pour la mise en œuvre des nouvelles prescriptions légales ; et, en outre, je vous prie de me demander tous les éclaircissements et les conseils dont vous pourriez avoir besoin.

La présente circulaire a particulièrement pour objet la réglementation sanitaire prévue par les articles 1, 2 et 3 de la loi.

« ARTICLE PREMIER. — Dans toute commune, le maire est tenu afin de protéger la santé publique, de déterminer, après avis du Conseil municipal et sous forme d'arrêtés municipaux portant règlement sanitaire:

« 1° Les précautions à prendre, en exécution de l'article 97 de la loi du 5 avril 1884, pour prévenir ou faire cesser les maladies transmissibles visées à l'article 4 de la présente loi, spécialement les mesures de désinfection ou même de destruction des objets à l'usage des malades ou qui ont été souillés par eux, et généralement des objets quelconques pouvant servir de véhicule à la contagion ;

« 2° Les prescriptions destinées à assurer la salubrité des maisons et de leurs dépendances, des voies privées, closes ou non à leurs extrémités, des logements loués en garni et des autres agglomérations, quelle qu'en soit la nature, notamment les prescriptions relatives à l'alimentation en eau potable ou à l'évacuation des matières usées. »

Cet article formule à nouveau le principe fondamental que la police sanitaire des communes appartient aux maires. Il prescrit obligatoirement à ces magistrats de prendre des dispositions réglementaires en vue d'assurer l'hygiène et la salubrité publique dans la commune. Enfin, il consacre une extension notable des pouvoirs de police de l'autorité communale.

Déjà la loi municipale du 5 avril 1884, d'accord en cela avec la législation antérieure, rangeait dans la police municipale le soin « d'assurer la salubrité publique », et plus particulièrement celui

« de prévenir par des précautions convenables et de faire cesser par la distribution des secours nécessaires les accidents et les fléaux calamiteux, tels que... les maladies épidémiques ou contagieuses » (art. 97).

L'expérience a montré l'inefficacité de cette disposition. Lorsqu'il eût fallu protéger la santé publique par des actes ayant le caractère communal, le maire ne le faisait pas, ces actes devant entraîner des dépenses qui n'étaient pas obligatoires, et qu'il ne tentait même pas de proposer au Conseil municipal. Quant aux mesures qu'il eût été utile d'imposer aux individus et à la propriété privée, elles se heurtaient à une jurisprudence si restrictive que la défense de l'intérêt général était impossible. L'article 97 créait donc au maire des obligations qu'il était dans l'impuissance d'exécuter.

Il était nécessaire que le législateur renouvelât et précisât l'expression de sa volonté. L'article premier formule avec clarté les droits désormais incontestables de l'intérêt public, et les dispositions subséquentes de la loi ne font que confirmer sa portée juridique.

Quelles devront être les dispositions du règlement sanitaire ?

Il a été spécifié dans les travaux préparatoires de la loi que « des instructions ministérielles, déterminées sur l'avis du Comité consultatif d'hygiène publique de France », seraient adressées aux municipalités en vue de les diriger dans la rédaction de ces règlements. Mon administration a invité le Comité consultatif à en établir deux modèles destinés, le premier aux villes, le second aux communes rurales.

Les règlements sanitaires doivent, en effet, être différents suivant qu'il s'agit des petites ou des grandes communes. M. Waldeck-Rousseau, président du Conseil, s'exprimait ainsi à cet égard, dans la séance du Sénat du 20 décembre 1900 : « J'ai hâte de dire que dans les communes de 500 ou de 1.000 habitants, où l'agglomération est souvent peu considérable par suite de la dispersion de la population, lorsqu'il s'agira de prescrire certaines mesures nécessitées surtout par l'agglomération des habitants, il est clair que ce seront des mesures en quelque sorte élémentaires.. » Ce point de vue a été repris par M. le professeur Cornil, dans un rapport au Comité consultatif d'hygiène publique : « Pour les communes purement rurales dont la population est disséminée dans des fermes ou métairies isolées, et où la population agglomérée n'est représentée que par quelques maisons bâties le long d'une route ou d'un chemin vicinal, un grand nombre des prescriptions indispensables à formuler dans les villes n'ont pas d'utilité. Si le Ministère de l'intérieur adressait aux municipalités des petites communes, comme modèle unique de règlement sanitaire municipal, celui qui s'applique si bien aux grandes villes, le maire et son conseil pourraient être très embarrassés. C'est pour leur venir en aide, pour mettre en relief les prescriptions hygiéniques les plus simples et surtout celles qui s'adaptent le mieux à la vie des champs que nous avons proposé et présenté au Comité un projet de règlement sanitaire minimum. » Mon administration est d'accord sur ce point avec l'honorable rapporteur : les prescriptions officielles doivent être proportionnées aux besoins réels des populations.

Ces règlements modèles ne constituent d'ailleurs comme, leur nom l'indique, que des moyens de travail mis à la disposition des administrations communales. La forme n'en est pas obligatoire. Chaque municipalité adaptera aux circonstances locales les prescriptions qui y sont formulées. Elle pourra aussi adopter le texte même du modèle. Aucune d'ailleurs n'oubliera que *l'objet* de certaines dispositions est essentiel et ne saurait être passé sous silence dans la réglementation à faire sans que celle-ci cessât d'être conforme à la loi. Le texte de l'article premier est à cet égard explicite L'arrêté qui négligerait de donner satisfaction à une partie quelconque de ce texte exposerait la municipalité à la sanction établie par l'article 2, lequel autorise le préfet à imposer d'office à la commune une réglementation conforme à la loi.

Sous le bénéfice de ces observations, je vous transmets, en annexe à la présente circulaire, le texte des deux règlements modèles. Le modèle A est applicable aux villes, bourgs ou agglomérations urbaines, le modèle B aux communes ou parties de communes rurales.

Le modèle A, adopté par le Comité consultatif sur le rapport de M. le Dr A.-J. Martin, comprend quatre titres visant : 1º la salubrité ; 2º la prophylaxie des maladies transmissibles ; 3º des dispositions générales ; 4º les pénalités.

Sous le titre I, sont rangées tout d'abord les prescriptions relatives à la salubrité des habitations, notamment au point de vue de l'aération et de l'éclairage, et les règles particulières applicables aux pièces destinées à l'habitation, aux caves, aux sous-sols, aux rez-de-chaussée et étages, à la hauteur des maisons, aux cours et courettes, aux escaliers et au chauffage. Les dispositions relatives à l'alimentation en eau et à l'évacuation des matières usées viennent ensuite ; elles sont des plus importantes pour l'assainissement général du territoire. Elles visent notamment la distribution des eaux de boisson ou de lavage, la surveillance des puits et des citernes, les précautions à prendre pour combattre les causes d'humidité, les règles à suivre pour assurer la bonne évacuation des résidus de la vie, l'étanchéité des fosses d'aisances, l'interdiction des puits et puisards absorbants. Enfin l'un des derniers articles du titre I traite du permis de construction rendu obligatoire par l'article 11 de la loi pour les immeubles nouveaux, dans les villes de plus de 20.000 habitants.

Le titre II est relatif à la prophylaxie des maladies transmissibles. Il vise notamment l'isolement et le transport de malades, la désinfection des locaux ainsi que celle des objets souillés et des déjections ou excrétions, la sortie des malades après guérison, les refuges et asiles, les procédés de désinfection, les précautions à prendre à l'égard des cadavres de personnes décédées de maladies contagieuses.

Le titre III réunit sous le titre de « dispositions générales » des prescriptions relatives à la surveillance des eaux de boisson distribuées dans les cafés et restaurants, à l'installation des lavoirs, à l'utilisation des matières de vidange dans la culture, à l'application du règlement aux établissements collectifs et aux services ou édifices publics, ainsi qu'au délai accordé pour l'exécution de certaines des injonctions formulées.

Enfin le titre IV rappelle par un article unique les pénalités qui constituent la sanction du règlement, conformément au titre IV de la loi.

Le modèle B, élaboré par le Comité consultatif sur le rapport de M. le professeur Cornil, est applicable aux communes ou parties de communes rurales. Ses dispositions sont sommaires.

Il présente d'abord un minimum de prescriptions essentielles visant notamment les habitations, en vue de leur assurer une aération convenable, un éclairage suffisant, une protection efficace contre l'humidité, etc. ; les eaux d'alimentation, en vue de garantir les sources, puits ou citernes, contre toutes les causes de pollution ; les écuries et étables, les celliers, pressoirs et cuvages, les fosses à fumier et à purin, les mares et routoirs, en vue d'en combattre l'insalubrité si fréquente ; les vidanges et gadoues, les cabinets et fosses d'aisances, les animaux morts, en vue de rappeler les règles à défaut desquelles ils constitueraient un danger.

A l'égard des maladies transmissibles, ce règlement formule un ensemble de prescriptions concernant l'isolement des malades et la désinfection. Il devra être rapproché d'autres dispositions qui le complètent ou lui servent de base, telles que celles qui ont trait à la surveillance des garnis et celles du Code rural relatives à la police sanitaire, telles encore que celles existant ou à intervenir touchant l'hygiène scolaire, la police des inhumations et des cimetières, la vaccination et les procédés de désinfection, etc., etc.

Vous voudrez bien, Monsieur le préfet, transmettre à toutes les municipalités de votre département le texte de ces règlements, en les invitant soit à adopter l'un d'eux purement et simplement, soit à s'en inspirer comme il est expliqué ci-dessus.

Dans quelle forme les arrêtés sanitaires devront-ils être rendus ? Quelle est la sanction de l'obligation imposée aux maires ? Quels sont en cette matière les droits du préfet ? C'est ce que précise l'article 2 de la loi dans les termes suivants :

« ART. 2. — Les règlements sanitaires communaux ne font pas obstacle aux droits conférés au préfet par l'article 99 de la loi du 5 avril 1884.

« Ils sont approuvés par le préfet, après avis du Conseil départemental d'hygiène. Si, dans le délai d'un an à partir de la promulgation de la présente loi, une commune n'a pas de règlement sanitaire, il lui en sera imposé un, d'office, par un arrêté du préfet, le Conseil d'hygiène départemental entendu.

« Dans le cas où plusieurs communes auraient fait connaître leur volonté de s'associer, conformément à la loi du 22 mars 1890, pour l'exécution des mesures sanitaires, elles pourront adopter les mêmes règlements, qui leur seront rendus applicables suivant les formes prévues par ladite loi. »

Contrairement aux arrêtés ordinaires qui sont pris par le maire seul et ne peuvent qu'être annulés ou suspendus par le préfet (art. 95 de la loi du 5 avril 1884), les arrêtés sanitaires doivent être pris après avis du Conseil municipal (art. 1er), et sont ensuite subordonnés à l'approbation du préfet sur l'avis du Conseil départemental d'hygiène.

Dans la pratique, les maires devront donc, après avoir dressé leur projet de règlement sanitaire, le soumettre à l'examen du Conseil municipal, qui pourra soit l'approuver, soit le désapprouver, soit y demander diverses modifications. L'avis défavorable émis ou les modifications demandées par le Conseil municipal ne sont d'ailleurs pas obligatoires pour le maire, qui reste libre de maintenir son texte primitif ou de ne le modifier que dans la mesure qu'il juge utile, la loi exigeant à cet égard l'avis, et non l'approbation du Conseil. La délibération prise par l'assemblée communale devra être transmise au sous-préfet ou au préfet en même temps que l'arrêté lui-même, et pourra être prise en considération dans la suite de l'instruction.

La loi donne mandat au Conseil départemental d'hygiène de formuler un avis touchant l'approbation de l'arrêté du maire. Faut-il en conclure que cette Assemblée doit être saisie directement de tous les règlements émanant des diverses communes du département ? Cette manière de procéder aurait le grave inconvénient de créer un encombrement aussi contraire à la bonne expédition des affaires qu'à leur sérieux examen. D'autre part, il y aurait grand intérêt à ce que les Commissions sanitaires fussent associées à ce travail. Il conviendra donc de faire préalablement examiner par chacune de ces commissions les arrêtés pris dans les communes de sa circonscription. MM. les Sous-Préfets centraliseront les arrêtés, en dirigeront l'examen par les Commissions sanitaires qu'ils président, et vous les transmettront avec leurs propositions. Vous recevrez ainsi des dossiers régulièrement constitués, déjà examinés, et classés comme suit : 1re catégorie : arrêtés à adopter ; 2e catégorie : arrêtés à modifier ; 3e catégorie : arrêtés à rejeter. Dès lors le Conseil départemental pourra former rapidement son opinion sur chacun des cas.

Les avis du Conseil départemental seront : ou favorables à l'approbation, ou favorables sous réserves, ou défavorables. Dans ces deux derniers cas, vous userez de votre influence auprès des maires pour les amener à vous présenter un nouveau texte, qui sera soumis à la même procédure que le premier, mais dont l'examen sera sans doute beaucoup plus rapide.

C'est seulement au cas où vous rencontreriez de la part d'un magistrat municipal une résistance ou un mauvais vouloir évidents que vous feriez usage du droit qui vous est reconnu par le paragraphe 2 de l'article 2, *in fine*, et qui, au cas où une commune n'aurait pas de règlement sanitaire dans le délai d'un an à partir de la promulgation de la loi, vous permet de lui en imposer un d'office, le Conseil départemental entendu.

Bien que l'article 2 de la loi du 15 février 1902 ne le rappelle pas expressément, votre intervention pour imposer d'office à une commune un règlement sanitaire devra être précédée, comme le prévoit la loi municipale dans son article 99, d'une mise en demeure préalable. Il n'y a pas lieu de se montrer rigoureux dans l'application du délai « d'un an à partir de la promulgation de la loi ». Le point de départ de ce délai doit être considéré comme prorogé jusqu'au jour où les municipalités, dûment éclairées par vos instructions, auront pu manifester, soit leur intention d'appliquer la loi, soit un mauvais vouloir ou une indifférence dont il sera nécessaire d'avoir raison.

Le premier paragraphe de l'article 2 stipule que « les règlements sanitaires communaux ne font pas obstacle aux droits conférés au préfet par l'article 99 de la loi du 5 avril 1884 ». Ce dernier texte est comme suit : « Les pouvoirs qui appartiennent au maire en vertu de l'article 91 ne font pas obstacle au droit du préfet de prendre pour toutes les communes du département ou pour plusieurs d'entre elles, et dans tous les cas où il n'y aurait pas été pourvu par les autorités municipales, toutes mesures relatives au maintien *de la salubrité*, de la sûreté et de la tranquillité publiques. Ce droit ne pourra être exercé à l'égard d'une seule commune qu'après une mise en demeure au maire restée sans résultat. »

Les dispositions combinées de ces deux articles confirment votre droit de prendre en tout état de cause des arrêtés de salubrité, visant soit plusieurs communes de votre département, soit toutes les communes, et ce procédé pourra être employé notamment lorsqu'il sera reconnu nécessaire, pour combattre une cause d'insalubrité commune à toute une région, de formuler, pour cette partie du territoire, une réglementation uniforme.

Le dernier paragraphe de l'article 2 prévoit toutefois pour la même hypothèse une autre solution.

Dans le cas où plusieurs communes auraient fait connaître leur volonté de s'associer conformément à la loi du 22 mars 1890 pour l'exécution des mesures sanitaires, elles pourront adopter les mêmes règlements, qui leur seront rendus applicables suivant les formes prévues par ladite loi. La mise en œuvre de la nouvelle législation sanitaire fournira aux municipalités l'occasion de faire usage de la loi de 1890, notamment en matière de travaux d'assainissement tels qu'adduction d'eau, construction de réseaux d'égouts, etc., travaux que la réunion des communes en syndicats permettra souvent de réaliser à moindres frais et dans de meilleures conditions. Vous dirigerez dans cette voie les municipalités qui manifesteraient le désir de la suivre, ou signalerez à celles qui seraient à même d'en profiter les avantages qu'elles pourraient en retirer.

« Art. 3. — En cas d'urgence, c'est-à-dire en cas d'épidémie ou d'un autre danger imminent pour la santé publique, le préfet peut ordonner l'exécution immédiate, tous droits réservés, des mesures prescrites par les règlements sanitaires prévus par l'article premier. L'urgence doit être constatée par un arrêté du maire et, à son défaut, par un arrêté du préfet, que cet arrêté spécial s'applique à une ou plusieurs personnes ou qu'il s'applique à tous les habitants de la commune. »

Il peut y avoir un grand intérêt à réaliser sans aucun retard l'assainissement d'un immeuble, ou à prendre d'urgence certaines mesures prophylactiques. C'est en vue de telles hypothèses que le préfet est autorisé par l'article 3 à ordonner « l'exécution immédiate des mesures prescrites par les règlements sanitaires ». Cet article vous permettra par exemple d'ordonner l'interdiction d'un puits suspect, la suppression d'un puisard, la vidange de fosses d'aisances non étanches, etc.

L'intervention préfectorale doit être basée sur l'urgence, et celle-ci doit être constatée par un arrêté du maire ou à son défaut du préfet. « Le caractère de l'urgence, disait dans son rapport M. le professeur Cornil, est indiqué par l'éclosion d'une épidémie d'une

gravité inusitée, par un danger imminent pour la santé publique, par certains cas où le pouvoir du maire est insuffisant pour parer à la gravité de la situation, lorsqu'il s'agit de mettre à exécution des mesures qui, suivant la procédure ordinaire, exigent de long délais. »
Il n'est, d'ailleurs, nullement nécessaire d'attendre que le danger envisagé ait pris une extension considérable : l'article 3 prévoit des mesures applicables à une seule personne. La gravité ou la puissance de propagation de telle ou telle maladie constitueront les éléments de décision.

Les droits des particuliers sont expressément réservés par l'article 3 pour le cas où les mesures prises devraient donner lieu à indemnités ou occasionner des dépenses à la charge des propriétaires d'immeubles. Vous ne perdrez pas de vue cette disposition, y trouvant à la fois un encouragement à agir en cas de nécessité, et un motif de n'agir qu'en cas de nécessité démontrée.

Telles sont, Monsieur le Préfet, sous une forme très abrégée, les observations qui m'ont paru motiver les articles 1, 2 et 3 de la loi du 15 février 1902.

Je vous prie d'adresser sans retard aux municipalités, avec le texte des règlements modèles, les instructions propres à leur faciliter l'accomplissement de la mission qui leur incombe, et de les inviter à prendre dans le plus bref délai possible les arrêtés sanitaires prévus par l'article 1er de la loi.

Vous voudrez bien m'accuser réception de la présente circulaire dont je vous envoie plusieurs exemplaires ; un de ces exemplaires est destiné à chaque sous-préfecture.

Pour le Président du Conseil,
Ministre de l'intérieur et des cultes :

Le conseiller d'Etat,
directeur de l'assistance et de l'hygiène publiques,
Henri Monod.

ANNEXES

Règlements modèles présentés après avis du Comité consultatif d'hygiène publique de France pour l'application de l'article premier de la loi du 15 février 1902 relative à la protection de la santé publique.

A. — Règlement sanitaire municipal applicable aux villes, bourgs ou agglomérations.

TITRE I. — Salubrité.

Règles générales de salubrité des habitations.

Article premier. — Les habitations seront aérées et éclairées largement. Leurs revêtements intérieurs seront maintenus en état de propreté parfaite. Elles seront munies de moyens d'évacuation des eaux pluviales, des eaux ménagères et des matières usées.

Pièces destinées à l'habitation.

Art. 2. — Toute pièce pouvant servir à l'habitation, soit de jour, soit de nuit, c'est-à-dire toute pièce dans laquelle le séjour peut être habituel de jour ou de nuit, aura une capacité d'au moins 25 mètres.

Elle sera aérée et éclairée directement sur rue ou sur cour par une ou plusieurs baies. L'ensemble de celles-ci présentera une surface d'au moins 2 mètres carrés, et au moins 1 mètre carré en plus pour chaque fois 30 mètres cubes. Ces dimensions pourront avoir une superficie de 1 m. 50 par chaque fois 20 mètres cubes, pour les pièces habitables de l'étage le plus élevé.

Art. 3. — Les jours de souffrance ne pourront jamais être considérés comme baies d'aération.

Caves.

Art. 4. — Les caves ne pourront servir à l'habitation de jour ou de nuit. Elles seront toujours ventilées par des soupiraux communiquant avec l'air extérieur.

Il est interdit d'ouvrir une porte ou trappe de communication avec une cave dans une pièce destinée à l'habitation de nuit.

Sous-sols.

Art. 5. — Les sous-sols destinés à l'habitation de jour auront chacune de leurs pièces aérée et éclairée au moyen de baies ouvrant sur rue ou sur cour et ayant les dimensions indiquées à l'article 2.

L'habitation de nuit est interdite dans les sous-sols.

Rez-de-chaussée et étages.

Art. 6. — Le sol et les murs des locaux du rez-de-chaussée seront séparés des caves ou des terre-pleins par une couche isolante imperméable placée en contre-haut du sol extérieur.

Art. 7. — Dans les bâtiments, de quelque nature qu'ils soient, destinés à l'habitation de jour ou de nuit, la hauteur des pièces ne sera pas inférieure aux dimensions suivantes, mesurées sous plafond : 2 m. 60 pour le sous-sol ; 2 m. 80 pour le rez-de-chaussée et l'étage situé immédiatement au-dessus ; 2 m. 60 pour les autres étages. La profondeur des pièces habitées ne pourra dépasser le double de la hauteur de l'étage.

Art. 8. — A l'étage le plus élevé du bâtiment, la hauteur minimum de 2 m. 60 sera mesurée à la partie la plus haute du rampant. Toute chambre lambrissée aura au moins une surface de plafond horizontal d'au moins 2 mètres. La partie lambrissée comprendra une couche de matériaux protégeant l'occupant, autant que possible, contre les variations atmosphériques.

Hauteur des maisons.

Art. 9. — La hauteur des maisons, mesurée, sur le point milieu de la façade, entre le niveau du trottoir ou le revers du pavé au pied de cette façade et la ligne de faîte de l'immeuble, n'excédera pas les dimensions suivantes en rapport avec la largeur réglementaire de la voie :

Voies de moins de 12 mètres . .	Hauteur de 6 mètres augmentée d'une dimension égale à la largeur de la voie.
Voies de 12 à 15 mètres	Hauteur de 15 mètres.
Voies de 15 mètres et au-dessus .	Hauteur de 20 mètres.

Pour le calcul de la cote de hauteur, toute fraction de mètre de la voie sera comptée pour un mètre.

Art. 10. — Lorsque les voies sont en pente, la façade des bâtiments en bordure sera divisée, pour le calcul de la hauteur, en section ne pouvant dépasser 30 mètres. La cote de hauteur de chaque section sera prise au point milieu de chacune d'elles.

Art. 11. — Pour les bâtiments compris entre des voies d'inégales largeurs ou de niveaux différents, la hauteur de chacune des façades sur rue ne pourra dépasser celle qui est fixée en raison de la largeur ou du niveau de la voie sur laquelle elle s'élève.

Cours et courettes.

Art. 12. — Les cours sur lesquelles prennent jour et air des pièces pouvant servir à l'habitation, soit de jour, soit de nuit, auront une surface d'au moins 30 mètres carrés.

Art. 13. — Les cours, dites courettes, sur lesquelles sont exclusivement aérées et éclairées des pièces qui ne peuvent être destinées à l'habitation auront une surface de 15 mètres carrés au moins.

Art. 14. — Il est interdit de placer des combles vitrés au-dessus des cours ou des courettes, à moins qu'il ne soit établi à la partie supérieure de ces cours ou courettes, ainsi qu'à leur partie inférieure, des prises d'air assurant une ventilation efficace dans toute la hauteur.

Art. 15. — Les vues directes prises dans l'axe de chaque baie des pièces servant à l'habitation de jour et de nuit et donnant sur des cours, ne seront pas inférieures à 4 mètres.

Art. 16. — Au dernier étage des bâtiments, les pièces servant à l'habitation de jour ou de nuit peuvent exceptionnellement prendre jour et air sur des courettes.

Escaliers.

Art. 17. — Les escaliers seront aérés et éclairés dans toutes leurs parties.

Chauffage.

Art. 18. — Dans toute pièce habitable contenant une cheminée, celle-ci sera pourvue d'une prise d'air d'amenée de l'air extérieur.

Art. 19. — Les fourneaux de cuisine, fixés ou mobiles, brûlant du bois, du charbon, du coke, du gaz ou des combustibles liquides, seront surmontés d'une hotte raccordée sur un conduit de fumée. Dans le cas contraire, ils devront être efficacement ventilés. Les clefs destinées à régler le tirage de ces conduits de fumée ne pourront jamais être installées de façon à fermer complètement la section de ces conduits.

Art. 20. — Les tuyaux de fumée s'élèveront à o m. 40 au moins au-dessus de la partie la plus élevée de la construction.

Art. 21. — Les prises d'air des calorifères ne pourront se faire qu'à l'extérieur.

Art. 22. — Les appareils de chauffage seront construits et installés de telle sorte qu'il ne s'en dégage, à l'intérieur des pièces habitables, ni fumée ni aucun gaz pouvant compromettre la santé des habitants.

Alimentation d'eau.

Art. 23. — Dans les agglomérations pourvues d'une distribution publique d'eau potable, les habitations en bordure des rues parcourues par une canalisation, lui seront reliées par un branchement spécial. Celui-ci desservira, autant que possible, les différents étages en cas de locations multiples de ces immeubles, ou tout au moins l'usage de l'eau potable sera assuré à tous les locataires.

Art. 24. — Dans le cas où un immeuble est, en outre, desservi par une canalisation d'eau non potable, cette canalisation sera rendue distincte par une couche de peinture de couleur déterminée, et il n'existera aucune communication dans les maisons entre les deux réseaux de distribution.

Art. 25. — S'il n'existe pas dans l'agglomération de distribution publique d'eau potable, toutes les maisons seront néanmoins pourvues d'eau de lavage.

Art. 26. — Tout appareil de puisage ou de prise d'eau sera établi de telle sorte qu'il ne devienne une cause d'humidité pour la construction.

Art. 27. — Les réservoirs d'eau potable auront leurs parois formées de matières qui ne puissent être altérées par les eaux. Le plomb en sera exclu.

Ils seront hermétiquement clos à leur partie supérieure, de façon que les poussières, les liquides ou toutes autres matières étrangères n'y puissent pénétrer.

Ils seront soustraits au rayonnement solaire et éloignés des conduits d'évacuation des eaux ménagères et des matières usées. Leur partie inférieure sera munie d'un robinet de nettoyage.

Ils seront tenus en état constant de propreté.

Art. 28. — Aucun puits ne pourra être utilisé pour l'alimentation privée ou publique, s'il n'est situé à une distance convenable des cabinets et fosses d'aisances, de fumiers et dépôts d'immondices.

Art. 29. — Les parois des puits seront étanches. Ils seront fermés à leur orifice et protégés contre toute infiltration d'eaux superficielles par l'établissement d'une aire en maçonnerie bétonnée, large d'environ 2 mètres, hermétiquement rejointe aux parois des puits et légèrement inclinée du centre vers la périphérie.

Art. 30. — Les puits seront tenus en état constant de propreté. Il sera procédé, en outre, à leur nettoyage ou à leur désinfection, sur injonction du maire, après avis conforme du bureau d'hygiène ou de l'autorité sanitaire, dans les conditions prévues à l'article 12 de la loi du 15 février 1902.

Art. 31. — Les puits hors d'usage seront fermés et ceux dont l'usage est interdit à titre définitif seront comblés jusqu'au niveau du sol.

Art. 32. — En cas d'usage de l'eau de citerne pour l'alimentation, les parois de cette citerne et les tuyaux d'amenée seront imperméables.

L'orifice des citernes sera clos et l'eau ne pourra y être puisée qu'à l'aide d'une pompe ou d'un robinet siphoné, suivant le cas. Des dispositions seront prises pour que les premières eaux de pluie ne soient pas versées dans les citernes.

Évacuation des eaux pluviales.

Art. 33. — Des chéneaux et gouttières étanches de dimensions appropriées recevront les eaux pluviales à la partie basse des couvertures, de façon à les diriger rapidement sans stagnation, vers les orifices des tuyaux de descentes.

Art. 34. — Il est interdit de projeter des eaux usées, de quelque nature qu'elles soient, dans les chéneaux et gouttières.

Art. 35. — Dans les maisons en bordure de rues munies d'égouts, le sol des cours et courettes sera revêtu en matériaux imperméables avec des pentes convenablement réglées pour diriger les eaux pluviales sur les orifices d'évacuation (entrées d'eau).

Les entrées seront munies d'une occlusion hermétique et permanente et raccordées sur les conduits d'évacuation.

Évacuation des eaux et matières usées.

Art. 36. — Dans toute maison, il y aura, par appartement, quelle qu'en soit l'importance, à partir de trois pièces habitables (non compris la cuisine), un cabinet d'aisances installé dans un local éclairé et aéré directement.

Un évier ou un poste d'eau sera annexé à ce cabinet toutes les fois que la canalisation le permettra. Cet évier ou ce poste d'eau comportera un robinet d'amenée pour l'eau de lavage et un vidoir pour l'évacuation des eaux usées.

Art. 37. — Il sera établi, également et dans les mêmes conditions, pour le service des pièces habitables louées isolément ou par groupe de deux, un cabinet d'aisances par cinq pièces habitables, et un poste d'eau autant que possible par dix pièces habitables.

Art. 38. — Dans les établissements à usage collectif, le nombre des cabinets d'aisances sera déterminé en prenant pour base le nombre des personnes appelées à faire usage des cabinets et la durée de séjour de ces personnes dans lesdits établissements.

Art. 39. — Les cabinets d'aisances seront munis de revêtements lisses et imperméables, susceptibles d'être facilement lavés ou blanchis à la chaux. Ils seront suffisamment éclairés et aérés ; leur baie d'aération sera installée de telle sorte qu'elle puisse rester ouverte en permanence.

Art. 40. — Les cabinets d'aisance installés dans les maisons ne communiqueront directement ni avec les chambres à coucher ni avec les cuisines. En aucun cas, ils n'y prendront air ni lumière.

Art. 41. — Dans les agglomérations pourvues d'un réseau d'égouts susceptible de recevoir des matières de vidanges, les habitations des rues desservies par ce réseau y seront reliées par des conduites convenablement établies. Les cabinets d'aisances seront munis d'une cuvette avec occlusion hermétique et permanente ; des dispositions y seront prises pour assurer le lavage complet de cette cuvette.

Art. 42. — Lorsque les conduits d'évacuation des matières usées aboutissent à des fosses ou à des tinettes, les cabinets d'aisances pourront être simplement munis d'un vase étanche à occlusion permanente inodore.

Les fosses d'aisances seront rigoureusement étanches.

Art. 43. — Les conduits et canalisations destinés à recevoir les matières des cabinets d'aisances auront leurs revêtements intérieurs lisses, imperméables. Ils seront installés de telle sorte qu'aucune matière n'y puisse séjourner. Les joints seront hermétiques.

Les canalisations seront munies de tuyaux dits d'évent. Ceux-ci seront prolongés au-dessus des parties les plus élevées de la construction ; ils seront établis de manière à ne jamais déboucher soit au-dessous, soit à proximité des fenêtres ou des réservoirs d'eau.

Art. 44. — Lorsque les conduits des cabinets d'aisances sont reliés à des égouts publics, chacun d'eux aura à son pied une occlusion hermétique et permanente, disposée de telle sorte qu'aucun reflux de l'air de l'égout ne puisse se faire dans l'habitation.

Art. 45. — Il est interdit de déverser directement ou indirectement dans les cours d'eau aucune matière excrémentielle.

Art. 46. — Les conduits d'évacuation des éviers, lavabos, vidoirs, bains, etc., s'il existe des égouts publics, seront indépendants de ceux des cabinets d'aisances et leur raccord avec l'égout sera établi comme pour ces derniers.

Art. 47. — Tous ouvrages appelés à recevoir des matières usées, avec ou sans mélange d'eaux pluviales, d'eaux ménagères ou de tous autres liquides, tels qu'égouts, conduits, tinettes, fosses, puisards, etc., auront leurs revêtements intérieurs lisses et imperméables.

Leurs dimensions seront proportionnées au volume des matières qu'ils reçoivent. Leurs communications avec l'extérieur seront établies de telle sorte qu'aucun reflux de liquides, de matières ou de gaz nocifs ne puisse se produire dans l'intérieur des habitations.

Art. 48. — Il est interdit de jeter, dans les ouvrages destinés à la réception ou à l'évacuation des eaux pluviales, des eaux ménagères et des matières usées, des objets quelconques capables de les obstruer.

Art. 49 — Les puits et puisards absorbants seront interdits.

Art. 50. — Les écuries et étables auront leur sol imperméable, Elles seront convenablement éclairées et aérées. Si leur aération exige des conduits spéciaux, ceux-ci s'élèveront au-dessus du point le plus élevé de la construction.

Les fumiers et purins seront déposés ou recueillis sur des emplacements ou dans des fosses étanches ; ils seront enlevés aussi fréquemment que possible.

Permis de construction [1].

Art. 51. — A dater de la publication du présent règlement, aucun immeuble destiné à l'habitation de jour et de nuit ne pourra être construit s'il ne satisfait pas aux prescriptions qui précèdent.

Les mêmes dispositions seront applicables aux grosses réparations.

Les propriétaires, architectes ou entrepreneurs présenteront à cet effet et avant tout commencement de travaux, un ou plusieurs plans en double exemplaire. Il en sera donné récépissé.

Si les prescriptions réglementaires sont observées, l'autorisation sera délivrée dans le plus bref délai possible. Un double du permis et des plans sera conservé à la mairie.

Si des modifications sont reconnues nécessaires, ou s'il y a lieu de refuser l'autorisation, la décision sera notifiée dans un délai de vingt jours.

Entretien des habitations.

Art. 52. — Les façades sur rue, sur cour ou sur courette, seront maintenues en état de propreté, ainsi que le sol des cours et courettes.

Les parois des allées, vestibules, escaliers et couloirs à usage commun seront lessivés ou blanchis à la chaux au moins tous les cinq ans.

Les murs, les plafonds et les boiseries des cabinets d'aisances à usage commun seront lessivés ou blanchis à la chaux chaque année.

TITRE II. — Prophylaxie des maladies transmissibles.

Maladies transmissibles.

Art. 53. — En vertu de l'article 4 de la loi du 15 février 1902 et conformément à l'article premier du décret du 10 février 1903, les

---

[1] Dans les agglomérations de 20.000 habitants et au-dessus, aucune habitation ne peut être construite sans un permis du maire (Art. 11 de la loi du 15 février 1902).

précautions à prendre pour prévenir ou faire cesser les maladies transmissibles dont la déclaration est obligatoire sont déterminées, notamment en ce qui concerne l'isolement du malade et la désinfection, dans les conditions ci-après.

Art. 54. — Les mêmes mesures sont applicables en cas de l'une des maladies énumérées dans la deuxième partie de l'article 1er du décret précité du 10 février 1903, sur la demande des familles, des chefs de collectivités publiques ou privées, des administrations hospitalières ou des bureaux d'assistance, après entente avec les intéressés.

Isolement.

Art. 55. — Tout individu atteint d'une des maladies prévues aux articles qui précèdent sera isolé de telle sorte qu'il ne puisse propager cette maladie par lui-même ou par ceux qui sont appelés à le soigner.

L'isolement sera pratiqué soit à domicile, soit dans un local spécialement aménagé à cet effet, soit à l'hôpital.

Art. 56. — Jusqu'à la disparition complète de tout danger de transmission, on ne laissera approcher du malade que les personnes appelées à le soigner. Celles-ci prendront des précautions convenables pour éviter la propagation du mal.

Transport des malades.

Art. 57. — Le transport du malade sera autant que possible effectuée par une voiture spéciale désinfectée après le voyage.

Dans le cas où, à défaut de voiture spéciale, il serait fait usage d'une voiture publique ou privée, ce véhicule devra être désinfecté immédiatement après le transport, sous la responsabilité de ses propriétaire et conducteur, qui pourront exiger un certificat de désinfection.

Art. 58. — Il est interdit à toute personne atteinte d'une des maladies transmissibles visées aux articles 53 et 54 de pénétrer dans une voiture affectée au transport en commun.

S'il s'agit de transport par chemin de fer, le chef de gare devra être prévenu à l'avance pour permettre l'application de l'article 60 du règlement sur la police des chemins de fer modifié par décret du 1er mars 1901.

Désinfection.

Art. 59. — Il est interdit de déverser aucune déjection ou excrétion (crachats, matières fécales, etc.) provenant d'un malade atteint d'une affection transmissible sur les voies publiques ou privées, dans les cours, dans les jardins ou sur les fumiers.

Ces déjections ou excrétions seront recueillies dans des vases spéciaux; elles seront désinfectées et exclusivement projetées dans les cabinets d'aisances.

Art. 60. — Pendant toute la durée d'une maladie transmissible, les objets à usage personnel ou domestique du malade et des personnes qui l'assistent, de même que les objets contaminés ou souillés, seront désinfectés.

Art. 61. — Il est interdit, sans désinfection préalable, de jeter, secouer ou exposer aux fenêtres aucun linge, vêtement, objet de literie, tapis ou tenture ayant servi au malade ou provenant des locaux occupés par lui.

Art. 62. — Le nettoyage de la pièce et des objets qui la garnissent se fera exclusivement, pendant toute la durée de la maladie, à l'aide de linges, étoffes, tissus ou substances imprégnés de liquides antiseptiques.

Art. 63. — Il est interdit d'envoyer, sans désinfection préalable, aux lavoirs publics ou privés ou aux blanchisseries, des linges et effets à usage, contaminés ou souillés.

Dans le cas où le lavage de ces objets y aurait été néanmoins pratiqué, le propriétaire du lavoir ou de la blanchisserie tiendra l'établissement fermé jusqu'à ce que l'assainissement et la désinfection prescrits par l'autorité sanitaire aient été effectués.

Il est également interdit d'envoyer, sans désinfection préalable, aux établissements industriels qui pratiquent le cardage ou l'épuration proprement dite, des matelas, literies et couvertures ayant servi à des malades atteints de maladies transmissibles.

Art. 64. — Les locaux occupés par le malade seront désinfectés aussitôt après son transport en dehors de son domicile, sa guérison ou son décès.

L'exécution de cette prescription pourra être constatée par un certificat délivré aux intéressés sur leur demande. Ce certificat ne mentionnera ni le nom du malade, ni la nature de la maladie; il désignera les locaux désinfectés.

Sortie des malades.

Art. 65. — Après guérison, le malade ne sortira qu'après avoir pris les précautions convenables de propreté et de désinfection.

Dans le cas où le malade soigné dans un établissement hospitalier sortirait de cet établissement, pour quelque motif que ce soit, avant que tout danger de contamination ait disparu pour les personnes avec lesquelles il pourrait se trouver en contact, l'avis doit en être immédiatement donné au maire par le médecin traitant ou le chef de service responsable. Cet avis, formulé dans les mêmes conditions que la déclaration de maladie, doit indiquer le domicile ou le lieu auquel le malade sortant a déclaré se rendre.

Art. 66. — Les enfants ne pourront être réadmis à l'école, soit publique, soit privée, qu'après un avis favorable du médecin traitant et l'autorisation du médecin-inspecteur de l'école.

Refuges et asiles.

Art. 67. — Dans les établissements publics ou privés recueillant, à titre temporaire ou permanent, des personnes sans asile, les vêtements et effets à usage de celles-ci seront aussitôt désinfectés.

La désinfection du matériel et des locaux de ces établissements sera pratiquée chaque jour, pour toute la partie du matériel ayant servi aux réfugiés et des locaux qu'ils ont occupés.

Procédés de désinfection.

Art. 68. — La désinfection sera pratiquée, soit par les services publics, soit par les particuliers, dans les conditions prescrites par l'article 7 de la loi du 15 février 1902, notamment en ce qui concerne l'approbation préalable des procédés par le Ministre de l'Intérieur.

Art. 69. — Les appareils de désinfection employés dans la commune à la désinfection obligatoire sont soumis à une surveillance permanente exercée par le bureau d'hygiène[1].

---

[1] Cet article ne devra être inséré au règlement que dans les communes ayant 20.000 habitants, et, conséquemment, possédant un bureau d'hygiène. Dans les autres communes, le contrôle devra être organisé par l'arrêté départemental.

L'emploi de ces appareils sera suspendu, à titre temporaire ou définitif, s'il est établi qu'ils ne fonctionnent plus dans les conditions prévues par le certificat de mise en service ou que les détériorations constatées ne permettent plus leur fonctionnement normal.

Cadavres.

Art. 70. — Les cadavres des personnes mortes de maladies transmissibles seront isolés le plus promptement possible.

Les dispositions nécessaires seront immédiatement prises pour assurer la mise en bière et l'inhumation, en exécution du décret du 27 avril 1889.

TITRE III. — Dispositions générales.

Art. 71. — Une surveillance spéciale est exercée, au point de vue de la qualité de l'eau potable, sur les établissements ouverts au public, tels que cafés, restaurants ou débits. L'usage de toute eau reconnue malsaine est interdite par arrêté du maire. Les puits ou citernes dont l'eau servant d'eau potable serait reconnue malsaine seront immédiatement fermés.

Art. 72. — Les lavoirs seront largement aérés. Les revêtements de leurs parois seront lisses et imperméables ; le sol aura des rigoles d'écoulement.

Leurs bassins seront étanches, tenus avec la plus grande propreté, vidés, nettoyés et désinfectés au moins une fois par mois.

Art. 73. — Si les matières de vidange sont utilisées pour des cultures, elles seront recueillies et transportées dans des récipients clos jusqu'à leur dépôt sur les terrains auxquels elles sont destinées.

Art. 74. — Il est interdit de déverser des matières de vidange et des eaux d'égouts sur des champs où sont cultivés à ras du sol des légumes et des fruits destinés à être consommés crus.

Art. 75. — Les prescriptions des articles qui précèdent sont applicables aux établissements collectifs ou publics, aux administrations publiques, ainsi qu'aux édifices publics.

Art. 76. — Pour l'exécution des prescriptions formulées par les articles 23 et 25 (alimentation en eau), 41 (évacuation des matières usées), 42 (fosses d'aisances) et 48 (puits et puisards absorbants) il sera accordé un délai maximum de. . . . . à partir de la publication du présent règlement.

TITRE IV. — Pénalités.

Art. 77. Les contraventions aux dispositions du présent règlement seront poursuivies conformément à l'article 27 de la loi du 15 février 1902 et passibles des pénalités prévues tant par cet article que par l'article 471 du Code pénal, sans préjudice de l'application des articles 28, 29, 30, ainsi que des contraventions dites de grande voirie qui leur seraient applicables.

B. — Règlement sanitaire municipal applicable aux communes ou parties de communes rurales.

Habitations.

Article premier. — Dans les constructions neuves, les parois construites en pierre, briques ou bois seront enduites ou tout au moins badigeonnées à l'intérieur à la chaux. Les constructions en pisé ne pourront être élevées que sur une fondation hourdée en chaux hydraulique jusqu'à 30 centimètres au-dessus du sol.

Art. 2. — La couverture et la sous-couverture à paille des maisons, granges, écuries et étables sont interdites.

Art. 3. — Le sol du rez-de-chaussée, s'il n'est pas établi sur caves, devra être surélevé de 30 centimètres au moins au-dessus du niveau extérieur ; quand il repose immédiatement sur terre pleine, le dallage, le carrelage, ou le parquet, devra être placé sur une couche de béton imperméable. Le sol en terre battue est interdit.

Cuisines.

Art. 4. — La cuisine, pièce commune, doit être largement pourvue d'air et de lumière.

Tout foyer de cuisine doit être placé sous une hotte munie d'un tuyau de fumée montant de 40 centimètres au moins au dessus de la partie la plus élevée de la construction.

La cuisine sera munie d'un évier.

Chambres à coucher.

Art. 5 — Toute pièce servant à l'habitation de jour et de nuit sera bien éclairée et ventilée. Elle sera haute au moins de 2 m. 60

sous plafond, et d'une capacité d'au moins 25 mètres cubes. Les fenêtres ne mesureront pas moins d'un mètre et demi superficiel.

Art. 6. — Les cheminées, fours et appareils quelconques de chauffage seront aménagés de façon à ce qu'il ne s'en dégage à l'intérieur de l'habitation ni fumée ni gaz toxique et seront pourvus des tuyaux de fumée élevés de 40 centimètre au moins au-dessus du faîte de la maison.

Art. 7. — L'habitation de nuit est interdite dans les caves et sous-sols.

Eaux d'alimentation.

Art. 8. — Les sources seront captées soigneusement et couvertes.

Art. 9. — Les puits seront fermés à leur orifice ou garantis par une couverture surélevée. Leur paroi de pierre ou brique sera hourdée en mortier de chaux hydraulique ou de ciment. Elle devra surmonter le sol de 50 centimètres au moins et être couverte d'une margelle en pierre dure.

Les puits seront protégés contre toute infiltration d'eau superficielle par l'établissement d'une aire en maçonnerie bitumée large d'environ 2 mètres, hermétiquement rejointe aux parois des puits et légèrement inclinée du centre vers la périphérie.

Ils seront placés à une distance convenable des fosses à fumier et à purin, des mares et des fosses d'aisances. L'eau sera puisée à l'aide d'une pompe ou avec un seau qui restera constamment fixé à la chaîne.

Ils seront nettoyés ou comblés si l'autorité sanitaire le juge nécessaire.

Art. 10. — Les citernes destinées à recueillir l'eau de pluie seront étanches et voûtées. La voûte sera munie à son sommet d'une baie d'aérage : on ne devra pratiquer aucune culture sur la voûte. Le niveau d'eau sera maintenu à une hauteur convenable par un trop-plein. Les citernes seront munies d'une pompe ou d'un robinet. Elles seront précédées d'un citerneau destiné à arrêter les corps étrangers, terre, gravier, etc.

Art. 11. — Le plomb est exclu des réservoirs destinés à l'eau potable.

Écuries et étables.

Art. 12. — Le sol des écuries et étables devra être rendu imperméable dans la partie qui reçoit les urines ; celles-ci devront s'écouler par une rigole ayant une pente suffisante.

Les murs des écuries et étables seront blanchis à la chaux. La hauteur sous plafond des écuries destinées aux espèces chevaline et bovine sera au moins de 2 m. 60.

Elles seront bien aérées.

Celliers, pressoirs et cuvages.

Art. 13. — Les celliers, pressoirs et cuvages seront bien éclairés et aérés.

Fosses à fumier et à purin.

Art. 14. — Les fumiers seront déposés sur un sol imperméable entouré d'un rebord également imperméable.

Les fosses à purin posséderont des parois et un fond étanches, bétonnés ou cimentés.

Les fosses à fumier et à purin seront placées à une distance convenable des habitations.

Les fosses à purin dont l'insalubrité serait constatée par la Commission sanitaire seront supprimées.

Mares.

Art. 15. — La création de mares ne peut se faire sans une autorisation spéciale.

Les mares et fossés à eau stagnante seront éloignés des habitations ; ils seront curés une fois par an ou comblés s'ils sont nuisibles à la santé publique. Il est défendu d'étaler les vases provenant de ce curage auprès des habitations.

Routoirs.

Art. 16. — Les routoirs agricoles ne seront jamais établis dans les abreuvoirs ou lavoirs. Ceux qui seraient une cause d'insalubrité pour les habitations seront supprimés.

Vidanges, gadoues, etc.

Art. 17. — Les dépôts de vidanges, gadoues, immondices, pailles, balles, feuilles sèches en putréfaction, marcs de raisin, sont interdits s'ils sont de nature à compromettre la santé publique. Il est également interdit de déverser les vidanges dans les cours d'eau.

Cabinets et fosses d'aisances.

Art. 18. — Les cabinets et fosses d'aisances seront établis à une distance convenable des sources, puits et citernes.

Animaux morts.

Art. 19. — Il est interdit de jeter les animaux morts dans les mares, rivières, abreuvoirs, gouffres et bétoires ou de les enterrer au voisinage des habitations, des puits ou des abreuvoirs.

Maladies transmissibles. — Déclaration.

Art. 20. — Indépendamment de la déclaration imposée aux médecins par l'article 5 de la loi du 15 février 1902 pour les maladies transmissibles ou épidémiques, les hôteliers et logeurs sont tenus de signaler immédiatement à la mairie tout cas de maladie qui se produirait dans leur établissement, ainsi que le nom du médecin qui aurait été appelé pour le soigner.

Isolement.

Art. 21. — Tout malade atteint d'une affection transmissible sera isolé autant que possible, de telle sorte qu'il ne puisse la propager par lui-même ou par les personnes appelées à le soigner.

Jusqu'à la disparition complète de tout danger de contagion, on ne laissera approcher du malade que les personnes qui le soignent. Celles-ci prendront toutes les précautions pour empêcher la propagation du mal.

Désinfection.

Art. 22. — Il est interdit de déverser aucune déjection (crachats, matières fécales, matières vomies, etc.) provenant d'un malade atteint de maladie transmissible, sur le sol des voies publiques ou privées, des cours, des jardins, sur les fumiers et dans les cours d'eau.

Ces déjections, recueillies dans des vases spéciaux, seront enterrées profondément, mais seulement après avoir été désinfectées à la chaux vive.

Art. 23. — Pendant toute la durée d'une maladie transmissible les objets à usage personnel du malade et des personnes qui l'assistent, de même que tous objets contaminés ou souillés, seront désinfectés.

Les linges et effets à usage contaminés ou souillés seront désinfectés avant d'être lavés et blanchis. L'immersion, pendant un quart d'heure, des linges dans l'eau en ébullition constitue un bon procédé de désinfection.

Art. 24. — Les locaux occupés par le malade seront désinfectés[1] après sa guérison ou son décès.

Art. 25. — Lorsque le malade sera guéri, il ne sortira qu'après avoir pris les précautions convenables de propreté et de désinfection. Les enfants ne pourront être réadmis à l'école qu'après un avis favorable du médecin traitant ou du médecin inspecteur de l'école.

IX

Circulaire ministérielle du 5 juin 1903

AUX PRÉFETS, RELATIVE A LA LISTE DES MALADIES
AUXQUELLES EST APPLICABLE LA LOI DU 15 FÉVRIER 1902 (ART. 4)
ET A LA DÉCLARATION DES CAS DE MALADIES (ART. 5).

Monsieur le Préfet, l'article 4 de la loi du 15 février 1902 prescrit l'établissement, par décret rendu après avis de l'Académie de médecine et du Comité consultatif d'hygiène publique de France, de la liste des maladies auxquelles sont applicables les dispositions de la loi. L'article 5 stipule que la déclaration à l'autorité publique de tout cas de l'une des maladies visées à l'article 4 est obligatoire pour tout docteur en médecine, officier de santé ou sage-femme qui en constate l'existence ; un arrêté du Ministre de l'intérieur, après un avis de l'Académie de médecine et du Comité consultatif d'hygiène publique de France, doit fixer le mode de la déclaration.

Cette double prescription n'est pas nouvelle dans notre législation sanitaire.

L'article 15 de la loi du 30 novembre 1892 sur l'exercice de la médecine imposait déjà aux praticiens l'obligation de déclarer les cas de maladies épidémiques tombés sous leur observation. Son

---

[1] La désinfection sera faite soit par le service départemental, soit par la commune ou l'hôpital le plus voisin possédant un service de désinfection, soit par l'industrie privée.

application a fait l'objet de l'arrêté ministériel du 23 novembre 1893 et de la circulaire du 1er décembre de la même année, à laquelle doivent être substituées les présentes instructions.

Les articles 4 et 5 de la loi du 15 février 1902 ont pour objet, en consacrant à nouveau le principe de la déclaration, d'en étendre considérablement la portée.

En effet, la liste des maladies dressée en exécution de l'article 4 servira désormais de base, non seulement à la déclaration (art. 5), mais à la désinfection (art. 7 , et à l'application des mesures prescrites par les règlements sanitaires municipaux (art. 1er). La déclaration ne recevait la plupart du temps qu'une suite incomplète, faute pour l'Administration de pouvoir légalement prendre les mesures de protection que cette déclaration eût dû commander : dorénavant, normalement suivie de la désinfection, elle pourra de plus motiver toute mesure de prophylaxie ou d'assainissement jugée utile par les médecins ou l'Administration.

Un décret du Président de la République, en date du 10 février 1903, rendu, suivant les termes de l'article 4, après avis de l'Académie de médecine et du Comité consultatif d'hygiène publique de France, a déterminé la liste des maladies auxquelles sont applicables les dispositions de la loi. J'ai l'honneur de vous adresser ci-après le texte de ce décret, devant lequel disparaît l'arrêté du 23 novembre 1893.

La liste du décret diffère essentiellement de celle de l'arrêté; elle comprend deux parties : dans la première sont rangées les maladies pour lesquelles la déclaration et la désinfection sont obligatoires ; dans la seconde les maladies pour lesquelles la déclaration est facultative et la désinfection subordonnée à cette déclaration, faite après entente avec les intéressés.

L'établissement de ces deux catégories de maladies constitue une innovation importante; il accuse nettement le but poursuivi par le décret.

Ce but est d'étendre au plus grand nombre possible de cas le bénéfice des dispositions de la nouvelle loi, en reconnaissant aux praticiens, aux collectivités ou au public la faculté d'y recourir de leur plein gré, lorsqu'ils voudraient se défendre contre certaines maladies auxquelles ne pouvaient être imposé, quant à présent, le régime de la déclaration et de la désinfection obligatoires.

L'utilité de cette solution s'est manifestée avec évidence pour la plus meurtrière des maladies transmissibles, la tuberculose pulmonaire.

L'intérêt social qui s'attache à la déclaration de la tuberculose était proclamé par les rapporteurs du Comité consultatif d'hygiène publique de France et de l'Académie de médecine; mais tous deux étaient d'accord pour constater les difficultés pratiques devant résulter, pour rendre obligatoire cette déclaration, de l'état des mœurs, de la longue durée de la maladie et de l'insuffisance actuelle des services de désinfection. Tous deux, enfin, ont pensé, — et les corps savants au nom desquels ils avaient étudié la question ont été de leur avis, — que, sans inscrire la tuberculose pulmonaire ouverte dans les maladies devant faire obligatoirement l'objet d'une déclaration, on pouvait l'atteindre dans un grand nombre de cas grâce à l'intervention des médecins, des chefs de collectivités, des administrations hospitalières.

M. Thoinot, rapporteur du Comité consultatif, s'exprime ainsi dans son rapport :

« Les maladies transmissibles auxquelles sont applicables les prescriptions de la loi du 15 février 1902, en vertu de l'article 4 de ladite loi, seront divisées en deux catégories, suivant que ces prescriptions présentent ou non un caractère obligatoire.

« Dans la première catégorie rentreront toutes les maladies obligatoirement déclarables et obligatoirement soumises à la désinfection.

« Dans la deuxième, nous comprendrons les maladies transmissibles à caractère nettement contagieux, mais qui, pour des raisons sérieuses diverses, ne sauraient rentrer actuellement dans la première catégorie. Ces maladies pourront être soumises aux mêmes mesures que celles qui sont applicables aux maladies comprises dans la première catégorie, telles que déclaration et désinfection, mais seulement lorsque ces mesures auront été sollicitées ou provoquées par le médecin, les familles, les chefs de collectivités publiques ou privées, les administrations hospitalières ou les bureaux d'assistance.

« La tuberculose pulmonaire ouverte est le type des maladies à comprendre dans cette catégorie.

« A la tuberculose, on peut ajouter d'autres maladies contagieuses qu'il eût été difficile d'inscrire dans le décret sans la division restrictive faite ci-dessus... »

M. le Dr Josias, dans son rapport à l'Académie de médecine, adhère, dans les termes suivants, à la solution proposée :

« Nous arrivons à cette conclusion que la déclaration de la tuberculose ne peut pas être obligatoire à l'heure actuelle.

« Nous ne croyons pas, cependant, devoir rester inactifs et nous en tenir à cette conclusion. Nous aboutirions à maintenir le *statu quo*, ce qui serait coupable à l'égard de tous les intérêts. Si des mesures radicales sont impossibles, il est permis de souscrire à des mesures de transition qui améliorent l'état actuel et préparent les réformes de l'avenir.

« Ces mesures de transition sont précisément celles que nous soumet le Comité consultatif d'hygiène, en établissant une liste de maladies à déclaration facultative, au premier rang desquelles est inscrite la tuberculose. »

Tel est l'esprit dans lequel a été rédigée la liste qui fait l'objet de l'article premier du décret du 10 février 1903 : il importe de mettre en lumière le haut intérêt de la distinction qu'elle consacre, et grâce à laquelle les moyens de défense institués par la loi seront, pour toute une catégorie de maladies qui n'auraient pu être atteintes autrement, mis à la disposition de tout le monde sans être imposés à personne ; une semblable faculté secondera les efforts des praticiens dans la lutte contre ces maladies, et paraît, en outre, de nature à favoriser les progrès de l'esprit public en matière d'hygiène, jusqu'au jour où l'état des mœurs permettra de faire un nouveau pas en avant.

Il est désirable que cet intérêt soit bien compris, que notamment MM. les médecins ne marchandent pas en cette matière à l'Administration un concours qui n'a d'autre objet que le bien des malades et la protection de la santé publique.

L'article 2 du décret du 10 février précise que « pour les maladies mentionnées dans la deuxième partie de la liste ci-dessus, il est procédé à la désinfection après entente avec les intéressés, soit sur la déclaration des praticiens visés à l'article 5 de la loi du 15 février 1902, soit à la demande des familles, des chefs de collectivités publiques ou privées, des administrations hospitalières ou des bureaux d'assistance, sans préjudice de toutes autres mesures prophylactiques déterminées par le règlement sanitaire prévu à l'article premier de ladite loi ».

Les praticiens entendront sans doute l'appel qui leur est adressé par cet article, et ils n'hésiteront pas à se faire les conseillers et les auxiliaires de la déclaration facultative. Dans nombre de cas de tuberculose, ils sauront persuader à la famille et au malade que malade et famille ont un intérêt immédiat à ce que la désinfection périodique du local soit opérée.

La déclaration conserve son caractère obligatoire pour toutes les maladies de la première catégorie, qui comprennent, outre celles qui figuraient dans l'arrêté du 30 novembre 1893, la rougeole et la méningite cérébro-spinale épidémique.

Le principe de la déclaration obligatoire se justifie de lui-même. Il a déjà été mis en vive lumière dans les débats préparatoires de la loi du 30 novembre 1892. « Il est impossible, disait le rapporteur de cette loi au Sénat, M. le professeur Cornil, d'organiser l'hygiène dans une ville, dans une commune, si la municipalité, si le bureau d'hygiène qui la représente dans un certain nombre de nos grandes villes françaises, ne sont pas prévenus au début d'une épidémie, de chaque fait de maladie épidémique qui se présente dans la ville ou dans la commune. Il faut connaître le mal dès son apparition, sa localisation dans telle maison, dans tel quartier, pour y porter un remède efficace... En outre, il est juste que l'Administration demande au corps médical des services d'intérêt public, en même temps qu'elle lui octroie des privilèges, et c'est là en quelque sorte, comme disait le rapporteur à la Chambre des députés, le prix du monopole concédé aux médecins par l'Etat. »

C'est, en somme, l'intérêt qu'a le corps social à connaître dès son apparition une maladie épidémique qui avait conduit le législateur de 1892 à faire de la déclaration de cette maladie une obligation pour les médecins, et le législateur de 1902 a jugé nécessaire d'affirmer une fois de plus la même prescription, en lui donnant sa place définitive dans le système général institué pour la protection de la santé publique.

Comment, en effet, combattre l'extension des maladies transmissibles si on ne connaît pas leur existence? Ou comment les combattre efficacement si on ne les connaît que lorsqu'elles ont acquis une force supérieure aux moyens qu'on peut leur opposer? La déclaration obligatoire d'un cas de maladie transmissible dès l'apparition de cette maladie est une condition essentielle de l'application de la loi, comme le disait l'honorable M. Viseur au cours du débat auquel cette disposition a donné lieu devant le Sénat, « la déclaration domine toute la police sanitaire : seule elle permet de prendre en temps utile des mesures capables de combattre victorieusement les épidémies ». Si donc on admet — et personne ne le conteste plus aujourd'hui — qu'il y a des maladies transmissibles, la confection de la liste de ces maladies est la conséquence nécessaire de cette transmissibilité; la désinfection, comme nous allons le voir, est la conséquence nécessaire de cette déclaration.

La loi du 15 février 1902 ajoute, en effet, à cet enchaînement logique de dispositions un troisième terme, que permettaient seuls les deux premiers, mais qui leur donne seul à son tour leur efficacité. C'est, d'une part, la désinfection prescrite par l'article 7, d'autre part, l'ensemble des mesures de prophylaxie ou d'assainissement devant résulter de l'application des règlements municipaux prévus à l'article premier. Vous recevrez de moi des instructions spéciales concernant les arrêtés sanitaires et les Services, soit municipaux, soit départementaux, de désinfection.

En présence de ces prescriptions nouvelles, il ne sera plus possible de prétendre que la déclaration n'est qu'une formalité superflue à laquelle les médecins sont excusables de se soustraire, parce qu'elle est sans effet utile. Si excessive que fût cette opinion, en présence des services dont les populations sont redevables dans le passé à l'intervention du médecin des épidémies et des autorités administratives chargées de l'hygiène publique, elle pouvait parfois, sinon se justifier, du moins s'expliquer sous le régime de la loi du 30 novembre 1892. Désormais, la déclaration pourra toujours être suivie, soit de la désinfection du local occupé par le malade et des objets à son usage, soit de mesures d'assainissement portant sur la qualité des eaux, l'évacuation des matières usées ou l'aménagement des immeubles. Aucun praticien ne devra donc plus méconnaître l'obligation que lui fait la loi de déclarer à l'autorité publique les cas de maladies transmissibles tombés sous son observation.

Contre cette déclaration, un certain nombre de médecins ont invoqué le principe du secret professionnel. Cette objection a fait l'objet d'un examen particulier de la part de M. le Dr Josias, rapporteur de l'Académie de médecine.

« Ce ne sont pas seulement la tradition et les mœurs, disait-il, c'est aussi la loi qui impose aux médecins le secret professionnel (art. 378 du Code pénal).

« Ce que la loi a fait, elle peut aussi le défaire, et quand les prescriptions de la loi sont commandées par l'intérêt public, on est mal venu à refuser d'y obéir, en se retranchant derrière la tradition, si ancienne et si respectable qu'elle soit.

« L'obligation morale de garder le secret professionnel est primée par l'obligation légale de faire la déclaration.

« Au surplus, si le médecin doit déclarer à l'autorité compétente les maladies contagieuses qu'il constate, il est tenu au secret à l'égard de tout autre, et l'agent de l'autorité qui reçoit sa déclaration est tenu formellement lui aussi de garder le secret professionnel. Au lieu d'avoir le médecin comme seul confident, le malade en aura deux désormais. le médecin et l'autorité compétente. Le secret professionnel n'en sera pas moins gardé. »

M. le Dr Josias rappelait à cette occasion que la Cour de cassation a consacré par un arrêt du 13 mars 1897 la responsabilité d'un secrétaire de mairie qui avait communiqué à un tiers des avis de déclaration. Il concluait que, dans les circonstances présentes, les médecins ne sont plus fondés à invoquer le secret professionnel pour se soustraire à l'obligation de la déclaration, « parce que la loi est égale pour tous et parce que le secret professionnel ne sera pas divulgué par l'autorité ».

Ces considérations n'ont soulevé aucune objection au sein de l'Académie de médecine, qui leur a ainsi donné l'appui de sa haute autorité, et j'ai décidé, en ce qui me concerne, de leur donner la consécration officielle, en apportant à la forme même des déclarations diverses modifications de détail qui donneront, je l'espère, pleine satisfaction aux *desiderata* du monde médical.

Les diverses questions se rattachant au mode de la déclaration ont fait l'objet, conformément à la prescription formulée par l'article 5 de la loi, d'un arrêté que j'ai pris, après avis de l'Académie de médecine et du Comité consultatif d'hygiène publique de France, à la date du 10 février 1903 : vous le trouverez reproduit à la suite de cette circulaire. La principale innovation de cet arrêté consiste dans la substitution de la carte-lettre fermée à la carte postale pour la transmission des déclarations.

Sous le régime de la loi du 30 mars 1892, la déclaration se faisait à l'aide de cartes postales, détachées d'un carnet à souche, et pouvant circuler en franchise soit telles quelles, soit sous enveloppes fermées. Le plus souvent, elles étaient envoyées comme cartes postales ordinaires, le praticien ne se trouvant pas porteur des enveloppes spéciales destinées à ce genre de correspondance, au moment où il avait une déclaration à formuler. L'inconvénient qui pouvait résulter, malgré les précautions prises, de la circulation de cet avis, ainsi exposé aux yeux d'un certain nombre d'intermédiaires, sera supprimé par la substitution à la carte postale ouverte de la carte-lettre fermée.

Les nouveaux carnets de déclarations seront composés de cartes-lettres ; comme précédemment ils seront mis gratuitement à la disposition des médecins et sages-femmes et les cartes-lettres jouiront du bénéfice de la franchise postale. Enfin, la carte-lettre portera d'une part la mention « confidentielle », et, d'autre part, une note imprimée ainsi conçue :

« Les communications relatives aux cas de maladies, communications confidentielles par leur nature, conservent le même caractère aux mains des représentants de l'autorité qualifiée pour les recevoir, le maire et le sous-préfet, comme de tous auxiliaires dépositaires par état ou profession des secrets confiés, sous les peines prévues par l'article 378 du Code pénal (arrêt de la Cour de cassation du 13 mars 1897). »

Ces modifications de forme, ainsi que les idées dont elles s'inspirent et les considérations d'un ordre général développées ci-dessus, vaincront, je l'espère, les dernières résistances. Vous ne devrez négliger aucune occasion, Monsieur le Préfet, d'éclairer sur ce point les médecins qui exercent dans votre département, pour en obtenir le concours dont l'Administration a besoin et dont la loi leur fait un devoir.

Les cartes-lettres destinées à la déclaration doivent porter la mention de la maladie observée et les indications nécessaires pour trouver facilement la maison où elle s'est produite ; ce sont là deux conditions essentielles, sans lesquelles la déclaration serait inefficace. La déclaration doit être datée. La nature de la maladie peut être désignée par un numéro d'ordre correspondant à une nomenclature inscrite à la première page du carnet. Le médecin n'est pas tenu de signer sa déclaration, un numéro inscrit sur chacune des cartes-lettres devant suffire pour le faire reconnaître par l'Administration. La carte porte l'indication du nom et de l'adresse du malade, parce que dans la plupart des cas il serait malaisé de trouver l'appartement contaminé si l'on ne connaissait pas le nom du malade. Enfin, le médecin est invité à mentionner, sous le titre d'observations, les mesures prophylactiques que la circonstance lui paraîtrait comporter, notamment en ce qui concerne l'isolement, le transport, etc., etc. Ces différents points font l'objet des dispositions de l'article 2 de mon arrêté du 10 février.

L'article 1er de ce même arrêté, confirmant celui du 23 novembre 1893, décide que l'autorité publique chargée de recevoir la déclaration sera représentée par le maire de la commune habitée par le malade et par le préfet ou sous-préfet dans chaque arrondissement. La déclaration devra donc être adressée à la fois au maire et au sous-préfet, ou au maire et au préfet dans l'arrondissement chef-lieu (à Paris au préfet de police). Les carnets seront disposés à cet effet, chaque déclaration comportant deux avis, l'un pour le sous-préfet ou le préfet, l'autre pour le maire.

Il suffira dès lors au médecin, qui vient d'observer un cas de fièvre typhoïde par exemple, d'inscrire, sur chacune des deux déclarations reliées ensemble à la souche, une adresse, celle du malade, et un numéro, celui de la fièvre typhoïde; d'y ajouter les observations jugées utiles; d'écrire au dos de l'une des cartes, celle destinée au maire, le nom de la commune, et sur l'autre le nom de l'arrondissement où réside le malade, et de jeter les deux cartes à la première boîte aux lettres qui se trouvera sur son trajet. Il était difficile de simplifier davantage les écritures.

A quel moment le sous-préfet et le maire doivent-ils être prévenus ? L'article 15 de la loi du 30 novembre 1892 disposait que tout praticien est tenu de faire la déclaration « son diagnostic établi », c'est-à-dire aussitôt que son diagnostic est établi. La loi nouvelle stipule que « la déclaration à l'autorité publique de tout cas de l'une des maladies visées à l'article 4 est obligatoire pour tout docteur en médecine, officier de santé ou sage-femme qui en constate l'existence ». Cette modification du texte antérieur n'implique aucun changement dans sa signification, et c'est toujours dès que l'existence en est constatée que doit être faite la déclaration des cas de maladies, ainsi que cela résulte avec évidence du but que s'est proposé le législateur en instituant la déclaration obligatoire et qui est de permettre de porter immédiatement le remède là où est le mal. C'est donc sans aucun retard et, pour reprendre les termes de la loi de 1892, au moment même où son diagnostic est établi, que le médecin doit faire la déclaration.

C'est encore la nécessité d'agir immédiatement qui a rendu nécessaire la double déclaration. Si, en effet, le maire néglige ou refuse de prendre les mesures que commande la protection de la santé publique, il importe que le préfet puisse le cas échéant se substituer à lui dans les conditions prévues par les articles 2 et 3 de la loi du 15 février 1902, dont je vous ai déjà donné le commentaire dans ma circulaire en date du 30 mai. Il faut donc que l'Administration départementale soit informée indépendamment de la municipalité. Elle le sera par l'intermédiaire du sous-préfet.

En ce qui concerne les cas de maladies transmissibles constatés dans les établissements hospitaliers, et, d'une manière générale, dans tous les établissements publics ou privés, la déclaration doit en être faite, comme s'il s'agissait de particuliers, par les médecins traitants, au moyen de cartes-lettres et dans les conditions prescrites par l'arrêté ministériel du 10 février 1903. Aucune exception ne saurait être admise à cet égard. La déclaration doit être faite en principe au maire du domicile qu'occupait le malade avant son transport pour qu'il puisse être procédé sur place aux mesures de désinfection jugées utiles. Toutefois, si la maladie a été contractée dans l'établissement même où elle est soignée, c'est le maire de la commune où est situé cet établissement qui devra être prévenu. Il est évident d'ailleurs que, dans l'un comme dans l'autre cas, il appartient à l'Administration de l'établissement d'assurer l'exécution des mesures d'isolement et de désinfection qui seraient prescrites par les médecins ou les règlements spéciaux. S'il arrivait enfin qu'un malade sortit de l'établissement, pour quelque motif que ce fût, avant que son état permit d'affirmer qu'il ne peut plus transmettre les germes de sa maladie, l'avis devrait en être donné dans la même forme que pour la déclaration, en indiquant le domicile ou le lieu auquel le malade aurait déclaré se rendre.

Il est bien entendu d'ailleurs que la déclaration doit être renouvelée ou rectifiée chaque fois que le malade change de commune, même s'il ne change pas de médecin, et à plus forte raison s'il s'adresse à un nouveau praticien. Au reste le texte et l'esprit de l'article 5 de la loi tendent à imposer l'obligation de la déclaration à tout praticien appelé à donner ses soins au contagieux, sans que ce praticien puisse se considérer comme relevé de cette obligation par le fait qu'un de ses confrères aurait déjà soigné le même malade avant lui.

Toutes les règles précédentes s'appliquent d'ailleurs à la déclaration facultative au même titre qu'à la déclaration obligatoire, sous la réserve que pour la première les praticiens auront à se mettre d'accord avec la famille du malade.

La déclaration reçue, que devra faire le maire? que devra faire le sous-préfet ?

La liste numérotée des maladies dont la déclaration est, soit obligatoire, soit facultative, est reproduite sur la couverture du carnet des médecins. Le maire n'aura donc aucune peine à savoir quelle est la maladie dont un cas vient de se produire dans sa commune. Les maladies transmissibles ont fait l'objet d'une instruction générale du Comité consultatif d'hygiène publique de France, et pour plusieurs d'entre elles a été rédigée une instruction spéciale.

D'autre part, toute commune doit posséder, aux termes de l'article 1er de la nouvelle loi, un arrêté sanitaire déterminant « les précautions à prendre pour prévenir ou faire cesser les maladies transmissibles visées à l'article 4 de la présente loi, spécialement les mesures de désinfection ou même de destruction des objets à l'usage des malades ou qui ont été souillés par eux et généralement des objets quelconques pouvant servir de véhicule à la contagion ». Le maire devra particulièrement veiller à ce que ces diverses prescriptions soient exécutées. Il recommandera de ne laisser approcher du malade que les personnes qui sont nécessaires pour le soigner et de détruire ou de désinfecter avec un soin extrême tous les objets ayant été en contact avec lui. Il préviendra, s'il y a lieu, après entente avec le médecin traitant, le Service départemental de désinfection. Pour la désinfection quotidienne des linges souillés par le malade ou de ses excréments ou excrétions, il pourra décider, si le malade est pauvre, que les désinfectants lui seront fournis gratuitement. Si la maladie déclarée est la variole, il devra rappeler à ses administrés que la vaccination et la revaccination ont été rendues obligatoires par la loi comme étant le seul moyen efficace d'empêcher la transmission du mal, et provoquera, s'il y a lieu, dans sa commune des séances exceptionnelles de vaccination gratuite. En agissant ainsi, le maire ne fera qu'assurer l'application de l'arrêté sanitaire prescrit par l'article 1er de la loi du 15 février 1902 et, comme l'article 97 de la loi du 5 avril 1884 lui en imposait déjà le devoir, « prendre les mesures nécessaires pour prévenir les épidémies ».

La circulaire ministérielle du 1ᵉʳ décembre 1893 ajoutait les indications suivantes :

« Le sous-préfet devra veiller à ce que les instructions du Comité consultatif soient entre les mains du maire, et s'assurer que les prescriptions ci-dessus sont exécutées. Plus il s'occupera avec rapidité et d'une manière méticuleuse du premier cas d'une maladie transmissible, moins il aura à combattre d'épidémies.

« Si plusieurs cas de la même maladie venaient à se produire, si ainsi un foyer épidémique était créé, le sous-préfet enverrait immédiatement sur place le médecin des épidémies. Il vous préviendrait et, à votre tour, vous voudriez bien m'informer de toute épidémie qui aurait un caractère bien déterminé, et me faire connaître en détail les mesures prises pour la combattre. Pour chaque cas particulier, j'examinerais avec vous la conduite à tenir.

« Même en dehors des épidémies, vous observerez avec soin les déclarations faites par les médecins en exécution de la loi. Vous connaîtrez ainsi les localités dans lesquelles prévaut telle ou telle maladie. Cette étude constituera pour vous la plus utile source de renseignements pour l'exécution de la loi sur la protection de la santé publique, dans celles de ses dispositions qui visent notamment l'assainissement des localités et des immeubles. »

J'ai dit que chaque carte-lettre du carnet doit porter un numéro permettant de connaître de quel praticien elle émane. Je vous rappelle, ainsi que vous le recommandait la circulaire de 1893 précitée, qu'il y a lieu de dresser une liste complète des docteurs en médecine, officiers de santé et sages-femmes exerçant dans votre département, et de donner à chaque praticien un numéro. Un exemplaire de cette liste doit être remis à chacun de MM. les sous-préfets.

Enfin, aux termes de l'article 3 de mon arrêté du 10 février, il doit être tenu dans chaque arrondissement, par le préfet ou le sous-préfet, un registre spécial où sont inscrits par ordre chronologique les cas de maladie, la date de la déclaration, la désignation des endroits où ils se sont produits et le nom du déclarant. Ce registre, dont vous trouverez en annexe un modèle, est établi de telle sorte que chaque commune de l'arrondissement soit représentée par un ou plusieurs feuillets, permettant de suivre le développement d'une épidémie et de se rendre compte à toute époque de l'état sanitaire d'une commune ou d'une ville. A la fin de chaque mois, le registre est récapitulé sur un état transmis au ministère de l'intérieur.

Ces prescriptions, qui ressortaient déjà de ma circulaire du 6 mars 1896, ne me paraissent donner lieu dans la pratique à aucune difficulté ; je ne puis que vous signaler à nouveau tout l'intérêt que j'attache à ce qu'elles soient régulièrement et uniformément remplies.

Je vous adresse plusieurs exemplaires de la présente circulaire ; vous voudrez bien en faire parvenir un à chacun de MM. les sous-préfets et les inviter à en donner connaissance, le plus promptement possible, tant aux Médecins des épidémies qu'aux Commissions sanitaires de leur arrondissement.

Pour le président du Conseil,
ministre de l'intérieur et des cultes :

Le conseiller d'Etat,
directeur de l'assistance et de l'hygiène publiques,

Henri Monod.

X

Circulaire ministérielle du 12 juin 1903

AUX PRÉFETS, RELATIVE A LA FOURNITURE DES CARNETS A SOUCHE PERMETTANT LA DÉCLARATION DES CAS DE MALADIES PAR LES MÉDECINS ET SAGES-FEMMES.

Monsieur le Préfet, je vous ai fait connaître, par ma circulaire du 5 juin, les conditions dans lesquelles devait être effectuée, en vertu de l'article 5 de la loi du 15 février 1902, la déclaration des cas de maladies visées par l'article 4.

Ces conditions comportent, comme précédemment, l'emploi de carnets à souche contenant douze formules doubles de déclaration et devant être mis gratuitement à la disposition des médecins.

Jusqu'ici, et en attendant le vote d'une loi spéciale, mon Département avait pris à sa charge la confection des carnets ainsi distribués ; c'est désormais, par application de la loi de 1902, une dépense qui incombe aux départements, sauf participation générale de l'État dans la proportion fixée par l'article 26.

Je me suis entendu en conséquence avec l'Imprimerie administrative de Melun pour qu'elle continue la fourniture des carnets à souche, sous réserve d'en faire opérer le payement directement à son compte par les administrations intéressées.

Des difficultés particulières, provenant de la forme nouvelle des cartes-lettres fermées substituées aux cartes-postales et de l'opération de gommage qu'elle nécessite, retarderont toutefois la fourniture complète et régulière des carnets. En vue de concilier autant que possible les intérêts des divers départements, j'ai décidé de scinder en trois séries la distribution devant former le premier approvisionnement total, approvisionnement calculé, ainsi qu'il a été admis en 1894, sur la base de deux carnets par médecin et d'un carnet par sage-femme.

Le premier envoi comprendra un exemplaire du carnet par médecin ; il sera effectué pour chaque département, dans l'ordre alphabétique, au fur et à mesure de la fabrication, et commencera très prochainement.

Dès que cet envoi sera terminé, une seconde distribution sera reprise immédiatement dans le même ordre à raison d'un carnet par sage-femme.

Le troisième envoi succédera et complétera l'approvisionnement prévu par un nombre de carnets égal de nouveau à celui des médecins.

Je ferai en sorte, Monsieur le Préfet, que ces expéditions successives aient lieu dans le moindre délai possible. Il vous appartiendra, de votre côté, de répartir les carnets, dès qu'ils vous parviendront, de la manière qui vous paraîtra la plus conforme aux intérêts de la santé publique et aux dispositions édictées.

La circulaire ministérielle du 10 février 1894 contenait à cet égard des instructions que je crois devoir rappeler.

Avant de procéder à la délivrance des carnets, vous devez faire inscrire au talon, sur chaque feuille de déclaration le nom de votre département et le numéro du carnet. Ainsi qu'il était expliqué dans la circulaire du 1er décembre 1893 et que l'indique de nouveau la circulaire du 5 juin précitée, ce numéro suffira pour faire reconnaître par l'Administration le praticien de qui émane la déclaration, si celui-ci, pour des motifs que l'emploi de la carte fermée justifiera, d'ailleurs, dans la pratique de moins en moins, a jugé préférable de ne point la signer.

Lorsque l'approvisionnement complet, tel qu'il est indiqué ci-dessus, aura été réalisé, le renouvellement des carnets se fera, comme cela se pratique dès maintenant, sur votre demande et par l'entremise de mon Administration.

Le règlement des frais de fourniture et d'expédition aura lieu, par vos soins, sur la production des mémoires justificatifs qui vous seront adressés par l'Imprimerie de Melun. Le prix maximum de revient du carnet est de 0 fr. 18.

Vous voudrez bien m'accuser réception, le plus tôt possible, de la présente circulaire.

Pour le président du Conseil,
Ministre de l'intérieur et des cultes :
Le conseiller d'État,
Directeur de l'assistance et de l'hygiène publiques,
Henri Monod.

XII. — Circulaire ministérielle du 20 juillet 1903 relative à la répartition des départements en circonscriptions sanitaires, en vertu de l'article 20 de la loi, p 281.

XII

Circulaire ministérielle du 20 juillet 1903

AUX PRÉFETS

(Répartition des départements en circonscriptions sanitaires conformément à l'article 20 de la loi du 15 février 1902.)

Monsieur le Préfet, l'examen des délibérations prises par les Conseils généraux, dans leurs sessions d'août 1902 et d'avril 1903, au sujet de l'application de l'article 20 de la loi du 15 février 1902 et notamment de la division des départements en circonscriptions sanitaires, m'a permis de me rendre compte qu'un certain nombre d'Assemblées départementales s'étaient bornées à cet égard à adopter, pour la détermination des nouvelles circonscriptions, les limites et le territoire des arrondissements.

Dans cette organisation, les Commissions sanitaires de circonscription résultant de l'article 20 se trouvent substituées purement et simplement aux anciens conseils d'hygiène d'arrondissement institués par le décret du 18 décembre 1848. Or, la substitution ainsi réalisée aboutit à une conséquence que les Conseils généraux n'ont sans doute pas prévue et qui va directement à l'encontre des intentions du législateur.

Les Conseils d'hygiène d'arrondissement se composaient, aux termes des dispositions combinées des arrêtés du 18 décembre 1848 et du 15 février 1849, de 10, 12 ou 15 membres. Les nouvelles Commissions sanitaires n'en doivent plus compter que 5 à 7 aux termes du paragraphe 5 de l'article 20 susvisé.

Il en résulterait que le nombre des personnes appelées à apporter leur concours à la solution des questions intéressant l'hygiène publique dans les arrondissements serait diminué dans une proportion importante, alors que la loi nouvelle a eu précisément pour objet d'augmenter leurs attributions et de constituer sur des bases plus fortes l'organisation des services de protection de la santé publique dans notre pays.

Cette situation a déjà donné lieu dans plusieurs départements à de sérieuses difficultés pour la constitution des Commissions d'inspection des pharmacies. Elle ne peut manquer de se traduire incessamment par des difficultés plus graves au fur et à mesure que les différents articles de la loi du 15 février 1902 entreront en application. Pour ne parler que de ceux dont la mise en œuvre doit être immédiatement entreprise, l'examen des arrêtés sanitaires présentés par les maires (art. 1, 2 et 3), le contrôle de la salubrité générale des communes (art. 9), les avis à émettre dans les procédures relatives aux immeubles insalubres (art. 12 et suivants) vont créer aux commissions des obligations auxquelles elles ne pourraient incontestablement faire face si le nombre de leurs membres n'était proportionné à leurs charges. C'est cette répartition que l'article 20 de la loi a envisagée en confiant aux Conseils généraux la division des départements en circonscriptions sanitaires. Il me paraît indispensable que, pour répondre à cet objet, chaque arrondissement comprenne au moins, suivant son importance relative au point de vue urbain, industriel ou agricole, de deux à cinq commissions.

Je crois devoir, Monsieur le préfet, vous signaler d'une façon toute particulière, avant l'ouverture de la prochaine session des Conseils généraux, l'intérêt de la question ; de sa solution dépendra évidemment l'efficacité de la loi dans votre département. Il vous appartient de préparer, après entente avec MM. les sous-préfets et d'accord avec le Conseil d'hygiène départemental, un projet de répartition nettement justifié par les considérations locales et de soumettre ce projet à l'agrément du Conseil général comme la base préalable et nécessaire de l'organisation sanitaire. Je vous serai obligé de me faire connaître les propositions que vous aurez établies dans ce sens, et les résolutions dont elles auront été suivies, dès la clôture de la session.

Pour le président du Conseil,
Ministre de l'intérieur et des cultes:
Le conseiller d'État, directeur,
Henri MONOD.

XXIII. — Circulaires ministérielles des 6 avril et 11 juin 1904 relatives à l'application dans l'armée et dans la marine de la loi du 15 février 1902, p. 284.

XXVI. — Décret du 3 juillet 1905 portant règlement d'administration publique pour déterminer les conditions d'organisation et du fonctionnement des bureaux municipaux d'hygiène, p. 288.

XXVII. — Circulaire ministérielle du 23 mars 1906 relative à l'organisation et au fonctionnement des bureaux municipaux d'hygiène (application du décret du 3 juillet 1905), p. 291.

XXVIII. — Lettre ministérielle (juillet 1905) relative à la réunion des Assemblées sanitaires, à leurs attributions et à leur droit d'initiative, p. 320.

XXIX. — Lettre ministérielle (janvier 1906) relative à l'élaboration définitive des règlements sanitaires municipaux, p. 322.

XXX. — Loi du 29 janvier 1906 modifiant les articles 20 et 25 de la loi du 15 février 1902 (commissions sanitaires de circonscription et Conseil supérieur d'hygiène publique de France), p. 323.

XXXI. — Circulaire ministérielle du 27 mars 1906 relative à l'application de la loi du 29 janvier 1906 en ce qui concerne la composition des commissions sanitaires, p. 325.

XXXII. — Circulaire ministérielle du 2 avril 1906 relative à l'assainissement des communes (application de l'article 9 de la loi de 1902, mortalité moyenne), p. 327.

XXIII

Application dans l'armée et dans la marine de la loi du 15 février 1902.

SUR LA PROTECTION DE LA SANTÉ PUBLIQUE

I. — Circulaire du président du Conseil, Ministre de l'intérieur et des cultes, du 6 avril 1904, aux Préfets.

Monsieur le Préfet, la mise en vigueur de la loi du 15 février 1902 sur la santé publique soulève, au point de vue de son application dans l'armée et des rapports qu'elle implique entre les autorités civiles et militaires, diverses questions dont je me suis préoccupé d'examiner et de préciser la solution, d'accord avec M. le Ministre de la guerre.

J'ai l'honneur de vous adresser en conséquence des instructions portant sur les points envisagés.

I. — *Déclaration des cas de maladie.* — L'article 5 de la loi du 15 février 1902 stipule que la déclaration à l'autorité publique de tous cas de l'une des maladies visées à l'article 4 est obligatoire pour tout docteur en médecine qui en constate l'existence. Les conditions de cette déclaration ont été réglées par le décret de l'arrêté ministériel du 10 février 1903 et par la circulaire du 5 juin suivant [1].

Cette circulaire contient le passage suivant :

« En ce qui concerne les cas de maladies transmissibles, constatés dans les établissements hospitaliers, et, d'une manière générale, dans tous les établissements publics ou privés, la déclaration doit en être faite, comme s'il s'agissait de particuliers, par les médecins traitants, au moyen de cartes-lettres et dans les conditions prescrites par l'arrêté ministériel du 10 février 1903. Aucune exception ne saurait être admise à cet égard. »

En conformité de ces instructions, il a été entendu avec mon collègue de la guerre que la déclaration de tous les cas de maladies transmissibles observés par les médecins militaires, au dedans comme au dehors des établissements de l'armée, serait faite désormais, uniformément et simultanément, à l'autorité militaire et à l'autorité civile, cette dernière représentée, selon les termes de mon arrêté du 10 février 1903, par le maire et par le préfet ou sous-préfet dans chaque arrondissement. La même autorité a le devoir d'approvisionner les médecins militaires, comme les médecins civils, des modèles de carnet nécessaires. Vous aurez à prendre en conséquence, Monsieur le Préfet, les mesures utiles pour que chaque médecin de l'armée résidant dans votre département soit constamment pourvu d'un exemplaire de ce carnet.

II. *Application et responsabilité des mesures prophylactiques dans les établissements militaires.* — L'un des principaux motifs de la déclaration des cas de maladies transmissibles réside dans la nécessité de prendre d'urgence des précautions convenables pour prévenir ou faire cesser les épidémies.

M. le Ministre de la guerre m'a donné l'assurance que la désinfection, spécialement prévue et rendue obligatoire par l'article 7 de

[1] P. 267.

la loi, avait toujours été l'objet des préoccupations du service de santé de l'armée. Les règlements formulent à ce sujet les prescriptions les plus minutieuses, tant en ce qui concerne les vêtements et fournitures de couchage que les locaux de casernement et même les salles d'hôpitaux militaires. M. le général André m'a fait savoir en outre que presque toutes les garnisons sont pourvues d'étuves à vapeur sous pression et qu'une réserve d'étuves locomobiles a été constituée pour être employée à titre supplémentaire dans les garnisons où une épidémie importante en justifierait l'envoi.

Mon Administration ne peut de son côté que rendre hommage au zèle éclairé dont témoignent MM. les membres du corps de santé militaire dans la recherche et la réalisation des mesures prophylactiques les mieux appropriées, et reconnaître l'utilité de leur garantir en cette matière, dans la limite de leur action directe, une indépendance qui n'est que la contre-partie de leur responsabilité.

Dans ces conditions, j'estime, avec M. le Ministre de la guerre, que c'est à l'autorité militaire seule que doit être maintenu le soin de faire exécuter, à l'intérieur des établissements de l'armée, sous sa responsabilité et son contrôle exclusifs, les mesures de prophylaxie que la situation pourrait comporter.

III. *Informations à fournir par les municipalités à l'autorité militaire.* — La déclaration à l'autorité civile des cas de maladies transmissibles constatés à l'intérieur des établissements militaires constituera, pour les municipalités, un avertissement précieux, destiné à permettre le contrôle immédiat de l'état sanitaire de la population civile, ainsi que la réalisation rapide des mesures d'ordre général susceptibles d'assurer la protection de la santé publique.

En sens inverse, et pour faire bénéficier des mêmes avantages la population militaire, je renouvelle expressément les recommandations, déjà formulées dans une circulaire antérieure, touchant la communication par l'autorité communale à l'autorité militaire de tous renseignements relatifs aux cas de maladies transmissibles constatés dans la population civile.

Les municipalités ont le devoir strict — ne serait-ce qu'à titre de réciprocité pour les déclarations qu'elles reçoivent des médecins de l'armée — de porter immédiatement à la connaissance de l'autorité militaire tous les faits épidémiques parvenus à leur connaissance, tant dans les villes de garnison que dans les localités que la troupe doit occuper ou traverser pendant les marches ou manœuvres.

IV. *Participation des médecins militaires aux délibérations des Conseils d'hygiène et Commissions sanitaires.* — Aux termes d'un arrêté du 5 juin 1890, confirmé par mes circulaires du 11 juillet 1890 et du 17 juin 1893, le médecin militaire du grade le plus élevé, ou le plus ancien dans le grade le plus élevé, devait, dans toutes les villes où siégeait un Conseil d'hygiène, être appelé à assister aux délibérations de ce conseil avec voix consultative.

La loi du 15 février 1902 n'a fait qu'apporter une force nouvelle à ces instructions en décidant par son article 20 que les Conseils d'hygiène départementaux devaient nécessairement comprendre, comme membre titulaire, un médecin de l'armée de terre ou de mer. En ce qui concerne les Commissions sanitaires, il y aurait le plus sérieux intérêt à ce que la même règle fût appliquée en fait toutes les fois que la circonscription sanitaire attribuée à la commission comprendrait une ou plusieurs garnisons ou établissements militaires. Je vous invite à y veiller d'une façon spéciale en procédant à la réorganisation ou au renouvellement des membres de ces assemblées; si, par suite de circonstances exceptionnelles, il vous était impossible de nommer le médecin militaire membre titulaire, vous devriez faire en sorte qu'il pût tout au moins assister aux séances avec voix consultative.

Ainsi que vous avez pu, Monsieur le Préfet, vous en convaincre par cet exposé, les dispositions que je viens de vous faire connaître ont pour but d'établir, entre les autorités civiles et militaires, une collaboration constante, un échange d'informations et de compétences de plus en plus effectif. On ne saurait douter que cette collaboration ne contribue à hâter et à faire ressortir les avantages certains que doit retirer de la législation nouvelle l'hygiène générale du pays. J'appelle toute votre attention sur la portée qu'il convient de donner à ces prescriptions, que M. le Ministre de la guerre a notifiées de son côté aux chefs de corps relevant de son autorité.

J'ajoute que la présente circulaire, dont vous voudrez bien m'accuser réception, remplace et annule celle qui vous avait été adressée le 30 juillet 1894 sur la déclaration des cas de maladies épidémiques en vertu de la loi du 30 novembre 1892.

Pour le Ministre :
Le conseiller d'État,
directeur de l'assistance et de l'hygiène publiques,
Henri MONOD.

II. — Circulaire du Président du Conseil, ministre de l'intérieur et des cultes, du 11 juin 1904, aux préfets.

Monsieur le Préfet, par ma circulaire du 6 avril dernier, je vous ai fait connaître les dispositions concertées avec M. le Ministre de la guerre pour l'application dans l'armée de la loi du 15 février 1902 relative à la protection de la santé publique.

A la suite d'un accord analogue, M. le Ministre de la marine a bien voulu adresser de son côté aux autorités militaires relevant de son département des instructions tendant au même but.

Dans ces conditions, ma circulaire précitée du 6 avril doit être considérée comme s'appliquant concurremment aux troupes, services ou établissements de la guerre et de la marine. Je vous prie de prendre les mesures nécessaires pour l'extension immédiate de ses prescriptions aux médecins de la marine, notamment au point de vue de la distribution des carnets de déclaration de maladies transmissibles et de la participation des représentants des corps de santé intéressés aux travaux des Assemblées sanitaires.

Pour le ministre :
Le conseiller d'État,
directeur de l'assistance et de l'hygiène publiques,
Henri Monod.

XXVI

Décret du 3 juillet 1905
portant règlement d'administration publique

POUR DÉTERMINER (EN VERTU DES ARTICLES 19, 26 ET 34 DE LA LOI DU 15 FÉVRIER 1902) LES CONDITIONS D'ORGANISATION ET DE FONCTIONNEMENT DES BUREAUX MUNICIPAUX D'HYGIÈNE [1]

Le Président de la République française,

Sur le rapport du Ministre de l'intérieur,

Vu la loi du 15 février 1902 relative à la protection de la santé

---

[1] Décret publié au *Journal Officiel* du 13 juillet 1905 (page 4284).

publique [1], notamment les articles 19 (paragraphe 2), 26 et l'article 33 ainsi conçu :

« Des règlements d'administration publique détermineront les conditions d'organisation et de fonctionnement des bureaux d'hygiène.... »

Vu la loi du 7 avril 1903 relative à l'application à la ville de Paris et au département de la Seine de la loi du 15 février 1902 [2];

Vu les lois des 5 avril 1884 [3] et 22 mars 1890 [4];

Vu l'avis du Comité consultatif d'hygiène publique de France ;

Le Conseil d'État entendu.

Décrète :

ARTICLE PREMIER. — Dans les communes où l'institution d'un bureau d'hygiène est obligatoire, une délibération du Conseil municipal fixe l'importance du personnel et les allocations qui peuvent lui être attribuées, désigne le local où sera installé le service et arrête les dépenses que peuvent entraîner son organisation et son fonctionnement.

Le Conseil municipal statue, en outre, sur la création d'un laboratoire d'hygiène, ou à défaut, sur les conditions dans lesquelles le service pourra s'adresser soit aux laboratoires municipaux déjà existants, soit à d'autres laboratoires publics ou à des laboratoires privés.

ART. 2. — Le maire nomme le chef du service parmi les personnes reconnues aptes, à raison de leurs titres, par le Comité consultatif d'hygiène publique de France.

Les directeurs en fonctions des bureaux d'hygiène actuellement existants sont dispensés de l'obligation de soumettre leurs titres au Comité consultatif d'hygiène publique de France.

Les employés et agents du service peuvent appartenir en même temps à d'autres services municipaux.

ART. 3. — Les délibérations des Conseils municipaux prévues à l'article premier du présent décret sont communiquées par le préfet au Conseil départemental d'hygiène.

Si, sur le vu des observations présentées par le Conseil départe-

[1] V. p. 206.
[2] V. p. 208.
[3] V. p. 214.
[4] V. p. 216.

mental d'hygiène, le préfet estime que les conditions d'organisation et de fonctionnement adoptées par le Conseil municipal équivalent au défaut d'organisation, tel qu'il est prévu par le paragraphe 5 de l'article 26 de ladite loi, il invite, par un arrêté motivé, le Conseil municipal à délibérer à nouveau. Dans le cas où, dans le délai de deux mois à partir de la notification de cet arrêté, le Conseil municipal n'a pas adopté une nouvelle organisation répondant au vœu de la loi, il est statué, s'il y a lieu, par un décret en forme de règlement d'administration publique.

Si le préfet conteste la nécessité des dépenses qui résulteront, pour le département et pour l'Etat, de l'organisation du bureau d'hygiène et de son fonctionnement, il est statué, s'il y a lieu, après nouvelle délibération du Conseil municipal, par décret rendu en Conseil d'Etat, conformément au paragraphe premier de l'article 26 de ladite loi.

Art. 4. — Les dépenses du bureau d'hygiène sont divisées en deux catégories :

1° Celles qui, concernant l'organisation du service de la désinfection dans les villes de 20.000 habitants et au-dessus, sont supportées par les villes et par l'Etat;

2° Celles qui, résultant de l'exercice des autres attributions qui lui sont conférées pour l'application de la loi du 15 février 1902, sont réparties entre les villes, les départements et l'Etat.

Les dépenses communes aux deux séries d'attributions ci-dessus rappelées sont réparties entre chacune de ces deux catégories proportionnellement au montant des autres dépenses qui y sont déjà portées.

Art. 5. — Un arrêté du maire réglemente les mesures de détail nécessaires pour assurer l'exécution de la délibération du Conseil municipal relative à l'organisation et au fonctionnement du bureau d'hygiène.

Art. 6. — Un bureau d'hygiène unique peut être constitué pour plusieurs communes, lorsqu'elles ont été autorisées à se syndiquer conformément à la loi du 22 mars 1890 et à l'article 2, paragraphe 3 de la loi du 15 février 1902.

Art. 7. — Les dispositions du présent décret sont applicables à la ville de Paris et aux autres communes du département de la Seine, sous réserve de l'observation des règles édictées par la loi du 7 avril 1903 pour la répartition des attributions relatives à la protection de la santé publique entre le préfet de la Seine, le préfet de police et les maires desdites communes.

Art. 8. — Le Ministre de l'intérieur est chargé de l'exécution du présent décret, qui sera publié au *Journal Officiel* et inséré au *Bulletin des lois*.

Fait à Paris, le 3 juillet 1905.

Émile Loubet.

Par le Président de la République,
Le Ministre de l'intérieur,

Eug. Étienne.

XXVII

Circulaire ministérielle du 23 mars 1906

AUX PRÉFETS, SUR LES BUREAUX MUNICIPAUX D'HYGIÈNE (ARTICLES 19, 26 ET 33 DE LA LOI DU 15 FÉVRIER 1902)

Monsieur le Préfet, l'institution des bureaux municipaux d'hygiène présente au point de vue de la bonne organisation de la protection de la santé publique un intérêt dont il vous sera facile de vous rendre compte, soit par l'exemple des villes dans lesquelles ces services fonctionnent déjà depuis un plus ou moins grand nombre d'années, soit par les développements qui vont suivre.

L'intelligente initiative des municipalités qui ont devancé l'obligation légale, et les résultats qu'elles ont ainsi obtenus, n'ont pas peu contribué à vulgariser les notions d'hygiène publique en France. En généralisant leur œuvre pour toutes les villes de plus de 20.000 habitants et pour les stations thermales de plus de 2.000, la loi du 15 février 1902 a formulé une prescription des plus importantes parce que, d'une part, l'ensemble des villes envisagées représente une population totale qui n'est pas inférieure à 9.500.000 habitants, soit plus du quart de la population de la France entière, et que, d'autre part, les bureaux d'hygiène sont appelés à devenir, par leur spécialisation, leur compétence et leur activité, des centres précieux de rayonnement pour l'application des mesures sanitaires sur tout le territoire.

L'article 19, § 2, de la loi susvisée, qui les concerne, est ainsi conçu :

« Dans les villes de 20.000 habitants et au-dessus et dans les communes d'au moins 2.000 habitants qui sont le siège d'un établissement thermal, il sera institué, sous le nom de bureau d'hygiène, un service municipal chargé, sous l'autorité du maire, de l'application des dispositions de la présente loi. »

Il résulte des termes de cet article que c'est plus particulièrement pour assurer la bonne exécution de la loi sur la santé publique que les bureaux d'hygiène sont rendus obligatoires dans certaines villes ou communes. Mais, ainsi qu'il sera exposé plus loin, l'obligation légale ne constitue pour eux qu'un minimum, et leur action peut s'étendre facultativement à toute mesure intéressant l'hygiène et la salubrité urbaines, qui forment l'objet général de leur institution.

Quant à leur utilité, on ne peut mieux la définir que ne le faisait à la date du 18 mars 1879, le préambule d'un arrêté pris par le maire du Havre pour la fondation du bureau de cette ville :

« Considérant, y était-il dit, que la santé est la base sur laquelle repose avant tout le bonheur du peuple ; qu'elle est la première richesse d'une ville comme d'un pays, puisqu'elle a pour conséquence d'augmenter la puissance de production et de diminuer les charges ; considérant qu'il est du devoir de l'administration municipale de prendre toutes les mesures propres à rechercher les causes des maladies contagieuses, afin d'y porter remède et d'en prévenir le retour ; considérant que l'établissement au Havre d'un bureau municipal d'hygiène ayant pour objet de connaître tout ce qui intéresse la salubrité est d'une utilité incontestable au point de vue de la santé publique ; le maire de la ville du Havre arrête : ARTICLE PREMIER. — Il sera créé au Havre, à l'hôtel de ville, aussitôt après la publication du présent arrêté, un bureau municipal d'hygiène. »

La justesse et la portée de ces considérants n'ont fait que s'affirmer chaque jour davantage, à mesure que se précisaient les moyens scientifiques et légaux de lutter contre les maladies évitables, et que se développait parallèlement l'organisation même des bureaux d'hygiène.

Le premier qui ait été créé en France fut précisément celui du Havre, organisé au mois de mars 1879 par M. Jules Siegfried, alors maire de cette ville, sur l'instigation de M. le Dr Gibert, et le deuxième, celui de Nancy, institué au mois de mai de la même année sur la proposition de M. le Dr Lallement. Tous deux s'inspiraient des institutions analogues de Turin et de Bruxelles ; mais ils ne tardèrent pas à servir de modèle à leur tour à un certain nombre de villes françaises.

Successivement les municipalités de Reims en 1881, Rouen en 1883, Saint-Etienne et Amiens en 1884, Pau en 1885, Nice en 1886, Toulouse et Grenoble en 1889, Besançon, Lyon et Bordeaux en 1893, Nantes et Perpignan en 1894, Boulogne-sur-mer en 1890, Paris et Clermont-Ferrand en 1892, Marseille et Montpellier en 1895, Lille en 1896, Dijon en 1901 — pour ne parler que de ce qui fut fait antérieurement à la loi de 1902 — organisèrent des bureaux municipaux d'hygiène ou des services analogues investis suivant les cas d'attributions plus ou moins étendues, et placés, en règle générale, sous l'autorité de directeurs-médecins qui en avaient été souvent aussi les initiateurs. Le dévouement personnel de ces premiers directeurs en assura le succès, et l'influence de leur exemple, de leur compétence et de leur zèle prépara pour la plus large part la généralisation de l'institution, ainsi que la détermination plus précise du rôle et des pouvoirs qui doivent lui incomber.

Les pouvoirs donnés aux bureaux d'hygiène par la loi du 15 février 1902 sont particulièrement visés par les articles 1er, 7, 11, 19 et 26, ainsi que par l'article 33 renvoyant à un règlement d'administration publique la détermination des conditions d'organisation et de fonctionnement de ces services. L'article premier détermine l'objet général des obligations de l'autorité municipale en matière de prophylaxie et de salubrité publiques : c'est dans son ensemble la police sanitaire communale qui a fait l'objet de la circulaire du 30 mai 1903 et des modèles de règlement y annexés [1]. L'article 7 stipule que dans les villes de 20.000 habitants et au-dessus, et par exception au principe qui attribue l'organisation générale du service au département, les mesures de désinfection seront mises à exécution par les municipalités. Dans ces villes également l'article 11 rend obligatoire pour les maisons neuves le permis préalable de construction. L'article 19 institue spécialement les bureaux d'hygiène dans les termes déjà cités plus haut, et l'article 26 précise le cas où, à défaut par les villes d'organiser

[1] V. p. 241.

les bureaux et d'en assurer le fonctionnement, il devrait y être pourvu d'office par décrets rendus en Conseil d'Etat.

Enfin le règlement d'administration publique prévu par l'article 33 a été rendu le 3 juillet 1905 et publié au *Journal Officiel* le 13 du même mois. Le texte en est reproduit à la suite de la présente circulaire, qui a pour but de commenter les dispositions légales et réglementaires, et d'en déterminer la mise à exécution.

Communes où l'institution du bureau d'hygiène est obligatoire. — Mais d'abord quelles sont les localités qui doivent être obligatoirement pourvues d'un bureau d'hygiène ?

Les villes et communes dans lesquelles cette institution est obligatoire aux termes de l'article 19 sont :

1° Les villes où la population est de 20.000 habitants et au-dessus ;

2° Les communes qui, ayant moins de 20.000 habitants, mais plus de 2.000, sont le siège d'un établissement thermal.

Pour la première catégorie, il ne saurait y avoir de difficulté : le nombre d'habitants devant servir de base est celui de la population totale, tel qu'il résulte soit du dernier recensement quinquennal, soit d'un recensement officiel local effectué dans l'intervalle. Dans le premier cas l'obligation d'organiser un bureau d'hygiène remplissant les conditions réglementaires naît pour la commune dès que ce chiffre est officiellement établi : dans le second, la constitution du bureau peut être réalisée dès que la constatation est faite après accord entre l'Etat et la commune sur les justifications produites par celle-ci.

Pour la deuxième catégorie, celle des communes de plus de 2.000 habitants pourvues d'un établissement thermal, il importe de déterminer ce qu'on doit entendre en l'espèce par établissement thermal. D'après le rapport présenté au Conseil supérieur d'hygiène publique de France, à l'appui du projet de règlement, doivent être considérés comme tels, soit les établissements hydrominéraux utilisant les applications externes d'eaux minérales pour le traitement des maladies, soit les établissements balnéaires ou hydrothérapiques utilisant l'eau commune en applications externes concurremment avec l'eau minérale bue aux sources ; mais l'importance de ces établissements pouvant se réduire en fait à fort peu de chose, le Conseil supérieur a été chargé de dresser lui-même la liste des communes qui seraient soumises à l'obligation légale comme possédant nn établissement de la nature envisagée. Une première liste a été arrêtée en Assemblée générale et vous trouverez, s'il y a lieu, à la fin de la présente circulaire, l'indication de celles des communes qui y sont contenues appartenant à votre département.

Un certain nombre de villes de la première catégorie, parmi lesquelles celles que nous avons citées plus haut comme ayant donné l'exemple de la fondation des premiers bureaux municipaux d'hygiène, sont d'ailleurs dès à présent en possession de ces services rendus obligatoires par la loi. Quelle est leur situation à l'égard des dispositions de l'article 19 ? Elle doit se régler de la façon la plus simple, par l'adaptation des organisations anciennes aux obligations nouvelles, et dès lors les prescriptions de la présente circulaire leur sont entièrement applicables à tous égards sous réserve de la disposition spéciale résultant de l'article 2 § 2 du décret du 3 juillet 1905 en ce qui concerne leurs directeurs. Cette réorganisation, qui devra faire s'il y a lieu l'objet d'un nouvel arrêté du maire pris en conformité de l'article 5 du décret, ne peut que favoriser le développement et assurer la prospérité des bureaux dont il s'agit, en leur permettant de procéder à une revision approfondie de leur constitution, de leurs attributions et de leurs moyens d'activité.

Définition du bureau d'hygiène. — La loi définit le bureau d'hygiène « un service municipal ». Cette expression traduit clairement la volonté du législateur d'instituer un organisme spécial bien distinct des bureaux proprement dits de la mairie. Le rouage nouveau présente un caractère à la fois technique et administratif : il doit être dirigé, sous l'autorité du maire, par un technicien, avec le concours de collaborateurs et d'agents d'une compétence appropriée ; il ne saurait donc consister en un simple bureau administratif tenu par un employé, même assisté d'un médecin plus ou moins dépendant, et le règlement d'administration publique formule à cet égard, comme nous le verrons plus loin, les prescriptions les plus nettes.

Le simple examen des attributions dévolues aux bureaux d'hygiène suffirait d'ailleurs à mettre en lumière la nature particulière de ces services, dont la spécialisation et la technicité résultent, en dernière analyse, des dispositions de la loi elle-même.

Attributions. — La loi du 15 février 1902 détermine avec précision la sphère d'activité obligatoire des bureaux d'hygiène.

C'est en effet suivant les termes mêmes de l'article 19, pour être

« *chargés, sous l'autorité du maire, de l'application des dispositions de la présente loi* », que doivent être organisés les services municipaux qu'il institue.

L'exécution des prescriptions des divers articles de la loi doit donc figurer au premier rang des préoccupations des bureaux d'hygiène ; et la modification survenue dans la législation doit nécessairement se répercuter sur la liste, le classement logique et l'importance relative de leurs attributions.

Mais, en outre, ainsi que nous l'avons indiqué ci-dessus, les bureaux d'hygiène peuvent et doivent également exercer les attributions sanitaires conférées aux maires par d'autres textes de lois ou de règlements.

Cette solution est conforme aux indications des travaux préparatoires et notamment du rapport présenté au Sénat par M. le professeur Cornil, où il était dit :

« Tous les services municipaux déjà existants, tels que la visite des filles soumises et des maisons publiques, l'inspection et la surveillance des abattoirs, l'inspection de la boucherie et des denrées alimentaires, celle des halles et marchés au point de vue de l'hygiène, l'inspection médicale des enfants dans les écoles et les crèches, etc., etc., pourront être rattachés au bureau d'hygiène. »

D'ailleurs, les différentes branches des services qui ont pour objet l'hygiène ou la salubrité publique dans la commune ne peuvent que gagner à être réunies entre les mêmes mains.

Pour dresser le programme d'action d'un bureau d'hygiène, il faut donc placer côte à côte, d'une part, les attributions résultant directement de la loi du 15 février 1902, et d'autre part, celles qui se rattachent à d'autres textes légaux ou réglementaires : les premières sont *obligatoires* et les secondes *facultatives*.

Attributions obligatoires. — En ce qui concerne l'exécution de la loi nouvelle, la première attribution du bureau doit consister à assurer la mise en application de l'arrêté sanitaire pris en exécution de l'article premier, tant à l'égard des particuliers qu'à l'égard des immeubles.

De même, il a particulièrement la charge de veiller, dans la limite des pouvoirs conférés à cet égard à l'autorité municipale, à l'exécution de ceux des articles de la loi qui formulent directement des prescriptions obligatoires à l'égard des individus (Déclaration des maladies : art. 5 — Vaccination : art 6. — Désinfection : art. 7), ou à l'égard des immeubles (Permis de construire : art. 11. — Assainissement des immeubles insalubres : art. 12 à 17. — Expropriation pour cause d'insalubrité : art. 18). Enfin il lui appartient de veiller à l'amélioration de la salubrité générale et à l'assainissement de la localité elle-même dans les conditions prévues aux articles 9 (Assainissement dans le cas d'excédent de mortalité) et 10 (Eaux d'alimentation).

A ces différents points de vue, le tableau des attributions obligatoires des bureaux d'hygiène peut être dressé en principe de la façon suivante :

A. — Application de la loi du 15 février 1902.

1° Mesures sanitaires concernant les individus :

a) Contrôle de l'exécution du règlement sanitaire (art. 1er, 2 et 3) pour les prescriptions concernant les individus ;

b) Réception des déclarations des cas de maladies transmissibles ou contagieuses (art 5) ; contrôle de la prophylaxie et de l'isolement ;

c) Vaccination et revaccination obligatoires, en tant qu'elles relèvent de l'autorité municipale [art. 6 et décret du 27 juillet 1903].

d) Service de la désinfection [dans les villes de plus de 20.000 habitants] (art. 7) ;

e) Surveillance des hôtels et logements loués en garni au point de vue de la salubrité ;

f) Statistique des cas de maladies transmissibles et contagieuses.

2° Mesures sanitaires concernant les immeubles :

a) Contrôle de l'exécution du règlement sanitaire (art. 1er 2 et 3), pour les prescriptions concernant les immeubles ;

b) Délivrance des permis de construire [dans les villes de plus de 20.000 habitants] (art. 11) ;

c) Assainissement des immeubles insalubres (art. 12 à 18) ;

d) Surveillance des eaux d'alimentation provenant de puits, citernes, etc. (art. 1er et 12 à 18) ;

e) Surveillance des fosses d'aisances, puisards, bétoires, etc. (art. 1er et 12 à 18) ;

f) Casier sanitaire des immeubles.

3° *Mesures sanitaires concernant les localités :*

a) Assainissement général de la localité et de la voie publique (art. 9 et 18) ;

b) Contrôle des distributions publiques d'eau potable (art. 1er, 9 et 10) ;

c) Contrôle du service des égouts (art. 1er, 9 et 10) ;

d) Carte sanitaire de la commune.

Distinctions applicables aux stations thermales de 2.000 à 20.000 habitants. — Il ne faut pas perdre de vue toutefois qu'il y a deux catégories de bureaux d'hygiène, à savoir ceux des villes de plus de 20.000 habitants, et ceux des stations thermales de 2.000 à 20.000. La différence d'importance existant entre les communes de l'un et de l'autre groupe justifie en fait une différence correspondante dans l'importance respective des bureaux, notamment pour ce qui concerne l'organisation du service au point de vue du personnel, du matériel, etc., comme nous le verrons plus loin.

Il en est également de même, sur deux points au moins, en ce qui concerne la liste théorique de leurs attributions, par suite de ce fait que seuls les bureaux des villes de plus de 20.000 habitants sont chargés du Service de la désinfection et de la délivrance du permis de construire ; de plus la mise en œuvre pratique des autres attributions pourra se réduire à peu de chose, en ce qui concerne certaines d'entre elles, dans les petites communes, et se spécialisera parfois sur les points touchant le plus directement aux besoins de la station. Sous cette réserve qu'il est équitable de formuler, et exception faite de ce qui a trait à la désinfection et au permis de construire (1°, a et 2°, b), la liste ci-dessus est d'ailleurs applicable en principe aux bureaux des deux catégories.

Chacune des rubriques qui sont contenues dans cette liste pourrait donner lieu à un commentaire étendu, mais la présente circulaire doit se borner à signaler celles d'entre elles qui présentent un caractère exceptionnel de nouveauté ou d'importance.

Règlements sanitaires. — *L'exécution des règlements sanitaires* (1° et 2°, a) ne soulève par elle-même aucune difficulté particulière, et les règlements modèles du Comité consultatif, qui vous ont été transmis par la circulaire du 30 mai 1903, ont déjà fourni aux municipalités des indications très complètes sur les points qui doivent spécialement solliciter leur attention à cet égard.

Prophylaxie générale. — C'est au bureau d'hygiène qu'il appartient de recevoir et de centraliser *les déclarations de maladies transmissibles* (1°, *b)* faites au maire, et de provoquer soit les mesures générales que peut réclamer la protection de la collectivité, contrôle des eaux d'alimentation, assainissement des voies publiques et des égouts, surveillance sanitaire spéciale des écoles, etc., soit les mesures particulières d'*isolement*, de *prophylaxie*, et aussi, le cas échéant, d'assainissement, au domicile du malade.

Son intervention sera particulièrement opportune, notamment à ce dernier point de vue. pour assurer dans la mesure du possible, et bien que la déclaration n'en soit pas obligatoire, la prophylaxie de la tuberculose. Dans toutes les villes où la statistique de cette affection a pu être dressée avec soin, tant au point de vue du nombre et de la proportionnalité par âge des décès survenus que des conditions du milieu dans lesquelles ils s'étaient produits, la nécessité de lui opposer un effort de résistance acharné et méthodique s'est fait jour avec une telle évidence qu'elle semble devoir appeler une action sérieuse et méthodique des bureaux d'hygiène.

Désinfection. — Tout ce qui concerne la *désinfection* (1°, *d)* fera l'objet d'instructions particulières, quand le règlement d'administration publique qui doit intervenir pour cette branche spéciale du service aura été rendu.

Vaccine. — Quant à la *vaccine* (1°, *c)*, le décret du 27 juillet 1903 en a fait un service départemental au point de vue de son organisation. Mais le fonctionnement de ce service relève dans une large mesure de l'autorité municipale pour tout ce qui a trait aux séances de vaccination, de revaccination et de revision des résultats, à l'établissement des listes des personnes soumises à l'obligation vaccinale, aux sanctions, etc. C'est au bureau d'hygiène qu'il appartiendra d'exercer les attributions ainsi déterminées.

Locaux loués en garni. — *La surveillance des hôtels et logements loués en garni* (1°, *e)*, au point de vue de la salubrité se rattache notamment à l'exécution de l'article 20 du règlement modèle *B*, là où il a été adopté par les arrêtés sanitaires locaux, ainsi qu'aux pouvoirs généraux qui appartiennent aux maires à l'égard de ce genre d'établissements.

Dans les villes d'eaux fréquentées par une clientèle de personnes atteintes de maladies transmissibles, le bureau d'hygiène devrait se consacrer avec un soin minutieux à cette partie de sa tâche, et les logements ou villas loués en garni ou à la saison, de même que chambres d'hôtels, pourraient être soumis à des désinfections régulières, officiellement contrôlées par ses soins et constatées par des certificats qui pourraient être présentés aux locataires ou apposés dans les pièces désinfectées.

Permis de construire. — Immeubles insalubres. Pour ce qui est des mesures sanitaires concernant les immeubles, la *délivrance des permis de construire* dans les villes de plus de 20.000 habitants (2°, *b)*, qui implique la vérification de la concordance des plans des immeubles à bâtir avec les prescriptions du règlement sanitaire, et l'*assainissement des immeubles insalubres* (2°, *c)* dans les conditions définies par les articles 12 à 18, forment l'une des branches les plus importantes des attributions des bureaux et constituent l'un des points sur lesquels doivent se porter de la façon la plus soutenue leur attention et leurs efforts. Les dispositions de la loi à d'ailleurs très explicites et leur commentaire approfondi dépasserait les limites de la présente circulaire.

Eaux potables, égouts. — En ce qui concerne *l'assainissement de la voie publique*, le *service de la distribution publique d'eau potable* et celui des *égouts* (2°, *d* et 3° *a, b,* et *c)*, services qui sont le plus souvent constitués d'une façon distincte au point de vue de leur fonctionnement habituel et de l'exécution des décisions les concernant, le bureau d'hygiène doit nécessairement être chargé d'en assurer le contrôle au point de vue scientifique, de même que lui reviennent normalement les initiatives qui auraient pour but d'en réaliser l'extension ou l'amélioration. Dans cet ordre d'idées, plusieurs des bureaux d'hygiène déjà existants procèdent à des analyses périodiques aussi fréquentes que possible des eaux d'alimentation : cette pratique excellente doit être généralisée.

Fosses d'aisances, puisards. — La surveillance des *fosses d'aisances, puisards, bétoires, etc.* (2°, *e)* n'est pas moins importante, étant donné la menace permanente qui résulte, pour le sous-sol et les eaux souterraines, de leur existence ou de leurs mauvaises conditions d'installation. D'après l'article 42 du règlement modèle *A*, les fosses d'aisances doivent être rigoureusement étanches et, d'après l'article 49, les puits et puisards doivent être interdits. C'est notamment en vue de la mise à exécution de cette double prescription que l'action des bureaux d'hygiène doit s'exercer sans relâche, jusqu'au jour où l'installation d'un bon réseau d'égouts vient assurer l'assainissement d'une façon plus complète.

Casier sanitaire d'immeubles. — Quant au *casier sanitaire des immeubles* (2°, *f*), il mérite de fixer et de retenir tout particulièrement l'attention.

Il consiste essentiellement dans l'établissement et la tenue à jour d'un dossier sanitaire pour tout immeuble situé sur le territoire de la commune, et si nous prenons l'exemple de ce qui s'est fait à Paris, où le service est organisé et fonctionne depuis 1893, le dossier de chaque immeuble doit comprendre en principe : 1° une chemise portant l'indication de l'arrondissement ou du canton, du quartier, de la rue et du numéro de l'immeuble ; 2° un plan aux deux millièmes de la maison avec l'indication des canalisations, fosses, puits, puisards, fontaines, fosses à fumier ; 3° une feuille de description de l'immeuble ; 4° une feuille indiquant les décès par maladies transmissibles survenus dans la maison avec leur date ; 5° une feuille indiquant les désinfections opérées, leur date et leur cause ; 6° une feuille indiquant les mesures prescrites par la Commission des logements insalubres et la suite donnée ; 7° et 8° deux feuilles spéciales, l'une destinée aux résultats des analyses d'eau, d'air, de poussières, de sol, qui auront pu être faites dans l'immeuble ; l'autre contenant le cadre d'une enquête sanitaire, dans le cas où cette enquête aurait été reconnue nécessaire.

Il est aisé de se rendre compte que ces divers éléments d'appréciation permettent, au bout de quelque temps, de déterminer, presque à coup sûr, les causes d'insalubrité propres à tels ou tels immeubles et, par suite, d'intervenir avec une grande efficacité pour en réaliser l'assainissement : aussi l'organisation du casier sanitaire — qui peut se faire, comme elle l'a été à Paris, avec un personnel très peu nombreux et avec une dépense très minime — est-elle une des œuvres les plus fécondes que puissent entreprendre les bureaux d'hygiène dès leur création.

Dans les villes où l'établissement immédiat d'un casier complet semblerait présenter de trop grandes difficultés, on pourrait, d'ailleurs, procéder à l'établissement progressif d'un casier sommaire. A partir du début de l'application du règlement sanitaire, toutes les pièces concernant la salubrité, à quelque titre que ce soit (salubrité des voies publiques et privées, salubrité des habitations, élevage des animaux domestiques dans les dépendances des habitations, établissements insalubres, dangereux ou incommodes, etc.), sont dans ce but classées par rues et par numéros. Après la confection des statistiques, tous les avis de maladies épidémiques, au lieu d'être réunis en liasses par genre de maladie, sont également répartis dans les dossiers. Cette façon de procéder constitue au bout de peu de temps un faisceau de renseignements très utiles à consulter sur l'état sanitaire de la ville et donne à l'Administration municipale une base d'appréciation déjà précieuse, quoique assurément moins complète et moins décisive que le casier par maison.

Plans sanitaires. — Enfin, les *cartes* ou *plans sanitaires* de la commune (3° *d)* viennent compléter le casier sanitaire en présentant d'abord l'assemblage des indications qu'ils forment, et en les accompagnant de nombreux éléments d'ordre divers.

Dans un rapport présenté au Comité consultatif en 1886[1], M. le Dr du Mesnil réclamait déjà, pour chaque ville pourvue d'un bureau d'hygiène, l'établissement d'une série de cartes, donnant : a) la constitution géologique du sol de la ville ; b) le réseau d'égouts ; c) la distribution des eaux ; d) l'emplacement des puits et puisards et des fosses d'aisances ; e) la répartition des habitations collectives (écoles, casernes, prisons, hôpitaux) et des établissements classés.

Il conviendrait d'y ajouter des cartes figurant en outre la répartition sur l'ensemble du territoire communal des cas de maladies épidémiques ou transmissibles, à raison d'une carte par nature de maladie. Un tel document soigneusement établi pendant quelques années serait du plus haut intérêt dans chaque ville pour la protection de la santé publique, ainsi qu'il est aisé de s'en rendre compte d'après ce qui a déjà été fait dans cet ordre d'idées. La répétition presque régulière des décès sur les mêmes points d'une année à l'autre, pour certaines maladies de nature éminemment transmissible, jette un jour décisif sur la nécessité de prendre contre leur extension des mesures de désinfection et d'assainissement rigoureuses.

Ainsi peuvent être sommairement définies les principales attributions *obligatoires* incombant aux bureaux d'hygiène en exécution de la loi du 15 février 1902.

Attributions facultatives. — Quant aux attributions résultant d'autres dispositions légales ou réglementaires et qui sont seule-

---

[1] *Recueil des travaux du Comité consultatif d'hygiène publique de France*, XVI, p. 246.

ment *facultatives*, — bien qu'il soit vivement désirable que les bureaux d'hygiène en assurent l'exercice, pour les raisons déjà indiquées ci-dessus — la liste peut en être établie différemment suivant les préférences locales, et ne saurait présenter ni la rigueur, ni le caractère strict et limité de la précédente.

Toutefois, elle paraît devoir comprendre en principe les rubriques suivantes, qui pourraient être groupées dans l'ordre indiqué, pour faire suite aux attributions obligatoires :

B. — Application des dispositions légales ou réglementaires, relatives à l'hygiène, autres que la loi du 15 février 1902.

1° *Service médical de l'état civil :*
 a) Constatations des naissances et des décès ;
 b) Statistique démographique.

2° *Hygiène de l'enfance :*
 a) Exécution de la loi du 23 décembre 1874 sur la protection des enfants du premier âge ; inscription des nourrices ;
 b) Contrôle de la qualité du lait au point de vue de l'alimentation infantile ; consultations de nourrissons ; gouttes de lait, etc... ;
 c) Hygiène scolaire ; inspection médicale des écoles ; salles d'asile communales ;

3° *Hygiène alimentaire :*
 a) Surveillance des abattoirs ; inspection des viandes foraines ;
 b) Inspection des denrées alimentaires ; contrôle de la qualité du lait ; surveillance des halles et marchés ;

4° *Police sanitaire des animaux ;*

5° *Surveillances des établissements insalubres, dangereux, ou incommodes ;*

6° *Surveillance de la prostitution au point de vue de la prophylaxie des maladies vénériennes*, etc., etc.

Rapport des bureaux d'hygiène avec les autres services municipaux. — Il appartiendra, dans chaque ville, au Conseil municipal, d'arrêter cette liste d'attributions facultatives en s'inspirant des besoins de la localité, de manière à déterminer en tous cas exactement la sphère d'activité du bureau d'hygiène en dehors de la mission principale et obligatoire qu'il tient des dispositions de la loi sur la santé publique.

Mais il ne suffirait pas de déterminer les attributions des bureaux d'hygiène, si l'on ne prenait soin d'envisager en même temps et de résoudre une question particulièrement importante et délicate, dont dépend, dans une large mesure, l'efficacité des efforts qu'ils pourront tenter dans la limite de ces attributions et, par suite, la bonne application de la loi elle-même.

C'est la question des rapports entre les bureaux d'hygiène et les autres services municipaux.

Un grand nombre d'affaires intéressant l'hygiène ou la salubrité publique peuvent, en effet, relever plus directement de services spéciaux, et il est indispensable d'assurer à ces rouages distincts, lorsqu'ils sont appelés à concourir avec le bureau d'hygiène à la même œuvre de protection sanitaire, un fonctionnement harmonique.

L'exemple des difficultés survenues à cet égard dans certaines villes sous le régime antérieur a montré que cette préoccupation répondait non seulement à une vue théorique, mais à une nécessité pratique importante. Il est arrivé, en effet, sur certains points que les services municipaux investis d'attributions susceptibles de rapports plus ou moins directs avec la protection de la santé publique (service de l'état civil, des eaux, des égouts, de la voirie, des travaux, des écoles, des marchés, etc., etc.), ont poussé l'esprit d'autonomie jusqu'à prétendre ignorer l'existence des bureaux d'hygiène et se soustraire à leur action, comme à leurs avis techniques, dans ce qu'ils auraient eu de plus indispensable et de plus légitime. Dans cette conception fâcheuse du fonctionnement des divers services, le bureau d'hygiène n'était pas consulté sur les nombreuses affaires intéressant pourtant au premier chef l'hygiène et la salubrité publiques qui se trouvaient retenues par les autres services, soit en raison d'un aspect particulier des questions posées, soit par suite d'habitudes antérieures. Il arrivait fréquemment qu'il n'en était même pas informé.

Le Conseil supérieur d'hygiène publique de France a pensé qu'une telle manière de faire constituerait désormais la violation formelle de la loi, et qu'il convenait d'assurer à cet égard, sous l'autorité du maire — supérieure à celle de tous les services municipaux, quelle que soit leur spécialisation — le fonctionnement loyal, logique et sans fissures de cet organisme des bureaux d'hygiène, qui doit être le pivot essentiel, nécessaire, de toute hygiène urbaine.

La pratique signalée n'a, d'ailleurs, pu se perpétuer, là où elle s'est produite, dès que les maires des villes intéressées ont eu compris la haute garantie résultant pour leur responsabilité, dans les questions intéressant la protection sanitaire de la population, de l'avis éclairé d'un service technique uniquement consacré à cet objet, et ont eu manifesté en conséquence leur ferme volonté d'avoir cet avis et cette garantie pour toutes les affaires de l'ordre envisagé, en maintenant d'ailleurs sans restriction l'autonomie des autres services dans les limites où elle est justifiée.

La bonne exécution de la loi nouvelle exige que l'intervention du bureau d'hygiène dans les cas de cette nature soit désormais obligatoire. Aussi, *pour toute affaire intéressant de près ou de loin l'application de la loi du 15 février 1902, le bureau d'hygiène devra-t-il toujours être appelé à émettre un avis, quand il n'aura pas à proposer lui-même la décision.* Cet avis destiné à éclairer l'autorité municipale sur l'aspect sanitaire de l'affaire envisagée, et à intervenir comme élément d'appréciation technique dans l'examen de la question par le maire, sera porté, le cas échéant, par ce dernier à la connaissance du service ou, s'il y a lieu, de l'autorité intéressée et devra être mentionné dans la décision qui interviendra.

Je vous recommande particulièrement, Monsieur le Préfet, d'appeler l'attention de MM. les maires sur l'importance de cette prescription, et de veiller en ce qui vous concerne — au nom de l'intérêt général de la collectivité, dont tous les services doivent avoir le souci d'une manière exclusive, — à ce qu'elle soit fidèlement observée.

Personnel. — L'exercice d'attributions aussi complexes, aussi délicates et pour partie aussi techniques que celles que nous venons d'énumérer exige, évidemment, de la part du personnel du bureau d'hygiène et principalement de son chef une compétence toute spéciale.

Pour répondre au but vraiment utile que le législateur s'est proposé, le directeur du service doit nécessairement posséder en matière d'hygiène publique les connaissances variées que comporte l'état actuel de la science et qui lui assureront pratiquement l'autorité morale dont il aura besoin pour pouvoir exercer utilement son action, tant auprès des médecins, des autres services, des établissements publics et privés, que des populations elles-mêmes.

Désignation du directeur. — C'est cette nécessité qui a inspiré le Conseil supérieur d'hygiène publique de France et le Conseil d'État dans la recherche de la solution la plus conforme aux intérêts en cause pour le mode de désignation de ce fonctionnaire.

Le rapport soumis au Conseil supérieur d'hygiène, au nom de sa deuxième section, pour l'élaboration du règlement d'administration publique qui est devenu celui du 3 juillet dernier, s'exprimait ainsi :

« Les progrès réalisés par la science moderne dans le domaine de la pathogénie et de l'étiologie des maladies infectieuses, ainsi que dans l'utilisation des diverses sciences pour l'assainissement des milieux urbains et la salubrité des habitations, ont constitué, en face de la médecine proprement dite, individuelle et curative, une médecine sociale, collective et préventive, qu'on pourrait appeler la science de la protection de la santé publique, et dont les principes, les enseignements et l'objet sont naturellement différents, et comportent des connaissances techniques spéciales et diverses. Il est, en conséquence, désirable que tout au moins les agents supérieurs de la protection de la santé publique puissent avoir reçu ces connaissances par un enseignement approprié, et en témoigner pour l'obtention des situations administratives qui leur sont confiées. »

La formule adoptée par le Conseil d'État stipule que le maire nomme le chef du service parmi les personnes reconnues aptes, à raison de leurs titres, par le Conseil supérieur d'hygiène publique de France (art. 2 § 1); les directeurs en fonctions des bureaux d'hygiène actuellement existants sont, d'ailleurs, dispensés de l'obligation de soumettre leurs titres à cette assemblée (§ 2).

J'ai décidé, en conséquence, d'accord avec le Conseil supérieur, qu'il serait procédé de la manière suivante pour la désignation des directeurs des bureaux d'hygiène :

Dès qu'est intervenu l'arrêté du maire portant organisation du bureau municipal d'hygiène dans les conditions de l'article 5 du décret, un avis faisant connaître la vacance ouverte et le traitement attribué est publié au *Journal officiel*.

A l'expiration d'un délai de vingt jours fixé par cet avis, les dossiers des candidats sont soumis à l'examen d'une commission spéciale, dont les membres sont choisis dans le sein du Conseil supérieur d'hygiène publique de France et désignés par celui-ci, chaque année, en assemblée générale.

Cette commission est présidée par le président du Conseil supérieur; elle comprend, en outre, le vice-président, l'inspecteur général des services sanitaires, quatre médecins, un administrateur, un ingénieur ou architecte et un chimiste.

Les demandes des candidats sont adressées au Ministre de l'intérieur; elles visent spécialement un poste déterminé et sont accompagnées des titres, justifications ou références permettant d'apprécier leurs connaissances scientifiques et administratives ainsi que la notoriété acquise par eux dans des services ou des fonctions antérieures.

Les candidats peuvent être entendus par la commission.

Celle-ci dresse, par ordre alphabétique, une liste des candidats qu'elle a reconnus aptes à exercer le poste de directeur du bureau d'hygiène pour lequel les demandes lui ont été soumises. Cette liste est immédiatement notifiée au maire par l'entremise du préfet et portée à la connaissance des intéressés.

Un recours devant l'Assemblée général du Conseil supérieur d'hygiène est ouvert aux candidats qui n'auraient pas été inscrits sur la liste d'aptitude.

Les titres susceptibles d'être invoqués, et dont l'appréciation appartient entièrement au Conseil supérieur, résultent soit des diplômes ou certificats d'études d'hygiène publique délivrés par l'Etat, par les Universités ou par les instituts spéciaux avec l'agrément de l'Etat, soit du diplôme de docteur en médecine appuyé de travaux spéciaux sur l'hygiène et la salubrité publique ou d'une participation effective à des services publics en rapport avec l'application des dispositions de la loi du 15 février 1902, soit de toutes autres justifications établissant une compétence équivalente en pareille matière.

Ces dispositions sont applicables aux bureaux qui auraient été constitués depuis le décret du 3 juillet. Pour en assurer l'exécution vous voudrez bien inviter les maires des villes dans lesquelles des bureaux ont été ou vont être ainsi créés à me faire parvenir le plus tôt possible, par votre intermédiaire, le texte de l'arrêté d'organisation devenu définitif en vertu de l'article 5 et précisant notamment le chiffre du traitement à attribuer au directeur.

Quant aux bureaux actuellement existants, au sens du paragraphe 2 de l'article 2 du décret du 3 juillet 1905, c'est-à-dire antérieure à cette date, ce paragraphe stipule expressément que leurs directeurs en fonctions sont dispensés de l'obligation de soumettre leurs titres au Conseil supérieur. Ils peuvent donc être maintenus à la tête de leurs services, sans autre justification, sous réserve toutefois de la réorganisation des bureaux à laquelle il devra être procédé le cas échéant, comme je l'ai rappelé ci-dessus, par un nouvel arrêté du maire.

Composition du personnel. — Le directeur du bureau d'hygiène, désigné comme il vient d'être dit, sera assisté suivant les besoins du service dans chaque localité de collaborateurs et agents administratifs et techniques : médecins, architectes, ingénieurs, chimistes, employés de bureau, agents d'exécution et de contrôle, ces derniers pouvant être assermentés dans les conditions prévues à l'article 88 de la loi du 5 avril 1884.

Le paragraphe 3 de l'article 2 du règlement d'administration publique a spécifié que les employés et agents du service pourraient appartenir en même temps à d'autres services municipaux, de manière à permettre d'assurer le fonctionnement du bureau à moindre frais, mais cette faculté reste évidemment subordonnée à la question de savoir si le service peut être réellement assuré de cette sorte dans des conditions satisfaisantes, et il n'en sera ainsi en principe que dans les communes de la seconde catégorie possédant un établissement thermal.

L'importance numérique du personnel pourra d'ailleurs varier considérablement suivant qu'il s'agira d'une grande ville ou d'une station thermale de 2.000 habitants, mais il ne saurait comprendre, en outre du directeur, moins de deux agents : un employé administratif et un agent d'exécution. Dans les plus petites stations thermales, ces deux agents pourront être, par application de la disposition susvisée, le secrétaire de la mairie et le garde champêtre ou l'appariteur, mais ils recevront en tous cas une délégation spéciale pour prêter leur concours au directeur du bureau d'hygiène. Dans les villes ils devront en principe être affectés au service d'une manière exclusive.

Installation matérielle. — Au point de vue de l'installation matérielle du service, il est indispensable qu'un local spécial pourvu du matériel nécessaire soit affecté au bureau d'hygiène dans les bâtiments municipaux. Ce local devra comprendre, outre le mobilier ordinaire, une série de plans et cartes de la ville, établis dans les conditions exposées ci-dessus; une bibliothèque comprenant les traités et publications usuels d'hygiène publique, etc., etc.

Laboratoire. — En outre, il est très désirable que le bureau d'hygiène comprenne un laboratoire d'hygiène, au moins dans les villes de plus de 20.000 habitants. Ce laboratoire est notamment indispensable pour permettre au service de faire dans le moindre délai toutes recherches bactériologiques, épreuves de contrôle pour la désinfection, analyses d'eau, examen de substances alimentaires, etc., etc., et par suite d'assurer son action d'une manière à la fois éclairée et autorisée.

Si le Conseil municipal ne croyait pas devoir consentir à la création d'un laboratoire d'hygiène, le paragraphe 2 de l'article premier du décret stipule qu'il devrait en tous cas statuer obligatoirement sur les conditions dans lesquelles le service pourrait s'adresser soit aux laboratoires municipaux déjà existants, soit à d'autres laboratoires publics ou à des laboratoires privés.

Dépenses. — Enfin il y aura lieu de fixer des allocations convenables, d'une part pour le personnel, et d'autre part pour le fonctionnement matériel, tant au titre des frais de bureau, d'impression et de bibliothèque qu'à celui des dépenses de laboratoire. Les crédits nécessaires devront être calculés en tenant compte notamment de la participation de l'État et du département, conformément aux dispositions de l'article 26 de la loi, et seront inscrits au budget communal. Les questions relatives au régime financier des services résultant de l'application de la loi du 15 février 1902 feront d'ailleurs l'objet d'instructions particulières.

Procédure d'organisation. — Je me suis attaché jusqu'ici à exposer les principes qui doivent présider à l'organisation des bureaux d'hygiène et à leur fonctionnement ultérieur. J'en viens à la procédure qui doit être suivie pour réaliser cette organisation.

Délibération du Conseil municipal. — Le soin de préciser en fait les détails de l'organisation et du fonctionnement du bureau d'hygiène appartient dans chaque commune au Conseil municipal ainsi qu'a pris soin de le rappeler l'article premier du décret du 3 juillet 1905. Les délibérations relatives à cet objet seront prises dans les conditions de l'article 61 de la loi du 15 avril 1884, et par suite exécutoires par elles-mêmes. Toutefois elles devront être conformes aux prescriptions légales et réglementaires.

Dans le cas où cette condition ne serait pas remplie, l'article 3 du décret fixe une procédure spéciale permettant d'imposer une organisation d'office par application de l'article 26 § 5 de la loi du 15 février 1902.

Les délibérations prises devront viser et déterminer plus particulièrement, selon les propres termes de l'article premier du règlement susvisé, l'*importance du personnel* et les *allocations* qui peuvent lui être attribuées, le *local* où sera installé le service, les *dépenses* que peuvent entraîner son organisation et son fonctionnement, et la création d'un *laboratoire* ou l'utilisation de laboratoires déjà existants.

Ces divers points sont précisément ceux qui viennent d'être examinés dans les développements qui précèdent ; les municipalités s'y reporteront pour y trouver toutes indications nécessaires en vue de l'établissement des délibérations à intervenir. Ils sont d'ailleurs essentiels à la constitution même du bureau, et c'est, ainsi que l'indique leur énumération prévue par le décret du 3 juillet, en vue de permettre à l'Administration de s'assurer qu'ils sont réglés d'une manière convenable, qu'a été instituée la procédure de contrôle visée plus haut. Si l'une ou l'autre des questions ainsi spécifiées n'était pas solutionnée par la délibération, celle-ci devrait être *de plano* considérée comme insuffisante, réserve faite d'ailleurs de l'examen approfondi des solutions données sur les autres points.

En outre, le Conseil municipal devra arrêter la *liste des attributions facultatives* qui seront confiées au bureau d'hygiène dans les conditions que nous avons exposées ci-dessus.

Intervention éventuelle de l'Administration supérieure. — Toute délibération relative à l'organisation d'un bureau d'hygiène devra vous être transmise, et vous aurez à la communiquer pour examen au Conseil départemental d'hygiène, en conformité des prescriptions de l'article 3 du règlement d'administration publique. Le Conseil s'inspirant des principes posés, tant par ledit règlement que par la présente circulaire, vous fera connaître si les dispositions adoptées lui paraissent de nature à permettre le fonctionnement du service dans des conditions satisfaisantes.

Il ne devra jamais perdre de vue, comme j'ai déjà eu l'occasion de le signaler en ce qui concerne les attributions et le personnel, qu'on ne peut d'ailleurs formuler les mêmes exigences à l'égard des petites stations thermales de 2.000 à 20.000 habitants et des grandes villes ; l'importance des bureaux devra être, en général, proportionnée à celle de la population.

C'est sur le vu des observations du Conseil départemental d'hygiène que vous apprécierez à votre tour si l'organisation envisagée peut être acceptée, ou si son insuffisance équivaut au défaut d'organisation prévu par l'article 26 de la loi. Vous voudrez bien me communiquer à titre d'information la délibération du Conseil municipal, celle du Conseil d'hygiène et votre décision.

Dans le cas où la délibération est jugée insuffisante au point de pouvoir être considérée comme équivalant, soit dans l'ensemble, soit sur certains points déterminés, au défaut d'organisation, l'article 3 du décret du 3 juillet vous prescrit de prendre un arrêté invitant le Conseil municipal à délibérer à nouveau.

Cet arrêté doit relater expressément les points envisagés comme constituant, d'après l'avis du Conseil départemental d'hygiène, des défauts d'organisation, et un délai de deux mois est accordé au Conseil municipal à partir de la notification de cet arrêté, pour se prononcer à nouveau. S'il persiste dans ses intentions premières ou si les modifications qu'il propose ne donnent pas encore satisfaction aux observations formulées, vous m'adresserez vos propositions pour l'organisation d'office du bureau, sous la forme d'un rapport détaillé destiné à me permettre de soumettre au Conseil d'Etat le projet de décret à intervenir, en vue de consacrer cette organisation sous forme de règlement d'administration publique par application du paragraphe 5 de l'article 26 de la loi.

Le troisième paragraphe de l'article 3 du décret envisage une autre hypothèse, qui peut être considérée comme l'inverse de la précédente. Ce paragraphe se rattache, non plus au paragraphe 5, mais au paragraphe premier de l'article 26. Il vise le cas où le Conseil municipal, loin de prendre des dispositions insuffisantes, aurait adopté des dispositions excessives, et, plus spécialement, engagé, pour le fonctionnement du bureau d'hygiène, des dépenses supérieures à celles qui pourraient être jugées réellement nécessaires. L'exagération de ces dépenses ayant une répercussion sur les budgets du département et de l'Etat, par suite du mécanisme des subventions obligatoires, il était naturel, Monsieur le Préfet, de vous réserver, en tant que représentant de l'Etat et du département, la faculté d'en contester la nécessité et de donner ouverture à une procédure susceptible d'aboutir à leur réduction, — du moins autant que base de calcul pour les subventions prévues, — par voie de décret rendu en Conseil d'Etat. Le paragraphe dont nous nous occupons ne dit pas dans quelle forme et dans quel délai devraient être échangées et les observations préfectorales et la réponse du Conseil municipal, mais j'estime, par voie d'analogie, qu'il convient de procéder, comme dans l'hypothèse précédente, par un arrêté motivé, auquel la délibération de l'Assemblée communale devrait répondre dans un délai maximum de deux mois.

Arrêté du Maire. — Lorsque les dispositions arrêtées par le Conseil municipal sont devenues définitives, soit telles qu'elles avaient été arrêtées dès sa première délibération, soit telles qu'elles ont été modifiées après vos observations, le maire prend à son tour un arrêté destiné à réglementer les mesures de détail nécessaires pour assurer l'organisation et le fonctionnement du bureau d'hygiène en conformité de la ou des délibérations intervenues.

Cet arrêté, qui est la suite nécessaire et normale de la délibération, doit porter comme elle, sur le personnel et sa rémunération, le local et le matériel, le laboratoire, et la détermination précise des attributions du bureau. Il doit rappeler en outre le principe que toutes les affaires intéressant l'hygiène ou la salubrité publiques et relevant d'autres services comportent un avis du bureau d'hygiène, et règle s'il y a lieu les conditions dans lesquelles cet avis doit être formulé ; il statue enfin sur toutes les questions de détail soulevées par la mise en œuvre du nouveau service.

Il est d'ailleurs soumis aux règles générales fixées par l'article 95 de la loi du 5 avril 1884 dans les termes suivants :

« Les arrêtés pris par le maire sont immédiatement adressés au sous-préfet, ou dans l'arrondissement du chef-lieu du département au préfet. Le préfet peut les annuler ou en suspendre l'exécution. Ceux de ces arrêtés qui portent règlement permanent ne sont exécutoires qu'un mois après la remise de l'ampliation constatée par les récépissés délivrés par le sous-préfet ou le préfet. Néanmoins, en cas d'urgence, le préfet peut en autoriser l'exécution immédiate. »

Vous aurez à faire usage des pouvoirs d'annulation ou de suspension qui vous sont conférés par cet article s'il arrivait qu'un maire prît l'arrêté visé par l'article 5 du décret du 3 juillet 1905 avant que vous ne lui ayez fait connaître l'avis conforme du Conseil départemental d'hygiène par application de l'article 3.

C'est seulement après que l'arrêté de principe dont il vient d'être question sera devenu définitif, soit par l'expiration du délai d'un mois, soit par votre visa pour exécution immédiate, que le maire procédera à la nomination du personnel en se conformant soit aux prescriptions de l'article 2 du décret, soit aux conditions qui ont été fixées par la présente circulaire en ce qui concerne spécialement le choix du directeur.

Comptabilité du service. — Le maire prendra également les dispositions nécessaires pour que la comptabilité du service fasse ressortir nettement le montant respectif des diverses catégories de dépenses auxquelles l'activité du bureau d'hygiène doit donner lieu.

L'article 4 du décret du 3 juillet 1905 s'exprime ainsi à cet égard :

« Les dépenses du bureau d'hygiène sont divisées en deux catégories :

« 1° Celles qui concernent l'organisation du Service de la désinfection dans les villes de 20.000 habitants et au-dessus sont supportées par les villes et par l'Etat ;

« 2° Celles qui résultent de l'exercice des autres attributions qui lui sont conférées pour l'application de la loi du 15 février 1902 sont réparties entre les villes, le département et l'Etat.

« Les dépenses communes aux deux séries d'attributions ci-dessus rappelées sont réparties entre chacune de ces deux catégories proportionnellement au montant des autres dépenses qui y sont déjà portées. »

Il y a en outre une troisième catégorie de dépenses à envisager : ce sont celles qui résulteront des attributions facultatives du bureau. Ces dépenses devront faire l'objet d'un compte spécial comme ne pouvant entrer en concours dans la répartition prévue entre les communes, les départements et l'Etat par l'article 26 de la loi de 1902, puisqu'elles ne résultent pas nécessairement de l'exécution de ses prescriptions.

Syndicat de communes pour la création d'un bureau commun. — Enfin, d'après l'article 6 du décret du 3 juillet, un bureau d'hygiène unique peut être institué par plusieurs communes, lorsqu'elles ont été autorisées à se syndiquer conformément à la loi du 22 mars 1890, et à l'article 2 § 3 de la loi du 15 février 1902.

Cette disposition vise le cas où deux ou plusieurs communes, — soumises d'ailleurs les unes et les autres à l'obligation de constituer un bureau d'hygiène comme ayant une population de 20.000 habitants ou possédant un établissement thermal avec une population de plus de 2.000 habitants, — désireraient constituer un bureau d'hygiène commun, soit pour diminuer la charge des frais généraux incombant à chacune d'elles, soit pour réaliser plus aisément les mesures de prophylaxie ou d'assainissement sur l'ensemble de leurs territoires ; elle doit être rapprochée à ce dernier point de vue du paragraphe 3 de l'article 2 de la loi du 15 février 1902, aux termes duquel : « Dans le cas où plusieurs communes auraient fait connaître leur volonté de s'associer, conformément à la loi du 22 mars 1890, pour l'exécution des mesures sanitaires, elles pourront adopter les mêmes règlements, qui leur seront applicables suivant les formes prévues par ladite loi. » L'application de ces dispositions peut présenter un réel intérêt pour des communes contiguës ou proches l'une de l'autre. Quant aux détails d'organisation et de fonctionnement des bureaux qui seraient créés dans ces conditions, ils seront définis par les décrets qui devront être rendus en Conseil d'État pour la création des syndicats de communes envisagées (art. 169 de la loi du 5 avril 1884).

Conclusions. — Telles sont, Monsieur le Préfet, les considérations que me paraît comporter la mise en œuvre des dispositions de la loi du 15 février 1902 et du règlement d'administration publique du 3 juillet 1905, en ce qui concerne l'organisation et le fonctionnement des bureaux d'hygiène.

Je vous prie d'inviter sans aucun retard les municipalités de chacune des villes ou communes de votre département soumises à l'obligation légale à dresser dans le moindre délai possible, pour être soumis à la plus prochaine session du Conseil municipal, les projets d'organisation ou de régularisation des bureaux d'hygiène qu'elles doivent posséder.

Je vous invite à leur rappeler expressément à titre de résumé des indications qui précèdent, que le projet doit notamment comporter des dispositions précises et satisfaisantes sur les points suivants, essentiels à la constitution même du service :

1º Détermination du personnel du bureau, devant comprendre en principe, *pour les villes de plus de 20.000 habitants*, un directeur, suffisamment rémunéré pour consacrer autant que possible tout son temps au service, et assisté, à proportion des besoins, de médecins, architectes, chimistes, etc., ainsi que d'un ou plusieurs employés administratifs et d'un ou plusieurs agents techniques ; *pour les stations thermales de 2.000 à 20.000 habitants,* un directeur, qui pourra être moins rétribué que dans le cas précédent en raison de la moindre importance du service, et qui sera assisté d'un employé administratif et d'un agent technique, emprunté, le cas échéant, aux services municipaux déjà existants ;

2° Détermination de la liste des attributions du bureau, devant comprendre en principe, *pour les villes de plus de 20.000 habitants*, et en outre des attributions obligatoires, les attributions facultatives énumérées ci-dessus ; et *pour les stations thermales de 2.000 à 20.000 habitants* une liste analogue, diminuée de la désinfection et du permis de construire en ce qui concerne les attributions obligatoires, ainsi que des diverses attributions facultatives qui ne correspondraient pas à des besoins précis de la localité ;

3° Affectation au fonctionnement du bureau d'un local et d'un matériel spécial ;

4° Création d'un laboratoire ou utilisation d'un laboratoire déjà existant ;

5° Budget du service.

Ces indications sont résumées d'une façon aussi claire et concise que possible dans l'annexe II de la présente circulaire.

La mise en œuvre des dispositions légales et réglementaires sur les différents points ci-dessus ne peut manquer de nécessiter de la part des municipalités un effort de travail, et subsidiairement un effort financier, dont mon Administration se rend parfaitement compte. Au point de vue financier toutefois, la charge nouvelle devant résulter pour les budgets locaux de l'organisation et du fonctionnement des bureaux d'hygiène sera dans un grand nombre de cas peu élevée comparativement aux ressources des villes ou communes envisagées et au but à atteindre, eu égard notamment soit à la possibilité qui se présentera fréquemment de réunir et de centraliser, au budget spécial du bureau, des crédits dès aujourd'hui affectés à diverses branches des services concernant l'hygiène ou la salubrité publiques, soit aussi à la participation du département et de l'Etat aux dépenses du bureau dans les conditions prévues à l'article 26, participation qui allégera principalement la charge des petites communes. Je ne puis en outre que rappeler ici le considérant si profondément juste de l'arrêté du maire du Havre que j'ai déjà cité au début de cette circulaire : « La santé publique est la première richesse d'une ville comme d'un pays. »

Quant à l'effort d'attention, de travail et de dévouement que comporte sur ce point, de la part des municipalités, l'exécution de la loi relative à la protection de la santé publique, ce serait méconnaître l'esprit démocratique et le patriotisme des municipalités françaises que d'insister longuement pour le solliciter. Il suffit assurément d'y faire appel, en évoquant d'un mot l'impérieuse nécessité qui s'impose à notre pays de combattre les effets de la restriction de sa natalité par la réduction de sa mortalité, et, tout en augmentant ainsi sa puissance économique, de réaliser ses hautes obligations de solidarité sociale en assurant, dans la mesure la plus large où puissent le faire des mesures collectives, la protection de nos populations laborieuses contre la maladie évitable et la misère imméritée qu'elle engendre si fréquemment.

L'obligation légale de posséder dans ces conditions un bureau municipal d'hygiène s'applique aux diverses villes qui figurent sur l'annexe III ci-après.

Je vous prie de transmettre aux municipalités intéressées, en ce qui concerne votre département, deux exemplaires de la présente circulaire, avec une lettre les invitant à poursuivre dans le moindre délai possible la mise à exécution des dispositions qu'elle comporte. Vous voudrez bien me faire connaître la date de transmission et me tenir ultérieurement informé, au fur et à mesure, pour chacune d'elles, qu'elles soient déjà en possession ou non d'un bureau d'hygiène, des mesures prises dans le sens des instructions qui précèdent.

Pour le Ministre de l'Intérieur :
Le Sous-Secrétaire d'État,
SARRAUT.

ANNEXE I

(Décret du 3 juillet 1905, reproduit page 163)

ANNEXE II

Résumé des dispositions générales applicables à l'organisation et au fonctionnement des bureaux d'hygiène, pour servir de bases aux délibérations des Conseils municipaux en vertu du règlement d'administration publique du 3 juillet 1905.

Personnel *(Art. 1 et 2 du décret).*

Un directeur, nommé parmi les personnes reconnues aptes à raison de leurs titres par le Conseil supérieur d'hygiène publique de France, et assisté, s'il y a lieu, de médecins, architectes, chimistes, etc.

Un ou plusieurs employés administratifs.
Un ou plusieurs agents techniques.

Dans les stations thermales de 2.000 à 20.000 habitants ces employés et agents peuvent appartenir à un autre service municipal.

Attributions *(Loi de 1902 ; art. 1er, 3 et 5 du décret).*

A. — ATTRIBUTIONS OBLIGATOIRES.

(Application de la loi du 15 février 1902).

1° *Mesures sanitaires concernant les individus :*

a) Contrôle de l'exécution du règlement sanitaire municipal ;

b) Réception des déclarations des cas de maladies transmissibles ou contagieuses; contrôle de la prophylaxie et de l'isolement;

c) Vaccination et revaccination obligatoires, en tant qu'elles relèvent de l'autorité municipale ;

d) Service de la désinfection. (Dans les villes de moins de

.20.000 habitants cette désinfection est assurée par le Service départemental) ;

e) Surveillance des hôtels et logements loués en garni au point de vue de la salubrité ;

f) Statistique des cas de maladies transmissibles et contagieuses.

2° *Mesures sanitaires concernant les immeubles :*

a) Contrôle de l'exécution du règlement sanitaire municipal;

b) Délivrance des permis de construire (non obligatoire pour les communes de moins de 20.000 habitants);

c) Assainissement des immeubles insalubres ;

d) Surveillance des eaux d'alimentation provenant de puits;

e) Surveillance des fosses d'aisances, puisards, bétoires, etc. ;

f) Casier sanitaire des immeubles.

3° *Mesures sanitaires concernant les localités :*

a) Assainissement général de la localité et de la voie publique;

b) Contrôle des distributions publiques d'eau potable;

c) Contrôle du service des égouts;

d) Carte sanitaire de la commune.

B. — ATTRIBUTIONS FACULTATIVES.

(Application des dispositions légales ou réglementaires, relatives à l'hygiène, autres que celles résultant de la loi du 15 février 1902.)

1° *Service médical de l'état civil :*

a) Constatation des naissances et des décès.

b) Statistique démographique.

2° *Hygiène de l'enfance :*

a) Exécution de la loi du 23 décembre 1874 sur la protection des enfants du premier âge ; inscription des nourrices;

b) Contrôle de la qualité du lait pour l'alimentation infantile; consultations de nourrissons ; gouttes de lait, etc. ;

c) Hygiène scolaire ; inspection médicale des écoles; salles d'asile communales.

3° *Hygiène alimentaire :*

a) Surveillance des abattoirs ; inspection des viandes foraines ;

b) Inspection des denrées alimentaires; contrôle de la qualité du lait; surveillance des halles et marchés.

4° *Police sanitaire des animaux.*

5° *Surveillance des établissements insalubres, dangereux ou incommodes.*

6° *Surveillance de la prostitution au point de vue de la prophylaxie des maladies vénériennes.*

Local et matériel *(Art. 1er et 5 du décret).*

Local spécial pourvu du matériel nécessaire et comprenant notamment des plans et cartes de la ville, une bibliothèque, etc. — Local ou partie de local approprié pour les stations thermales de 2.000 à 20.000 habitants.

Laboratoire *(Art. 1er du décret).*

Laboratoire permettant de faire toutes recherches chimiques et bactériologiques usuelles, ou, à défaut, entente avec un laboratoire public ou privé déjà existant [1].

Budget *(Art. 1er, 4 et 5 du décret).*

Rémunération du personnel. — Entretien du local et du matériel. — Fonctionnement du laboratoire. — Frais de bureau, d'imprimés, de bibliothèque [1], etc.

---

[1] Dispositions proportionnées, pour les stations thermales de 2.000 à 20.000 habitants, aux ressources et besoins locaux, à l'importance des localités et des populations flottantes.

XXVIII

Lettre ministérielle (juillet 1905)

AUX PRÉFETS DES DÉPARTEMENTS DANS LESQUELS LE CONSEIL D'HYGIÈNE DÉPARTEMENTAL OU LA COMMISSION SANITAIRE DE CIRCONSCRIPTION N'ONT PAS TENU UNE SEULE RÉUNION PENDANT TOUT LE COURS D'UN TRIMESTRE. — ATTRIBUTIONS DE CES ASSEMBLÉES. — DROIT D'INITIATIVE.

Monsieur le Préfet,

Je ne puis me dispenser de vous faire observer que l'absence de réunion de l'une quelconque des Assemblées sanitaires constituées en exécution de la loi du 15 février 1902 pendant une période de temps aussi longue est absolument contraire au but et aux intentions de la loi. C'est spécialement en vue d'assurer sur tous les points du territoire l'étude de toutes les questions relatives aux conditions sanitaires de la vie locale, grâce au fonctionnement permanent, régulier et actif des Conseils et Commissions sanitaires, que la loi sur la protection de la santé publique a prescrit leur réorganisation générale et réalisé si largement l'extension de leurs attributions.

Ces attributions comprennent au premier rang l'assainissement des communes, la salubrité des habitations, la prophylaxie des maladies contagieuses sur tout le territoire ; elles permettent à toutes les Assemblées sanitaires d'exercer dans leur sphère une action d'autant plus féconde que leur œuvre en pareille matière peut être considérée comme illimitée et que mon Administration leur a toujours reconnu à cet égard une initiative à laquelle elle n'hésite pas aujourd'hui à faire appel plus vivement encore que par le passé.

On ne saurait dès lors admettre qu'un Conseil départemental ou qu'une Commission sanitaire manque d'être réuni sous le prétexte trop facile « qu'il n'y aurait aucune affaire à lui soumettre ». Quelle est la circonscription de France où il n'y ait, au point de vue de l'hygiène, quelque grave lacune à combler ou des améliorations à réaliser ? Le moment est venu d'entreprendre résolument la tâche tracée par les lois du 21 juin 1898 et du 15 février 1902.

L'inertie ou le découragement des Conseils d'hygiène pouvait jusque-là s'expliquer, sinon se justifier, par l'absence de dispositions légales ou réglementaires suffisamment précises ou sanctionnées. Ce motif ne peut plus être invoqué aujourd'hui ; les Assemblées sanitaires comme les autorités administratives sont désormais qualifiées et armées pour agir de concert ; elles ont le devoir de se stimuler réciproquement et de faire pénétrer dans les mœurs, avec tous les ménagements nécessaires, mais avec la volonté d'aboutir, les principes d'hygiène capables d'assurer à la vie humaine le maximum des garanties soit contre les maladies évitables, soit contre les causes de dégénérescence qui la menacent.

Mon Administration suivra avec une attention toute particulière sur ce point les renseignements fournis par les comptes rendus trimestriels, tant en ce qui concerne le nombre des séances tenues et des membres y ayant participé que la nature des affaires traitées ou envisagées, au point de vue notamment de la salubrité des habitions, à laquelle s'attache un si grand intérêt pour la prophylaxie de la tuberculose.

C'est à vous, Monsieur le Préfet, en qualité de président du Conseil départemental, ainsi qu'à MM. les sous-préfets, comme présidents des Commissions sanitaires de leurs arrondissements, qu'incombe spécialement la mission de préparer en conséquence le dossier des affaires ou des questions qui doivent composer l'ordre du jour de ces assemblées.

Je vous prie de faire part de ces instructions à MM. les sous-préfets et de vous en inspirer vous-même pour régler désormais les délibérations des Assemblées sanitaires de votre département de telle sorte qu'elles puissent apporter à l'exécution de la loi nouvelle un concours véritablement efficace ; c'est dans l'intérêt de leurs circonscriptions respectives comme dans celui du pays tout entier, en raison de la solidarité qui unit toutes les parties du territoire.

Le Ministre de l'intérieur,
Eug. Etienne.

XXIX

Lettre ministérielle (janvier 1906)
RELATIVE A L'ÉLABORATION DES RÈGLEMENTS SANITAIRES MUNICIPAUX ET AUX MESURES A PRENDRE POUR EN RÉALISER DANS LE MOINDRE DÉLAI L'ADOPTION DÉFINITIVE.

Monsieur le Préfet, j'ai fait procéder à l'examen attentif des comptes rendus qui m'ont été adressés sur le fonctionnement des Services d'hygiène publique dans les départements pendant les deuxième et troisième trimestres 1905.

Cet examen m'a permis de relever, en ce qui concerne l'état d'élaboration des règlements sanitaires communaux prévus par l'article premier de la loi du 15 février 1902, qui ont déjà fait l'objet des observations contenues dans ma lettre du 31 mai 1905, quelques retards ou lacunes sur lesquels j'appelle à nouveau votre attention.

Quels que soient les motifs du retard, j'estime que le moment est venu d'y mettre un terme, plus de deux années s'étant écoulées actuellement depuis l'envoi de mes instructions relatives à l'élaboration des arrêtés sanitaires communaux et des règlements modèles préparés par le Comité consultatif d'hygiène publique de France.

Je vous invite, en conséquence, à procéder conformément à l'article 2 de la loi du 15 février 1902 à l'égard de chacune des municipalités retardataires, c'est-à-dire à leur adresser d'urgence une mise en demeure tendant à la présentation d'un règlement, et, si cette mise en demeure n'est pas suivie d'effet dans le délai d'un mois, à leur imposer d'office un règlement sanitaire par arrêté spécial (et non collectif) après avis du Conseil d'hygiène départemental.

D'autre part, une partie seulement des règlements qui vous ont été présentés ont reçu votre approbation jusqu'à ce jour.

Ce fait peut provenir d'un retard émanant soit de la sous-préfecture ou de la Commission sanitaire compétente, soit du Conseil d'hygiène départemental, ou de vos propres bureaux. Dans l'un ou l'autre cas, je vous prie de donner des instructions pour que l'examen des règlements présentés soit désormais conduit aussi rapidement que possible. Pour les règlements dont le rejet vous serait proposé par le Conseil départemental, vous auriez à examiner si vous ne devriez pas procéder immédiatement par voie de mise en demeure et d'imposition d'office comme il est dit ci-dessus.

Mon but est d'obtenir que toutes les communes de France soient en possession, dans le plus bref délai, de l'arrêté sanitaire dont l'obligation résulte de la loi sur la protection de la santé publique.

Je vous recommande particulièrement de faire le nécessaire à cet égard en ce qui concerne votre département, conformément aux instructions qui précèdent, et de me faire part de leur exécution dans le compte rendu du fonctionnement des Services d'hygiène pendant le quatrième trimestre 1905 pour lequel des formules imprimées vous ont été adressées dernièrement.

Pour le ministre :
Le Directeur de l'assistance et de l'hygiène publiques,
L. MIRMAN.

XXX

Loi du 29 janvier 1906 modifiant les articles 20 et 25 de la loi du 15 février 1902

SUR LA PROTECTION DE LA SANTÉ PUBLIQUE.

Le Sénat et la Chambre des députés ont adopté,
Le Président de la République promulgue la loi dont la teneur suit :

ARTICLE PREMIER. — Le paragraphe 5 de l'article 20 du titre II de la loi du 15 février 1902 sur la protection de la santé publique est modifié comme suit :

« Chaque Commission sanitaire de circonscription sera composée de cinq membres au moins et de neuf au plus, pris dans la circonscription. Elle comprendra nécessairement un conseiller général élu par ses collègues et au moins un médecin, un pharmacien, un vétérinaire, un architecte ou un technicien d'une compétence analogue. »

Art. 2. — L'article 25 est modifié comme suit :

« *Art. 25.* — Le Conseil supérieur d'hygiène publique de France délibère sur toutes les questions intéressant l'hygiène publique, l'exercice de la médecine et de la pharmacie, les conditions d'exploitation ou de vente des eaux minérales, sur lesquelles il est consulté par le gouvernement.

« Il est nécessairement consulté sur les travaux publics d'assainissement ou d'amenée d'eau d'alimentation des villes de plus de 5.000 habitants et sur le classement des établissements insalubres, dangereux ou incommodes.

« Il est spécialement chargé du contrôle de la surveillance des eaux captées en dehors des limites de leur département respectif pour l'alimentation des villes.

« Le Conseil supérieur d'hygiène publique de France est composé de cinquante-cinq membres.

« Sont membres de droit : le directeur de l'assistance et de l'hygiène publiques au ministère de l'intérieur ; l'inspecteur général des services sanitaires ; le directeur de l'administration départementale et communale au ministère de l'intérieur ; le directeur des consulats et des affaires commerciales au ministère des Affaires étrangères ; le directeur général des douanes ; le directeur des chemins de fer au ministère des travaux publics ; le directeur du travail au ministère du commerce, des postes et des télégraphes ; le directeur de l'enseignement primaire au ministère de l'Instruction publique ; le président du comité technique de santé de l'armée ; le directeur du service de santé de l'armée ; le président du Conseil supérieur de santé de la marine ; le président du Conseil supérieur de santé au ministère des colonies ; le directeur des domaines au ministère des finances ; le doyen de la Faculté de médecine de Paris ; le directeur de l'école de pharmacie de Paris ; les professeurs d'hygiène des Facultés de médecine de Paris, Lyon, Bordeaux, Lille,

---

1 Promulguée au *Journal Officiel* du 6 février 1906.

Nancy, Toulouse, Montpellier et des écoles de médecine et de pharmacie de plein exercice d'Alger, Marseille, Nantes et Rennes ; le président de la Chambre de commerce de Paris ; le directeur de l'administration générale de l'assistance publique à Paris ; les vice-présidents du Conseil d'hygiène et de salubrité du département de la Seine; l'inspecteur général du Service d'assainissement de l'habitation de la préfecture de la Seine ; le vice-président du Conseil de surveillance de l'assistance publique de Paris ; l'inspecteur général des écoles vétérinaires ; le directeur de la carte géologique de France.

« Six membres seront nommés par le ministre sur une liste triple de présentation dressée par l'Académie des sciences, l'Académie de médecine, le Conseil d'Etat, la Cour de cassation, le Conseil supérieur du travail, le Conseil supérieur de l'assistance publique de France.

« Quinze membres seront désignés par le ministre parmi les médecins, hygiénistes, ingénieurs, chimistes, légistes, etc.

« Un décret d'administration publique règlementera le fonctionnement du Conseil supérieur d'hygiène publique de France, la nomination des auditeurs et la constitution d'une section permanente. »

La présente loi, délibérée et adoptée par le Sénat et par la Chambre des députés, sera exécutée comme loi de l'Etat.

Fait à Paris, le 29 janvier 1906.

Emile LOUBET

Par le Président de la République :
Le ministre de l'intérieur,

F. DUBIEF.

XXXI

Circulaire ministérielle du 27 mars 1906

AUX PRÉFETS RELATIVE A L'APPLICATION DE LA LOI DU 29 JANVIER 1906 EN CE QUI CONCERNE LA COMPOSITION DES COMMISSIONS SANITAIRES DE CIRCONSCRIPTION.

Monsieur le Préfet, la loi du 29 janvier 1906, publiée au *Journal officiel* du 6 février, modifie les dispositions du paragraphe 5 de l'article 20 de la loi du 15 février 1902 sur la protection de la santé publique dans les termes suivants :

« Chaque Commission sanitaire de circonscription sera composée de cinq membres au moins et de neuf au plus, pris dans la circonscription. Elle comprendra nécessairement un conseiller général, élu par ses collègues, et au moins un médecin, un pharmacien, un vétérinaire, un architecte ou un technicien d'une compétence analogue. »

Il résulte notamment du texte nouveau :

1° Que le nombre maximum des membres des Commissions sanitaires est porté de 7 à 9 ;

2° Que ces assemblées doivent nécessairement comprendre au moins un pharmacien, en outre des membres déjà désignés par la rédaction antérieure.

J'appelle votre attention, Monsieur le Préfet, sur ces modifications dont la dernière peut avoir un intérêt particulier au point de vue de la constitution des Commissions d'inspection des pharmacies. Ainsi que vous le savez, deux des membres de ces commissions, pris exclusivement parmi ceux des Assemblées sanitaires, doivent être des pharmaciens de première classe.

S'il vous paraissait utile en conséquence, soit pour ce motif, soit pour tout autre, de relever dans la limite du nouveau maximum le nombre des membres d'une ou de plusieurs commissions existant dans votre département, vous auriez à procéder conformément au premier paragraphe de l'article 20, qui charge le Conseil général d'en délibérer après avis du Conseil d'hygiène départemental.

Je vous serai obligé dans ce cas de me faire connaître les délibérations prises par application des nouvelles dispositions légales.

Pour le ministre :
Le Directeur de l'assistance et de l'hygiène publiques,
L. MIRMAN.

XXXII

Circulaire ministérielle du 2 avril 1906

RELATIVE A L'ASSAINISSEMENT DES LOCALITÉS PAR APPLICATION DE L'ARTICLE 9 DE LA LOI DU 15 FÉVRIER 1902 (MORTALITÉ MOYENNE).

Monsieur le Préfet, la circulaire du 29 janvier 1904 vous a signalé la procédure instituée par l'article 9 de la loi du 15 février 1902, en vue de provoquer ou de réaliser l'assainissement des communes dont la mortalité dépasserait, pendant trois années consécutives, la mortalité moyenne de la France. Elle vous a invité en même temps à rechercher, de concert avec le Conseil d'hygiène départemental, les communes de votre département qui se trouveraient dans cette situation.

La mise en œuvre des instructions ainsi formulées a donné lieu, dans un certain nombre de départements, à des enquêtes, rapports ou projets qui ont permis d'apprécier le haut intérêt que présente pour l'assainissement général du pays l'application régulière des dispositions légales. Mais elle a révélé en même temps — sans parler de regrettables lacunes — certaines divergences et, dans plusieurs cas, un réel embarras touchant les conditions dans lesquelles leur exécution devait être poursuivie.

En présence de ces difficultés, il était utile de préciser les dispositions administratives qui devraient être observées. Mon Administration a attendu pour le faire que l'élaboration des règlements sanitaires communaux, qui constituent la préface indispensable de toute action sanitaire locale, fût suffisamment avancée ; leur achèvement à peu près général permet aujourd'hui d'arrêter des règles précises pour l'intervention des Administrations préfectorales et des Assemblées sanitaires dans l'hypothèse visée par l'article 9 qui nous occupe.

La loi vous charge expressément, Monsieur le Préfet, de saisir et de mettre en mouvement le Conseil d'hygiène départemental « lorsque, pendant trois années consécutives, le nombre des décès dans une commune a dépassé le chiffre de la mortalité moyenne de la France ».

Votre premier devoir consiste donc, pour vous acquitter de cette obligation, à vérifier la situation de toutes les communes de votre département, en comparant leur mortalité, pour chacune des trois dernières années, avec le chiffre de la mortalité moyenne de la France. En outre, ce travail doit être renouvelé tous les ans, chaque année nouvelle pouvant modifier la situation d'une commune quelconque à cet égard. Il en résulte nécessairement pour votre préfecture l'obligation de tenir et de mettre au courant tous les ans un tableau ou registre permanent de la mortalité comparée des communes de votre département.

Ce tableau doit comporter, pour chaque année, en regard du nom de chaque localité, l'indication de la population, le nombre des décès (qui vous sera fourni régulièrement par les états annuels du mouvement de la population), la proportion des décès pour 100 habitants et l'indication de la mortalité moyenne de la France. Il devra être préparé, en principe, pour recevoir les indications envisagées pendant une période de dix années consécutives (comprenant deux dénombrements), de manière à faciliter des comparaisons portant sur une période de temps un peu étendue. Les chiffres des décès et de leur proportion pour 100 habitants devront être soulignés à l'encre rouge quand ils dépasseront la moyenne. Le tableau sera tenu en double exemplaire, dont l'un conservé dans vos bureaux et l'autre communiqué chaque année, aussitôt après son établissement au Conseil d'hygiène départemental.

Je joins à la présente circulaire un modèle qui vous fera mieux comprendre les vues de mon Administration. Ce tableau ne porte exceptionnellement que sur huit années, à savoir les cinq années qui vont suivre le recensement effectué à la date du 4 mars 1906, et les trois années 1903, 1904 et 1905, pour lesquelles il vous sera facile de réunir, à titre rétrospectif, les éléments de la statistique envisagée.

Le tableau sera mis au point tous les ans, par les soins de vos bureaux, en ce qui concerne la mortalité de chaque commune, dès que le permettra l'établissement du mouvement de la population, et, de mon côté, je vous ferai connaître le chiffre de la mortalité générale moyenne afférente à chaque année, dès qu'il m'aura été notifié par M. le Ministre du commerce. Vous n'aurez qu'à faire le report de ce chiffre dans les conditions indiquées pour présenter l'ensemble du travail au Conseil d'hygiène départemental.

Il appartiendra alors à l'Assemblée de procéder — soit par elle-même, soit par l'entremise de la Commission sanitaire de circonscription — à une enquête et de prendre, dans un délai qui ne devrait pas excéder trois mois, une délibération portant sur les conditions sanitaires de toute commune passible de la prescription légale.

L'enquête pourra présenter deux degrés : d'abord sur pièces, puis, s'il y a lieu, sur place.

L'enquête sur pièces comportera l'examen détaillé des éléments de la mortalité, d'après les causes de décès et la proportion des différents groupes d'âge, puis leur appréciation en tenant compte, soit de l'existence dans la commune d'établissements collectifs, soit de toute autre circonstance susceptible d'influencer cette mortalité, et enfin la recherche de la morbidité locale autant qu'elle peut résulter de documents écrits (rapports de médecins des épidémies, déclarations de maladies contagieuses, nombre de désinfections effectuées, etc.). Vous ne manquerez pas, Monsieur le Préfet, soit personnellement, soit par le concours de vos collaborateurs, MM. les Sous-Préfets, de seconder de la façon la plus active, dans cette œuvre si éminemment sociale, la tâche du Conseil départemental ou des Commissions sanitaires, en leur procurant tous les renseignements d'ordre administratif, technique ou statistique, qui pourraient leur être utiles.

Lorsque des enquêtes sur place seront jugées nécessaires, comme il arrivera fréquemment, soit pour compléter ou vérifier les informations ainsi recueillies, soit pour apprécier les causes ou les remèdes d'une situation mauvaise, elles rencontreront de même, je n'en doute pas, de la part des administrations locales, toutes les facilités désirables pour répondre au but poursuivi.

Je vous prie, Monsieur le Préfet, de m'accuser réception de cette circulaire et d'en donner ou faire donner communication, tant au Conseil d'hygiène départemental qu'aux Commissions sanitaires de circonscription dans leur première réunion. Vous voudrez bien faire préparer en même temps le tableau dont il est question ci-dessus pour les années 1903, 1904 et 1905. Le chiffre de la mortalité moyenne de la France a été de 1,96 pour 100 en 1903 et de 1,95 en 1904 ; je vous ferai connaître sa quotité pour 1905, aussitôt que j'en aurai reçu moi-même communication officielle.

Pour le Ministre :
Le sous-secrétaire d'État,
SARRAUT.

XXXVI. — Décret du 19 juin 1906 modifiant les articles 6 et 7 du décret du 18 décembre 1902, relatif au fonctionnement du Conseil supérieur d'hygiène publique de France, p. 330.

XXXVII. — Circulaire ministérielle du 19 décembre 1906 relative à l'assainissement des communes (application de l'article 9 de la loi de 1902 — mortalité moyenne), p. 332.

XXXVI

Décret du 19 juin 1906 [1] modifiant les articles 6 et 7 du décret du 18 décembre 1902.

RELATIF AU FONCTIONNEMENT DU CONSEIL SUPÉRIEUR D'HYGIÈNE PUBLIQUE DE FRANCE

Le Président de la République française,

Sur le rapport du Ministre de l'intérieur ;

Vu la loi du 15 février 1902, relative à la protection de la santé publique, et notamment l'article 25, paragraphe 8, ainsi conçu :

« Un décret d'administration publique règlementera le fonctionnement du Comité consultatif d'hygiène publique de France, la nomination des auditeurs et la constitution d'une section permanente » ;

Vu la loi du 29 janvier 1906, modifiant les articles 20 et 25 de la loi du 15 février 1902 » ;

Vu le décret du 18 décembre 1902 ;

Le Conseil d'Etat entendu,

---

[1] Décret promulgué au *Journal officiel* du 19 juillet 1906 et inséré au *Bulletin des Lois*, XIIe S. B. 2757, n° 47950.

Décrète :

Article premier. — L'article 6 et l'article 7 du décret susvisé sont abrogés et remplacés par les dispositions suivantes :

Art. 6. — Une section permanente a pour mission de donner son avis sur toutes les questions sanitaires présentant un caractère urgent ou confidentiel sur lesquelles elle est consultée par le Ministre.

Cette section est composée du Président du Conseil supérieur d'hygiène publique de France, des membres du Conseil ayant précédemment rempli les fonctions de Président dudit Conseil ou d'Inspecteur général des services sanitaires, du Directeur de l'Assistance et de l'Hygiène publiques au Ministère de l'intérieur, de l'Inspecteur général des services sanitaires, du Directeur des consulats et des affaires commerciales au Ministère des affaires étrangères, du Président de la Chambre de commerce de Paris et de trois membres du Conseil supérieur désignés par le Ministre et renouvelables chaque année.

La section permanente est présidée par le Président ou, à son défaut, par le Vice-Président du Conseil supérieur.

Un sous-chef de bureau au Ministère de l'intérieur est attaché à la section permanente en qualité de secrétaire.

Art. 7. — Les Inspecteurs généraux adjoints des services sanitaires et le Chef du Bureau de la Direction de l'hygiène publique auquel ressortissent les affaires soumises au Conseil, assistent, avec voix consultative, aux séances de l'Assemblée générale, des sections, de la section permanente et des Commissions.

Les procès-verbaux sont signés du Président et du Secrétaire présents à la séance.

Art. 2. — Le Ministre de l'intérieur est chargé de l'exécution du présent décret, qui sera publié au *Journal officiel* et inséré au *Bulletin des lois.*

Fait à Paris, le 19 juin 1906.

A. Fallières.

Par le Président de la République :
Le Ministre de l'intérieur,
G. Clémenceau.

XXXVII

Circulaire ministérielle du 19 décembre 1906
RELATIVE A L'ASSAINISSEMENT DES LOCALITÉS PAR APPLICATION,
DE L'ARTICLE 9 DE LA LOI DU 15 FÉVRIER 1902 (MORTALITÉ MOYENNE)

Monsieur le préfet, comme suite à ma circulaire du 2 avril dernier, j'ai l'honneur de vous faire connaître que le chiffre de la mortalité générale de la France a été, en 1905, de 1,97 pour 100 habitants.

Je vous prie de faire reporter cette indication sur le tableau de la mortalité moyenne des communes que vous avez dû faire établir en exécution de la circulaire précitée, et, après avoir fait souligner à l'encre rouge, comme il y est prescrit, les chiffres de décès et les proportions pour 100 habitants qui dépasseraient la moyenne, de saisir dans le moindre délai le Conseil départemental d'hygiène de l'ensemble du travail ainsi préparé par vos bureaux.

Vous voudrez bien, en même temps, replacer sous les yeux du Conseil les instructions que je vous ai adressées à cet égard le 2 avril, en l'invitant à s'y conformer dans le délai fixé.

Pour le ministre :
Le Directeur de l'assistance et de l'hygiène publiques,

L. MIRMAN

XXXIX. — Loi 22 juin 1906 portant modification de l'article 26 de la loi du 15 février 1902 relatif aux dépenses, p. 333.
XL. — Circulaire ministérielle du 29 janvier 1907 concernant l'organisation financière des services de la santé publique, p. 334.
XLI. — Circulaire ministérielle du 23 avril 1907 (direction de l'administration départementale et communale, 1er bureau) réglant les dispositions spéciales de comptabilité applicables aux dépenses résultant de la loi de 1902, p. 353.

XXXIX

Loi du 22 juin 1906 portant modification de l'article 26 de la loi du 15 février 1902

RELATIF AUX DÉPENSES DE LA SANTÉ PUBLIQUE [1].

Le Sénat et la Chambre des députés ont adopté,

Le Président de la République promulgue la loi dont la teneur suit :

Article unique. — Le deuxième paragraphe de l'article 26 de la loi du 15 février 1902 est complété comme suit :

« Pour servir de base à cette répartition, il est établi préalablement pour chaque commune un contingent déterminé proportionnellement à la population municipale, sur la totalité des dépenses effectuées, à l'exception de celles concernant les bureaux d'hygiène, d'après la liquidation faite par le préfet à la clôture de l'exercice.

[1] Loi promulguée au *Journal officiel* du 24 juin 1906 et insérée au *Bulletin des lois*, XII° S. B. 2772 n° 48146.

« Celles des dépenses qui n'auraient pas été comprises dans cette liquidation demeureront à la charge du département. »

La présente loi, délibérée et adoptée par le Sénat et par la Chambre des députés, sera exécutée comme loi de l'Etat.

Fait à Paris, le 22 juin 1906.

A. FALLIÈRES.

Par le Président de la République :
Le ministre de l'intérieur,
G. CLÉMENCEAU.

XL

Circulaire ministérielle du 29 janvier 1907
CONCERNANT L'ORGANISATION FINANCIÈRE DES SERVICES DE LA SANTÉ PUBLIQUE

Monsieur le Préfet, l'article 26 de la loi du 15 février 1902, complété par la loi du 22 juin 1906, a fixé dans les termes suivants les dispositions applicables au règlement des dépenses motivées, en vertu desdites lois, par la protection de la santé publique :

« Les dépenses rendues nécessaires par la présente loi, notamment celles causées par la destruction des objets mobiliers sont obligatoires. En cas de contestation sur leur nécessité, il est statué par décret rendu en Conseil d'Etat.

« Ces dépenses sont réparties entre les communes, les département et l'Etat, suivant les règles fixées par les articles 27, 28 et 29 de la loi du 15 juillet 1893.

« Pour servir de base à cette répartition il est établi préalablement, pour chaque commune, un contingent déterminé proportionnellement à la population municipale sur la totalité des dépenses effectuées — à l'exception de celles concernant les bureaux d'hygiène — d'après la liquidation faite par le préfet à la clôture de l'exercice.

« Celles des dépenses qui n'auraient pas été comprises dans cette liquidation demeureront à la charge du département.

« Toutefois, les dépenses d'*organisation* du Service de la désinfection dans les villes de 20.000 habitants et au-dessus sont supportées par les villes et par l'Etat, dans les proportions établies au barème du tableau A annexé à la loi du 15 juillet 1893.

« Les dépenses d'*organisation* du Service départemental de la désinfection sont supportées par les départements et par l'Etat, dans les proportions établies au barème du tableau B.

« Des taxes seront établies par un règlement d'administration publique pour le remboursement des dépenses relatives à ce service. »

Ce texte pose le principe d'après lequel l'organisation financière des services de la protection de la santé publique doit, en premier lieu, s'inspirer des règles en usage pour l'exécution de la loi sur l'assistance médicale gratuite, telles qu'elles résultent des dispositions des articles 27, 28 et 29, ainsi que des instructions et décisions qui en ont déterminé les conditions d'application.

Sous réserve des différences que comportent sur certains points la nature et la complexité particulière des mesures administratives découlant de la nouvelle législation sanitaire, ce sont les mêmes règles qui sont applicables dans les deux cas.

L'une de ces règles fondamentales consiste dans le caractère essentiellement départemental de la comptabilité ; elle a été formulée avec une grande netteté par la circulaire du 27 juillet 1895 en ce qui concerne l'assistance médicale gratuite. Je ne puis que me référer aux instructions que vous adressait à cette date l'un de mes prédécesseurs en vue d'assurer dans des conditions semblables la liquidation et le règlement des dépenses de la santé publique.

Ces dépenses, comme les recettes corrélatives résultant de la loi du 15 février 1902, doivent être centralisées en conséquence au budget départemental et soumises aux règles générales de comptabilité établies par les décrets du 12 juillet 1893 et du 20 janvier 1900. L'exécution des services, la liquidation, le mandatement et le payement des dépenses, la constatation des droits du département et le recouvrement des recettes sont soumis aux mêmes prescriptions. L'ordonnateur c'est-à-dire le préfet, et le comptable, c'est-à-dire le trésorier général, sont tenus sous leur responsabilité de se conformer à ces prescriptions.

Le principe ainsi rappelé ne subit d'exception que pour les bureaux municipaux d'hygiène dont l'institution est prescrite par l'article 19 de la loi et les Services municipaux de désinfection dont le fonctionnement est lié à celui des bureaux eux-mêmes. La comptabilité de ces services ne saurait être en effet détachée de celle des villes ou communes qui en seront pourvues en raison de leur caractère municipal. Elle n'aura de répercussion sur la comptabilité départementale que par l'attribution des subventions prévues par l'article 26 de la loi de 1902 et suivant les barèmes annexés à la loi du 15 juillet 1893.

L'interprétation des articles 27 et 28 de la loi de 1893 a soulevé au point de vue de l'origine des ressources affectées aux services de l'assistance médicale des difficultés qui ont été tranchées par une circulaire du 20 juin 1898. Ici encore les mêmes considérations et les mêmes instructions doivent s'appliquer au calcul des subventions dues soit par l'État aux départements, soit par le département aux communes pour leur participation aux dépenses de la santé publique.

Les communes devront consacrer en premier lieu aux dépenses de protection de la santé publique les ressources spéciales dont elles pourraient disposer dans ce but et leurs ressources ordinaires libres. C'est seulement sur la part des dépenses payée, en dehors de ces deux catégories de ressources, par des fonds provenant de l'impôt que se feront, pour le service de la protection de la santé publique comme pour celui de l'assistance médicale, l'application des barèmes et la répartition des charges entre les trois collectivités intéressées.

Une divergence profonde se produit tout au contraire dans le mode de détermination du contingent global imputable à chaque commune en vue de l'application des barèmes.

L'un des éléments essentiels de l'imputation et de la répartition des dépenses de l'assistance médicale consiste en principe dans le rattachement initial de toute dépense relative à un assisté quelconque au budget d'une commune, et dans l'établissement par commune des mémoires du service.

Or, si l'on peut concevoir dans les services de la santé publique, que certaines dépenses pourraient être rattachées en principe à des communes déterminées, cette possibilité fait complètement défaut pour le plus grand nombre. La loi du 22 juin 1906 est intervenue pour régler ce point spécial dans des conditions qui non seulement ne peuvent laisser place à aucune équivoque, mais qui de plus sont de nature à simplifier grandement les opérations de comptabilité nécessairement complexes devant résulter du fonctionnement de services très variés. Cette loi dispose qu'il sera établi préalablement pour chaque commune un contingent global déterminé proportionnellement à la population municipale sur la totalité des dépenses effectuées et que ce contingent servira de base à l'attribution définitive incombant à la commune.

Pour réaliser ces dispositions, vous aurez, Monsieur le Préfet, à suivre la procédure ci-après :

1º Arrêter la liquidation, avant le 31 janvier de la deuxième année de l'exercice auquel elles se réfèrent, de toutes les dépenses motivées par les divers services résultant de la loi de 1902 ;

2º Déduire du total de ces dépenses le produit des taxes de désinfection ;

3º Répartir le montant net de la dépense entre toutes les communes relevant du Service départemental au prorata pour chacune d'elles de la population municipale légale, d'après les résultats du dernier dénombrement ;

4º Prendre pour base les chiffres ainsi obtenus, et, après déduction des ressources spéciales et des recettes ordinaires libres de chaque commune, fixer le contingent applicable à chacune d'elles dans la proportion prévue par le barème A, annexé à la loi du 15 juillet 1893.

La loi du 22 juin 1906 ajoute que les dépenses qui n'auraient pas été comprises dans la liquidation générale visée ci-dessus demeureront à la charge du département. Comme l'indiquait l'exposé des motifs qui a précédé la loi, cette mesure a pour but d'éviter les complications de comptabilité qui résulteraient, après clôture de chaque exercice, de nouvelles répartitions portant sur des reliquats plus ou moins faibles.

« On peut se rendre compte, disait à cet égard cet exposé des motifs, de ce que serait la répartition entre trois ou quatre cents communes du montant d'un mémoire tardivement produit, se montant par exemple à une centaine de francs, de la répercussion éventuelle de règlements de ce genre sur exercices clos jusqu'à expiration de la prescription trentenaire, et des écritures multiples qu'ils occasionneraient tant pour les Administrations préfectorales que pour les trésoreries. L'économie de temps et de travail compensera incontestablement la dépense légère qui pourra en résulter pour le budget départemental et qu'il appartiendra d'ailleurs aux préfectures de réduire au minimum par un contrôle aussi rigoureux que possible des dépenses engagées, ainsi que par la diligence apportée à la production et à la vérification des mémoires. »

Il est d'ailleurs bien entendu que seules les branches du service *organisées et fonctionnant conformément à la loi du 15 février 1902* peuvent donner lieu, pour le règlement des dépenses y relatives, à la répartition prévue par son article 26. Il en résulte notamment que les dépenses afférentes à des parties du service dont l'organisation ou le fonctionnement seraient soit irréguliers, soit insuffisants, soit même, inversement, inutiles ou disproportionnés avec le but à atteindre, ne sauraient être considérées comme justifiant de la qualité de « dépenses rendues nécessaires par la loi » dans les termes de l'article 26, et, en conséquence, seraient laissées à la charge du département. C'est la conformité aux prescriptions de la loi, ainsi qu'à celles de la réglementation rendue par son application, qui donnera ouverture au droit à la répartition, et la constatation de cette conformité fera l'objet, de la part de mon Administration — sous réserve des décisions à intervenir, s'il y a lieu, de la part du Conseil d'État, juge en dernier ressort, du caractère de nécessité des dépenses (art 26) — d'un contrôle préalable qui aura pour effet de n'admettre au bénéfice de la répartition financière que les dépenses des services qui satisferont aux prescriptions dont il s'agit.

Aux termes des articles 103 et 104 du décret du 12 juillet 1893, il appartient au préfet de procéder à la liquidation des dépenses départementales et à la constatation des droits des créanciers du département. Ainsi qu'il a été dit plus haut conformément à la loi du 22 juin 1906, cette liquidation doit être arrêtée dans son ensemble à la clôture de l'exercice intéressé.

En principe, toutes les créances qui ne résulteront pas d'un traitement régulier ou d'une indemnité fixe devront donner lieu à la production de mémoires, les autres se trouvant justifiées par les états nominatifs dressés par vous-même, dans les conditions habituelles, conformément aux décisions portant désignation de leurs bénéficiaires.

Mais, contrairement à ce qui se passe en matière d'assistance médicale gratuite, et sous réserve des modifications qui seraient apportées sur ce point à la législation, les mémoires du service de la protection de la santé publique ne sont pas dispensés du timbre. Cette dispense résulte en effet pour l'assistance médicale de l'article 32 de la loi du 15 juillet 1893, tandis que l'article 26 de la loi du 15 février 1902 se réfère seulement aux articles 27, 28 et 29, visant la répartition des dépenses. En conséquence, les mémoires du service devront être produits en double expédition, dont une sur timbre, lorsque la somme due sera supérieure à 10 francs.

La question des dépenses d'imprimés présente, d'autre part, pour les services de la santé publique un intérêt particulier.

Les imprimés nécessaires sont de deux sortes, suivant qu'ils sont destinés au service des communes ou qu'ils sont à l'usage de l'administration préfectorale : les premiers (par exemple listes des sujets à vacciner, affiches pour annoncer les séances de vaccination, etc.) sont à la charge exclusive des communes en exécution de l'article 136 n° 2 de la loi du 5 avril 1884; la dépense peut d'ailleurs être centralisée par la préfecture au compte des cotisations municipales; les seconds, en raison du rapport étroit et nécessaire qu'ils présentent avec la marche générale des services, justifient leur rattachement aux autres parties de ces services : ils comprennent les carnets de déclaration des cas de maladies, les carnets et états récapitulatifs des opérations vaccinales, les feuilles et registres de désinfection, les instructions prophylactiques relatives aux maladies transmissibles, etc... Je suis disposé, pour ce qui me concerne, à admettre la dépense en résultant à la répartition prévue par les barèmes, et par suite à la participation de l'État, toutes les fois que les Conseils généraux auront compris cette dépense dans les crédits prévisionnels devant assurer le fonctionnement des services.

Telles sont, Monsieur le Préfet, les règles générales qui me paraissent applicables à l'organisation financière des services de la santé publique.

Ces services, dont je vais examiner maintenant le fonctionnement spécial, se divisent en deux parties, suivant qu'ils sont départementaux ou municipaux, et répondent aux six catégories ci-après :

SERVICES DÉPARTEMENTAUX
- I. — Assemblées sanitaires.
- II. — Service de la vaccine.
- III. —   — des épidémies.
- IV. —   — de la désinfection.
- V. —   — d'inspection et de contrôle.

SERVICES MUNICIPAUX
- VI. — Bureaux d'hygiène.
- VI*bis*. — Services de désinfection.

Pour préciser et faciliter la comptabilité propre à ces services des modèles d'états sont annexés à la présente circulaire et forment deux séries distinctes : la première comportant le compte détaillé des dépenses afférentes à chaque service pendant l'exercice intéressé ; la deuxième la répartition de ces dépenses entre les collectivités appelées à les couvrir suivant les dispositions des lois de 1902-1906 et les barèmes annexés à la loi de 1893. Pour cette dernière répartition vous remarquerez que les dépenses des divers services départementaux se trouvent groupées sous un chiffre unique de manière à réduire au minimum les calculs destinés à l'application des barèmes et à la détermination définitive des contingents communaux. Dans ce même chiffre sera compris, sous réserve d'un calcul approprié, le montant net de la dépense du Service départemental de désinfection, déduction faite, s'il y a lieu, des villes d'au moins 20.000 habitants qui, ayant de leur côté un service autonome, ne sauraient éventuellement supporter une double charge.

En suivant exactement les indications fournies par ces états, j'ai lieu de penser que les opérations de comptabilité, malgré la variété et la complexité des dépenses envisagées, pourront être effectuées avec toutes les garanties d'exactitude et de rapidité nécessaires. Je ne saurais trop appeler votre attention, Monsieur le Préfet, sur l'importance que présente la première application de ces dispositions à l'exercice 1907. Vous voudrez bien donner des instructions à cet égard et vous faire rendre compte personnellement de leur exécution.

Services départementaux

I. — Assemblées sanitaires

La question des dépenses du Conseil départemental d'hygiène et des Commissions sanitaires a déjà été sommairement envisagée par la circulaire du 19 juillet 1902, qui invitait notamment les préfets à procéder à l'évaluation des dépenses résultant de la loi à cet égard, en vue de leur détermination par les Conseils généraux :

« Il est, disait cette circulaire, des dépenses sanitaires qui peuvent et doivent être inscrites dès maintenant au budget. Ce sont celles afférentes au fonctionnement des Conseils d'hygiène et Commissions sanitaires. Il faudra pour ces Assemblées prévoir, outre les frais de bureau, de bibliothèque et de publications, un fonds suffisant pour allouer aux membres des indemnités de présence et de déplacement, qui peuvent seules assurer leur concours régulier. La validité des délibérations est subordonnée à la présence des deux tiers au moins des membres : cette obligation emprunte aux nouvelles fonctions qui leur sont confiées, notamment en matière d'immeubles insalubres, une importance particulière pour les intérêts généraux comme pour les intérêts privés. »

Les dépenses peuvent comprendre ainsi :
Des indemnités de fonction ou jetons de présence pour les membres des Assemblées sanitaires assistant aux séances ;
Des frais de déplacement pour se rendre aux séances ;
Des frais de mission pour enquêtes sur place ou visite de lieux, comportant, suivant les cas, frais de déplacement, frais de vacation et indemnités pour rédaction de rapports ;
Des frais de secrétariat ;
Des frais de bibliothèque, d'impression et de publication, etc., etc.
Sur les trois derniers points (frais de secrétariat, de bureau, de bibliothèque, etc.) les dépenses devront être réduites au strict minimum.
L'état n° 1 comporte le relevé détaillé des dépenses effectuées dans ces conditions tant par le Conseil départemental d'hygiène que par chacune des Commissions sanitaires. Le total en est

compris dans la répartition générale (état n° 6) effectuée entre toutes les communes du département sur les bases indiquées par les lois de 1902-1906.

II. — Service de la vaccine

Les principes qui doivent servir de base à l'organisation du service de la vaccination et de la revaccination rendues obligatoires par l'article 6 de la loi ont été formulés par le décret portant règlement d'administration publique du 27 juillet 1903, par les arrêtés ministériels et les instructions des 28 et 30 mars 1904, et par les circulaires des 7 août 1903 et 31 mars 1904.

C'est sur ces données que les Assemblées départementales ont été appelées à procéder à la constitution du service, en s'inspirant des besoins locaux et des convenances propres à chaque région.

La liberté d'appréciation laissée à cet égard aux Conseils généraux s'est traduite, au point de vue financier, par un assez grand nombre de divergences de détail dans le mode d'évaluation des dépenses relatives à cette branche du service ; mais ces dépenses peuvent cependant se ramener logiquement à quelques points résultant nécessairement de la nature des choses.

A. — Rémunération des vaccinateurs

1° *Mode de rémunération « au tarif »*. — Ce mode consiste dans la rémunération des vaccinateurs à raison de tant par vaccination ou revaccination, rémunération comprenant à la fois, en principe, l'opération vaccinale, la revision des résultats et la délivrance des certificats.

Le tarif peut être complété par des *frais de déplacement*, calculés d'après la distance des diverses communes au domicile du vaccinateur. Les frais de déplacement peuvent aussi être considérés comme compris dans le tarif, et ne donner lieu à aucun remboursement particulier.

Enfin, dans certains départements, il est alloué aux vaccinateurs, en outre de la rémunération résultant du tarif, une indemnité forfaitaire de tant par séance, représentant le remboursement des frais généraux de diverse nature que les praticiens peuvent avoir à supporter ; dans d'autres, une rémunération spéciale est prévue pour la vérification des résultats et pour la délivrance des certificats, etc. ; dans d'autres encore, le système du tarif se combine avec la garantie d'un minimum de rémunération pour chaque séance, en vue d'assurer pour le moins au vaccinateur le remboursement de ses frais si le nombre des vaccinations effectuées est peu élevé.

On peut prévoir également une rémunération pour des personnes chargées d'assister les vaccinateurs au cours des séances publiques de vaccination.

2° *Mode de rémunération « à forfait » ou « par abonnement »*. — Dans ce cas, la rémunération est établie à raison de tant par séance, ou de tant par an, ou mieux encore de tant par tête d'habitant compris dans chacune des communes formant la circonscription assignée au vaccinateur.

Quel que soit d'ailleurs le mode de rémunération envisagé, le taux du tarif, comme celui de l'abonnement, peut varier dans une assez large mesure suivant les départements. A cet égard, il appartient aux Conseils généraux d'en arrêter les bases dans des conditions qui permettent d'assurer la bonne exécution de la loi.

Le service peut être confié, soit à des vaccinateurs spécialement désignés à cet effet, soit aux médecins déjà chargés du service de l'assistance médicale gratuite, de la protection du premier âge ou de l'inspection des écoles. Dans ces derniers cas, il importe d'établir dès le début, et de maintenir rigoureusement une distinction absolue entre les attributions confiées aux mêmes personnes à des titres différents, tant au point de vue des obligations dérivant de chacune d'elles que des justifications à fournir et du règlement des dépenses afférentes à chaque service. Il est évident en effet que la vaccination, se rattachant à l'exécution de la loi du 15 février 1902, ne saurait être englobée, notamment dans l'assistance médicale résultant de la loi du 15 juillet 1893.

Lorsqu'un Conseil général a décidé que les médecins de l'assistance médicale, par exemple, seront chargés des fonctions de médecins vaccinateurs chacun dans sa circonscription, cette mesure doit donc entraîner une désignation et une rémunération nettement indépendantes.

Sous le bénéfice de ces observations, mon Administration considère les diverses manières de rétribuer le personnel des vaccinateurs qui viennent d'être sommairement rappelées comme pouvant être adoptées, les Assemblées départementales restant juges, comme je l'ai dit ci-dessus — sous réserve d'assurer la bonne exécution de la loi — du soin de régler l'organisation et le fonctionnement du service au mieux des besoins locaux, des habitudes administratives déjà suivies, des préférences du corps médical, etc.

En tout état de cause, le principe de la gratuité de la vaccination publique pour les personnes qui y ont recours ne doit pas comporter d'exception. Il ne saurait être fait de distinction, à cet égard, entre les personnes soumises à la vaccination ou à la revaccination, suivant qu'elles seraient ou qu'elles ne seraient pas indigentes, privées de ressources ou inscrites sur les listes de l'assistance médicale gratuite ; toute prescription formulée dans ce sens serait en contradiction avec la loi, le décret du 27 juillet 1903 et la circulaire du 7 août suivant. Les séances de vaccination, dont la tenue périodique est prescrite pour mettre à la portée de tous les assujettis le moyen pratique de satisfaire dans un intérêt général à l'obligation légale, sont uniformément qualifiées de gratuites dans l'un et l'autre de ces deux derniers documents, et l'article 26 de la loi qui prescrit l'établissement de taxes pour la désinfection n'autorise rien de semblable pour les vaccinations et revaccinations. Bien plus, la circulaire du 7 août 1903 recommande expressément d'ouvrir largement les séances gratuites même aux personnes qui ne seraient pas sous le coup de l'obligation résultant de la loi. C'est à cette condition seulement que l'ensemble de la population bénéficiera dans le moindre délai possible des prescriptions formulées.

Il convient d'ajouter que les charges des collectivités administratives ne seront pas en fait aussi lourdes que la généralité de l'obligation vaccinale et les indications qui viennent d'être données pourraient le laisser croire. L'article 4 du décret du 27 juillet 1903 stipule que les assujettis restent libres de satisfaire à leur obligation par la présentation d'un certificat et consacre ainsi la faculté pour toute personne de s'adresser, en le payant, au vaccinateur de son choix. On peut prévoir qu'une fraction plus ou moins importante de la population, ayant les ressources nécessaires pour user de cette faculté, ne se présentera pas aux séances publiques, et que la dépense incombant au budget du service sera allégée d'autant.

Quant à la justification des mémoires eux-mêmes, j'appelle spécialement votre attention sur celle des mémoires relatifs à la rémunération des médecins vaccinateurs. Toutes les fois que le vaccinateur sera rémunéré sur la base d'un tarif et d'après le nombre des opérations effectuées, cette justification devra résulter d'une façon mathématique de la concordance entre les énonciations du mémoire et les listes de vaccination qui auront dû vous être adressées par le maire à l'issue des opérations vaccinales. Les émargements et annotations portés par le vaccinateur, en regard des noms portés sur les listes et certifiés par le maire, constitueront la base de la créance du praticien et le principal moyen de contrôle de votre administration ; aussi l'établissement régulier et la bonne tenue rigoureuse des listes prescrites présentent-ils à cet égard comme à celui de l'exécution normale du service la plus grande importance. Pour la consacrer, j'ai décidé que les mémoires des vaccinateurs devraient porter le visa du maire, certifiant la conformité de ces mémoires avec les indications résultant des listes de vaccination et de revaccination.

B. — Fourniture du vaccin

En principe la fourniture du vaccin doit être faite aux vaccinateurs au compte du département.

Il importe à ce propos d'indiquer tout d'abord la solution d'une question qui a été plusieurs fois soulevée.

Antérieurement à la loi du 15 février 1902, l'Académie de médecine procédait à des envois gratuits de vaccin aux départements et aux vaccinateurs dans le but d'encourager et de propager la pratique de la vaccination. Les frais de ces distributions étaient en dernière analyse supportés par le budget de l'Etat qui allouait dans ce but à l'Académie une subvention annuelle, et c'est ainsi que l'Etat intervenait financièrement dans la marche des services locaux de vaccine institués, dès ce moment, sur l'initiative de certaines villes et de certains départements. Or il ne saurait désormais en être de même, l'article 26 de la loi de 1902 organisant la participation normale de l'Etat aux dépenses des Services départementaux sur la base des barèmes de la loi du 15 juillet 1893, et d'autre part l'article premier du décret du 27 juillet 1903 devant entraîner une modification essentielle du service de la vaccine établi à l'Académie.

Le seul mode légal d'approvisionnement du vaccin consiste désormais dans sa fourniture aux services publics par un établissement vaccinateur soit public, soit privé, satisfaisant aux prescriptions des arrêtés et instructions du 30 mars 1904.

Il appartient aux départements de traiter dans ce but, à des conditions à débattre, avec un institut vaccinogène.

Dans quelques départements, le soin de s'approvisionner directement de vaccin serait laissé aux vaccinateurs eux-mêmes. C'est là un mode de procéder qui ne me paraît pas devoir être recommandé ; il rendrait d'une part le contrôle de l'administration difficile, dans une matière où sa responsabilité est gravement engagée par suite du caractère obligatoire de la vaccination, et entraînerait d'autre part une dépense certainement supérieure à celle qui doit résulter d'un marché passé avec un établissement vaccinogène déterminé pour l'ensemble du service d'un département.

La fourniture du vaccin par un institut choisi, au compte du département, permet au contraire à l'Administration d'intervenir dans le moindre délai et avec le plus de moyens d'action possible, au cas d'insuccès ou d'accidents imputables à la qualité du vaccin ; en outre, elle est évidemment la plus avantageuse au point de vue financier.

Elle n'implique d'ailleurs ni retard dans l'envoi du vaccin, ni distribution par l'entremise des préfectures. Le vaccin doit être adressé normalement à chaque vaccinateur sur sa demande directe, et dans le moindre délai possible, par l'établissement choisi. La demande est faite au moyen d'imprimés spéciaux qui justifient la qualité du demandeur et permettent à tout moment le contrôle des quantités réclamées par chacun d'eux.

C. — Frais accessoires

Le fonctionnement du service de la vaccine peut en outre donner lieu à des dépenses de bureau, à des achats d'imprimés, etc.

Toutes ces dépenses sont prévues par l'état n° 2 et comprises dans l'état n° 6, le premier portant décompte général et le second répartition entre toutes les communes du département qui sont appelées à participer au fonctionnement du service en raison de son caractère exclusivement départemental.

III. — Service des épidémies.

Bien que la loi du 15 février 1902 ne consacre pas de mention spéciale au service des épidémies, le maintien de cet organisme, sous réserve des modifications plus ou moins profondes dont il serait susceptible, résulte implicitement de l'ensemble de ces dispositions et les dépenses auxquelles il peut donner lieu doivent être rattachées aux autres dispositions résultant de l'application de la loi.

Ces dispositions consistent d'une façon générale :

Soit en traitements ou indemnités fixes alloués aux médecins des épidémies ;

Soit en vacation ou frais de déplacement, motivés par les missions spéciales auxquelles ils sont appelés à procéder ;

Soit en mesures d'ordre prophylactique, telles que fourniture et application du sérum antidiphtérique à titre préventif dans les conditions indiquées par la circulaire ministérielle du 16 novembre 1905.

Le compte des dépenses de cette catégorie est établi par l'état n° 3 et englobé dans l'état n° 6 portant répartition de la dépense totale entre toutes les communes du département.

IV. — Service départemental de la désinfection.

Les conditions générales d'organisation et de fonctionnement des Services de désinfection sont déterminées, aux termes de l'article 33 de la loi du 15 février 1902, par le règlement d'administration publique du 10 juillet 1906 qui a fait l'objet de ma circulaire du 28 juillet 1906.

Les services ainsi institués sont départementaux ou municipaux.

Ils sont municipaux dans les villes possédant au moins 20.000 habitants et rattachés en conséquence aux bureaux d'hygiène que doivent posséder ces villes.

Pour le reste du département, englobant toutes les autres communes, la désinfection est assurée par un Service départemental placé sous l'autorité du préfet et le contrôle soit de l'inspecteur départemental de l'hygiène, soit à défaut de ce fonctionnaire, d'un membre du Conseil départemental d'hygiène. Le service est dirigé dans chaque circonscription sanitaire par un délégué de la Commission sanitaire et comporte, en nombre proportionné à l'importance et à l'étendue de cette circonscription, des postes de désinfection desservis par un agent responsable qui est lui-même assisté suivant les besoins d'un ou plusieurs auxiliaires.

Les dépenses de fonctionnement que comprendra en conséquence le Service départemental de la désinfection peuvent se classer de la manière suivante :

Personnel : traitements, indemnités ou salaires applicables au délégué départemental, aux délégués des Commissions sanitaires, aux agents ou aides attachés à ces postes ;
Frais de déplacement alloués aux mêmes délégués ou agents pour assurer soit le contrôle, soit l'exécution des mesures ;
Fourniture des désinfectants ;
Entretien des locaux, des appareils, du matériel ;
Transport des appareils pour la désinfection sur place ou des objets à désinfecter aux étuves ;
Frais de laboratoire pour le contrôle des analyses, frais de bureau, imprimés, etc. ;
Indemnités pour destruction d'objets non susceptibles de désinfection dans les conditions prévues par le paragraphe premier de l'article 26.

Ces dépenses sont susceptibles d'être couvertes dans une certaine mesure par le produit des taxes dont l'application est déterminée, en vertu du même article 26, par le titre III du décret du 10 juillet 1906. Le montant desdites taxes sera porté en recette au budget départemental et déduit des dépenses de fonctionnement du service avant leur répartition entre les communes, le département et l'État. Les droits perçus auront pour base les feuilles spéciales dressées par les chefs de poste pour chaque série d'opération (art. 8 du décret) et les tarifs adoptés par le Conseil général (art. 22).

L'article 26 de la loi de 1902 établit d'autre part une distinction très nette entre les dépenses d'organisation et de fonctionnement au point de vue des collectivités auxquelles elles doivent incomber. Les dépenses de fonctionnement seront à la charge collective des communes, du département et de l'État. Les dépenses d'organisation porteront uniquement, en ce qui concerne le service départemental, sur le département et l'État, à l'exclusion des communes : j'estime que ces dernières dépenses devront comprendre essentiellement l'acquisition, pour cause d'installation première, d'extension ou de renouvellement, des terrains, locaux, appareils ou gros matériel, ainsi que les frais de construction ou de réparation correspondants applicables aux postes de désinfection.

Il n'y a pas lieu enfin de faire de distinction au point de vue soit des recettes, soit des dépenses, suivant que la maladie qui a motivé les opérations de désinfection figure dans la première ou la deuxième catégorie établie par l'article premier du décret du 10 février 1903, c'est-à-dire est soumise à la déclaration obligatoire ou à la déclaration facultative. La désinfection n'est en effet facultative pour les maladies de la deuxième catégorie qu'au regard des intéressés ; elle doit être considérée comme obligatoire au regard des pouvoirs publics, dès qu'elle est demandée dans les conditions prévues.

Vous trouverez, Monsieur le Préfet, dans les formules d'états ci-après, n°s 4, 6 et 7, toutes les indications utiles pour grouper, en conformité des dispositions qui viennent d'être sommairement rappelées, les dépenses de fonctionnement ou d'organisation, pour déduire des premières le produit des taxes et pour assurer ensuite la répartition du montant net de la dépense entre les diverses collectivités, en tenant compte des distinctions à établir à l'égard notamment des communes qui ayant une population de 20.000 habitants au moins possèdent un Service de désinfection distinct et qui seront l'objet plus loin, lorsqu'il sera question des services municipaux, d'une mention spéciale.

V. — Service d'inspection et de contrôle.

L'institution d'un Service départemental d'inspection et de contrôle de l'hygiène publique dans chaque département est laissée par l'article 19 de la loi à la décision des Conseils généraux statuant sur la proposition des préfets ; elle est donc facultative et la dépense en résultant n'est pas obligatoire.

Cependant, partout où cette création aura été décidée par les Assemblées départementales, celles-ci n'auront fait en réalité que reconnaître une « nécessité » résultant directement de la loi elle-même, dont la bonne application dans les départements est intimement liée à la mise en œuvre de cet organe régulier d'impulsion, d'adaptation et de surveillance locales.

Aussi mon Administration est-elle disposée à considérer les dépenses afférentes au fonctionnement de ce service, lorsque sa création aura été décidée par le Conseil général, comme « rendues nécessaires » au sens de l'article 26 de la loi du 15 février 1902.

Ces dépenses consistent :

En traitements ou indemnités fixes, ainsi qu'en frais de déplacements ou de missions pour le ou les inspecteurs ;

En traitements ou indemnités pour les collaborateurs et les employés de service ;

En frais de matériel de bureau, d'imprimés, etc.

Les états n°s 5 et 6 permettent d'établir pour ce service dans les mêmes conditions que pour les précédents le relevé et la répartition des dépenses.

SERVICES MUNICIPAUX

VI. — Bureaux municipaux d'hygiène.

Les conditions d'organisation et de fonctionnement des bureaux d'hygiène font l'objet d'un règlement d'administration publique en date du 3 juillet 1905 et d'une circulaire du 23 mars 1906.

Les municipalités pour lesquelles cette institution est obligatoire sont celles : 1° Des villes de 20.000 habitants et au-dessus ; 2° Des communes d'au moins 2.000 habitants qui sont le siège d'un établissement thermal : une première liste des communes remplissant cette condition se trouve annexée à la circulaire du 23 mars précitée.

Au point de vue des attributions, il est important de les distinguer selon qu'elles sont obligatoires ou facultatives.

Les attributions obligatoires résultent de l'application de la loi du 15 février 1902 ; les dépenses qu'elles occasionnent incombent seules aux communes, au département et à l'Etat dans la proportion des barèmes de la loi de 1893.

Les attributions facultatives sont celles qui découlent d'autres dispositions de lois ou de règlements. Quelque intérêt qu'elles présentent, la loi de 1902 ne les ayant pas visées, les dépenses qui en résultent restent entièrement à la charge des communes.

Aux bureaux d'hygiène se rattachent les Services de désinfection qui dans les villes d'au moins 20.000 habitants doivent être assurés par les municipalités. Les règles applicables à ces services sont les mêmes que pour les Services départementaux de désinfection, sous les seules différences que comporte le caractère spécial des administrations dont ils relèvent respectivement.

Les recettes et les dépenses font partie des budgets des communes ; la comptabilité est exclusivement municipale. Le montant net des dépenses effectuées est établi au compte des communes intéressées et donne lieu pour chacune d'elles aux subventions du département et de l'Etat déterminées par les tableaux A et B des barèmes de la loi de 1893.

Une distinction toutefois doit être faite entre les bureaux d'hygiène proprement dits et les Services de désinfection. En ce qui concerne ce dernier service, la répartition des charges n'est pas la même s'il s'agit de l'organisation et du fonctionnement. Par analogie avec ce qui a lieu pour le Service départemental, les dépenses de fonctionnement, déduction faite du produit des taxes, sont seules réparties entre les trois collectivités ; les dépenses d'organisation sont l'objet d'un compte séparé auquel ne participe pas le département.

Dans le cas où certaines dépenses seraient communes aux deux catégories — suivant qu'elles incombent aux trois collectivités ou qu'elles doivent être supportées seulement par la commune et l'Etat — l'article 4 du décret du 3 juillet 1905 dispose que ces dépenses seront réparties entre chacune desdites catégories proportionnellement au montant des autres dépenses qui y sont portées.

Quatre états ont été en conséquence préparés pour répondre à ces dispositions et aux distinctions qu'elles exigent :

L'état n° 8 est le compte des recettes et dépenses établi pour chacune des villes intéressées ; ce compte est certifié et arrêté par le maire.

Les états n°s 9 et 10 établissent le décompte d'après les relevés ci-dessus des sommes à répartir entre les diverses collectivités, d'une part pour les bureaux d'hygiène proprement dits, d'autre part pour les Services de désinfection.

Récapitulation générale

L'état n° 11 présente enfin pour l'ensemble des services de la santé publique le décompte de la dépense totale et la part incombant dans ce décompte aux communes, au département et à l'Etat.

Je vous serai obligé, Monsieur le Préfet, de m'accuser réception de la présente circulaire et de prendre toutes les mesures indispensables pour la bonne organisation financière des services qu'elle envisage.

Les divers états justificatifs, dont les formules modèles sont reproduites ci-après, devront être dressés au moins en double exemplaire; l'un d'eux sera transmis à mon Administration à l'appui de la demande de la subvention de l'Etat. Il serait désirable en outre que cet envoi fût effectué aussi promptement que possible après l'expiration de l'exercice et au plus tard dans le courant du mois de février.

J'ajoute, pour prévenir tout malentendu, que les états en question constituent des documents d'ordre intérieur devant servir de base tant à la liquidation des recettes et dépenses du service qu'à la répartition des charges entre les collectivités intéressées. Les instructions complémentaires visant l'adaptation de ces éléments à la comptabilité proprement dite vous seront incessamment adressées, sous le timbre de la direction de l'Administration départementale et communale et dans la forme déjà usitée en ce qui concerne l'application des lois sur l'assistance médicale, les enfants assistés et l'assistance des vieillards, en même temps qu'elles seront transmises aux trésoriers payeurs généraux et à la Cour des comptes pour assurer la justification et le contrôle des opérations financières en pareille matière [1].

Le Président du Conseil, Ministre de l'intérieur,
G. CLÉMENCEAU.

[1] Pour les états modèles et tableaux consulter le 7° fascicule du Ministère de l'intérieur: *Hygiène publique, législation et réglementation*.

XLI

Circulaire ministérielle du 23 avril 1907

RELATIVE AU RÉGIME FINANCIER DES SERVICES RÉSULTANT DE LA LOI DU 15 FÉVRIER 1902 SUR LA SANTÉ PUBLIQUE *(Direction de l'Administration départementale et communale — 1er bureau).*

Monsieur le Préfet, par ma circulaire du 29 janvier 1907, je vous ai adressé des instructions en vue de fixer le sens et l'interprétation de l'article 26 de la loi du 15 février 1902, modifié par la loi du 22 juin 1906. Cette circulaire a par cela même réglé divers points relatifs à l'organisation financière du service : mais elle a eu le soin de réserver les questions plus essentielles de comptabilité et par cela même la détermination des obligations incombant aux ordonnateurs et aux comptables respectivement chargés, dans la limite tracée par les lois et règlements sur la matière, de la constatation et du recouvrement des recettes, de l'exécution, de la liquidation, du mandatement et du paiement des dépenses.

Tel sera l'objet de la présente instruction.

La pensée qui a préoccupé mes prédécesseurs et moi-même dans la préparation des circulaires de même nature qui vous ont été adressées pour les divers services d'assistance régis par les lois nouvelles, a été de définir et de déterminer le caractère même des services dont il convenait d'assurer le régime financier.

Pour le service des enfants assistés, aucune difficulté ne pouvait se produire. Les lois des 27 et 28 juin 1904 établissent sans conteste le caractère départemental du service. En ce qui a trait au service de l'assistance médicale gratuite et au service d'assistance des vieillards, des infirmes et des incurables privés de ressources, quelques hésitations ont pu se produire au début de l'application des lois des 15 juillet 1893 et 14 juillet 1905. Mais, la jurisprudence et en dernier lieu le règlement d'administration publique du 14 avril 1906 ont très nettement et à juste titre décidé que les œuvres d'assistance créées par ces lois constituent des services dont la gestion est confiée aux départements.

En ce qui concerne la protection de la santé publique, la loi du 15 février 1902 présente à ce point de vue un caractère tout spécial. L'exécution de cette loi n'est pas confiée à une seule collectivité, dans l'espèce au département. Ainsi que l'indique la circulaire du 29 janvier 1907 il y a ici dualité de services, c'est-à-dire des services départementaux et des services municipaux. — L'orientation de cette circulaire a été conçue en se référant à ce principe général.

SERVICES DÉPARTEMENTAUX

1. — Budget du département.

Le cadre du budget départemental comprendra les recettes et les dépenses de ces services.

Les recettes seront constituées par les ressources ci-après :

1° Taxes du service départemental de désinfection ;

2° Subvention de l'Etat pour les dépenses de fonctionnement des services départementaux de protection de la santé publique en exécution de l'article 26 de la loi du 15 février 1902, modifié par la loi du 22 juin 1906 ;

3° Contingents des communes pour les dépenses des services départementaux de protection de la santé publique ;

4° Subvention de l'Etat pour les dépenses d'organisation du Service départemental de désinfection.

La première ressource prendra place au chapitre IV des recettes ; les trois autres produits seront inscrits au chapitre V.

Les dépenses seront les suivantes :

1° Les dépenses du Conseil départemental d'hygiène et des Commissions sanitaires de circonscriptions ;

2° Les dépenses du service de la vaccine ;

3° Les dépenses du service des épidémies ;

4° Les dépenses de fonctionnement du Service départemental de désinfection ;

5° Les dépenses d'inspection et de contrôle ;

6° Les dépenses d'organisation du Service départemental de désinfection ;

7° La contribution du département aux dépenses de fonctionnement des bureaux d'hygiène des villes de 20.000 habitants et au-dessus et des villes d'au moins 2.000 habitants qui sont le siège d'un établissement thermal ;

8° La contribution du département aux dépenses de fonctionnement des Services de désinfection des villes de 20.000 habitants et au-dessus.

Les cinq premières dépenses sont obligatoires pour les départements dans la limite qui leur incombe, conformément aux dispositions de l'article 26 de la loi du 15 février 1902, modifié par la loi du 22 juin 1906 et suivant les indications du barème A annexé à la loi du 15 juillet 1893. La part de ces dépenses à la charge des communes d'après la même disposition législative et d'après le même barème ne constitue pas une charge obligatoire pour le département ; elle représente une dépense obligatoire des communes. Les dépenses de l'espèce seront donc, au moins provisoirement, classées au chapitre premier ou au chapitre ix suivant les distinctions qui viennent d'être faites.

Par contre, les trois autres dépenses forment pour leur intégralité une dépense obligatoire du département et prendront place au chapitre premier.

II. — Exécution du budget.

Recettes.

A. — Constatation des droits du département

Le département peut être créancier de trois catégories de personnes civiles ou morales différentes :

1° Des particuliers pour le recouvrement des taxes du Service départemental de désinfection ;

2° Des communes pour les services départementaux de protection de la santé publique dans les conditions rappelées plus haut.

3° De l'État pour les mêmes services en conformité des explications qui précèdent.

Le droit pour le département de percevoir des taxes de désinfection trouve son point d'appui dans l'article 26 de la loi du 15 février 1902 et dans les dispositions du titre III du règlement d'administration publique du 10 juillet 1906. Le tarif de ces taxes est fixé par le Conseil général suivant les dispositions de l'article 22 du même décret,

Ma circulaire du 29 janvier 1907, en donnant l'interprétation de l'article 26 de la loi du 15 février 1902, modifié par la loi du 22 juin 1906, a tracé les règles d'après lesquelles seront déterminés les droits du département en ce qui a trait aux contingents des communes et à la subvention de l'Etat pour les dépenses des services départementaux de protection de la santé publique. Il est inutile d'entrer ici dans de plus longs développements. En indiquant plus loin le mode d'administration et de comptabilité des dépenses du service, je rappellerai simplement ces principes essentiels pour les services financiers de votre préfecture et pour M. le Trésorier payeur général auxquels cette circulaire est plus spécialement destinée.

Les communes ne participent pas aux dépenses d'organisation du Service départemental de désinfection. Ces dépenses sont réparties entre le département et l'Etat dans la proportion établie par le barème B annexé à la loi du 15 juillet 1893.

Il convient d'ailleurs, de régler dès maintenant un point essentiel qui n'a pas été et ne pouvait être prévu par la circulaire du 29 janvier 1907. En vue de faciliter le service de trésorerie du département et suivant la procédure adoptée pour les services des enfants assistés, de l'assistance médicale gratuite et de l'assistance des vieillards, des infirmes et des incurables privés de ressources, vous devrez dès le début de l'exercice émettre un titre d'acompte pour la réalisation des contingents des communes. Le solde de ces contingents sera mis en recouvrement en clôture d'exercice lorsque la liquidation des opérations de comptabilité du service aura été terminée. De même, vous recevrez un acompte important sur la subvention prévisionnelle de l'Etat, le solde de cette subvention ne pouvant et ne devant être versé qu'en clôture d'exercice et quelquefois peut-être après cette clôture.

b) RECOUVREMENT DES RECETTES

Les lois des 10 août 1871 et 18 juillet 1892 et le décret du 12 juillet 1893, modifié par le décret du 20 janvier 1900, règlent le mode de réalisation des recettes dont il s'agit. Je ne puis donc que vous engager, pour ce service, comme je l'ai fait pour tous les autres services d'assistance, à vous concerter avec M. le Trésorier payeur général pour assurer rapidement la rentrée des produits de l'espèce.

Dépenses.

Dans les précédentes circulaires que je vous ai adressées au sujet du régime financier des services d'assistance réglés par les lois des 15 juillet 1893, 27 et 28 juin 1904 et 14 juillet 1905, j'ai dû, surtout en ce qui concerne cette dernière loi, donner des instructions assez détaillées pour régler l'exécution des services, la liquidation, le mandatement et le paiement des dépenses. Vous savez, en effet, quelle variété de modes d'opérer présente à ces divers points de vue l'application de la loi du 14 juillet 1905. La loi du 15 février 1902 sur la santé publique a créé un système financier qui, par la nature même des dépenses, devrait être beaucoup plus simple. Ce système se rapproche de celui prévu par la loi du 15 juillet 1893 et, d'ailleurs, ma circulaire du 29 janvier 1907 en ce qui concerne l'exécution des services contient toutes les explications utiles pour vous permettre d'assurer l'application de la loi du 15 février 1902. Je me bornerai donc à rappeler que l'exécution, la liquidation, le mandatement et le paiement des dépenses de l'espèce seront régis par le décret du 12 juillet 1893, modifié par le décret du 20 janvier 1900.

III. — Mode d'administration et de comptabilité des recettes et des dépenses des services départementaux de protection de la santé publique.

Les dispositions de la loi du 15 février 1902 sont conçues dans le même esprit que les dispositions de la loi du 15 juillet 1893, réserve faite cependant du régime spécial créé par l'article 26 de cette loi, modifié par la loi du 22 juin 1906, pour servir de base à la répartition des dépenses entre les communes, le département et l'Etat.

C'est ainsi notamment que, comme pour l'application des lois des 15 juillet 1893 et 14 juillet 1905, les recettes ordinaires des communes devront, pour la mise en œuvre de l'article 26 de la loi du 15 février 1902, modifié par la loi du 22 juin 1906, être constituées par les recettes ordinaires libres, après prélèvement des dépenses ordinaires (obligatoires et facultatives) et des dépenses extraordinaires obligatoires garanties par un prélèvement sur ces recettes. Les principes sur ce point restent identiques pour l'application des trois lois qui viennent d'être énumérées.

D'autre part, pour le service créé par la loi du 15 février 1902, les communes ne sauraient obtenir pour les aider à payer leur contingent dans les dépenses des services départementaux de protection de la santé publique le versement dans leur caisse d'une subvention du département calculée d'après les règles rappelées par la circulaire du 29 janvier 1907. De même que pour l'assistance médicale gratuite et pour l'assistance des vieillards, des infirmes et des incurables privés de ressources, le législateur a simplement décidé que le département paierait dans les conditions prévues par la loi une partie des dépenses que la loi a mises à sa charge.

Vous trouverez ci-après les dispositions relatives au mode d'administration et de comptabilité du recouvrement des recettes et du paiement des dépenses des services départementaux de protection de la santé publique[1]. Ces dispositions prendront ainsi leur place dans les nomenclatures annexées au décret du 12 juillet 1893.

SERVICES MUNICIPAUX

Ces services, vous le savez, correspondent aux bureaux d'hygiène et aux services de désinfection.

Les services des bureaux d'hygiène ne s'appliquent qu'aux villes de 20.000 habitants et au-dessus et aux communes d'au moins 2.000 habitants, sièges d'un établissement thermal. Les Services de désinfection ne doivent fonctionner que dans les villes de 20.000 habitants et au-dessus.

Les communes de 20.000 habitants et au-dessus et les communes d'au moins 2.000 habitants, sièges d'un établissement thermal, comprendront dès lors parmi leurs recettes ordinaires la subvention du département et la subvention de l'Etat pour les dépenses générales de fonctionnement des bureaux d'hygiène.

Les budgets des communes de 20.000 habitants et au-dessus comprendront aussi dans leurs recettes ordinaires la subvention du département et la subvention de l'Etat pour les dépenses du fonctionnement des Services municipaux de désinfection.

Les budgets de ces dernières communes contiendront également

---

[1] Pour les tableaux, voir le 7ᵉ fascicule du Ministère de l'intérieur, *Hygiène publique, législation et réglementation*.

parmi leurs recettes extraordinaires les subventions de l'Etat pour les dépenses d'organisation dans ces villes du Service de la désinfection.

Les dépenses des bureaux d'hygiène, les dépenses de fonctionnement des services municipaux de désinfection figureront parmi les dépenses ordinaires et les dépenses d'organisation du Service de la désinfection parmi les dépenses extraordinaires des budgets des communes prévues ci-dessus, suivant les distinctions qui ont été faites.

La constatation des droits des communes pour les diverses natures de recettes précitées a été très nettement expliquée dans ma circulaire du 29 janvier 1907 et notamment dans les états n°s 9 et 10 annexés à cette circulaire. Je ne crois pas devoir insister sur ce point.

Les dépenses des bureaux d'hygiène et des services municipaux de désinfection sont en principe régies par les mêmes règles que les services départementaux de désinfection, sous les seules différences que comporte le caractère spécial des administrations dont ils relèvent respectivement. Je me réfère donc sur ce point aux instructions contenues dans la circulaire du 29 janvier 1907 et aux instructions qui précèdent.

Comme vous le savez, le mode d'administration, de comptabilité, de recouvrement et de paiement pour les opérations à décrire dans les budgets de certaines communes ne saurait être présenté dans un tableau dressé comme le précédent pour les dépenses des services départementaux de la protection de la santé publique. Au surplus, cette question est aisée à résoudre. Les communes reçoivent depuis longtemps des subventions du département et de l'Etat pour leurs divers services. L'octroi des subventions afférentes au nouveau service et leur justification dans les comptes des receveurs municipaux seront assurés d'après les règles applicables aux produits de même nature. Quant aux dépenses correspondantes, elles se réfèrent à des faits de comptabilité qui se produisent d'une manière normale dans les budgets des communes. Il en sera justifié suivant les règles habituelles.

Telles sont les instructions que comporte, pour les ordonnateurs et les comptables, le régime financier du service créé par la loi du 15 février 1902. Ces instructions ont été concertées avec M. le Ministre des finances. Vous devrez, par la voie du *Recueil des actes administratifs*, porter à la connaissance des communes intéressées celles de ces instructions qui les concernent plus spécialement.

Je vous serai obligé de m'accuser réception de cette circulaire dont je vous adresse ci-joint trois exemplaires et dont je transmets deux exemplaires à M. le Trésorier payeur général du département.

Le président du Conseil, ministre de l'intérieur,
G. Clémenceau.

XLII. — Décret du 10 juillet 1906 portant règlement d'administration publique sur l'organisation et le fonctionnement des services de désinfection, p. 361.
XLIII. — Circulaire ministérielle du 28 juillet 1906 relative à l'application du décret susvisé, p. 369.
XLIV. — Circulaire ministérielle du 18 mars 1907 sur l'organisation et le fonctionnement des services départementaux et municipaux de désinfection et modèles-annexes, p. 374.
XLV. — Instructions pour la pratique de la désinfection adoptées par le Conseil supérieur d'hygiène publique de France, p. 396.
XLVI. — Discours prononcé par M. G. Clémenceau, Président du Conseil, Ministre de l'intérieur, le 27 avril 1907 (Organisation de l'hygiène publique en France : Bureaux municipaux d'hygiène ; Services publics de désinfection), p. 419.

XLII

Décret du 10 juillet 1906[1]

PORTANT RÈGLEMENT D'ADMINISTRATION PUBLIQUE SUR LES CONDITIONS D'ORGANISATION ET DE FONCTIONNEMENT DU SERVICE DE DÉSINFECTION (EN VERTU DES ARTICLES 7, 19, 20, 26, ET 33, DE LA LOI DU 15 FÉVRIER 1902).

Le Président de la République française,

Sur le rapport du ministre de l'intérieur ;

Vu la loi du 15 février 1902 relative à la protection de la santé publique[2], notamment les articles 7, 19 et 20 ;

Vu l'article 33 ainsi conçu :

« Des règlements d'administration publique détermineront les conditions d'organisation et de fonctionnement. . . . . du service de désinfection. »

Vu l'article 26, notamment le § 4, lequel est ainsi conçu :

« Des taxes seront établies par un règlement d'administration publique pour le remboursement des dépenses relatives à ce service. »

[1] Décret publié au *Journal Officiel* n° du 19 juillet 1906.

Vu la loi du 7 avril 1903 relative à l'application à la ville de Paris et au département de la Seine de la loi du 15 février 1902 ;

Vu l'avis du Conseil supérieur d'hygiène publique de France ;

Le Conseil d'État entendu,

Décrète :

TITRE I. — Organisation générale.

CHAPITRE PREMIER. — SERVICES MUNICIPAUX

ARTICLE PREMIER. — Dans les villes de 20.000 habitants et au-dessus, le Conseil municipal, après avis du directeur du bureau d'hygiène, décide la création d'un ou plusieurs postes de désinfection et détermine la composition et la rétribution du personnel. Il vote les crédits nécessaires à l'acquisition et l'entretien du matériel et au fonctionnement du service.

ART. 2. — Les délibérations prises par le Conseil municipal sont transmises par le préfet au Conseil départemental d'hygiène.

Si, sur le vu des observations présentées par celui-ci, le préfet estime que les dispositions adoptées par le Conseil municipal équivalent au défaut d'organisation tel qu'il est prévu par le paragraphe 5 de l'article 26 de la loi du 15 février 1902, il invite par un arrêté motivé le Conseil municipal à délibérer de nouveau. Dans le cas où, dans le délai de deux mois à partir de la notification de cet arrêté, le Conseil municipal n'a pas pris une nouvelle délibération répondant au vœu de la loi, il est statué, s'il y a lieu, par un décret en forme de règlement d'administration publique.

Si le préfet conteste la nécessité des dépenses qui résulteront pour le département et pour l'État de l'organisation du Service de désinfection et de son fonctionnement, il est statué, s'il y a lieu, après nouvelle délibération du conseil municipal, par décret rendu en Conseil d'État, conformément au paragraphe 1er de l'article 26 de ladite loi.

ART. 3. — Chaque semestre, le maire transmet au préfet un rapport détaillé sur les opérations du service ; le préfet en adresse copie au Ministre de l'intérieur.

CHAPITRE II. — SERVICES DÉPARTEMENTAUX

ART. 4. — Pour les communes de moins de 20.000 habitants, le Conseil général délibère, après avis du Conseil départemental d'hygiène, sur la création des postes de désinfection, la composition et la rétribution du personnel. Il vote les crédits nécessaires à l'acquisition et à l'entretien du matériel et au fonctionnement du service.

Art. 5. — Dans chacune des circonscriptions sanitaires entre lesquelles le département est divisé, conformément à l'article 20 de la loi du 15 février 1902, doit être établi au moins un poste de désinfection.

Les sièges de chaque poste sont fixés de telle sorte qu'il ne faille pas plus de six heures pour se rendre du poste dans les diverses communes qu'il est appelé à desservir.

Un poste doit nécessairement être placé dans toute station thermale possédant un bureau municipal d'hygiène par application de l'article 19 de la loi du 15 février 1902.

Art. 6. — Pour l'ensemble des communes relevant du service départemental, le Service de désinfection est placé sous l'autorité du préfet et sous le contrôle d'un membre du Conseil départemental d'hygiène désigné par le préfet.

S'il a été organisé dans le département un service de contrôle et d'inspection, conformément à l'article 19 de la loi du 15 février 1902, le contrôle prévu au paragraphe précédent est exercé par le chef de ce service.

Art. 7. — Dans chaque circonscription, le service est dirigé par un délégué de la Commission sanitaire agréé par le préfet.

Il veille à l'exécution régulière et immédiate des mesures de désinfection dans les conditions techniques prescrites par le Conseil supérieur d'hygiène. Il veille également à ce que les postes de désinfection soient constamment munis du matériel et des désinfectants nécessaires, et à ce que les chefs de poste tiennent avec soin les registres de contrôle prévus à l'article suivant.

Il présente tous les mois au moins à la Commission sanitaire un rapport sur les résultats et les besoins du service de la circonscription ; ce rapport est transmis au préfet avec l'avis de la commission.

Art. 8. — Chaque poste de désinfection est dirigé par un chef de poste, assisté s'il y a lieu, d'agents ou d'aides.

Le chef de poste et les agents procèdent eux-mêmes aux opérations de désinfection.

Le chef de poste tient un registre des déclarations à lui adressées par les maires, des opérations, transports et voyages effectués, et dresse pour chaque série d'opération une feuille spéciale suivant un modèle arrêté par le Ministre de l'intérieur.

Les chefs de poste et agents sont nommés et révoqués par le préfet sur la proposition du délégué de la commission sanitaire. Ils sont rémunérés à l'année, au mois, à la journée ou à l'heure. Les chefs de poste sont assermentés; le préfet peut en outre faire assermenter un certain nombre d'agents.

Art. 9. — Les délibérations prises par le Conseil général sont transmises par le préfet au ministre de l'intérieur.

Si, après avis du Conseil supérieur d'hygiène publique de France, le ministre estime que les dispositions adoptées par le Conseil général équivalent au défaut d'organisation tel qu'il est prévu par le paragraphe 5 de l'article 26 de la loi du 15 février 1902, un décret motivé rendu dans le délai prévu par l'article 49 de la loi du 10 août 1871 peut suspendre l'exécution de la délibération du Conseil général. Dans le cas où le Conseil général au cours de sa plus prochaine session, ou dans une réunion extrordinaire antérieure à celle-ci n'a pas pris une nouvelle délibération répondant au vœu de la loi, il est statué par un décret en forme de règlement d'administration publique.

Si le ministre conteste la nécessité des dépenses qui résulteront pour les communes et pour l'État de l'organisation du Service de désinfection et de son fonctionnement, un décret motivé peut suspendre, comme ci-dessus, l'exécution de la délibération. Dans le cas où le Conseil général, au cours de sa plus prochaine session ou dans une réunion extraordinaire antérieure à celle-ci, n'a pas donné satisfaction aux observations du Ministre de l'intérieur, il est statué par décret en Conseil d'État, conformément au paragraphe 1er de l'article 26 de la loi du 15 février 1902.

TITRE II. — Fonctionnement.

Art. 10. — Dans toutes les communes, dès que le maire a reçu la déclaration que comporte l'une des maladies mentionnées à la première partie de la liste arrêtée par le décret du 10 février 1903, il avertit le chef de poste dans la circonscription duquel se trouve le malade signalé. S'il est avisé de l'existence de l'une de ces maladies et qu'il n'y ait pas de médecin traitant, il envoie un médecin et prend ensuite, sur la déclaration de celui-ci, les mesures prescrites par le présent décret.

En outre, si la commune où demeure le malade est comprise dans le service départemental, le préfet ou le sous-préfet avertit le délégué de la Commission sanitaire.

Art. 11. — Toutes les opérations de désinfection sont effectuées par le service public, sous les réserves indiquées aux articles 14 et 17.

Art. 12. — Le chef de poste envoie, au lieu où se trouve le malade, un agent muni des désinfectants appropriés.

Cette visite ne peut être effectuée que de jour.

L'agent s'adresse, en vue de l'exécution des mesures à prendre, au principal occupant, chef de famille ou d'établissement, des locaux où se trouve le malade et, à son défaut, dans l'ordre ci-après: au conjoint, à l'ascendant, au plus proche parent du malade ou à toute personne résidant avec lui ou lui donnant ses soins

Art. 13. — Il remet à cette personne une note dont le modèle est arrêté par le Ministre de l'intérieur, rappelant l'obligation de la désinfection et reproduisant les pénalités prévues par la loi et le tarif de désinfection.

Il se met à sa disposition pour l'exécution des mesures indispensables.

Ces mesures, pendant le cours de la maladie, concernent essentiellement la désinfection des linges contaminés ou souillés et des déjections ou excrétions ; elles ne peuvent constituer une intervention quelconque dans le traitement du malade.

Art. 14. — La personne à qui a été remise la note prévue par l'article précédent peut exécuter ou faire exécuter elle-même la désinfection, à la condition de prendre sur une formule qui est mise à sa disposition par l'agent, l'engagement:

1° De se conformer exactement pendant le cours de la maladie aux instructions du Conseil supérieur d'hygiène publique de France, approuvées par le Ministre de l'intérieur, et dont un exemplaire lui est remis ;

2° De se soumettre, dans l'exécution des mesures prises, au contrôle de l'agent du service public, qui ne pourra se présenter au domicile du malade plus d'une fois par jour ;

3° D'avertir sans délai le maire, le cas échéant, du transport du malade hors de son domicile ;

4° D'aviser le maire de la première sortie du malade après sa guérison, en vue de l'application de l'article 15 du présent décret.

Art. 15. — En cas de transport du malade hors de son domicile, après la guérison, ou en cas de décès au cours ou à la suite d'une des maladies mentionnées à la première partie de la liste arrêtée par le décret du 10 février 1903, la désinfection totale des locaux occupés personnellement par le malade et des objets qui ont pu être contaminés pendant la maladie doit être opérée sans délai.

Art. 16. — Le maire, prévenu soit par l'avis donné en exécution des 3° et 4° de l'article 14, soit par la déclaration de décès, informe le chef du poste dans la circonscription duquel se trouve le domicile à désinfecter ; le chef de poste adresse à la personne désignée à l'article 12 un avis faisant connaître au moins douze heures à l'avance le moment où il sera procédé aux mesures de désinfection. Un pareil avis est adressé en cas de décès aux héritiers, s'ils habitent la commune et sont connus de l'administration.

Le délai de douze heures ci-dessus pourra être abrégé par une décision motivée du maire.

A défaut d'une des personnes énumérées à l'article 12 et en l'absence des héritiers, le maire prend les mesures nécessaires pour que les objets contenus dans le local à désinfecter ne soient ni détournés, ni détériorés.

Art. 17. — Sauf le cas d'urgence constaté par un arrêté du maire ou, à son défaut, par un arrêté du préfet, les personnes énumérées à l'article 12 du présent décret ou les héritiers peuvent exécuter ou faire exécuter par leurs soins la désinfection, à la condition de prendre par écrit, sur une formule qui leur est remise par le service public, l'engagement :

1° De faire opérer la désinfection sans délai et conformément aux instructions du Conseil supérieur d'hygiène publique de France, approuvées par le Ministre de l'intérieur, et dont un exemplaire leur est remis ;

2° De prévenir au moins douze heures à l'avance le chef de poste du moment où l'opération doit avoir lieu ;

3° De se soumettre, dans l'exécution des mesures prises, au contrôle de l'agent du service public, qui s'assurera sur place si les opérations sont exécutées dans les conditions techniques formulées par le Ministre de l'intérieur après avis du Conseil supérieur d'hygiène publique et, spécialement, quand il est fait usage d'appareils, s'ils fonctionnent dans les conditions imposées par le certificat de vérification prévu au décret du 7 mars 1903.

Art. 18. — S'il résulte des constatations faites par les agents que les engagements pris en vertu des articles 14 et 17 du présent décret n'ont pas été tenus, ou que la désinfection a été opérée par les particuliers ou par leurs soins d'une façon insuffisante, le maire prescrit immédiatement l'exécution par le service public des mesures indispensables.

Art. 19. — Si, au cours de la désinfection, la destruction d'un objet mobilier est jugée nécessaire par le service, il y est procédé sur l'ordre du maire. En cas de refus du maire, le préfet statue.

Art. 20. — Il est dressé un état descriptif et estimatif des objets à détruire par le chef de poste ou l'agent qui s'est rendu à domicile, contradictoirement avec le propriétaire de l'objet ou l'une des personnes désignées à l'article 12. Cette personne peut être remplacée par un héritier s'il s'agit d'une désinfection après décès.

En cas de refus d'une des personnes ci-dessus énumérées de concourir à la rédaction de l'état ou en cas d'impossibilité de le dresser contradictoirement, le chef de poste ou l'agent mentionne l'une ou l'autre de ces causes dans un procès-verbal auquel il joint l'état dressé par lui seul.

L'état et, s'il y a lieu, le procès-verbal sont déposés à la mairie et communiqués en duplicata au sous-préfet si le service est départemental. Si une indemnité est réclamée, la demande est adressée suivant le cas au maire ou au sous-préfet.

Art. 21. — Si le maire reçoit la déclaration d'une des maladies mentionnées à la seconde partie de la liste arrêtée par le décret du 10 février 1903, il avertit le chef de poste, lequel est tenu de se mettre immédiatement à la disposition du malade ou de sa famille, pour assurer la désinfection dans les conditions prescrites par le Conseil supérieur d'hygiène publique.

TITRE III. — Taxes

Art. 22. — Les taxes de remboursement prévues par le paragraphe 4 de l'article 26 de la loi du 15 février 1902 sont établies proportionnellement à la valeur locative de l'ensemble des locaux d'habitation dont dépend la pièce occupée par le malade.

Le tarif est arrêté par le Conseil municipal ou par le Conseil général, selon qu'il s'agit d'un service municipal ou départemental ; il ne peut dépasser les maxima fixés par le tableau suivant :

Dans les communes de moins de 5.000 habitants.	3,00 p. 100	
— de 5.000 à 20.000	— . . 2,50	—
— de 20.000 à 100.000	— . . 2,00	—
— de plus de 100.000	— . . 1,50	—
Paris	1,00	—

Si la taxe à percevoir en vertu de ce tarif dépasse 30 francs par pièce soumise à la désinfection totale, elle est réduite d'office à ce maximum.

Art. 23. — La taxe est applicable quel que soit le mode de désinfection des locaux ou des objets qu'ils renferment, que ces derniers soient désinfectés sur place ou au dehors.

Elle comprend l'ensemble des opérations occasionnées par la même maladie ; néanmoins, si la maladie excède une période de six mois, la taxe ne comprend que les opérations effectuées au cours de cette période et elle est renouvelable pour chaque période nouvelle de six mois.

Elle comprend également les frais de transport.

Art. 24. — Dans le cas où la désinfection des objets est demandée indépendamment de celle des locaux, la taxe est réduite à la moitié de ce qu'elle eût été si la désinfection avait porté également sur le local ayant renfermé lesdits objets.

Art. 25. — Sur la demande des intéressés, le service peut effectuer de nuit la désinfection totale prévue par l'article 15 du présent décret. Dans ce cas, l'opération donne lieu à une redevance supplémentaire montant à 50 pour 100 de la taxe.

Art. 26. — Pour la désinfection des chambres d'hôtels garnis, ainsi que des loges de concierges, des chambres de domestiques et des chambres individuelles d'ouvriers logés chez leurs patrons, lorsque ces loges ou chambres font partie d'une habitation collective, la taxe est réduite à une somme fixe dont le maximum est de 5 francs.

Art. 27. — La désinfection est gratuite pour les indigents.

Art. 28. — Les Conseils généraux et les Conseils municipaux peuvent appliquer des tarifs réduits à la désinfection dans les établissements charitables ou scolaires.

Ils fixent les tarifs à appliquer aux opérations de désinfection dans les cas autres que ceux qui entraînent une obligation légale.

Art. 29. — Ces taxes sont dues par le malade ou, en cas de décès, par ses héritiers.

Toutefois, dans les cas visés à l'article 26, elles sont dues par les gérants, propriétaires, maîtres ou patrons. Dans les cas où il s'agit d'établissements charitables ou scolaires, elles sont à la charge des établissements.

Art. 30. — Les taxes sont établies sur des états, d'après les feuilles dressées par le chef de poste et certifiées par le directeur du bureau d'hygiène ou le délégué de la Commission sanitaire.

Art. 31. — Le montant des taxes, porté en recette aux budgets municipaux et départementaux, est déduit des dépenses de fonctionnement du service avant leur répartition entre les communes, le département et l'Etat.

Art. 32. — Les dispositions du présent décret sont applicables à la ville de Paris et aux communes du département de la Seine sous réserve de l'observation des règles édictées par la loi du 7 avril 1903 pour la répartition des attributions relatives à la protection de la santé publique entre le préfet de la Seine, le préfet de police et les maires desdites communes.

Art. 33. — Le Ministre de l'intérieur est chargé de l'exécution du présent décret, qui sera publié au *Journal officiel* et inséré au *Bulletin des lois*.

Fait à Paris, le 10 juillet 1906.

A. Fallières.

Par le Président de la République :
Le *Ministre de l'intérieur*,
G. Clémenceau.

XLIII

Circulaire ministérielle du 28 juillet 1906
RELATIVE A L'APPLICATION DU DÉCRET DU 10 JUILLET SUR LE SERVICE DE DÉSINFECTION.

Monsieur le Préfet, le *Journal Officiel* du 19 juillet 1906 contient le texte d'un décret signé le 10 juillet par M. le Président de la République et dont l'importance ne vous a pas échappé ; ce décret porte règlement d'administration publique sur les conditions d'organisation et de fonctionnement du Service de désinfection.

Ce décret est le dernier de ceux prévus par la loi du 15 février 1902 relative à la protection de la santé publique ; déjà avaient été promulgués : le 10 février 1903 le décret sur la désignation des maladies entraînant la déclaration ; le 27 juillet 1903 le décret portant règlement d'administration publique sur la vaccination et la revaccination ; puis le décret du 3 juillet 1905 portant règlement d'administration publique pour déterminer les conditions d'organisation et de fonctionnement des bureaux municipaux d'hygiène.

Par le décret du 10 juillet que je vous signale, l'œuvre législative se trouve enfin close ; il reste à lui faire produire son plein effet : c'est à quoi je vous invite de façon pressante à consacrer votre effort.

Nulle tâche n'est plus digne de solliciter votre zèle ; nulle ne présente une plus haute importance sociale. Soigner et secourir les malades est bien ; prévenir les maladies est évidemment mieux, et il faut faire pénétrer dans l'esprit public cette vérité aujourd'hui incontestable : que les maladies qui font le plus grand nombre de victimes sont heureusement celles aussi que, grâce à une hygiène sociale judicieusement organisée, on peut le plus aisément éviter ; que ces fléaux : fièvre typhoïde, typhus, variole, scarlatine, diphtérie, choléra, peste, etc., et la tuberculose elle-même, qui déciment si souvent les agglomérations, sont de ces ennemis dont l'homme a appris l'art, sinon de triompher, du moins d'éviter presque sûrement la dangereuse atteinte.

La loi de 1902 et le décret du 10 juillet affirment avec force et précision que si la collectivité a des devoirs envers l'individu, elle a aussi des droits sur lui et que l'un de ces droits essentiels est, lorsqu'un individu quel qu'il soit, riche ou pauvre, est atteint d'une de ces maladies transmissibles, de le contraindre à prendre ou, au besoin, à subir toutes les mesures propres à empêcher la dissémination des germes pathogènes issus de lui. Ils affirment que l'individu, atteint de fièvre typhoïde par exemple, et dont les linges souillés et les déjections dispersées au hasard vont polluer les eaux et contaminer le voisinage, constitue pour le public un plus grave danger qu'un fou furieux, et qu'il y a un véritable crime social à ne point prendre à son égard les simples précautions d'isolement et de désinfection que la science assigne et qui permettent de circonscrire l'œuvre de mort.

La désinfection, avait dit la loi de 1902 en son article 7, est obligatoire pour tous les cas de maladies prévues à l'article 4 et nommément désignées dans le décret du 10 février 1903 ; et la loi avait ajouté : « Les mesures de désinfection sont mises à exécution dans les villes de 20.000 habitants et au-dessus par les soins de l'autorité municipale, et dans les communes de moins de 20.000 habitants par les soins d'un Service départemental. »

Le nouveau décret détermine les conditions dans lesquelles ces deux services doivent être organisés et fonctionner.

D'abord il donne au mot « désinfection » son sens précis et complet ; il ne s'agit point, pour commencer la désinfection d'attendre la mort ou la guérison du malade : à tarder ainsi on risquerait le plus souvent de faire œuvre vaine ; sans doute ce n'est qu'à ce moment qu'on pourra effectuer la désinfection totale des locaux occupés par lui, mais nul n'ignore et n'a plus le droit d'ignorer aujourd'hui que, pour être efficace, la lutte contre les germes pathogènes doit être entreprise dès le début et pendant tout le cours de la maladie. Un typhique, un varioleux, un scarlatineux peut, avant de guérir ou de mourir, contaminer un grand nombre de personnes à l'égard desquelles les pouvoirs publics assument de ce fait la plus redoutable des responsabilités. C'est donc, — sur ce point le décret est aussi net qu'impérieux, — pendant tout le cours de la maladie que la désinfection doit être assurée.

Et cette désinfection est à un double point de vue obligatoire — obligatoire pour les individus qui sous aucun prétexte ne sauraient s'y soustraire — obligatoire pour les services publics, municipaux et départementaux, qui doivent y procéder.

Est-ce à dire qu'un monopole municipal ou départemental soit institué ? Nullement, et les particuliers sont libres de s'adresser, s'ils préfèrent, à quelque entreprise privée de désinfection ; mais s'ils peuvent ne point faire appel au service public, ils en doivent toujours accepter le contrôle. Ce n'est point un simulacre de désinfection que la loi rend obligatoire ; c'est une opération vraiment efficace et la gêne qu'elle entraîne provisoirement ne peut d'ailleurs être supportée qu'à la condition même que l'efficacité de l'opération compense ce petit sacrifice.

Dans les villes de plus de 20.000 habitants, où un bureau d'hygiène doit être organisé, le Service de désinfection sera assumé par ce bureau dont il sera une des attributions essentielles. Vous aurez sur ces deux points connexes — constitution des bureaux d'hygiène, organisation du Service de désinfection — à promouvoir l'initiative des municipalités. Je me plais à espérer qu'il ne s'en rencontrera point qui n'ait conscience de son devoir. La loi d'ailleurs est formelle : l'ignorance des uns, l'indifférence systématique des autres ne sauraient en paralyser l'effet. L'obligation est aussi impérieuse en matière de désinfection qu'en matière d'instruction primaire. Si quelque municipalité de grande ville, ou rétrograde ou négligente, restait sourde à votre invitation, puis à votre mise en demeure, la loi donne au gouvernement le droit et lui fournit le moyen de lui imposer l'accomplissement de son devoir.

Plusieurs villes ont, les unes depuis longtemps, les autres depuis peu, devancé la loi : il vous appartient, Monsieur le Préfet, d'inciter les retardataires à suivre cet exemple et au besoin de les y contraindre.

Dans l'ensemble des communes de moins de 20.000 habitants, dans chacune desquelles on ne pouvait songer à établir un service autonome, c'est un service départemental dont la loi prescrit la création. Cette tâche est aussi urgente ; elle est certes plus délicate ; pour la mener à bien il ne faudra pas moins que tout votre effort personnel. A la vérité c'est ici le Conseil général qui délibère, après avis du Conseil départemental d'hygiène, sur la création des postes de désinfection, sur la composition et la rétribution du personnel ; c'est lui qui vote les crédits nécessaires à l'acquisition et à l'entretien du matériel et au fonctionnement du service ; c'est lui qui, en se conformant aux règles fixées par le titre III du décret, arrête le tarif des taxes de remboursement. Mais votre action personnelle est considérable ; sans elle rien ne peut aboutir.

Il faut que dès demain chacun prépare la mise en œuvre de la loi ; si dans votre département n'a point été organisé le service spécial de contrôle et d'inspection prévu à l'article 19 de la loi du 15 février 1902, vous aurez d'abord à désigner un membre du Conseil départemental d'hygiène qui, à défaut du chef de ce service spécial, sera votre collaborateur immédiat. Cette désignation peut avoir une importance capitale, et il est certain que, dans une large mesure, tant vaudront les hommes, tant vaudra l'œuvre ; que ce choix vous soit dicté par l'unique souci du bien public ; cette fonction ainsi que celle des délégués des Commissions sanitaires prévues par le décret ne sera point une sinécure ; elle pourra être rémunérée dès que le service fonctionnera effectivement ; il serait équitable qu'elle le fût.

D'urgence vous saisirez le Conseil départemental d'hygiène que vous réunirez à cet effet. Vous n'attendrez point qu'il ait terminé son travail préparatoire avant de saisir à son tour le Conseil général : à quelque moment en effet que cette assemblée reçoive par vous la première communication de cette affaire, elle ne voudra et ne pourra vraisemblablement point se prononcer sur l'heure ; elle mettra la question à l'étude et en chargera, selon ses traditions constantes, une commission qu'elle invitera à lui préparer pour la session suivante un rapport, un plan et un devis détaillés. Nous pourrons gagner un semestre si, dès la session d'août, vous présentez au Conseil général un premier rapport sur le décret du 10 juillet et sur le service dont, en vertu de la loi, ce décret prescrit et définit la constitution, et si vous invitez le Conseil général à nommer immédiatement une commission à laquelle le Conseil départemental d'hygiène transmettra ses propositions conformément à l'article 4, dès qu'elles seront arrêtées. Moi-même je ne manquerai pas de vous communiquer ultérieurement, et le plus tôt possible, des instructions détaillées, qui, je l'espère, vous guideront utilement et simplifieront votre tâche ; elles tendront à vous montrer que, à peu de frais en somme, on peut et l'on doit obtenir d'excellents résultats ; elles s'inspireront, au point de vue technique, des avis si hautement autorisés du Conseil supérieur d'hygiène.

Par la mise en œuvre de telles lois la mission des préfets devient chaque jour plus complexe, mais chaque jour aussi plus intéressante, plus digne des efforts d'hommes d'initiative et d'action. Ces lois sont l'honneur de la République ; travailler à en assurer l'exécution est l'un des moyens les plus efficaces de la bien servir. Je suivrai avec une particulière attention tout ce que vous ferez en ce sens ; et je vous saurai gré de l'activité méthodique et tenace que vous déploierez pour faire produire à la loi de 1902 et au présent décret leur maximum d'effet utile et pour justifier ainsi aux yeux de tous le titre même de la loi relative à « la protection de la santé publique ».

Le Ministre de l'intérieur,
G. CLÉMENCEAU.

XLIV

Circulaire ministérielle du 18 mars 1907

SUR L'ORGANISATION ET LE FONCTIONNEMENT DES SERVICES DÉPARTEMENTAUX ET MUNICIPAUX DE DÉSINFECTION, Y COMPRIS L'APPLICATION DES TAXES.

Monsieur le Préfet, en vous adressant le texte du décret du 10 juillet 1906 portant règlement d'administration publique sur la désinfection, par application de l'article 6 de la loi du 15 février 1902, je vous annonçais l'envoi d'instructions complémentaires qui devaient être adoptées par le Conseil supérieur d'hygiène publique de France pour constituer les bases techniques d'organisation et le fonctionnement de cet important service.

Le Conseil supérieur a approuvé dans sa séance du 18 février les instructions envisagées ; je les ai fait immédiatement imprimer et je m'empresse de vous en adresser plusieurs exemplaires, afin de permettre tant à vos bureaux qu'au Conseil départemental d'hygiène et à la Commission spéciale qui a dû être désignée dans ce but par le Conseil général, de parfaire et de terminer dans le moindre délai possible l'élaboration des dispositions applicables au département.

Ainsi que vous le remarquerez, Monsieur le Préfet, les instructions approuvées par le Conseil supérieur pour la pratique de la désinfection sont avant tout destinées aux personnes qui seront chargées d'assurer le fonctionnement du service. Elles spécifient les conditions très variables dans lesquelles doit avoir lieu la désinfection suivant la nature de la maladie, le mode de transmission des germes, les matières, les objets ou les locaux susceptibles de produire la contamination ; elles déterminent les procédés ou produits applicables dans ces différents cas ; elles indiquent à titre de recommandation ou de conseils les précautions à prendre pour assurer aux mesures de prophylaxie toute l'efficacité désirable. En se pénétrant de ces enseignements, en s'inspirant dans toutes les circonstances de leurs dispositions les mieux appropriées, les délégués des circonscriptions sanitaires d'abord, les chefs de poste ensuite sauront apporter progressivement à leurs fonctions délicates le sens réellement pratique qui pourra seul les faire apprécier des populations.

D'une manière générale, la désinfection comporte l'intervention aussi prompte que possible du service public, soit pour provoquer la destruction des germes dès leur apparition, soit pour s'assurer que les mesures déjà prises par les intéressés dans ce but sont suffisantes et les compléter au besoin. De la rapidité avec laquelle aura lieu cette intervention dépend en grande partie la possibilité d'éteindre sur place la première manifestation d'une maladie contagieuse ou transmissible ou de réduire en tous cas dans la plus large mesure son extension aux habitants d'une maison, d'un hameau, d'une commune, d'une circonscription. Il est manifeste que si dès qu'on a connaissance d'un cas même douteux, d'une maladie notoirement transmissible, telle que la fièvre typhoïde, la dysenterie, le choléra, on a soin de rendre inoffensives les déjections des malades au fur et à mesure de leur émission, au lieu de les projeter intactes sur les fumiers, sur les jardins ou sur la voie publique, on réduit dans une proportion incalculable les risques de contagion. Et pour obtenir ce résultat les mesures à instituer sont aussi simples que pratiques : les agents chargés de la désinfection auront le devoir de les indiquer, de les expliquer et dans les cas de mauvais vouloir ou de résistance injustifiables, de les imposer. Aucune ingérence ne saurait avoir lieu de ce chef dans le traitement du malade et partout où le médecin traitant aura de son côté, comme c'est son devoir, recommandé les mêmes précautions, le rôle du Service de la désinfection sera réduit au strict minimum : la fourniture éventuelle des désinfectants nécessaires ou l'enlèvement périodique des linges souillés.

Le décret du 10 juillet vise en trois titres distincts l'organisation et le fonctionnement des Services de désinfection, l'application des taxes corrélatives. Je me bornerai à résumer les dispositions applicables à chacune de ces parties : il est bien entendu que l'exposé qui suit et les commentaires qui l'accompagnent ne sauraient dispenser de se reporter aux termes mêmes du décret pour préciser les dispositions qu'il édicte et éviter toute lacune.

I. — Organisation.

Le service départemental s'appliquant à l'ensemble des communes de moins de 20.000 habitants, est placé sous l'autorité du préfet ; il comprend trois échelons successifs : le département, la circonscription sanitaire telle qu'elle a été déterminée en vertu de l'article 20 de la loi du 15 février 1902, le poste de désinfection.

Au chef-lieu du département se trouve centralisé le contrôle du service entre les mains de l'inspecteur départemental ou à son défaut d'un membre du Conseil d'hygiène départemental désigné par le préfet.

Dans chaque circonscription sanitaire un délégué de la Commission sanitaire agréé par le préfet est chargé de la direction et de la surveillance effective du service.

La circonscription comporte elle-même un ou plusieurs postes de désinfection dirigés par un agent spécial portant le titre de chef de poste Cet agent constitue l'organe effectif et permanent du service, nommé par le préfet sur la proposition du délégué de la circonscription ; il peut être assisté, suivant les besoins, d'autres agents ou aides désignés dans les mêmes conditions.

Au point de vue matériel, chaque poste devra disposer d'un local spécial, être constamment approvisionné des désinfectants applicables aux diverses opérations, posséder le matériel indispensable dans les conditions indiquées par les instructions du Conseil supérieur d'hygiène, y compris les moyens de transport soit des appareils, soit des objets à désinfecter.

Pour satisfaire à ces prescriptions essentielles, le Conseil départemental d'hygiène a mission de préparer une réglementation spéciale. Celle-ci doit déterminer en conséquence :

1° Le nombre et la circonscription des postes de désinfection de telle sorte qu'il ne faille pas plus de six heures pour se rendre du poste dans les diverses communes qu'il est appelé à desservir et qu'un poste soit nécessairement placé dans toute station thermale possédant un bureau d'hygiène en vertu de l'article 19 de la loi.

Les circonscriptions des postes ainsi institués doivent correspondre expressément dans leur ensemble à celles de la Commission sanitaire dont ils relèvent au point de vue de la direction et du contrôle. Dans le cas où le nombre des Commissions existantes serait jugé insuffisant à raison des attributions qui leur sont dévolues dans l'espèce, il appartiendrait au Conseil départemental d'hygiène d'en décider l'augmentation au moyen d'une division nouvelle des arrondissements intéressés ;

2° Le siège des postes et les locaux susceptibles d'y être affectés ;

3° La composition du personnel des postes (chef de poste, **agents ou aides**) ;

4° La rétribution de ce personnel suivant les ressources locales et les conditions mêmes d'organisation du service ;

5° Le matériel nécessaire au fonctionnement du service ; la nature et la quantité des désinfectants devant former l'approvisionnement normal et permanent des postes ;

6° Les prévisions de dépenses devant résulter de l'installation des locaux, de l'acquisition du matériel, de son entretien et, en général, du fonctionnement du service.

Lorsque toutes ces dispositions, réglées par le Conseil général sur l'avis du Conseil départemental d'hygiène et sur vos propositions, seront devenues définitives, après m'avoir été soumises comme il est dit plus loin (pages 11 et 12), vous aurez, Monsieur le Préfet, soit à désigner, soit à agréer les divers délégués et agents chargés d'assurer le service dans les conditions fixées par le décret du 10 juillet et rappelées ci-dessus, savoir :

a) *Un membre du Conseil départemental d'hygiène* chargé du contrôle général du service, s'il n'existe pas encore pour le département de service d'inspection et de contrôle tel que le prévoit l'article 19 de la loi ;

b) *Le délégué de la Commission sanitaire* chargé du service dans chaque circonscription. Vous vous entendrez pour assurer cette délégation avec le sous-préfet, président de la Commission ; la désignation devra avoir lieu par élection avec l'assentiment formel de l'intéressé et dans des conditions qui engagent son intervention effective ; le délégué pourrait d'ailleurs être choisi en dehors de la Commission toutes les fois qu'il ne se rencontrerait pas au sein de l'assemblée une personne capable de consacrer à sa mission le temps et la vigilance particulière qu'elle comporte. Je n'ai pas besoin d'insister sur l'importance que présente en conséquence le rôle de ce chef de service, à la fois technique et administratif, pour garantir l'efficacité et le contrôle des opérations. Le choix des personnes exercera une influence capitale sur la mise en œuvre du service consistant dans la désignation et la formation des agents, l'organisation des postes, l'instruction des autorités municipales et des populations, l'entente avec les membres du corps médical. Les fonctions remplies devront être effectives et permanentes, engageant la responsabilité des titulaires : elles comporteront une rémunération proportionnée et des frais de déplacement fixés par le Conseil général.

c) *Les chefs de poste et agents ou aides* devant composer le personnel de chaque circonscription spéciale. Les chefs de poste sont les agents d'exécution chargés de la conduite ou du contrôle des opérations soit à domicile, soit au poste même. Ils doivent être particulièrement aptes à se familiariser avec la technique de ces diverses opérations et disposer du temps nécessaire suivant les besoins de chaque circonscription, sinon pour se consacrer exclusivement au service, du moins pour être toujours prêts à procéder sans délai aux mesures qu'il comporterait sur un point quelconque de cette circonscription. Suivant leur caractère, leur activité physique et leur intelligence, les hommes ainsi désignés seront appelés à être, sous la direction des délégués sanitaires, les véritables initiateurs et propagateurs des pratiques de désinfection. Les chefs de poste, pour accomplir leur tâche, devront être secondés par des aides permanents ou accidentels ; les premiers les accompagneront dans leurs déplacements ou pratiqueront les opérations en leur lieu et place ; les seconds constitueront des auxiliaires éventuels désignés à l'avance parmi des personnes de la localité, telles que : gardes-champêtres, cantonniers, appariteurs de mairie ou pompiers. Il n'est pas douteux que le concours de ces dernières ne soit de nature à présenter dans la pratique les plus sérieux avantages, tant au point de vue de la rapidité et de la continuité des mesures qu'au point de vue économique, en permettant de réduire au minimum l'intervention personnelle des chefs de poste et les frais de déplacement d'auxiliaires permanents. Je rappelle, en outre, que les **chefs de poste et agents** sont nommés par le Préfet, sur la proposition du délégué de la Commission sanitaire et révocables dans les conditions; que les chefs de poste sont nécessairement assermentés ; que les autres agents sont susceptibles de l'être également, selon l'organisation adoptée et le rôle qui leur serait attribué sous la direction et la responsabilité du chef de poste. Leur mode de rémunération doit être en rapport avec l'importance du service demandé, le temps qu'il exige, le dévouement consciencieux et, dans une certaine mesure, les risques qu'il comporte ; la rétribution peut être réglée à l'année, au mois, à la journée et à l'heure. Le décret laisse à cet égard au Conseil général la plus grande latitude.

II. — Fonctionnement.

En principe et conformément à l'article 11 du décret, toutes les opérations de désinfection incombent au service public. Les exceptions sont expressément subordonnées aux conditions qui seront indiquées ci-après.

Deux cas se présentent, correspondant à deux catégories distinctes d'opérations :

a) La désinfection, dite continue, en cours de maladie ;

b) La désinfection, dite totale, après transport, guérison ou décès.

a) *Désinfection continue en cours de maladie.* — Ce cas, qui doit constituer la règle générale représente la première étape des opérations à entreprendre. Il a pour point de départ la déclaration de la maladie adressée au maire par le médecin traitant; avis de cette déclaration est immédiatement transmis sous pli fermé par le maire au chef de poste, celui-ci ou l'agent chargé de le suppléer se rend aussitôt au domicile du malade, et après s'être renseigné sur sa situation, prend toutes les mesures utiles qu'elle comporte, suivant la maladie envisagée. Le nom même de cette maladie, tel qu'il résulterait de la déclaration confidentielle qui a été faite par le médecin, ne doit être mentionné en aucun cas, tant qu'elle n'est pas expressément connue du malade lui-même ou de son entourage. Toute infraction à cette règle exposerait l'agent qui s'en rendrait coupable aux pénalités édictées par l'article 378 du Code pénal.

L'agent se trouve alors en présence de deux solutions, suivant que la désinfection sera assurée par le service public ou par la famille du malade.

Dans la première hypothèse, il est remis à la personne qualifiée pour représenter le malade dans les conditions indiquées par l'article premier (§ 2) du décret, une note spéciale, et, s'il y a lieu, les désinfectants nécessaires. C'est le service public qui prend en conséquence la direction et la responsabilité des opérations.

Si, au contraire, la désinfection doit être assurée par l'entourage du malade, celui-ci s'engage, d'après la formule qui lui est remise, à exécuter les mesures prescrites. Le rôle du service public se borne à contrôler la régularité de ces mesures pour les faire rectifier ou compléter s'il y a lieu, pour y substituer l'exécution d'office si l'engagement pris n'est pas tenu.

b) *Désinfection après transport, guérison ou décès.* — Ici se place la participation du service, sinon la plus efficace, du moins la plus importante au point de vue de la compétence, du temps, du matériel et des frais qu'elle exige. Il s'agit de détruire d'une façon complète les germes laissés par le malade dans les locaux qu'il a occupés, dans les objets de literie ou les vêtements avec lesquels il a été en contact. Les instructions sur la pratique de la désinfection contiennent pour opérer dans ces circonstances, comme pour la désinfection en cours de maladie, les indications les plus détaillées. On ne peut que s'y référer. Là aussi la désinfection peut être pratiquée par le service public ou assurée par l'entourage du malade. Le chef de poste est avisé du transport, de la guérison ou du décès du malade, soit directement lorsque le service public a effectué la désinfection dès le cours de la maladie, soit par le maire lorsque les intéressés lui ont adressé, en vertu de l'engagement pris, les avertissements prévus aux 3° et 4° de l'article 14 du décret ou qu'il a reçu la déclaration du décès survenu.

Dans tous ces cas et sauf exception motivée par des circonstances spéciales dont il devra être justifié, c'est le chef du poste qui doit intervenir personnellement, aussi bien pour procéder à la désinfection totale que pour contrôler l'exécution de cette opération à la charge des intéressés. Comme pour la désinfection en cours de maladie, ceux-ci ont à prendre, s'ils désirent bénéficier de cette exception, un engagement comportant l'application intégrale des prescriptions fixées par les instructions du Conseil supérieur d'hygiène, sous la vérification effective du service public.

Les procédés ou appareils que peut comporter la désinfection totale sont ceux qui ont fait l'objet des certificats de vérification délivrés par mon administration sur l'avis du Conseil supérieur d'hygiène publique de France. Ces certificats sont reproduits dans les quatre fascicules annexes A, B, C et D qui ont été adressés à votre préfecture par mes circulaires des 15 mars 1904, 4 mars 1905 et 20 février 1906 pour le passé et continueront à être portés à votre connaissance dans l'avenir, au fur et à mesure des vérifications nouvelles.

III. — Taxes de désinfection.

Le titre III du décret du 10 juillet concerne les taxes de désinfection.

Ces taxes doivent être perçues suivant un tarif proportionnel, dont les deux éléments sont la valeur locative des locaux et le chiffre de population des communes.

Elles sont applicables, dans la limite d'un maximum fixé par le décret, à l'ensemble des opérations effectuées sur place ou hors des locaux occupés par le malade, sous réserve d'une réduction de moitié, pour le cas où ces opérations ne porteraient exceptionnellement que sur des objets désinfectés au dehors.

La désinfection peut être pratiquée de nuit si elle est demandée : elle donne lieu, dans ce cas, à une redevance supplémentaire fixée à 50 pour 100.

Le tarif est uniformément fixé à un taux qui ne saurait dépasser 5 francs s'il s'agit de chambres d'hôtels garnis, de loges de concierges, de chambres de domestiques ou de chambres individuelles d'ouvriers logés chez leurs patrons (art. 26).

Les opérations sont gratuites pour les personnes inscrites sur les listes de l'assistance médicale gratuite à titre d'indigents.

A l'égard des établissements charitables ou scolaires, la taxe peut être facultativement réduite.

Des tarifs spéciaux sont en outre applicables aux opérations autres que celles qui sont prévues par la loi.

Il appartient aux Conseils généraux de déterminer, en conséquence, les taxes qui seront susceptibles d'être perçues dans chaque département.

Telles sont, Monsieur le Préfet, les grandes lignes qui doivent diriger l'organisation du service public de la désinfection en conformité du décret du 10 juillet 1906 ; elles permettent d'établir les bases de la réglementation nouvelle à instituer dans les départements.

Ces bases sont essentielles. Si elles ne paraissaient pas consacrées par le Conseil général ou si elles ne l'étaient que dans des conditions jugées insuffisantes, l'article 9 du décret détermine la procédure qui aurait pour but d'instituer d'office, après intervention du Conseil d'hygiène et du Conseil d'État, la réglementation prévue par la loi. Je ne crois pas utile d'insister sur cette éventualité, persuadé que les Assemblées départementales n'auront besoin d'aucune mise en demeure afin de réaliser dans l'espèce un progrès dont personne aujourd'hui ne saurait contester l'intérêt pour la sauvegarde et la prolongation de la vie humaine dans notre pays.

Comme addition aux dispositions d'ordre général ci-dessus il me suffira de signaler pour mémoire les points qui suivent :

1º L'obligation pour les préfectures et sous-préfectures de donner avis immédiat des déclarations de maladies qui leur parviendront aux délégués des Commissions sanitaires (art. 10 § 2);

2º La remise aux familles, dans le cas où elles sont admises, en vertu des articles 14 et 17 du décret, à procéder ou à faire procéder elles-mêmes à la désinfection, d'un exemplaire des instructions prophylactiques approuvées par le Conseil supérieur d'hygiène, auxquelles elles doivent se conformer. Ces instructions, dont la publication immédiate n'est point d'ailleurs indispensable à l'organisation actuelle des nouveaux services, vous seront adressées, dès qu'elles auront été définitivement adoptées par le Conseil supérieur d'hygiène ;

3º L'application des mesures de désinfection aux maladies dont la déclaration n'est que facultative, de concert avec les familles, les médecins traitants ou les chefs d'établissement. Ces mesures doivent être exécutées ou contrôlées par le service, sur la demande qui lui en est faite, au même titre que pour les maladies à déclaration obligatoire ; elles sont soumises aux mêmes conditions de taxes ;

4º La destruction des objets mobiliers qui, en raison de leur contamination, de l'impossibilité de les désinfecter ou de leur peu de valeur, exigeraient ou justifieraient cette mesure exceptionnelle dans les conditions déterminées par les articles 19 et 20 du décret. La destruction ne peut être opérée que sur ordre du maire, ou en cas de refus de sa part, sur décision du préfet. Il est dressé avant l'opération un état descriptif et estimatif des objets auxquels elle doit s'appliquer. Les articles susvisés contiennent sur la procédure ainsi instituée des indications très précises ;

5° L'établissement par le Service de la désinfection d'un registre des opérations tenu constamment à jour et d'une feuille spéciale relatant la série de ces opérations dans chaque cas pour servir tout à la fois de justification du service effectué et de base aux taxes qu'il y aurait lieu de percevoir ;

6° La production d'un rapport mensuel présenté à la Commission sanitaire par son délégué et la transmission de ce rapport au préfet pour assurer le contrôle départemental.

L'exposé qui précède envisage exclusivement les services publics départementaux. Il reste à faire mention des services municipaux réservés aux communes de 20.000 habitants et au-dessus. Ces villes font l'objet du titre I du décret. Les dispositions sont les mêmes soit pour l'organisation et le fonctionnement du service, soit pour la fixation des taxes, sous réserve du mode d'institution et de procédure. Les services sont confiés, sous l'autorité du maire, aux bureaux d'hygiène dont relèvent directement les chefs de poste et agents désinfecteurs. Le Conseil général est remplacé par le Conseil municipal ; le Conseil départemental d'hygiène par le directeur du bureau municipal d'hygiène au premier degré ; le Conseil supérieur d'hygiène par le Conseil départemental d'hygiène au second degré. Des rapports semestriels adressés au préfet rendent compte du fonctionnement du service et sont transmis en copie au ministre.

Le tableau ci-après permet de préciser et de suivre pour chacune des deux catégories de services — municipaux et départementaux — la procédure d'organisation résultant du décret de 1906.

PROCÉDURES RELATIVES A L'ORGANISATION DES SERVICES PUBLICS DE DÉSINFECTION EN CONFORMITÉ DU DÉCRET DU 10 JUILLET 1906

Service départemental.	Service municipal.
Élaboration par le Conseil départemental d'hygiène d'un projet d'ensemble visant les dispositions applicables.	Élaboration par le directeur du bureau d'hygiène d'un projet visant les dispositions applicables.
Délibération du Conseil général.	Délibération du Conseil municipal.
Transmission au Ministre de l'intérieur.	Transmission au préfet.

Communication éventuelle au Conseil supérieur d'hygiène.	Délibération du Conseil départemental d'hygiène.
En cas d'insuffisance, décret de sursis motivé.	En cas d'insuffisance, arrêté préfectoral.
Délai accordé jusqu'à la session suivante.	Délai de deux mois pour nouvelle délibération du Conseil municipal.
Nouvelle transmission au Ministre.	Transmission au Ministre.
En cas d'insuffisance persistante, décret en Conseil d'État pour organisation d'office.	En cas d'insuffisance persistante, décret en Conseil d'État pour organisation d'office.

Établissement des taxes.

Tarif arrêté par le Conseil général (même projet que ci-dessus).	Tarif arrêté par le Conseil municipal (même projet que ci-dessus).

a) Pour les opérations payantes dans les limites fixées par les articles 22 et 26 du décret ;

b) Pour les établissements charitables ou scolaires ;

c) Pour les opérations autres que celles qu'entraîne l'obligation légale.

Conformément à ces indications, vous voudrez bien, Monsieur le Préfet, communiquer, dès leur réception, la présente circulaire et les instructions qui l'accompagnent au Conseil départemental d'hygiène, en l'invitant à compléter en conséquence l'étude de la réglementation déjà commencée ou à entreprendre cette étude, si elle ne l'a pas encore été, dans le moindre délai possible de telle sorte que le Conseil général puisse en être saisi à son tour, conformément aux prévisions de ma circulaire du 28 juillet 1906, dès sa session d'avril, ou au plus tard lors de sa session d'août. L'Assemblée départementale se trouvera ainsi en possession de tous les éléments d'appréciation nécessaires pour réaliser la mise en œuvre d'un service qui constitue tout à la fois le complément et l'un des rouages les plus importants de la loi sanitaire de 1902.

Dès que le Conseil général se sera prononcé, vous m'adresserez :

1° Une copie de sa délibération ;

2° Le projet qui l'aura précédé devant le Conseil départemental d'hygiène ;

3° Votre rapport au Conseil général ;

4° Vos observations et avis concernant le texte adopté pas cette Assemblée.

En ce qui concerne les services municipaux qui doivent être institués dans les villes de 20.000 habitants et au-dessus, vous aurez soin de rappeler à MM. les maires intéressés les dispositions du décret du 10 juillet 1906 et de la présente circulaire au fur et à mesure que la création ou la reconstitution des bureaux d'hygiène sera considérée comme définitive. Le dossier qui devra m'être communiqué comprendra :

1" Le projet élaboré par le maire sur l'avis du directeur du bureau d'hygiène ;

2" La ou les délibérations prises par le Conseil municipal ;

3° La ou les délibérations du Conseil départemental d'hygiène ;

4° Vos observations et avis sur le projet présenté en dernier lieu par la municipalité.

Pour les services municipaux comme pour les services départementaux les projets devront comprendre la fixation des tarifs applicables aux taxes de désinfection.

Vous trouverez enfin en annexe quatre modèles de formules, savoir

a) Note à remettre aux personnes qualifiées pour représenter le malade en vertu de l'article 13 du décret ;

b) Engagement à prendre par les familles ou les représentants du malade pour la désinfection en cours de maladie (art. 14) ;

c) Engagement à prendre par les familles ou les représentants du malade pour la désinfection après transport, guérison ou décès (art. 17) ;

d) Feuille spéciale à établir pour chaque série d'opérations (art. 8).

Cet envoi sera complété, ainsi que je l'ai dit précédemment, par le texte des instructions spéciales destinées aux familles et visées dans les formules d'engagement *b* et *c*.

Je vous prie, Monsieur le Préfet, de m'accuser réception de la présente circulaire et je vous saurai gré des soins que vous apporterez à en assurer personnellement l'exécution avec toute la diligence que justifie son intérêt social exceptionnel.

Le président du Conseil, Ministre de l'intérieur,
G. CLÉMENCEAU.

MODÈLES-ANNEXES

(Modèle A)

Application de la loi du 15 février 1902 pour la protection
de la santé publique.

SERVICE DE DÉSINFECTION

Modèle de note à remettre aux familles ou aux personnes représentant le malade, en vertu de l'article 13 du décret du 10 juillet 1906 sur le service de désinfection.

Certaines maladies se transmettent par des germes ; si on laisse ceux-ci se disperser, la maladie peut se propager comme un incendie, atteindre les personnes de l'entourage familial, envahir toute la maison, gagner un quartier, une région, faire des ravages. **Désinfecter**, c'est tuer ces germes, **c'est empêcher la maladie de s'étendre,** c'est circonscrire l'incendie.

La désinfection n'exige que quelques mesures très simples. Ne pas prendre ces mesures, c'est commettre un véritable crime contre ses propres parents, ses voisins, ses semblables, contre la société.

Désinfecter, dans le cas de maladies transmissibles, est donc un devoir social ; la loi du 15 février 1902 relative à la protection de la santé publique en a fait, pour tous les citoyens riches ou pauvres, une obligation légale, et elle a prescrit que la désinfection serait désormais assurée par un *service public*.

Au nom de la loi l'agent de ce service se présente aujourd'hui au domicile de toute personne atteinte d'une telle maladie. Il ne doit s'y présenter que de jour. Il s'adresse au principal occupant, chef de famille ou d'établissement, ou à son défaut dans l'ordre ci-après : au conjoint, à l'ascendant, au plus proche parent ou à toute personne résidant avec le malade ou lui donnant ses soins. Il se met à sa disposition pour exécuter les mesures prescrites par le Conseil supérieur d'hygiène publique de France, sans intervenir de façon quelconque dans le traitement du malade, lequel relève de la seule compétence du médecin.

Au nom de la loi la désinfection doit être effectuée :

1° Dès le début de la maladie transmissible et pendant tout son cours ; elle porte alors essentiellement sur les linges, déjections et excrétions du malade ;

2° Après la terminaison de la maladie ou après le transport du malade dans un autre endroit (par exemple à l'hôpital), et elle s'applique alors à l'ensemble des locaux qui ont été occupés par le malade et des objets qui ont été en contact avec lui.

Les familles peuvent faire exécuter par d'autres personnes que les agents du service public les mesures prescrites ; mais elles sont tenues dans ce cas de signer une *feuille d'engagement* qui leur est remise à cet effet. Cet engagement comporte notamment l'obligation de se soumettre au *contrôle effectif du service public ;* et si, au cours de ce contrôle, il était constaté que les dispositions prises par les familles sont insuffisantes, inefficaces, l'autorité compétente ordonnerait, en vertu de la loi, *l'exécution d'office par le service public*, et aux frais de l'intéressé, des mesures indispensables à la protection de la santé publique.

Pénalités.

Il ne se rencontrera probablement jamais de Français assez inconscient pour enfreindre les dispositions tutélaires d'une telle loi de salut public ; la loi devait cependant prévoir les cas où des fautes de ce genre se produiraient : elle a prescrit :

1° Que les auteurs de contraventions seraient passibles d'amende, et en cas de récidive, d'emprisonnement ;

2° Que toute personne mettant obstacle à l'accomplissement des devoirs des autorités pour l'application de la loi pourrait être punie en outre d'une amende de 100 à 500 francs, et en cas de récidive de 500 à 1.000 francs.

Taxes applicables à la désinfection opérée par le service public.

La désinfection est gratuite pour les indigents ; pour les autres personnes elle est à la charge des malades ou de leur ayant droit suivant le tarif ci-dessous. Il est à noter que cette taxe comprend *toutes les opérations effectuées par le service* tant au cours de la maladie que lors de la désinfection totale après terminaison de la maladie ou déplacement du malade ; elle comprend aussi les frais de transport.

(Reproduire ici le tarif adopté par le Conseil général s'il s'agit du service départemental, par le Conseil municipal s'il s'agit d'un service municipal.)

Avis. — La plus grande urbanité est expressément recommandée à tous les agents du service ; toute réclamation à ce sujet devra être adressée à M. . . . ., délégué de la circonscription sanitaire.

La présente note est conforme au modèle adopté par le Ministre de l'intérieur et annexé à la circulaire ministérielle du 18 mars 1907.

RÉPUBLIQUE FRANÇAISE

(Modèle B)

Département d	Commune d
Circonscription d	Poste d

SERVICE PUBLIC DE DÉSINFECTION

Engagement à prendre par les familles lorsqu'elles désirent assurer par elles-mêmes la désinfection continue AU COURS DE LA MALADIE en vertu de l'article 14 du décret du 10 juillet 1906.

Je soussigné [1] (nom et prénom)

agissant en mon nom personnel comme   *ou :* au nom de M.   [2]
domicilié à   rue   nº
et désirant assurer à ce titre l'exécution des mesures de désinfection qui sont rendues obligatoires audit domicile par la loi du 15 février 1902, déclare prendre par la présente et dans les termes prévus par l'article 14 du décret du 10 juillet 1906 l'engagement :

1º De me conformer exactement pendant le cours de la maladie aux instructions du Conseil supérieur d'hygiène publique de France, approuvées par le Ministre de l'intérieur, et dont un exemplaire m'est remis ;

2º De me soumettre, dans l'exécution des mesures prises, au contrôle de l'agent du service public, qui ne pourra se présenter au domicile du malade plus d'une fois par jour ;

3º D'avertir sans délai le maire, le cas échéant, du transport du malade hors des locaux où il est actuellement soigné ;

4º D'aviser le maire de la première sortie du malade après sa guérison, en vue de l'application de l'article 15 du présent décret.

En cas de non-exécution ou d'insuffisance des dispositions résultant de cet engagement, il y sera pourvu d'office par le service public de la désinfection.

                                           (Date.)
Vu :   *(Signature.)*
Le chef de poste ou l'agent chargé du service,

---

[1] Les personnes appelées à signer cet engagement sont dans l'ordre suivant :
Le principal occupant, chef de famille ou d'établissement, des locaux où se trouve le malade ;
Le conjoint ;
L'ascendant ;
Le plus proche parent ;
Toute personne résidant avec le malade ou lui donnant ses soins.
[2] Rayer celle des deux formules qui ne serait pas applicable.

Le présent engagement sera annexé à la feuille d'opérations correspondante.

RÉPUBLIQUE FRANÇAISE (Modèle C)

Département d | Commune d
Circonscription d | Poste d

SERVICE PUBLIC DE DÉSINFECTION

Engagement à prendre par les familles lorsqu'elles désirent assurer par elles-mêmes la désinfection APRÈS TRANSPORT, GUÉRISON OU DÉCÈS, en vertu de l'article 13 du décret du 10 juillet 1906.

Je soussigné [1] (nom et prénom)

agissant en mon nom personnel comme   ou : au nom de M.   [2]
domicilié à   rue   n°.
et désirant assurer à ce titre l'exécution des mesures de désinfection qui sont rendues obligatoires audit domicile par la loi du 15 février 1902, déclare prendre par la présente et dans les termes prévus par l'article 14 du décret du 10 juillet 1906, l'engagement :

1° De faire opérer la désinfection sans délai, conformément aux instructions du Conseil supérieur d'hygiène publique de France, approuvées par le Ministre de l'intérieur, et dont un exemplaire m'est remis ;

2° De prévenir au moins douze heures à l'avance le chef de poste du moment où l'opération devra avoir lieu ;

3° De me soumettre dans l'exécution des mesures prises au contrôle de l'agent du service public, qui s'assurera sur place si les opérations sont exécutées dans les conditions techniques formulées par le Ministre de l'intérieur après avis du Conseil supérieur d'hygiène publique et si spécialement les appareils dont il serait fait usage fonctionnent dans les conditions imposées par le certificat de vérification prévu au décret du 7 mars 1903.

En cas de non-exécution ou d'insuffisance des dispositions résultant de cet engagement, il y sera pourvu d'office par le service public de désinfection.

Vu :   (Date.)
                                  (Signature.)

Le chef de poste ou l'agent chargé du service,

---

[1] Les personnes appelées à signer cet engagement sont dans l'ordre suivant :
Le principal occupant, chef de famille ou d'établissement, des locaux où se trouve le malade ;
Le conjoint ;
L'ascendant ;
Le plus proche parent ;
En cas de décès les héritiers ;
Toute personne résidant avec le malade ou lui donnant ses soins.
[2] Rayer celle des deux formules qui ne serait pas applicable.
Le présent engagement sera annexé à la feuille d'opérations correspondante.

Année 19 .
Nº

RÉPUBLIQUE FRANÇAISE

(Modèle D)

Département d

Circonscription d

Commune d

Poste d

SERVICE PUBLIC DE DÉSINFECTION

FEUILLE D'OPÉRATIONS EFFECTUÉES PAR LE SERVICE [1]

au domicile de M.

ou : pour le compte de M.

Situation des locaux occupés par le malade { bourg, village, hameau ou lieu
{ (rue et numéro)

Nombre et désignation sommaire des pièces sur lesquelles doit porter la désinfection

Nature de la maladie [2]

Date et heure de réception de l'avis transmis par le maire

Date et heure de la visite effectuée en conséquence de cet avis (remise de la note modèle A)

Désignation de la personne à laquelle a été faite la remise de la note modèle A [3]

OBSERVATIONS relatives à cette visite.

---

[1] **AVIS ESSENTIEL.** — La présente feuille est établie par l'agent désinfecteur et conservée ainsi que les avis de déclaration s'y référant dans un endroit constamment fermé. Les pièces ne doivent être communiquées **en aucun cas et à aucune personne** en dehors du maire et des délégués de la Commission sanitaire ou des chefs de service du bureau municipal d'hygiène.

[2] La désignation de la maladie est essentiellement confidentielle sous les peines prévues par l'article 378 du Code pénal. Le nom même de la maladie peut être avantageusement remplacé par le numéro d'ordre porté sur le bulletin de déclaration.

[3] Dans l'ordre ci-après : principal occupant, chef de famille ou d'établissement, conjoint, ascendant, plus proche parent, héritier, personnel, résidant avec le malade ou lui donnant ses soins.

Opérations effectuées par le service public.

A. — EN COURS DE MALADIE

NUMÉROS	DATE ET HEURE des VISITES	NOM DE L'AGENT ayant procédé à la visite	INDICATION DES OPÉRATIONS Désinfectants délivrés.	OBSERVATIONS
1				
2				
3				
4				
5				
6				

B. — APRÈS TERMINAISON DE LA MALADIE

Date . . { du transport / de la première sortie (guérison) / du décès

Date de la désinfection totale

Opérations portant . . { sur les produits morbides / — les linges / — la literie / — les vêtements / — le mobilier / — les locaux / — les latrines et fosses d'aisances / — les éviers, vidoirs, puits, citernes

Nom et qualité de l'agent ayant procédé aux opérations

Nature des appareils employés. . { sur place / au poste

Transport des objets au poste de désinfection (dates et indications sommaires) :

Transport des appareils sur place (dates et indications sommaires) :

Destruction d'objets mobiliers .
{
Indications sommaires de ces objets et du motif de la destruction.

Date de l'état ou du procès-verbal descriptif et estimatif.

Montant des estimations portées.
}
Date du dépôt à la mairie

RENSEIGNEMENTS DEVANT SERVIR DE BASE A LA PERCEPTION
OU A L'EXEMPTION DE LA TAXE

(Suivant le titre 3 du décret du 10 juillet 1906 et notamment l'article 30 dudit décret.)

Nom, domicile et qualité du contribuable (propriétaire, gérant, locataire, maître ou patron.)

Nom et situation de l'établissement

Dates extrêmes des opérations pratiquées

Désinfection
{
totale (locaux et objets)
partielle (portant seulement sur les objets).
de nuit
}

Locaux passibles de la taxe fixe : chambres d'hôtels garnis, loges de concierges, chambres de domestiques, chambres individuelles d'ouvriers logés chez leurs patrons, lorsque ces loges ou chambres font partie d'une habitation collective

Opérations de désinfection autres que celles qu'entraîne une obligation légale et qui donneraient lieu à une taxe spéciale en vertu du tarif départemental (ou municipal)

Désinfection opérée par les soins des intéressés.

Date de l'engagement souscrit (formule B ou C)
Nom de la personne ayant signé cet engagement

A. — EN COURS DE MALADIE

NUMÉROS	DATE et HEURE des visites DE CONTROLE	INDICATION DES OPÉRATIONS CONSTATÉES	OBSERVATIONS
1			
2			
3			
4			
5			
6			

B. — APRÈS TERMINAISON DE LA MALADIE

Date . . . {
- du transport
- de la première sortie (guérison)
- du décès
- de l'avis adressé par le chef de poste
- des opérations presque effectuées
}

Indication sommaire des opérations constatées {
- sur les produits morbides
- la literie
- les linges
- les vêtements
- le mobilier
- les locaux
- les latrines, fosses d'aisances
- les éviers, vidoirs, puits et citernes
}

Nature des appareils employés { sur place / hors des locaux

Dans le cas où, par suite de non-exécution des engagements pris, la désinfection devrait être effectuée par le service public dans les conditions prescrites par l'article 18 du décret du 10 juillet 1906, il devrait en être fait expressément mention ici, en même temps que les opérations pratiquées seraient relatées dans la première partie de la feuille.

Observations générales

Le soussigné, chef de poste, dûment assermenté, certifie que les opérations relatées sur la présente feuille ont été effectuées par lui ou sous sa direction dans les conditions rigoureusement conformes aux prescriptions réglementaires.

(Date et signature)

Visa et observations du délégué de la Commission sanitaire :

XLV

Instructions pour la pratique de la désinfection adoptée par le Conseil supérieur d'hygiène publique de France.

SOMMAIRE GÉNÉRAL

PREMIÈRE PARTIE

Notions générales sur les maladies nécessitant la désinfection et sur les procédés de désinfection.

Définition (n° 1).
I. — Maladies nécessitant la désinfection (n°s 2 et 3).
II. — Modes de transmission des maladies contagieuses (n° 4).
III. — Procédés et appareils de désinfections (n°s 5, 6, 7, 8, 9, 10 et 11) : *A)*. Désinfection par immersion dans l'eau bouillante (n° 6). — *B)*. Désinfection par des substances chimiques (n°s 7 à 9) : *solutions désinfectantes et désinfectants gazeux* (n° 8); *cas dans lesquels les désinfectants chimiques peuvent être utilisés* (n° 9). — *C)*. Etuves (n° 10) Observation générale applicable aux appareils (n° 11).

DEUXIÈME PARTIE

Application.

Devoirs de la famille et du médecin; rôle des services publics de désinfection (n° 13).

I. — Mesures a prendre pendant la maladie

Enumération des mesures à prendre pendant la maladie (n° 14) :
A). Désinfection des produits morbides (n° 15);
B). Désinfection des linges, vêtements, ustensiles et menus objets à

l'usage du malade (n°s 16, 17, 18) : linges (n° 16) ; vêtements (n° 17) ; ustensiles et menus objets (n° 18) ;

C). Désinfection du plancher de la chambre et des meubles qui auraient été directement souillés (n° 19) ;

D). Désinfection du corps du malade et des personnes qui l'approchent (n°s 20 et 21).

E). Destruction des insectes et petits animaux dans le cas de certaines maladies (n° 22).

II. — MESURES A PRENDRE APRÈS TRANSPORT, GUÉRISON OU DÉCÈS

F). Désinfection des couvertures, matelas, paillasses et autres objets de literie (n° 24, 25 et 26) ;

G). Désinfection des parois et du mobilier de la chambre (n°s 27, 28 et 29) : désinfection par dégagement de gaz antiseptique (n° 28) ; désinfection par lavages (n° 29) ;

H). Désinfection des latrines, fosses d'aisances, etc. (n° 30) ;

I). Désinfection des éviers, vidoirs, rigoles, puits et citernes (n° 31).

III. — PRESCRIPTIONS SPÉCIALES A L'USAGE DES DÉSINFECTEURS
(n°s 32, 33, 34, 35, 36, 37, 38 et 39).

Précautions à prendre à l'arrivée au domicile du malade (n° 33).

Précautions à prendre pour le transport de certains objets au poste (n° 34).

Désinfection de la literie sur place (n° 35).

Désinfection des locaux par gaz antiseptique ; contrôle par des tests bactériens ou chimiques (n° 36).

Désinfection des latrines, fosses d'aisances, vidoirs, rigoles, puits, etc. (n° 37).

Précautions à prendre à la fin de la désinfection sur place (n° 38).

Désinfection par étuves (n° 39).

PREMIÈRE PARTIE

NOTIONS GÉNÉRALES SUR LES MALADIES NÉCESSITANT LA DESINFECTION ET SUR LES PROCÉDÉS DE DÉSINFECTION

Définition

1. — La désinfection a pour but de détruire les germes des maladies transmissibles ou de les rendre inoffensifs. Sans elle les autres mesures de prophylaxie sont insuffisantes.

I. — MALADIES NÉCESSITANT LA DÉSINFECTION

2. — Les maladies pour lesquelles la désinfection doit être pratiquée, aux termes du décret du 10 février 1903 et conformément aux prescriptions des articles 4, 5 et 7 de la loi du 15 février 1902 sont les suivantes :

1º La fièvre typhoïde ;
2º Le typhus exanthématique ;
3º La variole et la varioloïde ;
4º La scarlatine ;
5º La rougeole ;
6º La diphtérie ;
7º La suette miliaire ;
8º Le choléra et les maladies cholériformes ;
9º La peste ;
10º La fièvre jaune ;
11º La dysenterie ;
12º Les infections puerpérales et l'ophtalmie des nouveau nés, lorsque le secret de l'accouchement n'a pas été réclamé ;
13º La méningite cérébro-spinale épidémique ;
14º La tuberculose pulmonaire ;
15º La coqueluche ;
16º La grippe ;
17º La pneumonie et la broncho-pneumonie ;

18° L'érysipèle ;
19° Les oreillons ;
20° La lèpre ;
21° La teigne ;
22° La conjonctive purulente et l'ophtalmie granuleuse.

3. — Dans le cas des treize premières de ces maladies, la désinfection est obligatoire tant pour l'administration sanitaire qui la pratique que pour les intéressés. Dans le cas des autres maladies, l'administration sanitaire est obligée de procéder à la désinfection toutes les fois que celle-ci est demandée par les intéressés.

II. — MODES DE TRANSMISSION DES MALADIES CONTAGIEUSES

4. — Les maladies qui viennent d'être énumérées peuvent être transmises dans des conditions multiples :

La transmission peut se faire d'une manière directe : contage immédiat du malade à l'homme sain ; ou d'une manière indirecte, et dans ce dernier cas le germe a besoin d'un véhicule : par exemple l'eau transmet le bacille typhique, les vêtements transportent le germe de la variole, etc.

1° TRANSMISSION PAR LES DÉJECTIONS DES MALADES, PAR CERTAINS PRODUITS DE SÉCRÉTIONS, PAR LE SANG INFECTÉ :

a) *Maladies transmises par les matières fécales :*
Fièvre typhoïde (selles, urines et crachats) ;
Dysenterie (selles) ;
Choléra et maladies cholériformes (selles et matières vomies).

b) *Maladies transmises par les sécrétions des voies respiratoires, expectorations, crachats, etc. :*
Scarlatine (sécrétions du nez et de la gorge ; les fragments d'épiderme, lorsque la peau se desquame, peuvent aussi transmettre la maladie) ;
Rougeole (matières sécrétées par les yeux, le nez, l'arrière-gorge, les bronches);
Diphtérie (fausses membranes, vulgairement appelées peaux; sécrétions du nez, de la gorge, etc.) ;
Peste pneumonique (crachats et sécrétions nasales) ;

Méningite cérébro-spinale épidémique (mucosités buccales et nasales);

Tuberculose pulmonaire (crachats secs et particules humides de crachats projetés par la toux ; parfois matières fécales et produits de suppuration) ;

Coqueluche (produits de l'expectoration) ;

Grippe (produits de l'expectoration) ;

Pneumonie et broncho-pneumonie (crachats);

Oreillons (mucosités de la bouche et du nez);

Peut-être **suette miliaire** (mucosités, sécrétions).

c) *Maladies transmises par les sécrétions suppurations et desquamations :*

Variole (produits des pustules et surtout croûtes désséchées);

Scarlatine (fragments d'épiderme lorsque la peau se desquame [voir également ci-dessus]) ;

Peste bubonique (matières issues des pustules ulcérées ou gangrenées et des bubons [voir également ci-dessus]) ;

Infections puerpérales (sécrétions vaginales, pus, lochies);

Ophtalmie purulente des nouveau-nés (pus provenant des yeux de l'enfant);

Érysipèle (sérosités et parcelles d'épiderme détachées des surfaces enflammées);

Teigne (pellicules épidermiques du cuir chevelu);

Conjonctivite purulente et ophtalmie granuleuse (sécrétions oculaires).

d) *Maladies transmises par le sang infecté du malade (transporté par certains petits animaux ou parasites).*

Peste (rats et puces [voir également ci-dessus]) ;

Fièvre jaune (moustiques);

Typhus exanthématique (puces, poux, punaises, etc.) et selon toute vraisemblance **lèpre** (les puces, poux, araignées etc.) ;

Peut-être **suette miliaire** (puces).

2° TRANSMISSION PAR TOUT CE QUI A PU ÊTRE SOUILLÉ PAR LES PRODUITS DE SÉCRÉTIONS ET PAR LES DÉJECTIONS :

Corps du malade ;

Ses vêtements, son linge (mouchoirs, chemises, etc.) et sa literie (draps, matelas, oreillers, traversins, couvertures, etc.) ;

Ses objets de toilette et ses ustensiles de ménage (verres à boire, tasses, cuillères, assiettes, éponges, essuie-mains, etc.), ses jouets, ses livres, ses crayons, porte-plumes, etc. ;

Parois et mobilier de sa chambre (lit, table de nuit, chaises, tapis, rideaux, tentures, murs, planchers, portes, fenêtres, etc.) ;

Siège et abords des latrines ou des water-closets qui auraient été salis par les excréments du malade ; fosses d'aisances, fumiers et fosses à purin où auraient été jetées ou déversées ses déjections ;

Eaux ménagères provenant de la toilette ou des bains donnés au malade, du rinçage des ustensiles à son usage et des vases de nuit, du nettoyage de la chambre, du lavage du linge ; — éviers, vidoirs, bacs de pompes, décharges, rigoles, ruisseaux, fossés ; — et surtout, eaux de rivières, de sources, puits ou citernes qui auraient été infectés par déversement ou infiltration de ces eaux contaminées ; — certains aliments mangés crus et souillés accidentellement par de l'eau contenant des germes pathogènes : huîtres et coquillages, lait, radis, salades, etc. :

Certaines marchandises souillées de sang (laine des animaux charbonneux).

3° TRANSMISSION PAR LES PERSONNES :

Les germes peuvent être transmis par les personnes qui ont soigné ou visité le malade, par celles qui ont manié et transporté les objets souillés, si ces personnes ne s'astreignent pas à des mesures de propreté et de désinfection ; ils peuvent être aussi transmis parfois par des lettres.

4° TRANSMISSION PAR CERTAINS ANIMAUX :

Pour quelques affections, telles que la peste, la fièvre jaune, le typhus exanthématique et selon toute vraisemblance la lèpre, etc., la maladie peut être transmise *par certains animaux*, tels que les rats et les insectes, moustiques, puces, poux, punaises, araignées, etc. Les puces des rats de nos pays, de l'Europe centrale et septentrionale ne piquent pas l'homme ; celles des rats de l'Inde, de l'Égypte, etc., des navires, le piquent et transmettent la peste. Les mouches qui souillent facilement leurs trompes et leurs pattes dans les produits de déjections ou d'expectoration jouent un rôle certain dans le transport des germes pathogènes (tuberculose, fièvre typhoïde, choléra, etc.).

III.   PROCÉDÉS ET APPAREILS DE DÉSINFECTION

5. — La désinfection se pratique :
A. Par l'immersion dans l'eau bouillante ;
B. A l'aide de substances chimiques, liquides ou à l'état gazeux ;
C. Par l'exposition des objets contaminés dans une étuve, soit à vapeur, soit à dégagement de gaz antiseptiques.

A. — Désinfection par immersion dans l'eau bouillante

6. — L'immersion dans l'eau bouillante à gros bouillon doit durer au moins une heure. On favorise l'élévation du point d'ébullition de l'eau et par conséquent l'efficacité de son action en y ajoutant du sel ou un peu de carbonate de soude ; on peut ainsi désinfecter notamment les objets, linges et ustensiles ayant servi au malade.

B. — Désinfection par des substances chimiques

7. — On doit rechercher surtout parmi les désinfectants ceux qui possèdent à la fois les qualités suivantes : action rapide et sûre, maniement facile, effet de détérioration nul des objets et coût aussi faible que possible.

8. — La désinfection peut être pratiquée suivant les cas par les désinfectants chimiques ci-après.

Solutions désinfectantes.

1° **Crésylol sodique** [1] : solution forte à 4 p. 100, solution

---

[1] Formule du *crésylol sodique liquide ou solution alcaline concentrée de crésylol officinal* :

    Crésylol officinal. . . . . 1.000 grammes
    Soude caustique liquide . . . . . . 1.000 —

Effectuer le mélange dans un récipient en grès ou en métal. La réaction dégage beaucoup de chaleur et pourrait provoquer la rupture des récipients en verre épais. Ne s'emploie que dilué suivant les indications prescrites.

faible à 1 pour 100. *A tous les points de vue, la valeur de cet antiseptique est assez grande pour qu'il puisse suffire à lui seul à remplacer tous les autres désinfectants liquides ;*

2° **Eau de Javel** étendue d'eau de façon à obtenir une solution titrant un degré chlorométrique par litre ;

3° **Lessives chaudes** à la cendre de bois ou au carbonate de soude ;

4° **Sulfate de cuivre** à la dose de 50 grammes par litre ;

5° **Chlorure de chaux** fraîchement préparé à 2 pour 100 c'est-à-dire 20 grammes de chlorure de chaux dans un litre d'eau ;

6° **Aldéhyde formique** à raison de 20 grammes d'aldéhyde formique pur (HCOH) par litre d'eau ;

7° **Lait de chaux fraîchement préparé** à 20 pour 100. Pour avoir du lait de chaux actif, on prend de la chaux de bonne qualité, on la fait déliter en l'arrosant petit à petit avec la moitié de son poids d'eau. Quand la délitescence est effectuée, on met la poudre dans un récipient soigneusement bouché et placé dans un endroit sec. Comme 1 kilogramme de chaux qui a absorbé 500 grammes d'eau pour se déliter a acquis un volume de 2 l. 200, il suffit de le délayer dans le double de son volume d'eau, soit 4 l. 400, pour avoir un lait de chaux qui soit environ à 20 pour 100 ;

8° **Sublimé corrosif** en solution de 1 gramme par litre d'eau, additionné de 10 grammes de chlorure de sodium (sel de cuisine), ou de 1 gramme d'acide tartrique ou de 1 gramme d'acide chlorhydrique. (Ne peut être employé pour la désinfection des crachats, matières fécales et autres produits organiques.)

9° La **lessive de soude**, en solution aqueuse à 10 pour 100 est teintée à l'aide d'une substance colorante.

Désinfectants gazeux

Parmi les substances chimiques, on peut utiliser à l'état gazeux, pour la désinfection, les suivantes :

1° **L'aldéhyde formique gazeuse**, obtenue à l'aide de l'un des appareils autorisés officiellement ;

2° **Les vapeurs d'acide sulfureux** dans les cas particuliers et les conditions déterminés par les instructions du Conseil supérieur d'hygiène,

Cas dans lesquels les désinfectants chimiques peuvent être utilisés

9. — Les usages pour lesquels les désinfectants chimiques indiqués ci-dessus sont *recommandés*, sont les suivants :

Le crésylol sodique : pour les produits de sécrétion, d'expectoration, pour les déjections, pour le lavage des planchers.

L'eau de Javel :

Pour la désinfection des produits de sécrétion et d'expectoration et des déjections ;

Pour celle des linges, vêtements, literies par lavage ou trempage ;

Pour celle des objets ou ustensiles ayant servi au malade ;

Pour celle des parois, murs, planchers, meubles, etc.

Les lessives :

Pour la désinfection des linges, vêtements, literies par lavage ou trempage et pour celle des objets ou ustensiles ayant servi au malade.

Le sulfate de cuivre et le chlorure de chaux :

Pour la désinfection des produits de sécrétion et d'expectoration et des déjections.

L'aldéhyde formique en solution :

Pour la désinfection des linges, vêtements, literies par lavage ou trempage ;

Pour celle des objets ou ustensiles ayant servi au malade ;

Pour celle des parois, murs, planchers, meubles, etc.

Le lait de chaux fraîchement préparé :

Pour la désinfection des produits de sécrétion et d'expectoration et des déjections ;

Pour le badigeonnage des murailles non tapissées, qui constitue, quand il est possible de le pratiquer, un bon moyen de désinfection.

Le sublimé :

Pour la désinfection des parois, murs, planchers, meubles, etc. ;

Pour le lavage du corps du malade, ainsi que de la figure et des mains des personnes qui le soignent ou le visitent.

Ce produit *ne doit pas* être employé pour la désinfection des crachats, des matières fécales et autres produits organiques.

L'aldéhyde formique gazeuse :

Pour la désinfection des parois, murs, planchers, meubles, etc.

La lessive de soude :

Pour la désinfection des crachats, ceux des tuberculeux, en **particulier.**

De tous ces désinfectants chimiques le plus simple, le plus actif et le moins coûteux est le **crésylol sodique**. N'était son odeur phéniquée il serait à recommander dans la plupart des cas.

C) Etuves.

10. — L'exposition des objets contaminés dans une étuve, soit à vapeur d'eau, soit à dégagement de gaz antiseptiques, tels que l'aldéhyde formique gazeuse, est le meilleur et le plus rapide moyen de désinfection des vêtements, de la literie, des linges, des tapis, des rideaux, des tentures, etc.

Les objets tachés de sang, de pus, de matières fécales, etc., qu'on veut exposer à l'action de l'étuve, doivent être préalablement nettoyés dans un liquide antiseptique.

Les étuves à vapeur d'eau ne doivent jamais recevoir de cuirs ni de fourrures.

Observation générale applicable aux appareils.

11. — Les étuves et les appareils servant au dégagement de gaz antiseptiques (aldéhyde formique gazeuse, ou autres) ne peuvent être mis en service que s'ils ont reçu l'autorisation officielle exigée par la loi du 15 février 1902 et le décret du 7 mars 1903 ; leur fonctionnement doit être rigoureusement conforme aux conditions spécifiées dans le certificat de vérification dont ils ont fait l'objet en conséquence.

DEUXIÈME PARTIE

APPLICATION

12. — **La désinfection doit se pratiquer dès que la maladie a été reconnue pendant toute sa durée et après le transport du malade, sa guérison ou son décès.**

13. — *Devoirs de la famille et du médecin.* — Tout chef de famille ou directeur d'un établissement public ou privé doit veiller à ce que la désinfection soit exécutée.

Le médecin traitant a pour devoir de rappeler cette obligation aux familles, de leur prescrire les agents désinfectants appropriés, d'en indiquer et surveiller l'emploi.

Les Services publics de désinfection sont chargés d'assurer ou de contrôler l'application de ces mesures, avec le concours des familles et conformément aux prescriptions édictées par la loi du 15 février 1902 et le décret du 10 juillet 1906.

Il est indispensable de ne soustraire aucun objet à la désinfection.

I. — MESURES A PRENDRE PENDANT LA MALADIE

14. — *La désinfection pendant la maladie* doit être pour ainsi dire *continue*.

Elle porte :

1° Sur les produits morbides (sécrétions, expectorations, déjections, etc.) ;

2° Sur les linges, vêtements, ustensiles et menus objets à l'usage du malade ;

3° Sur le plancher de la chambre et sur les meubles qui seraient directement souillés ;

4° Sur le malade lui-même et sur les personnes qui l'approchent ;

5° Dans les cas visés au numéro 4, 4°, sur la destruction ou l'élimination (grillages contre les moustiques) des petits animaux ou insectes susceptibles de transmettre la maladie.

A. — DÉSINFECTION DES PRODUITS MORBIDES

15. — *Les selles, vomissements et urines* des personnes atteintes de **fièvre typhoïde**, de **dysenterie** de **diarrhée estivale**, de **choléra** et de **maladies cholériformes**, sont reçus dans des vases où l'on aura mis deux à trois grands verres de solution désinfectante (solution de crésylol sodique forte).

Les produits ainsi désinfectés sont, deux à trois heures au moins plus tard, jetés dans les latrines ou enfouis dans une excavation du sol, loin des sources et des puits à eau potable.

Les crachats (**tuberculose, pneumonie, grippe infectieuse, fièvre typhoïde, peste**), etc., *les fausses membranes* et *les sécrétions de l'arrière-gorge* (**diphtérie, scarlatine, rougeole**), sont recueillis dans des crachoirs ou d'autres récipients appropriés, à moitié remplis d'eau additionnée de crésylol ou de la solution à 10 pour 100 de soude du commerce. Les crachoirs et leur contenu seront désinfectés par un séjour prolongé dans une solution désinfectante, ou par l'ébullition.

Les *matières issues des pustules ulcérées ou gangrenées et des bubons* dans le cas de **peste**, les *croûtes*, dans la **variole**, les *pellicules* dans la **scarlatine**, doivent être détruites par le feu, stérilisées par l'eau bouillante, ou maintenues dans une forte solution désinfectante jusqu'à ce qu'elles soient complètement imprégnées.

B. — Désinfection des linges, vêtements, ustensiles et menus objets a l'usage du malade

16. — *Les linges, tels que les chemises, draps de lits, essuie-mains, mouchoirs,* etc., qui ont été en contact avec le malade, doivent, si l'on ne peut procéder immédiatement à leur désinfection, être enveloppés, dès qu'ils ne sont plus en usage, dans des draps ou des sacs mouillés au moyen de la solution de crésylol.

Pour les désinfecter sur place, on peut, soit les plonger dans une cuvette ou un baquet contenant la solution faible de crésylol, soit les faire bouillir, au moins pendant une heure, dans une lessive de carbonate de soude ou dans une forte savonnée. Les linges resteront douze heures au moins dans la solution désinfectante, puis ils seront rincés dans de l'eau pure.

Dans le cas où les linges ne pourraient être désinfectés sur place par l'un de ces procédés, les services de désinfection auront soin de faire remettre au domicile des personnes malades, des sacs en grosse toile numérotés, dans lesquels on pourra empaqueter les vêtements et le linge, etc., destinés à la désinfection par le service public ; elles les feront enlever à temps et remplacer au fur et à mesure.

Les pièces de pansement sans valeurs, loques, vêtements sordides, chemises usées, ouate salie, etc., sont brûlés dans la cheminée ou le poêle, chaque fois qu'on le pourra, ou plongés dans une solution désinfectante.

Lorsque des bains froids ou tièdes sont employés pour le traitement, l'eau peut être chargée de souillures provenant du malade et devenir elle-même lorsqu'elle sera projetée sur le sol un moyen de contamination dangereux.

Elle devra donc être désinfectée après usage par l'addition de crésylol sodique dans la proportion de la solution à 1 pour 100.

Les baignoires seront vidées de façon que l'eau, même désinfectée, ne puisse pas atteindre les puits ou les sources.

17. — Les vêtements souillés ou contaminés doivent être enveloppés, dès qu'ils ne sont plus en usage, comme il est dit pour les linges au numéro précédent, en attendant qu'on procède à leur désinfection.

Les vêtements de toile sont désinfectés dans l'eau bouillante.

Les vêtements de laine et de drap sont désinfectés dans une étuve à vapeur d'eau ou à vapeurs antiseptiques.

Les uniformes, les fourrures, les chaussures, les objets d'habillement en cuir, en caoutchouc, en moleskine, les chapeaux en soie ou en feutre et les casquettes, les vêtements confectionnés avec des tissus délicats, tels que la soie, la peluche, le velours, etc., doivent être de préférence soumis à l'action de l'aldéhyde formique gazeuse, à l'aide de l'un des appareils autorisés et suivant les conditions données à cette autorisation.

18. — Les ustensiles de cuisine, assiettes, tasses, verres, cuillères, etc., les crachoirs, les récipients qui en tiennent lieu, sont plongés pendant plusieurs heures dans une solution désinfectante ou dans de l'eau qu'on portera à l'ébullition, et soigneusement nettoyés.

Les petits objets à usage personnel des malades, livres, jouets, crayons, fournitures de bureau, porte-monnaie (et, le cas échéant, les billets de banque ou valeurs qui auraient pu être contaminés par le malade) sont soumis à l'action de l'aldéhyde formique à l'aide de l'un des appareils autorisés et suivant les conditions données à cette autorisation.

Toutefois, les jouets, livres et autres menus objets qui n'auraient pas de valeur seront de préférence brûlés dans la cheminée ou le poêle, chaque fois qu'on le pourra.

Les aliments ayant séjourné dans la chambre ne devront être consommés qu'après avoir subi, autant que possible, une nouvelle cuisson.

C. — Désinfection du plancher de la chambre et des meubles qui auraient été directement souillés

19. — Les planchers, les poignées des portes de la chambre des malades, les meubles sont nettoyés chaque jour au moins une fois avec des linges humectés par la solution forte de crésylol. Les balayures sont jetées au feu.

Si des produits morbides, tels que crachats, vomissements, urines, sang, etc. ont souillé un objet, un meuble, le plancher, etc., on aura soin de les arroser de suite avec la même solution et de les essuyer plus tard avec des linges trempés dans cette solution.

D. — Désinfection du corps du malade et des personnes qui l'approchent

20. — Le médecin veillera à la désinfection des parties du corps du malade souillées par des déjections.

Les linges ou ouate employés à cet usage sont ensuite plongés pendant une heure dans une solution désinfectante ou brûlés.

Les convalescents de **variole, scarlatine, diphtérie, rougeole,** doivent, avant de reprendre leur vie habituelle, les enfants avant de retourner à l'école, prendre un grand bain savonneux ou, tout au moins, subir des lotions savonneuses et générales. Ces lavages devront s'étendre au cuir chevelu et à la barbe.

Après ces lavages, les convalescents auront soin de revêtir du linge propre et des vêtements qui n'ont pas été portés pendant la maladie, à moins qu'on ne les ait préalablement désinfectés.

21. — Les personnes qui soignent les malades et toutes celles qui auraient pu s'infecter à leur contact doivent se désinfecter les mains, la figure et la barbe, en sortant de la chambre du malade.

Il leur est recommandé de mettre, en entrant, par-dessus leurs vêtements, une longue blouse, qu'elles laisseront dans la chambre et qui devra être ultérieurement soumise à la désinfection ; de même il leur est recommandé de porter à l'intérieur de la chambre des chaussures spéciales qu'elles mettront en entrant et laisseront en sortant.

Elles doivent s'interdire de prendre leurs repas dans la chambre des malades et se désinfecter les mains et la figure avant de manger.

E. — Destruction des insectes et petits animaux

22. — On s'efforcera de détruire les insectes (mouches, moustiques, puces, punaises, etc.) et les petits animaux (rats, souris) en cas de **fièvre typhoïde, dysenterie, choléra, peste, fièvre jaune, typhus exanthématique, lèpre, suette miliaire** (n° 4, 4°), par tous les moyens spéciaux dont on pourra disposer. L'emploi de gaz asphyxiants, tels que l'acide sulfureux, seul ou en combinaison, permet d'y parvenir dans des locaux fermés. Il n'existe pas jusqu'ici de procédé qui permette à lui seul d'assurer avec certitude la destruction de ces animaux et parasites d'une façon absolue ; mais il faut néanmoins utiliser tous ceux qu'on a pratiquement à sa portée et qui sont d'ordinaire mis en usage.

II. — Mesures à prendre après transport, guérison ou décès

23. — *La désinfection après transport, guérison ou décès* porte, en premier lieu, sur les différents points qui ont été déjà visés pendant la maladie sous les lettres A à E (n°^{os} 15 à 22) et qui doivent nécessairement, après sa terminaison, faire l'objet de mesures d'ensemble complémentaires ; et en second lieu, dans les conditions qui vont être indiquées ci-après (lettres F à I, n°^{os} 24 à 31) :

Sur les couvertures, matelas et objets de literie ;

Sur les parois de la chambre (murs, plancher, fenêtres, portes, etc.) et sur le mobilier (lit, table de nuit, chaises, tapis, rideaux, tentures, etc.) ;

Sur les latrines, fosses d'aisances et fumiers qui auraient été contaminés par des déversements ;

Sur les éviers, vidoirs, bacs de pompes, rigoles, ainsi que sur les bassins des sources, les puits ou les citernes qui auraient pû être directement ou indirectement souillés.

F. — Désinfection des couvertures, matelas, paillasses et autres objets de literie

24. — Les matelas, sommiers, paillasses et autres objets de literie peuvent être désinfectés, soit par exposition dans une étuve ou chambre à vapeur d'eau ou à vapeurs antiseptiques, soit par l'un des procédés indiqués ci-après.

On en prévient, au moins partiellement, la souillure et on en facilite la désinfection ultérieure en plaçant sous le malade un tissu ou un papier imperméable (**choléra, fièvre typhoïde**, etc.).

25. — Si les couvertures, matelas, paillasses ou autres objets de literie doivent être désinfectés au poste, ils sont enveloppés, pour leur transport, dans des linges ou sacs arrosés d'une solution désinfectante.

Avant leur passage à l'étuve, et dans le cas où ils seraient tachés de sang, de matières fécales, de pus, etc., ces objets doivent être soumis à un trempage ou mieux à un lavage mécanique dans une solution désinfectante, le passage à l'étuve ayant pour effet de rendre ces taches indélébiles, si cette précaution n'est pas prise.

26. — Si la désinfection par l'étuve ne peut être aisément pratiquée, notamment en raison de l'éloignement de l'étuve utilisable, on peut procéder de la façon suivante :

Les couvertures sont plongées dans une solution de savon mou, préparée avec 250 grammes de savon pour 10 litres d'eau et qui est, après deux heures de contact, portée à l'ébullition ; on les y remue de manière à déplacer l'air retenu dans les plis des tissus et on les fait bouillir dans le bain recouvert d'un couvercle.

Les matelas, traversins, oreillers, édredons, lits de plumes, sont défaits, après avoir été largement arrosés avec une solution désinfectante. Les enveloppes sont mises à la lessive ou plongées dans une solution désinfectante. La laine, le crin et la plume sont désinfectés par un trempage et un lavage à froid dans une solution désinfectante de crésylol ; l'action de ce bain désinfectant est lente ; le crin ou la laine y resteront douze heures au moins, au cours desquelles ils seront agités avec un bâton de manière à déplacer l'air retenu dans leur épaisseur ; ils seront ensuite rincés dans de l'eau pure, pendant une ou deux heures.

Les paillasses, vieilles couvertures, etc., sont enveloppées dans des sacs mouillés et transportées au dehors.

S'il existe un espace libre suffisant à proximité de l'habitation (cour, jardin, etc.), on les incinérera après arrosage au pétrole sous réserve des dispositions rappelées au n° 34 pour la destruction des objets mobiliers.

Souvent, on sera forcé de transporter au poste des paillasses, etc., fortement imprégnées de liquides diarrhéiques, etc., dont la destruction par le feu présenterait des difficultés : le procédé le plus sûr consiste à les désinfecter à l'étuve.

Les enveloppes des sommiers sont lavées comme il est dit ci-dessus pour celles des matelas ; le cadre et les ressorts sont nettoyés avec le plus grand soin au moyen de brosses et de linges mouillés, trempés dans une solution désinfectante.

G. — DÉSINFECTION DES PAROIS ET DU MOBILIER DE LA CHAMBRE

27. — A la suite du transport du malade à l'hôpital, de son changement de logement, de sa guérison ou de son décès, la désinfection de la chambre et des locaux où il a séjourné est indispensable.

La désinfection des locaux peut être pratiquée, soit par le dégagement dans la pièce d'un gaz antiseptique, soit par le lavage et l'humectation des parois et des objets à l'aide d'un liquide désinfectant.

Il est désirable que la chambre soit évacuée et demeure close pendant deux ou trois heures au moins avant l'arrivée des désinfecteurs, afin d'assurer, par le repos de l'air, la chute de toutes les poussières qui s'y trouvent en suspension.

Désinfection par dégagement de gaz antiseptique.

28. — On aura recours à la désinfection du domicile par un gaz antiseptique, tel que l'aldéhyde formique, quand les locaux peuvent être clos hermétiquement.

Quel que soit le procédé employé pour la désinfection par l'aldéhyde formique gazeuse, plusieurs conditions doivent être remplies pour qu'elle donne des résultats satisfaisants :

1° Les objets susceptibles d'être désinfectés par ce gaz doivent être disposés de telle manière que leurs surfaces soient largement exposées partout à son action.

Le lit et les meubles adossés aux murs sont écartés de ceux-ci, les tiroirs des armoires complètement tirés ;

2° Toutes les précautions doivent être prises pour que l'espace à désinfecter demeure hermétiquement clos pendant toute la durée de l'opération. Si l'on ne peut pas fermer le local, en obturer convenablement les ouvertures, fentes, lézardes, tous les mal-joints en un mot, il faut renoncer à la désinfection par l'aldéhyde et recourir aux lavages.

Tous les mal-joints des portes et fenêtres sont calfeutrés avec des bandes d'ouate ou de papier qu'on brûlera ensuite.

Les fêlures des vitres et les fissures des portes, planchers, etc., sont bouchées avec des bandes de papier ou du mastic de vitrier, de même que les trous de serrures, à l'exception de celui de la porte d'entrée.

Les bouches de calorifère, les orifices servant à la ventilation, les trous pratiqués dans la cheminée pour le passage des gaz fournis par les appareils de chauffage, les poêles, etc., toutes les ouvertures quelconques dans les murailles (tuyaux acoustiques, orifices de passage de fils de sonneries électriques, etc.), doivent être recherchés et soigneusement bouchés.

Quand le poêle ne peut pas être retiré de la cheminée, on ferme les ouvertures, portes des fourneaux, joints, avec des bandes de papier gommé, d'ouate, ou du mastic.

Toutes ces opérations, prescrites en vue de rendre l'herméticité du local aussi parfaite que possible, doivent être exécutées avec le plus grand soin.

Avant de quitter la chambre, les désinfecteurs se dépouillent de leurs vêtements de travail et les étalent sur le support. Ils se lavent les mains, la figure, la barbe, avec la solution faible de crésylol ou de sublimé au millième, puis sortent de la chambre. Ils ferment la porte et la calfeutrent soigneusement du dehors et bouchent le trou de serrure avec une bourre d'ouate.

Les opérations de désinfection sont ensuite effectuées à l'aide de l'un des appareils autorisés pour la désinfection par gaz antiseptique.

Les conditions du fonctionnement de l'appareil formogène, la dose à employer, la durée de l'opération, doivent être rigoureusement telles que l'autorisation officielle les énumère.

Lorsque le temps de contact indiqué sur le certificat d'autorisation sera écoulé, les portes et les fenêtres seront rapidement ouvertes de manière à aérer activement.

Désinfection par lavages.

29. — On emploiera les lavages avec l'une des solutions ci-dessus indiquées (n° 8) toutes les fois qu'on aura à désinfecter les locaux qu'on ne pourrait pas clore hermétiquement, ou qui seraient malpropres, encombrés et ne pourraient rester longtemps inoccupés.

Les planchers, boiseries, portes et fenêtres, les murs peints à l'huile ou tapissés avec du papier sont lavés avec l'une des mêmes solutions. Les désinfecteurs feront usage de deux seaux, l'un pour le liquide désinfectant, l'autre pour l'eau pure destinée au rinçage des linges et brosses.

L'application de la solution désinfectante doit être autant que possible précédée, pour les peintures et les boiseries, d'un lessivage préalable avec une solution alcaline.

Les lavages antiseptiques s'exécutent à la main, méthodiquement. Après avoir passé le linge, la brosse à main ou le pinceau, de haut en bas, sur une partie de la paroi, on les rince dans l'eau pure, puis on les trempe à nouveau dans le liquide désinfectant et l'on passe à la surface voisine.

Les murs blanchis à la chaux ou à la colle sont badigeonnés à nouveau avec un lait de chaux fraîchement préparé ou repeints à la colle.

Les logements tapissés au papier seront désinfectés à l'aide de vapeur d'aldéhyde formique dans les conditions indiquées pour chaque appareil et chaque système par le Conseil supérieur d'hygiène publique.

Le sol battu, en terre glaise, des maisons pauvres à la campagne doit être arrosé abondamment avec la solution forte de crésylol.

On a soin de verser le liquide désinfectant dans tous les coins et recoins, de manière à imprégner profondément l'aire de la chambre, on gratte ensuite le revêtement sur une épaisseur de plusieurs millimètres et l'on fait un nouvel arrosage.

Les meubles (bois de lit, chaises, tables, etc.), les cadres, les glaces et tous autres objets qui doivent être traités avec ménagement et qu'il faut éviter de trop mouiller seront frottés au linge humecté de la solution faible de crésylol.

II. — Désinfection des latrines, fosses d'aisances, etc.

30. — Comme il est à craindre, dans les cas de **fièvre typhoïde**, de **dysenterie** et surtout de **choléra** ou de **maladies choleriformes**, que les latrines n'aient été souillées par des déjections, il sera toujours prudent de leur appliquer les mesures de désinfection indiquées ci-dessus pour les chambres des malades : lavage du siège, des abords, etc.

La désinfection des fosses d'aisances n'a d'utilité que dans les cas où des matières cholériques, typhiques ou dysentériques y ont été projetées depuis peu de temps.

Elle est toujours difficile à réaliser et assez incertaine.

Un moyen à recommander consiste à y jeter des quantités considérables de lait de chaux (environ 5 litres de lait de chaux à 20 pour 100 par mètre cube de matières de vidange) et à chercher à obtenir un brassage intime de la masse, en la remuant avec une longue perche. Dans tous les cas il est nécessaire d'y verser de l'huile de schiste à raison de 1 kilogramme par mètre superficiel de fosse.

I. — Désinfection des éviers, vidoirs, rigoles et des puits, citernes, etc.

31. — Les éviers, vidoirs, bacs de pompe, rigoles, cours et courettes sont abondamment arrosés avec la solution forte de crésylol à 4 pour 100.

Il en est de même des fumiers.

Lorsqu'il y a lieu de croire qu'un puits maçonné à eau potable a été contaminé, on pourra le désinfecter, ainsi que son contenu, de la manière suivante :

On verse dans le puits une quantité de permanganate de chaux ou de potasse suffisante pour colorer fortement l'eau en rose. Cette quantité doit être calculée, d'après le volume d'eau que contient le puits au moment de l'opération, sur la base de 10 grammes de permanganate par mètre cube d'eau à désinfecter. Le permanganate devra être dissous préalablement et versé dans le puits à l'état de solution.

Après déversement du permanganate on laisse en contact pendant vingt-quatre heures, puis on pompe jusqu'à ce que l'eau soit redevenue absolument incolore.

Si d'ailleurs il résulte des constatations faites que le puits ne pourrait être dans la suite complètement soustrait à de nouvelles contaminations, il est préférable, lorsque les conditions locales le permettent, de condamner ce puits et d'en construire un nouveau qui n'y soit pas exposé. Le mieux est de forer un puits métallique, dont l'ouverture sera protégée contre tout apport de germes morbides de la surface du sol.

III. PRESCRIPTIONS SPÉCIALES A L'USAGE DES DÉSINFECTEURS

32. — Les agents des services publics de désinfection, appelés à intervenir soit pour la désinfection pendant la maladie, soit pour la désinfection après la maladie, doivent se conformer aux instructions qui précèdent et aux prescriptions spéciales ci-après.

33. — Lorsqu'ils doivent pratiquer la désinfection au domicile du malade, ils transportent avec eux dans une voiture les objets, substances désinfectantes ou appareils dont ils peuvent avoir besoin.

Arrivés au domicile des malades, ils préparent les solutions désinfectantes dont ils auront à faire usage. Ils endossent ensuite les blouses, échangent leurs chaussures habituelles contre des chaussures spéciales et se coiffent du bonnet en toile, etc. Ils trempent, en outre, leurs mains dans une solution désinfectante.

Il se peut que la désinfection pendant la maladie ait été négligée et que l'on ait à traiter notamment des matières évacuées par les malades : il y sera procédé comme il est dit ci-dessus (n° 15). Il en serait de même, s'il y avait lieu, pour les petits linges ou vêtements qui pourraient être désinfectés sur place (n°s 16 et 17) ainsi que pour les ustensiles et menus objets à l'usage du malade (n° 18).

34. — Si certains objets doivent être désinfectés au poste, les désinfecteurs procèdent à leur triage et à leur emballage.

Ils arrosent le plancher ou le carrelage en évitant de soulever de la poussière, au moyen de l'un des désinfectants ; ils le couvrent d'une grosse toile qu'ils mouillent de la même manière ; sur cette toile ils réunissent les objets à emporter ; ils procèdent à l'emballage, dans des sacs numérotés, des diverses catégories d'objets : vêtements, linge sale, linge propre, literie (couvertures, matelas, coussins, etc.), rideaux et tapis et tous objets délicats ne supportant pas les lavages par des solutions désinfectantes et destinés à être traités dans les appareils du poste, etc. ; ils arrosent l'extérieur des sacs d'une solution désinfectante et les déposent immédiatement dans la voiture servant au transport au poste des objets infectés.

Les objets de rebut souillés sont mis à part ; ceux de petit volume tels que pièces de pansement, loques, ouate salie, etc., sont brûlés dans la cheminée ou le poêle, chaque fois qu'on le pourra.

Les objets plus volumineux, tels que vieux vêtements, chemises usées, vieilles couvertures, paillasses, meubles sans valeur, sont enveloppés de toile ou emballés dans des sacs mouillés et transportés au dehors. S'il existe un espace libre suffisant à proximité de l'habitation (cour, jardin, etc.), ces objets pourront être incinérés après arrosage au pétrole.

Il sera procédé dans ce cas comme pour toute destruction d'objets mobiliers conformément aux règles fixées par les articles 19 et 20 du décret du 10 juillet 1906.

35. — Si pour une raison quelconque les objets de literie (couvertures, matelas, etc.) doivent être désinfectés sur place, il y sera procédé comme il est dit ci-dessus sous les numéros 24 et 25.

36. — Les désinfecteurs procèdent ensuite à la désinfection proprement dite du local et de ses dépendances, soit par dégagement de gaz antiseptique, soit par lavages (voir n°s 27, 28 et 29).

Pour la désinfection par dégagement de gaz antiseptique, ils se conforment aux prescriptions énoncées sous le numéro 28 des présentes instructions.

S'il y a lieu, ils placent aux différents endroits qui leur sont indiqués par le chef du service des tests bactériens ou chimiques destinés à contrôler l'efficacité de la désinfection. L'opération terminée, les tests sont enfermés dans un récipient spécial pour être aussitôt remis au laboratoire de contrôle. Si l'inefficacité est ainsi démontrée, la désinfection est renouvelée.

37. — Pour la désinfection par lavages, les désinfecteurs se conforment aux prescriptions énoncées sous les numéros 26 et 29 des présentes instructions.

Ils procèdent également s'il y a lieu :

dans les conditions prévues sous le numéro 30, à la désinfection des latrines, fosses d'aisances, etc. ;

dans les conditions prévues sous le numéro 31, à la désinfection des éviers, vidoirs, rigoles, puits, citernes, etc.

38. — Lorsque leur travail est terminé, les agents se désinfectent eux-mêmes. Ils emballent dans un sac leur blouses, leurs casquettes, leurs chaussures, et se lavent les mains et le visage avec de la solution de crésylol. Puis ils se transportent immédiatement au poste avec leur voiture. Là, après avoir déballé les sacs, etc., ils lavent l'intérieur de la voiture avec des linges imbibés de solution de crésylol.

39. — Les objets transportés au poste pour y subir la désinfection y seront le plus souvent désinfectés à l'étuve par l'action de la vapeur ou d'un gaz antiseptique.

On peut traiter par la vapeur tous les objets de laine, crins ou plumes, de toile ou de coton ; on n'y doit jamais soumettre les objets en cuir, en caoutchouc, feutre, bois collé, les tissus délicats avec apprêts et les fourrures.

Les livres, les chaussures, chapeaux de feutre, casquettes, malles et tous les objets en cuir, en caoutchouc, qui ne supportent pas l'action de la vapeur peuvent être désinfectés par des lavages au moyen des solutions indiquées ci-dessus, ou dans une étuve à dégagement de gaz antiseptique, tel que, par exemple, l'aldéhyde formique.

Les solutions désinfectantes servent aussi au trempage et au lavage des tissus et des objets fortement tachés de sang, de matières fécales, de pus, qu'on ne peut passer par l'étuve, sans cette précaution préalable, sous peine de voir les taches devenir indélébiles.

Les conditions de fonctionnement des étuves, la durée de l'opération, le degré de température atteint ou la dose de gaz antiseptique employé doivent être, ainsi qu'il a été dit plus haut (n° 11) rigoureusement tels que l'autorisation officielle les détermine.

Instructions approuvées par le Conseil supérieur d'hygiène publique, de France, le 18 février 1907.

XLVI

Discours prononcé par M. G. Clémenceau, Président du Conseil, Ministre de l'Intérieur, le 27 avril 1907.

(ORGANISATION DE L'HYGIÈNE PUBLIQUE EN FRANCE ; BUREAUX MUNICIPAUX D'HYGIÈNE ; SERVICES PUBLICS DE DÉSINFECTION [1].)

La Commission permanente de préservation contre la tuberculose s'est réunie au Ministère de l'Intérieur le samedi 27 avril 1907, sous la présidence de M. Clémenceau, président du Conseil, ministre de l'intérieur, qui avait tenu à témoigner à cette Assemblée l'intérêt qu'il porte à ses travaux.

Après avoir reçu de M. Léon Bourgeois, président de la Commission, l'expression des sentiments reconnaissants de l'Assemblée pour cette précieuse marque de sympathie, M. le président du Conseil a prononcé le discours suivant :

Messieurs, au Ministère de l'intérieur siègent de grandes Commissions permanentes qui, avec des attributions diverses, prêtent au Gouvernement le plus précieux concours pour l'organisation de l'hygiène publique en France. C'est le Conseil supérieur de l'hygiène publique qui, après avoir puissamment contribué à l'élaboration de la loi de 1902 sur la protection de la santé publique, soutient de sa haute autorité scientifique mon administration dans les efforts qu'elle fait pour assurer la mise en vigueur de cette législation nouvelle ; c'est la Commission permanente des stations hydrominérales et climatiques qui travaille si efficacement à faire produire leur maximum d'effet utile aux merveilleuses richesses naturelles dont notre pays est doté ; c'est, enfin, votre Commission même, Messieurs, qui, sous la présidence de M. Léon Bourgeois, concentre ses efforts contre ce fléau de la tuberculose qui, avec l'alcoolisme — si souvent son fourrier et toujours son complice — apparaît aujourd'hui comme la pire des maladies sociales et, pour

[1] Discours publié au *Journal Officiel* de la République française du 28 avril 1907.

le chef du Gouvernement, près duquel tant de labeur désintéressé est accompli, c'est un grave souci, croyez le, de ne pouvoir plus souvent prendre une part personnelle plus active et plus directe aux travaux de ces Commissions dont il tient le rôle social en si haute estime.

Aussi ai-je été heureux, pendant cette période tourmentée d'accalmie qu'on appelle les vacances parlementaires, de pouvoir vous apporter, au nom du Gouvernement de la République et en mon nom personnel, un témoignage de gratitude ; de venir vous remercier de l'heureuse impulsion que vous avez donnée déjà à la lutte antituberculeuse dans notre pays, et, s'il était besoin, vous encourager à persévérer dans la noble tâche qui vous a été assignée.

Il m'est agréable d'offrir ici un particulier hommage à votre président, qui est l'âme active et vigoureuse de votre Commission et de lui dire combien avec vous tous, Messieurs, le Gouvernement s'est félicité de le voir récemment acclamer à l'unanimité comme président de l'Association internationale contre la tuberculose ; là, comme ailleurs, il saura représenter dignement la France dans cet effort fait par toutes les nations, au nom de la solidarité humaine, contre l'ennemi commun.

Cette lutte antituberculeuse ne peut être l'œuvre d'un jour ; la science française s'enorgueillit de la part qu'y ont prise ses maîtres, et puisque c'est un des nôtres qui eut l'honneur d'établir le premier que la tuberculose est contagieuse, je souhaite ardemment que ce soit un des nôtres aussi qui arrive le premier à en déterminer le mode exact de transmission et les moyens les plus efficaces pour l'homme de s'en prémunir ou de s'en guérir.

Quelques conquêtes que puissent réaliser demain les savants français ou leurs émules étrangers, il n'en reste pas moins certain que, durant un long temps encore, cette lutte revêtira un caractère essentiellement social, qu'elle devra solliciter aussi passionnément l'attention de l'homme d'État dans les Conseils du Gouvernement que celle du physiologiste dans son laboratoire. C'est dans la vie familiale et dans la vie publique que l'homme doit nécessairement se défendre. C'est une œuvre d'hygiène personnelle et d'hygiène publique et sociale qu'il faut mener à bien ; — il faudrait purifier l'étable pour préserver le lait de la génisse nourricière ; — il faudrait surveiller médicalement et assainir l'école ; — il faudrait assurer à chaque homme, à chaque producteur de richesse, à chaque travailleur, des conditions hygiéniques de l'existence à son foyer domestique dans des maisons salubres où pénétrât le soleil bienfaisant et à l'usine aussi, dans la grande manufacture comme dans le plus modeste atelier ; — il faudrait soustraire l'enfant à la contagion possible du milieu ; — il faudrait désinfecter tous les locaux contaminés ; — il faudrait combattre l'alcoolisme qui débilite l'organisme humain et le livre sans défense au fléau ; — il faudrait, par toute une discipline individuelle et sociale sévère, organiser la « self-defence » de l'homme contre le mal ; — il faudrait, sans créer la panique, donner à chacun conscience du danger ; — il faudrait en un mot, agir sur les lois et sur les mœurs... Voir nettement les difficultés du combat, n'est-ce pas préparer en soi et autour de soi l'effort nécessaire à la victoire ?

J'envisage avec confiance l'avenir. Un courant d'opinion s'est manifesté en ces dernières années, que votre Commission, dans une très large mesure, a contribué à créer. Tandis qu'à Paris et à Lille, à Alfort et à Lyon, pour ne citer que les laboratoires français, les savants, continuant la glorieuse tradition de Pasteur et de ses élèves, les Duclaux et les Nocard, poursuivent avec une âpre ténacité leurs recherches, les pouvoirs publics commencent à agir ; — les inspections médicales des écoles, trop rares encore, à mon gré, s'organisent ; — les dispensaires antituberculeux, sous des formes diverses, se multiplient ; — l'hygiène hospitalière peu à peu se fonde ; — les œuvres de préservation de l'enfance, de mise à l'abri des enfants encore sains, reçoivent l'appui du Parlement ; — le crédit de subvention qui est inscrit au budget du Ministère de l'intérieur pour encourager et soutenir sur ce point les initiatives individuelles était hier de 50.000 francs ; il a été doublé cette année ; — le Ministère du travail se préoccupe de fortifier l'autorité des inspecteurs du travail et, par suite, d'assurer une meilleure hygiène dans les manufactures et ateliers ; — hier était promulguée au *Journal Officiel* une loi depuis longtemps attendue sur l'hygiène à bord de la marine marchande ; — toutes les administrations civiles et militaires de l'État rivalisent de zèle ; — la campagne est ouverte contre l'alcoolisme, elle est menée ardemment dans la presse, dans le Parlement, dans certaines organisations ouvrières ; — de tous côtés la citadelle de misère et de mort est assiégée, et c'est ici, dans votre Commission, que tous ces efforts divers ont leur origine ou leur écho, c'est d'ici qu'ils partent et c'est ici qu'ils aboutissent ; — c'est ici au moins qu'ils trouvent occasion de se connaître, de se coordonner et de s'entr'aider.

Pour moi, Messieurs, je ne saurais oublier que la tuberculose, précisément parce qu'elle est un mal social, est liée intimement à l'hygiène générale et qu'il rentre dans les attributions du Ministère de l'intérieur d'assurer l'application de la loi organique de 1902 sur la protection de la santé publique. De ce chef m'incombe une responsabilité dont j'ai le haut souci. Je ne perds pas une occasion de rappeler à nos préfets que je place ce devoir au premier rang de ceux à l'accomplissement desquels il faut que nous donnions tout le meilleur de notre zèle et de notre activité. Il convient de regarder en face et de bien poser les difficultés de la tâche. Le Parlement a élaboré, le Ministère de l'intérieur doit faire appliquer au même moment des lois d'assistance et des lois d'hygiène publique. Coïncidence redoutable ! Les lois d'assistance, quelques dépenses qu'elles entraînent, ne rencontrent point d'opposition ; que dis-je ? chacun s'impatiente du moindre retard, chacun en réclame — et très justement — l'application intégrale ; les pouvoirs publics, s'ils manifestaient dans cette partie de leur administration quelque inertie, susciteraient d'unanimes protestations ; ces lois vont d'elles-mêmes et sans effort, jusqu'à l'extrême limite de leur domaine.

Il en va tout autrement, il faut bien le dire, pour les lois d'hygiène comme notre loi de 1902. De celles-là personne ne réclame la mise en vigueur. Que dis-je ? chacun s'ingénie à les paralyser. Faut-il demander aux municipalités des villes de plus de 20.000 habitants de constituer ces « bureaux d'hygiène » qui dans les grandes villes sont les organes d'application essentiels de telles lois, le Ministre de l'intérieur, loin de rencontrer chez les municipalités les concours empressés qu'il pourrait en attendre, est obligé d'engager et de poursuivre une lutte de chaque jour pour vaincre leur indifférence. Vous ne sauriez croire la peine que nous avons à convaincre les municipalités même des villes très importantes, de grandes cités ouvrières et commerçantes, que ces directeurs de bureaux d'hygiène ont, dans de telles agglomérations, un rôle de premier ordre à jouer, que leurs fonctions sont, doivent être multiples et délicates, qu'elles ne constituent pas quelque sinécure plus ou moins honorifique, quelque tâche accessoire, mais qu'elles doivent être des fonctions essentiellement actives, qu'elles doivent en conséquence être confiées à des hommes compétents et responsables qui s'y consacrent tout entiers, et, Messieurs, ce serait une surprenante, une douloureuse énumération que celle de toute nos grandes cités qui croient de bonne foi se mettre en règle avec la loi lorsqu'elles ont inscrit sur la porte d'un local quelconque de la mairie ces mots : « Bureaux d'hygiène », ou qu'elles prétendent, appeler à ce poste de choix des hommes à qui elles voudraient faire une situation moindre qu'au plus modeste de leurs employés. Mais les mois et les mois se sont écoulés. Il n'est pas possible que, sur un point essentiel comme celui-là, la loi de 1902 reste en échec. Elle donne au Gouvernement le pouvoir d'user de mesures de contrainte, d'imposer d'office aux municipalités récalcitrantes l'organisation et le budget de bureaux d'hygiène sérieux, efficaces, tels que le législateur les a voulus, tels que l'évidence les montre nécessaires. J'ai dit aux préfets et je saisis cette occasion publique de leur rappeler que de ces pouvoirs le Gouvernement est disposé à user désormais de façon méthodique et ferme.

La loi de 1902 prévoit aussi l'organisation de Services de désinfection, de Services municipaux dans les villes de plus de 20.000 habitants, de Services départementaux dans toutes les autres communes. Là encore nous aurons un rude effort à accomplir pour faire jouer, pour faire vivre la loi. La plupart des Conseils généraux, sollicités par les préfets sur nos instructions précises, n'ont pas voulu envisager le problème à leur dernière session et ont remis à la session d'août la décision à prendre. Je souhaite que d'ici là ils s'élèvent tous à une juste compréhension de l'intérêt public, de l'intérêt national, et qu'il ne se dérobent point à leurs responsabilités propres. Vous pouvez être assurés que je saurai le leur rappeler.

Bien que ce travers commence à s'atténuer, les Français raillent encore volontiers toutes les mesures d'hygiène ; ce qui n'empêche pas les railleurs, au moindre danger, de se laisser aller à des paniques souvent injustifiées. Il se prêtent en maugréant à la vaccination obligatoire, régulière, et au premier cas de variole, ils s'écrasent aux portes des instituts de vaccine. Les municipalités et les départements les plus inertes dans l'organisation de leurs services sont aussi les premiers à s'affoler à l'heure du péril, à se retourner alors désespérément vers l'État, dont on attend le salut, que l'on somme impérieusement de faire des miracles, que l'on accuse avec colère de ne pouvoir improviser des moyens de défense que les mêmes municipalités ou départements auraient dû depuis longtemps préparer. Il faut que cette idée pénètre bien dans l'esprit du public qu'on n'improvise pas plus la défense nationale contre les maladies transmissibles qu'on ne l'improviserait contre d'autres dangers, et qu'ici comme là toute imprévoyance est criminelle. Or, en ce qui concerne la protection de la santé publique, ce sont les municipalités et les Conseils généraux que la loi, à tort ou à raison, a chargés de l'organisation de la défense sous le contrôle et avec la participation budgétaire de l'Etat.

Nous faisons notre devoir ; aux assemblées municipales ou départementales à faire le leur. Si elles y tardent trop, que l'opinion publique, avertie par la presse, se dresse contre elles et donne au Ministre de l'intérieur l'appui de sa force souveraine. De l'opinion publique vous êtes, Messieurs, en une telle matière, les conseillers les plus autorisés. Travaillez donc à l'éclairer, incitez-la à soutenir le Gouvernement dans la préparation de la défense sanitaire générale du pays, vous aurez, Messieurs, puissamment augmenté nos chance de succès dans la lutte antituberculeuse et, ce faisant, vous aurez bien mérité de la démocratie, de la République et, par conséquent, de la France.

XLVII. — Instructions prévues par les articles 14 et 17 du décret du 10 juillet 1906 sur la désinfection et circulaire d'envoi du 30 juillet 1907, p. 425.
XLVIII. — Circulaire ministérielle du 8 août 1907 relative à la vérification et à la mise en service des appareils de désinfection (envoi du fascicule-annexe E contenant les certificats délivrés sous les n°s 74 à 85), p. 449.
XLIX. — Circulaire ministérielle du 25 juillet 1907 concernant l'application de la loi du 15 février 1902 (questions à soumettre aux Conseils généraux), p. 450.
L. — Circulaires ministérielles des 25 septembre, 3 octobre et 5 décembre 1907 sur l'application de l'article 9 de la loi de 1902 aux communes d'après le taux de mortalité, p. 454.

XLVII

Instruction applicable en vertu des articles 14 et 17 du décret du 10 juillet 1906.

LORSQUE LES INTÉRESSÉS S'ENGAGENT A ASSURER PAR EUX-MÊMES LES OPÉRATIONS DE DÉSINFECTION OBLIGATOIRE.

A. — *Arrêté ministériel du 23 juillet 1907.*

Le Président du Conseil, Ministre de l'intérieur,

Vu l'article 7 de la loi du 15 février 1902 relative à la protection de la santé publique ;

Vu les articles 14 et 17 du décret du 10 juillet 1906 portant réglementation d'administration publique sur le fonctionnement du Service de désinfection ;

Vu les instructions adoptées par le Conseil supérieur d'hygiène publique de France dans sa séance du 8 juillet 1907.

Sur le rapport du directeur de l'assistance et de l'hygiène publiques de France.

Arrête :

Sont approuvées, dans les conditions prévues par les articles 14 et 17 du décret du 10 juillet 1906 susvisés, les instructions du Conseil supérieur d'hygiène publique de France auxquelles auront à se conformer les personnes usant de la faculté que leur confèrent lesdits articles, d'exécuter ou faire exécuter elles-mêmes sous les conditions stipulées les opérations de désinfection rendues obligatoires par la loi du 15 février 1902.

Ces instructions, au nombre de trois, suivant les diverses catégories de maladies auxquelles elles correspondent, sont annexées au présent arrêté.

Paris, le 23 juillet 1907.

Le Président du Conseil, Ministre de l'intérieur,
G. CLÉMENCEAU.

ANNEXES

I. — INSTRUCTIONS PROPHYLACTIQUES APPLICABLES AUX MALADIES SE MANIFESTANT PRINCIPALEMENT PAR DES SYMPTÔMES INTESTINAUX OU GASTRO-INTESTINAUX.

Notions générales

Les germes sont contenus dans les déjections (selles, vomissements, urines) des malades : ils se transmettent surtout par le contact de ces déjections, par les mains des personnes qui soignent les malades, par les linges, les vêtements, les aliments et l'eau souillés ; ils peuvent aussi être transportés par les mouches.

Prescriptions essentielles.

Isoler autant que possible le malade de telle sorte qu'il ne puisse être approché que par la ou les personnes chargées de le soigner.

Les déjections sont recueillies dans des vases contenant un liquide désinfectant et ne sont projetées dans les cabinets ou fosses d'aisances qu'après un contact prolongé avec ce liquide; elles ne sont jamais déversées sur les fumiers, sur les voies publiques ou privées, dans les cours ou jardins. A défaut de fosses d'aisances, elles sont enfouies dans le sol loin des sources et des puits.

Tous les linges ayant servi au malade sont plongés dans des récipients remplis d'eau additionnée d'une solution désinfectante ou soumis à l'ébullition prolongée. Ces linges ne doivent jamais être envoyés aux lavoirs ou aux blanchisseries avant d'avoir été désinfectés. La même prescription s'applique au cardage ou à l'épuration des matelas, objets de literie ou couvertures.

On ne doit jamais jeter, secouer ou exposer aux fenêtres aucun linge, vêtement, objet de literie, tapis ou tenture ayant servi au malade ou provenant des locaux occupés par lui. Si les linges ou vêtements souillés ne peuvent être immédiatement désinfectés ils doivent être en attendant, soigneusement enveloppés dans des sacs ou toiles fortes.

Les linges sans valeur ou usés, les ouates salies sont immédiatement détruits par le feu ou plongés pendant une heure dans une solution désinfectante forte avant d'être jetés dans les fosses ou enfouis.

Après transport éventuel du malade ou terminaison de la maladie, la désinfection totale porte sur les locaux occupés par le patient, sur les objets de literie, linges, vêtements et tous objets avec lesquels il s'est trouvé en contact.

Les ustensiles de cuisine, assiettes, tasses, verres, cuillères, etc., les crachoirs, les récipients qui en tiennent lieu doivent être plongés pendant une heure dans une solution désinfectante ou dans de l'eau qu'on portera à l'ébullition et soigneusement nettoyés.

Les petits objets à usage personnel des malades, livres, jouets, crayons, fournitures de bureau, porte-monnaie sont détruits par le feu dans la cheminée ou le poêle toutes les fois que la chose sera possible en raison du peu de valeur de ces objets ou soumis à la désinfection par dégagement de gaz antiseptique tel que l'aldéhyde formique gazeuse.

Les aliments ayant séjourné dans la chambre ne devront être consommés qu'après avoir subi, autant que possible, une nouvelle cuisson.

Modes de désinfection à employer [1]:

Pour les déjections *(selles, vomissements, urines et les produits d'expectorations)*:

Crésylol sodique[2] en solution forte à 4 pour 100;

Eau de Javel étendue d'eau de façon à obtenir une solution titrant un degré chlorométrique par litre d'eau;

Sulfate de cuivre en solution à la dose de 50 grammes par litre;

Chlorure de chaux en solution, conservé dans des vases clos, à la dose de 20 grammes pour 1 litre d'eau (il doit sentir fortement le chlore);

Lait de chaux fraîchement préparé[3] à 20 pour 100;

Lessive de soude en solution à 10 pour 100 (teintée) pour les crachats spécialement.

(Jamais le sublimé corrosif).

Lorsqu'il s'agit de déjections solides l'immersion totale dans le désinfectant doit durer six heures au moins; pour les matières liquides une heure suffira. Le rejet dans les cabinets d'aisances n'aura lieu qu'après ce contact.

Pour les linges *(chemises, draps de lit, taies d'oreillers, essuie-mains, mouchoirs, etc.)*:

---

[1] Les divers procédés indiqués au choix des intéressés pour chaque catégorie d'opérations peuvent être employés suivant les circonstances ou les ressources locales.

[2] *Formule du crésylol sodique liquide ou solution alcaline concentrée de crésylol officinal*:

    Crésylol officinal . . . . 1 kilogramme.
    Soude caustique liquide . . . . . . 1 —

Effectuer le mélange dans un récipient en grès ou en métal. La réaction dégage beaucoup de chaleur et pourrait provoquer la rupture des récipients en verre épais. Ne s'emploie que dilué suivant les indications prescrites.

[3] Pour avoir du lait de chaux actif on prend de la chaux de bonne qualité, on la fait déliter en l'arrosant petit à petit avec la moitié de son poids d'eau. Quand la délitescence est effectuée, on met la poudre dans un récipient soigneusement bouché et placé dans un endroit sec. Comme 1 kilogramme de chaux qui a absorbé 500 grammes d'eau pour se déliter a acquis un volume de 2 litres 200, il suffit de le délayer dans le double de son volume d'eau, soit 4 litres 400, pour avoir un lait de chaux qui soit environ à 20 pour 100.

Ebullition, pendant une heure au moins, dans une lessive chaude au carbonate de soude ou à la cendre de bois;

Trempage prolongé (six heures au moins), dans le crésylol sodique à 4 pour 100;

Trempage prolongé (six heures au moins), dans le formol du commerce à 40 pour 100 d'aldéhyde formique, à la dose de 40 grammes de formol pour 1 litre d'eau.

Pour les vêtements :

En toile ou assimilables : ébullition, trempage dans une solution comme pour les linges;

En drap, laine ou matière analogue : passage à l'étuve (à vapeur ou à dégagement de gaz antiseptique).

Pour les ustensiles et menus objets *(de toilette, de cuisine, de table ou autres)* :

Ebullition
Trempage dans le formol du commerce } comme pour les linges;
Trempage dans l'eau de Javel étendue d'eau.

Pour les mains, la figure et la barbe des personnes qui soignent ou visitent le malade :

Sublimé en solution de 1 gramme par litre d'eau après savonnage.

Pour les objets de literie *(matelas, oreillers, traversins)* :

Passage à l'étuve (à vapeur ou à dégagement de gaz antiseptique);

A défaut d'étuve : enlèvement des enveloppes qui seront soumises à un trempage prolongé et trempage plus court des laines, crins, etc.

Pour les couvertures, les tapis, rideaux, tentures :

Passage à l'étuve (à vapeur ou à dégagement de gaz antiseptique);

A défaut d'étuve : ébullition totale ou partielle dans l'eau de lessive; trempage ou lavage à l'aide de solution désinfectante comme pour les vêtements.

Pour les planchers, parois, murs, meubles *(lit, table de nuit, etc.)* :

Lavage au crésylol sodique à 4 pour 100;

Lavage à l'eau de Javel étendue d'eau;

Lavage au formol du commerce à 40 pour 100 d'aldéhyde formique, à la dose de 40 grammes de formol pour 1 litre d'eau;

Badigeonnage des murailles non tapissées au lait de chaux fraîchement préparé.

Pour l'ensemble des locaux et objets les garnissant :

Dégagement de gaz antiseptique dans les conditions prévues à l'aide d'appareils spécialement autorisés à cet effet.

Pour les cabinets d'aisances, latrines, fosses :

Lavage, à l'aide d'une solution forte (crésylol sodique à 4 pour 100), du siège et des abords;

Projection d'huile de schiste à raison de 1 kilogramme par mètre superficiel de fosse pour la destruction des larves de mouches.

Pour les vidoirs, éviers, rigoles :

Lavage à une solution forte (crésylol sodique à 4 pour 100).

Pour les puits susceptibles d'avoir été contaminés :

Déversement de permanganate de chaux ou de potasse à raison de 500 grammes par mètre cube d'eau contenu dans le puits.

Pour les fumiers :

Ne jamais jeter de matières fécales sur les fumiers. Quand un fumier a été contaminé par des déjections humaines de malade, le détruire par le feu si son volume n'est pas trop considérable. Dans le cas contraire, la désinfection est difficile et elle réclame une imprégnation complète et prolongée du fumier avec la solution du crésylol sodique à 4 pour 100.

Recommandations spéciales.

Les personnes qui soignent les malades mettront autant que possible par-dessus leurs vêtements une longue blouse qu'elles laisseront dans la chambre et qui sera ensuite désinfectée; elles mettront également des chaussures qu'elles laisseront en sortant; elles s'interdiront de prendre leurs repas dans la chambre du malade; elles se désinfecteront les mains avec la brosse et le savon, ainsi que la figure et la barbe, avant de sortir de la chambre, surtout avant de manger.

Eviter autant que possible la souillure des objets de literie et notamment des matelas en plaçant sous le malade un tissus ou un papier imperméable.

S'efforcer d'empêcher la transmission des germes par les mouches qui souillent facilement leurs trompes ou leurs pattes dans les produits de déjections et les crachats. Se mettre à l'abri des autres insectes, puces, punaises, moustiques, etc.

II. — Instructions prophylactiques applicables aux maladies se manifestant principalement par des symptômes pulmonaires

Notions générales.

Les germes sont contenus dans les crachats rejetés par les malades; ils se transmettent par les particules humides projetées par la toux, par les crachats humides ou desséchés, par le mucus nasal et souvent par les linges, les mains souillées; ils peuvent aussi être transportés par les mouches.

Prescriptions essentielles.

Les crachats sont recueillis dans des crachoirs ou autres récipients appropriés, à moitié remplis de solution désinfectante; ils restent en contact prolongé avec cette solution ou sont soumis à l'ébullition en même temps que les crachoirs.

Les linges souillés ayant servi au malade sont plongés dans des récipients remplis d'eau additionnée d'une solution désinfectante ou soumis à l'ébullition prolongée. Ces linges ne doivent jamais être envoyés aux lavoirs ou aux blanchisseries avant d'avoir été désinfectés. La même prescription s'applique au cardage ou à l'épuration des matelas, objets de literie ou couvertures.

On ne doit jamais jeter, secouer ou exposer aux fenêtres aucun linge, vêtement, objet de literie, tapis ou tenture ayant servi au malade ou provenant des locaux occupés par lui. Si les linges ou vêtement souillés ne peuvent être immédiatement désinfectés, ils doivent être, en attendant, soigneusement enveloppés dans des sacs ou toiles fortes.

Les linges sans valeur ou usés, les ouates salies sont immédiatement détruits par le feu ou plongés pendant une heure dans une solution désinfectante forte avant d'être jetés dans les fosses ou enfouis.

Après transport éventuel du malade ou terminaison de la maladie, la désinfection totale porte sur les locaux occupés par le patient, sur les objets de literie, linges, vêtements et tous objets avec lesquels il s'est trouvé en contact.

Les ustensiles de cuisine, assiettes, tasses, verres, cuillères, etc., les crachoirs, les récipients qui en tiennent lieu doivent être plongés pendant une heure dans une solution désinfectante ou dans de l'eau qu'on portera à l'ébullition et soigneusement nettoyés.

Les petits objets à usage personnel des malades, livres, jouets, crayons, fournitures de bureau, porte-monnaie sont détruits par le feu dans la cheminée ou le poêle toutes les fois que la chose sera possible en raison du peu de valeur de ces objets, ou soumis à la désinfection par dégagement de gaz antiseptique tel que l'aldéhyde formique gazeuse.

Les aliments ayant séjourné dans la chambre ne devront être consommés qu'après avoir subi, autant que possible, une nouvelle cuisson.

Modes de désinfection à employer [1] :

Pour les produits d'expectoration *(crachats, sécrétions des voies respiratoires)* :

Lessive de soude en solution à 10 pour 100 (teintée) ;
Crésylol sodique [2] en solution forte à 4 pour 100 ;
Eau de Javel étendue d'eau de façon à obtenir une solution titrant un degré chlorométrique par litre d'eau ;
Sulfate de cuivre en solution à la dose de 50 grammes par litre ;
Chlorure de chaux en solution conservé dans des vases clos à la dose de 20 grammes pour 1 litre d'eau (il doit sentir fortement le chlore) ;
Lait de chaux fraîchement préparé [3] à 20 pour 100 ;
(Jamais le sublimé corrosif.)

---

[1] Les divers procédés indiqués au choix des intéressés pour chaque catégorie d'opérations peuvent être employés suivant les circonstances ou les ressources locales.

[2] *Formule du crésylol sodique liquide ou solution alcaline concentrée de crésylol officinal :*

Crésylol officinal . . . . 1 kilogramme.
Soude caustique liquide . . . . . . 1 —

Effectuer le mélange dans un récipient en grès ou en métal. La réaction dégage beaucoup de chaleur et pourrait provoquer la rupture des récipients en verre épais. Ne s'emploie que dilué suivant les indications prescrites.

Pour avoir du lait de chaux actif on prend de la chaux de bonne

Pour les linges *(chemises, draps de lit, taies d'oreillers, essuie-mains, mouchoirs, etc.)* :

Ebullition, pendant une heure au moins, dans une lessive chaude au carbonate de soude ou à la cendre de bois ;

Trempage prolongé (six heures au moins) dans le crésylol sodique à 4 pour 100 ;

Trempage prolongé (six heures au moins) dans le formol du commerce à 40 pour 100 d'aldéhyde formique, à la dose de 40 grammes de formol pour 1 litre d'eau.

Pour les vêtements :

En toile ou assimilables : ébullition, trempage dans une solution comme pour les linges ;

En drap, laine ou matière analogue : passage à l'étuve (à vapeur ou à dégagement de gaz antiseptique).

Pour les ustensiles et menus objets *(de table, de cuisine, de toilette)* :

Ebullition
Trempage dans le formol du commerce } comme pour les linges.
Trempage dans l'eau de Javel étendue d'eau.

Pour les mains, la figure et la barbe des personnes qui soignent ou visitent les malades :

Sublimé en solution de 1 gramme par litre d'eau après savonnage.

Pour les objets de literie *(matelas, oreillers, traversins)* :

Passage à l'étuve (à vapeur ou à dégagement de gaz antiseptique) ;

A défaut d'étuve : enlèvement des enveloppes qui seront soumises à un trempage prolongé et trempage plus court des laines, crins, etc.

Pour les couvertures, les tapis, rideaux, tentures :

Passage à l'étuve (à vapeur ou à dégagement de gaz antiseptique) ;

A défaut d'étuve : ébullition totale ou partielle en lessives, trempage ou lavage à l'aide de solution désinfectante comme pour les vêtements.

qualité, on la fait déliter en l'arrosant petit à petit avec la moitié de son poids d'eau. Quand la délitescence est effectuée, on met la poudre dans un récipient soigneusement bouché et placé dans un endroit sec. Comme 1 kilogramme de chaux qui a absorbé 500 grammes d'eau pour se déliter a acquis un volume de 2 litres 200, il suffit de le délayer dans le double de son volume d'eau soit, 4 litres 400, pour avoir un lait de chaux qui soit environ à 20 pour 100.

Pour les planchers, parois, murs, meubles *(lit, table de nuit, etc.)* :

Lavage au crésylol sodique à 4 pour 100 ;
Lavage à l'eau de Javel étendue d'eau ;
Lavage au formol du commerce à 40 pour 100 d'aldéhyde formique, à la dose de 40 grammes de formol pour 1 litre d'eau ;
Badigeonnage des murailles non tapissées au lait de chaux fraîchement préparé.

Pour l'ensemble des locaux et objets les garnissant :

Dégagement de gaz antiseptique dans les conditions prévues à l'aide des appareils spécialement autorisés à cet effet.

Pour les vidoirs et éviers :

Lavage à une solution forte (crésylol sodique à 4 pour 100).

Pour les cabinets d'aisances :

Lavage à l'aide d'une solution forte (crésylol sodique à 4 pour 100) du siège et des abords.

Recommandations spéciales.

Eviter autant que possible la souillure des objets de literie par les crachats et produits d'expectoration.

S'efforcer d'empêcher la transmission des germes par les mouches ou les insectes qui souillent facilement leurs trompes ou leurs pattes dans les déjections, les crachats ou les produits d'expectoration. Se mettre à l'abri des autres insectes, puces, punaises, moustiques, etc.

III. — INSTRUCTIONS PROPHYLACTIQUES APPLICABLES AUX MALADIES SE MANIFESTANT PRINCIPALEMENT PAR DES SYMPTÔMES AFFECTANT LA PEAU OU LES MUQUEUSES DES VOIES RESPIRATOIRES, OCULAIRES OU GÉNITALES.

Notions générales.

Les germes se transmettent par les mucosités de la bouche, du nez, de la gorge, des bronches, des yeux, par les fausses membranes vulgairement appelées peaux, par les fragments d'épiderme lorsque la peau se desquame, par les pustules et les croûtes desséchées, par les matières issues soit de pustules ulcérées ou gangrenées, soit des bubons, d'une manière générale par toutes les sécrétions ou sérosités provenant des organes malades et par tous les objets étrangers (vêtements, chaussures, etc.) sur lesquels ces sécrétions, croûtes ou sérosités seraient tombées.

Prescriptions essentielles.

Isoler autant que possible le malade, de manière qu'il ne puisse être approché que par la ou les personnes chargées de le soigner.

Les sécrétions de l'arrière-gorge et les fausses membranes sont recueillies dans des crachoirs ou d'autres récipients appropriés contenant un liquide désinfectant. Les crachoirs et leur contenu sont désinfectés par un séjour prolongé dans une solution désinfectante ou par l'ébullition.

Les matières issues des pustules ulcérées ou gangrenées et des bubons, les croûtes, les pellicules sont détruites par le feu, stérilisées par l'eau bouillante ou maintenues dans une forte solution désinfectante jusqu'à ce qu'elles soient complètement imprégnées.

Tous les linges ayant servi au malade sont plongés dans des récipients remplis d'eau additionnée d'une solution désinfectante ou soumis à l'ébullition prolongée. Ces linges ne doivent jamais être envoyés aux lavoirs ou aux blanchisseries avant d'avoir été désinfectés. La même prescription s'applique au cardage ou à l'épuration des matelas, objets de literie ou couvertures.

On ne doit jamais jeter, secouer ou exposer aux fenêtres aucun linge, vêtement, objet de literie, tapis ou tenture ayant servi au malade ou provenant des locaux occupés par lui. Si les linges ou vêtements souillés ne peuvent être immédiatement désinfectés, ils doivent être, en attendant, soigneusement enveloppés dans des sacs ou toiles fortes.

Les linges sans valeur ou usés, les ouates salies sont immédiatement détruits par le feu ou plongés pendant une heure dans une solution désinfectante forte avant d'être jetés dans les fosses ou enfouis.

Après transport éventuel du malade ou terminaison de la maladie, la désinfection totale porte sur les locaux occupés par le patient, sur les **objets de literie, linges, vêtements et tous objets avec lesquels il s'est trouvé en contact.**

Les ustensiles de cuisine, assiettes, tasses, verres, cuillères, etc., les crachoirs, les récipients qui en tiennent lieu doivent être plongés pendant une heure dans une solution désinfectante ou dans de l'eau qu'on portera à l'ébullition et soigneusement nettoyés.

Les petits objets à usage personnel des malades, livres, jouets, crayons, fournitures de bureau, porte-monnaie sont détruits par le feu dans la cheminée ou le poêle toutes les fois que la chose sera possible en raison du peu de valeur de ces objets, ou soumis à la désinfection par dégagement de gaz antiseptique tel que l'aldéhyde formique gazeuse.

Les aliments ayant séjourné dans la chambre ne devront être consommés qu'après avoir subi, autant que possible, une nouvelle cuisson.

Modes de désinfection à employer [1] :

Pour les sécrétions de la gorge et les fausses membranes :

Crésylol sodique[2] en solution forte à 4 pour 100 ;

Eau de Javel étendue d'eau de façon à obtenir une solution titrant un degré chlorométrique par litre ;

Sulfate de cuivre en solution à la dose de 50 grammes par litre ;

Chlorure de chaux fraîchement préparé et conservé dans des vases clos à la dose de 20 grammes pour 1 litre d'eau (il doit sentir fortement le chlore) ;

Lait de chaux fraîchement préparé[3] à 20 pour 100 ;

Lessive de soude en solution à 50 pour 100 (teintée).

---

[1] Les divers procédés indiqués au choix des intéressés pour chaque catégorie d'opérations peuvent être employés suivant les circonstances ou les ressources locales.

[2] *Formule du crésylol sodique liquide ou solution alcaline concentrée de crésylol officinal :*

Crésylol officinal . . . . 1 kilogramme.
Soude caustique liquide . . . . 1 —

Effectuer le mélange dans un récipient en grès ou en métal. La réaction dégage beaucoup de chaleur et pourrait provoquer la rupture des récipients en verre épais. Ne s'emploie que dilué suivant les indications prescrites.

[3] Pour avoir du lait de chaux actif, on prend de la chaux de bonne qualité, on la fait déliter en l'arrosant petit à petit avec la moitié de son poids d'eau. Quand la délitescence est effectuée, on met la poudre dans un récipient soigneusement bouché et placé dans un endroit sec. Comme 1 kilogramme de chaux qui a absorbé 500 grammes d'eau pour

Pour les linges *(chemises, draps de lit, taies d'oreillers, essuie-mains, mouchoirs, etc.)* :

Ebullition, pendant une heure au moins, dans une lessive chaude au carbonate de soude ou à la cendre de bois ;

Trempage prolongé (six heures au moins) dans le crésylol sodique à 4 pour 100 ;

Trempage prolongé (six heures au moins) dans le formol du commerce à 40 pour 100 d'aldéhyde formique, à la dose de 40 grammes de formol pour 1 litre d'eau.

Pour les vêtements :

En toile ou assimilables : ébullition, trempage dans une solution comme pour les linges ;

En drap, laine ou matière analogue : passage à l'étuve (à vapeur ou à dégagement de gaz antiseptique).

Pour les ustensiles ou les menus objets *(de toilette, de cuisine, de table ou autres)* :

Ebullition
Trempage dans le formol du commerce } comme pour les linges.
Trempage dans l'eau de Javel étendue d'eau.

Pour les mains, la figure et la barbe des personnes qui soignent ou visitent les malades :

Sublimé en solution de 1 gramme par litre d'eau après savonnage.

Pour les objets de literie *(matelas, oreillers, traversins)* :

Passage à l'étuve (à vapeur ou à dégagement de gaz antiseptique) ;

A défaut d'étuve : enlèvement des enveloppes qui seront soumises à un trempage prolongé et trempage plus court des laines, crins, etc.

Pour les couvertures, les tapis, rideaux, tentures :

Passage à l'étuve (à vapeur ou à dégagement de gaz antiseptique) ;

A défaut d'étuve : ébullition totale ou partielle en lessive, trempage ou lavage à l'aide de solution désinfectante comme pour les vêtements.

Pour les planchers, parois, murs, meubles *(lit, table de nuit, etc.)* :

se déliter a acquis un volume de 2 litres 200, il suffit de le délayer dans le double de son volume d'eau, soit 4 litres 400 pour avoir un lait de chaux qui soit environ à 20 pour 100.

Lavage au crésylol sodique à 4 pour 100 ;
Lavage à l'eau de Javel étendue d'eau ;
Lavage au formol du commerce à 40 pour 100 d'aldéhyde formique, à la dose de 40 grammes de formol pour 1 litre d'eau ;
Badigeonnage des murailles non tapissées au lait de chaux fraîchement préparé.

Pour l'ensemble des locaux et objets les garnissant :

Dégagement de gaz antiseptique dans les conditions prévues à l'aide des appareils spécialement autorisés à cet effet.

Pour les vidoirs et éviers :

Lavage à une solution forte (crésylol sodique à 4 pour 100).

Pour les cabinets d'aisances :

Lavage à l'aide d'une solution forte (crésylol sodique à 4 pour 100) du siège et des abords.

Recommandations spéciales.

Les personnes qui soignent les malades mettront par-dessus leurs vêtements une longue blouse qu'elles laisseront dans la chambre et qui sera ensuite désinfectée ; elles mettront également des chaussures qu'elles laisseront en sortant ; elles s'interdiront de prendre leurs repas dans la chambre du malade ; elles se désinfecteront les mains, la figure et la barbe avant de sortir de la chambre et surtout avant de manger.

Ces instructions ont été adoptées par le Conseil supérieur d'hygiène publique de France et sanctionnées par une décision du Ministre de l'intérieur en date du 23 juillet 1907 pour l'application des articles 14 et 17 du règlement d'administration publique du 10 juillet 1906 sur les conditions d'organisation et de fonctionnement du Service de désinfection ; elles se réfèrent à l'engagement que peuvent prendre les intéressés, en vue d'assurer eux-mêmes la désinfection obligatoire, suivant le modèle de formule A ou B annexée à la circulaire ministérielle du 18 mars 1907.

MINISTÈRE DE L'INTÉRIEUR

SERVICE DE LA DÉSINFECTION

La présente note, exclusivement destinée aux chefs de poste ou agents chargés de la désinfection, contient trois modèles des instructions prophylactiques approuvées par le Conseil supérieur d'hygiène publique de France pour être remises aux personnes qui désirent effectuer elles mêmes la désinfection prescrite, en conformité des articles 14 et 17 du décret du 10 juillet 1906.

Ces instructions sont applicables suivant la nature des maladies mentionnées à titre confidentiel sur les déclarations et correspondent aux trois catégories ci-après [1] :

I. — Maladies se manifestant principalement par des symptômes intestinaux ou gastro-intestinaux :

N⁰ˢ 1. — 8. — 11.

II. — Maladies se manifestant principalement par des symptômes pulmonaires :

N⁰ˢ 9 (pneumonique). — 14. — 15. — 16. — 17.

III. — Maladies se manifestant principalement par des symptômes affectant la peau ou les muqueuses des voies respiratoires, oculaires ou génitales :

N⁰ˢ 2. — 3. — 4. — 5. — 6. — 7. — 9 (bubonique).. — 12. — 13. — 18. — 19. — 20. — 21. — 22. — 23.

[1] Bien qu'il s'agisse dans l'espèce de l'application des articles 14 et 17 du décret du 10 juillet 1906 qui visent essentiellement les maladies dont la déclaration est obligatoire, les instructions prophylactiques auxquelles se réfère la présente note peuvent être également utilisées, le cas échéant, pour les maladies de la deuxième catégorie, à déclaration facultative; c'est uniquement à ce titre que celles-ci figurent sur la même liste que les premières, numérotées de 1 à 13.

La mission des chefs de poste et agents chargés de la désinfection est, avant tout, d'instruire, de renseigner, d'aider les intéressés, avec intelligence, discrétion et dévouement. Ils expliquent et complètent, s'il y a lieu, les prescriptions sommaires des instructions ci-contre, d'après celles qui ont été adoptées à leur usage pour la pratique générale de la désinfection.

EXTRAITS DES LOI, RÈGLEMENT ET CIRCULAIRE FIXANT LE RÔLE ET LES ATTRIBUTIONS DES CHEFS DE POSTE CHARGÉS DU SERVICE PUBLIC DE DÉSINFECTION

Loi du 15 février 1902.

« ART. 4. — La liste des maladies auxquelles sont applicables les dispositions de la présente loi sera dressée... par un décret du Président de la République rendu sur le rapport du Ministre de l'intérieur après avis de l'Académie de médecine et du Conseil supérieur d'hygiène publique de France.

« ART. 5. — La déclaration à l'autorité publique de tout cas de l'une des maladies visées à l'article 4 est obligatoire pour tout docteur en médecine, officier de santé ou sage-femme qui en constate l'existence.

« ART. 7. — La désinfection est obligatoire pour tous les cas de maladies prévus à l'article 4 ; les procédés de désinfection devront être approuvés par le Ministre de l'intérieur, après avis du Conseil supérieur d'hygiène publique de France.

« Les mesures de désinfection sont mises à exécution dans les villes de 20.000 habitants et au-dessus par les soins de l'autorité municipale... et, dans les communes de moins de 20.000 habitants, par les soins d'un service départemental.

« ART. 27. — Sera puni des peines portées à l'article 471 du Code pénal quiconque... aura commis une contravention aux prescriptions des règlements sanitaires prévus aux articles 1 et 2, ainsi qu'à celles des articles 5..., 7...

« ART. 29. — Seront punis d'une amende de 100 à 500 francs et, en cas de récidive, de 500 à 1.000 francs tous ceux qui auront mis obstacle à l'accomplissement des devoirs des maires et des membres délégués des Commissions sanitaires en ce qui touche l'application de la présente loi.

« Art. 33. — Des règlements d'administration publique détermineront les conditions d'organisation et de fonctionnement... du service de désinfection. »

Décret du 10 juillet 1906 portant règlement d'administration publique.

« Art. 8. — Chaque poste de désinfection est dirigé par un *chef de poste*, assisté s'il y a lieu d'agents ou d'aides.

« Les *chefs de poste* et les agents procèdent eux-mêmes aux opération de désinfection.

Le *chef de poste* tient un registre des déclarations à lui adressées par les maires, des opérations, transports et voyages effectués, et dresse pour chaque série d'opérations une feuille spéciale suivant un modèle arrêté par le Ministre de l'intérieur[1].

TITRE II. — Fonctionnement.

Art. 10. — Dans toutes les communes, dès que le maire a reçu la déclaration que comporte l'une des maladies mentionnées à la première partie de la liste arrêtée par le décret du 10 février 1903, il avertit le *chef de poste* dans la circonscription duquel se trouve le malade signalé. S'il est avisé de l'existence de l'une de ces maladies et qu'il n'y ait pas de médecin traitant, il envoie un médecin et prend ensuite, sur la déclaration de celui-ci, les mesures prescrites par le présent décret.

En outre, si la commune où demeure le malade est comprise dans le service départemental, le préfet ou le sous-préfet avertit le délégué de la Commission sanitaire.

Art. 11. — Toutes les opérations de désinfection sont effectuées par le service public[2], sous les réserves indiquées aux articles 14 et 17.

Art. 12. — Le *chef de poste* envoie au lieu où se trouve le malade un agent muni des désinfectants appropriés.

Cette visite ne peut être effectuée que de jour.

[1] Modèle D annexé à la circulaire du 18 mars 1907.
[2] Ces opérations sont effectuées conformément aux *instructions sur la pratique de la désinfection* adoptées par le Conseil supérieur d'hygiène publique de France.

L'agent s'adresse, en vue de l'exécution des mesures à prendre, au principal occupant, chef de famille ou d'établissement, des locaux où se trouve le malade et, à son défaut, dans l'ordre ci-après, au conjoint, à l'ascendant, au plus proche parent du malade ou à toute personne résidant avec lui ou lui donnant ses soins.

Art. 13. — Il remet à cette personne une note dont le modèle est arrêté par le Ministre de l'intérieur[1], rappelant l'obligation de la désinfection et reproduisant les pénalités prévues par la loi et le tarif de désinfection.

Il se met à sa disposition pour l'exécution des mesures indispensables.

Ces mesures, pendant le cours de la maladie, concernent essentiellement la désinfection des linges contaminés ou souillés et des déjections ou excrétions ; elles ne peuvent constituer une intervention quelconque dans le traitement du malade.

Art. 14. — La personne à qui a été remise la note prévue par l'article précédent peut exécuter ou faire exécuter elle-même la désinfection, à la condition de prendre, sur une formule qui est mise à sa disposition par l'agent[2], l'engagement :

1° De se conformer exactement pendant le cours de la maladie aux instructions du Conseil supérieur d'hygiène publique de France approuvées par le Ministre de l'intérieur, et dont un exemplaire lui, est remis[3];

2° De se soumettre, dans l'exécution des mesures prises, au contrôle de l'agent du service public, qui ne pourra se présenter au domicile du malade plus d'une fois par jour ;

3° D'avertir sans délai le maire, le cas échéant, du transport du malade hors de son domicile ;

4° D'aviser le maire de la première sortie du malade après sa guérison, en vue de l'application de l'article 15 du présent décret.

Art. 15. — En cas de transport du malade hors de son domicile, après la guérison, ou en cas de décès au cours ou à la suite d'une des maladies mentionnées à la première partie de la liste arrêtée par le décret du 10 février 1903, la désinfection totale des locaux

---

[1] Modèle A annexé à la circulaire du 18 mars 1907.
[2] Modèle B annexé à la circulaire du 18 mars 1907.
[3] Instructions répondant à trois catégories distinctes de maladies suivant les indications portées à la page 1 de la présente note.

occupés personnellement par le malade et des objets qui ont pu être contaminés pendant la maladie doit être opérée sans délai.

Art. 16. — Le maire, prévenu soit par l'avis donné en exécution des 3e et 4° de l'article 14, soit par déclaration de décès, informe le *chef de poste* dans la circonscription duquel se trouve le domicile à désinfecter; le *chef de poste* adresse à la personne désignée à l'article 12 un avis faisant connaître au moins douze heures à l'avance le moment où il sera procédé aux mesures de désinfection. Un pareil avis est adressé en cas de décès aux héritiers, s'ils habitent la commune et sont connus de l'Administration.

Le délai de douze heures ci-dessus pourra être abrégé par une décision motivée du maire.

A défaut d'une des personnes énumérées à l'article 12 et en l'absence des héritiers le maire prend les mesures nécessaires pour que les objets contenus dans le local à désinfecter ne soient ni détournés, ni détériorés.

Art. 17. — Sauf le cas d'urgence constaté par un arrêté du maire ou, à son défaut, par un arrêté du préfet, les personnes énumérées à l'article 12 du présent décret ou les héritiers peuvent exécuter ou faire exécuter par leurs soins la désinfection, à la condition de prendre par écrit, sur une formule qui leur est remise par le service public, l'engagement :

1° De faire opérer la désinfection sans délai, et conformément aux instructions du Conseil supérieur d'hygiène publique de France, approuvées par le Ministre de l'intérieur, et dont un exemplaire leur est remis ;

2° De prévenir au moins douze heures à l'avance le *chef de poste* du moment où l'opération doit avoir lieu;

3° De se soumettre, dans l'exécution des mesures prises, **au contrôle de l'agent du service public**, qui s'assurera sur place si les opérations sont exécutées dans les conditions techniques formulées par le Ministre de l'intérieur après avis du Conseil supérieur d'hygiène publique[1] et, spécialement, quand il est fait usage d'appareils, s'ils fonctionnent dans les conditions imposées par le certificat de vérification prévu au décret du 7 mars 1903.

Art. 18. — S'il résulte des constations faites par les agents que

---

[1] Modèle C annexé à la circulaire du 18 mars 1907.

les engagements pris en vertu des articles 14 et 17 du présent décret n'ont pas été tenus, ou que la désinfection a été opérée par les particuliers ou par leurs soins d'une façon insuffisante, le maire prescrit immédiatement l'exécution par le service public des mesures indispensables.

Art. 19. — Si, au cours de la désinfection, la destruction d'un objet mobilier est jugée nécessaire par le service, il y est procédé sur l'ordre du maire. En cas de refus du maire, le préfet statue.

Art. 20. — Il est dressé un état descriptif et estimatif des objets à détruire par le *chef de poste* ou l'agent qui s'est rendu à domicile, contradictoirement avec le propriétaire de l'objet ou l'une des personnes désignées à l'article 12. Cette personne peut être remplacée par un héritier s'il s'agit d'une désinfection après décès.

En cas de refus d'une des personnes ci-dessus énumérées de concourir à la rédaction de l'état ou en cas d'impossibilité de le dresser contradictoirement, le *chef de poste* ou l'agent mentionne l'une ou l'autre de ces causes dans un procès-verbal auquel il joint l'état dressé par lui seul.

L'état et, s'il y a lieu, le *procès-verbal* sont déposés à la mairie et communiqués en duplicata au sous-préfet si le service est départemental. Si une indemnité est réclamée, la demande est adressée suivant le cas au maire ou au sous-préfet.

Art. 21. — Si le maire reçoit la déclaration d'une des maladies mentionnées à la seconde partie de la liste arrêtée par le décret du 10 février 1903, il avertit le *chef de poste*, lequel est tenu de se mettre immédiatement à la disposition du malade ou de sa famille, pour assurer la désinfection dans les conditions prescrites par le Conseil supérieur d'hygiène publique[1].

Circulaire ministérielle du 18 mars 1907.

Deux cas se présentent correspondant à deux catégories distinctes d'opérations :

a) La désinfection, dite continue, en cours de maladie ;

b) La désinfection, dite totale, après transport, guérison ou décès.

a) *Désinfection continue en cours de maladie.* — Ce cas qui doit

---

[1] *Instructions sur la pratique de la désinfection.*

constituer la règle générale représente la première étape des opérations à entreprendre. Il a pour point de départ la déclaration de la maladie adressée au maire par le médecin traitant; avis de cette déclaration est immédiatement transmis sous pli fermé par le maire au chef de poste; celui-ci ou l'agent chargé de le suppléer se rend aussitôt au domicile du malade et après s'être renseigné sur sa situation prend toutes les mesures utiles qu'elle comporte suivant la maladie envisagée. Le nom même de cette maladie tel qu'il résulterait de la déclaration confidentielle qui a été faite par le médecin ne doit être mentionné en aucun cas tant qu'elle n'est pas expressément connue du malade lui-même ou de son entourage. Toute infraction à cette règle exposerait l'agent qui s'en rendrait coupable aux pénalités édictées par l'article 378 du Code pénal.

L'agent se trouve alors en présence de deux solutions suivant que la désinfection sera assurée par le service public ou par la famille du malade.

Dans la première hypothèse il est remis à la personne qualifiée pour représenter le malade dans les conditions indiquées par l'article premier (§ 2) du décret, une note spéciale et, s'il y a lieu, les désinfectants nécessaires. C'est le service public qui prend en conséquence la direction et la responsabilité des opérations.

Si, au contraire, la désinfection doit être assurée par l'entourage du malade, celui-ci s'engage d'après la formule qui lui est remise à exécuter les mesures prescrites. Le rôle du service public se borne à contrôler la régularité de ces mesures pour les faire rectifier ou compléter s'il y a lieu, pour y substituer l'exécution d'office si l'engagement pris n'est pas tenu.

b) *Désinfection après transport guérison ou décès.* — Ici se place la participation du service, sinon la plus efficace, du moins la plus importante au point de vue de la compétence, du temps, du matériel et des frais qu'elle exige. Il s'agit de détruire d'une façon complète les germes laissés par le malade dans les locaux qu'il a occupés, dans les objets de literie ou les vêtements avec lesquels il a été en contact. Les instructions sur la pratique de la désinfection contiennent, pour opérer dans ces circonstances, comme pour la désinfection en cours de maladie, les indications les plus détaillées. On ne peut que s'y référer. Là aussi la désinfection peut être pratiquée par le service public ou assurée par l'entourage du malade. Le *chef de poste* est avisé du transport, de la guérison ou du décès du malade soit directement, lorsque le service public a effectué la désinfection dès le cours de la maladie, soit par le maire lorsque les intéressés lui ont adressé, en vertu de l'engagement pris, les avertissements prévus aux 3° et 4° de l'article 14 du décret ou qu'il a reçu la déclaration du décès survenu.

Dans tous ces cas et sauf exception motivée par des circonstances spéciales dont il devra être justifié, c'est le *chef de poste* qui doit intervenir personnellement aussi bien pour procéder à la désinfection totale que pour contrôler l'exécution de cette opération à la charge des intéressés. Comme pour la désinfection en cours de maladie ceux-ci ont à prendre, s'ils désirent bénéficier de cette exception, un engagement comportant l'application intégrale des prescriptions fixées par les instructions du Conseil supérieur d'hygiène, sous la vérification effective du service public.

Les procédés ou appareils que peut comporter la désinfection totale sont ceux qui ont fait l'objet des certificats de vérification délivrés par mon administration sur l'avis du Conseil supérieur d'hygiène publique de France.

NOTES ET IMPRIMÉS DU SERVICE

Les notes ou imprimés dont chaque chef de poste doit être constamment muni sont :

1° Les instructions du Conseil supérieur d'hygiène publique de France sur la pratique de la désinfection qui doivent guider en toutes circonstances l'intervention du service et la conduite de ses agents ;

2° La note à remettre en tous cas en exécution de l'article 13 du décret (modèle A annexé à la circulaire du 18 mars) ;

3° La formule d'engagement éventuel à prendre par les familles pour les désinfections en cours de maladie suivant l'article 14 du présent décret et le modèle B annexé à la circulaire ;

4° La formule d'engagement éventuel à prendre par les familles pour la désinfection après terminaison de la maladie suivant l'article 17 du décret et le modèle C annexé à la circulaire ;

5° Les instructions prophylactiques (notices I, II et III) à remettre aux intéressés pour l'exécution des engagements ci-dessus. (Ces instructions peuvent également être mises à la disposition des maires, des médecins, des pharmaciens, des instituteurs et en général de toute personne susceptible de tirer profit des enseignements qu'elles contiennent);

6° La feuille d'opérations prescrite par l'article 8 du décret (modèle D annexé à la circulaire du 18 mars);

7° Le registre des déclarations, opérations, transports et voyages, prescrit par le même article 8 susvisé;

8° La présente note spécialement destinée aux chefs de poste pour leur rappeler, en les précisant, leurs obligations et leurs devoirs;

9° Le ou les certificats de vérification applicables aux appareils de désinfection qui sont utilisés dans la circonscription du poste.

B. — Circulaire ministérielle du 30 juillet 1907.

(Direction de l'assistance et de l'hygiène publiques, 5ᵉ bureau.)

Monsieur le Préfet,

Pour compléter ma circulaire du 18 mars dernier en ce qui concerne le fonctionnement du Service de désinfection, j'ai l'honneur de vous adresser les quatre notices ci-après[1] qui comprennent :

1° Des instructions prophylactiques correspondant à trois catégories de maladies contagieuses ou transmissibles;

2° Une note destinée aux chefs de poste de désinfection.

Ainsi que l'indiquait la circulaire susvisée, lorsqu'en vertu des articles 14 et 17 du décret du 10 juillet 1906, les intéressés, leurs familles ou leurs ayants droit désirent assurer eux-mêmes la désinfection imposée, ils doivent prendre l'engagement de se conformer exactement aux instructions du Conseil supérieur d'hygiène publique de France approuvées par le Ministre de l'intérieur et dont un exemplaire leur est remis. Ce sont ces instructions auxquelles j'ai donné mon approbation et qui font l'objet du présent envoi. Afin de garantir le caractère confidentiel des déclarations, la nature des maladies n'y est désignée que d'une manière générale d'après le mode principal de propagation qui leur est applicable et qui permet de les grouper en trois catégories : maladies se manifestant principalement par des symptômes intestinaux ou gastro-intestinaux; maladies se manifestant principalement par des symptômes pulmonaires; maladies se manifestant principalement par des symptômes

[1] Ci-avant dans le classement des présentes annexes.

affectant la peau ou les muqueuses des voies respiratoires, oculaires ou génitales. Les chefs de poste seront constamment munis en conséquence de trois instructions correspondantes pour les remettre, suivant le cas, aux intéressés, il suffira de se reporter au numéro de la maladie portée sur la déclaration. Ce numéro qui figure sur les carnets de déclaration des médecins est rappelé, avec l'indication de l'instruction qui s'y réfère, sur la notice spéciale destinée aux chefs de poste.

Ladite notice reproduit en outre les divers textes qui servent de base au Service de désinfection, en règlent le mode de fonctionnement et précisent notamment la fonction des chefs de poste; elle énumère les divers documents ou imprimés dont chaque poste devra être constamment pourvu. Des exemplaires de la notice devront être attribués nominalement aux titulaires et renouvelés toutes les fois qu'il sera jugé utile.

J'ajoute que les quatre imprimés, qui accompagnent la présente lettre ne vous sont fournis qu'à titre de modèles. Il vous appartiendra soit de les faire reproduire pour les besoins de votre département, soit d'en demander la fourniture par l'imprimerie administrative de Melun, ainsi que cela a déjà lieu pour les documents analogues. Vous aurez dans ce dernier cas à faire passer par mon entremise votre commande indiquant le nombre exact des exemplaires.

Je vous prie, Monsieur le Préfet, de m'accuser réception de la présente circulaire.

Pour le Ministre :
Le Directeur de l'assistance et de l'hygiène publiques,
L. MIRMAN.

XLVIII

Circulaire ministérielle du 8 août 1907

RELATIVE A LA VÉRIFICATION ET A LA MISE EN SERVICE DES APPAREILS DE DÉSINFECTION : ENVOI DU FASCICULE-ANNEXE E CONTENANT LES CERTIFICATS DÉLIVRÉS 74 A 85

(Direction de l'assistance et de l'hygiène publiques, 5ᵉ bureau.)

Mon administration vous a adressé les 15 mars 1904, 4 mars 1905 et 20 février 1906, quatre fascicules imprimés contenant les certificats de vérification applicables, en vertu du décret du 7 mars 1903, à un certain nombre d'appareils ou procédés de désinfection.

Je vous envoie ci-joint un cinquième fascicule établi dans les mêmes conditions pour les appareils ou procédés qui ont fait depuis lors l'objet de vérifications semblables.

La circulaire du 15 mars 1904 rappelait les conditions de mise en service et de contrôle édictées en conséquence. Je ne puis que vous engager à vous y référer.

Les exemplaires du fascicule-annexe E que vous recevrez en même temps que la présente lettre sont destinés à être répartis de la manière suivante :

    Au Conseil d'hygiène départemental . . 1 exemplaire.
    Par sous-préfecture . . . . 1 —
    Par ville de plus de 20.000 habitants . . 1 —

le surplus pour les services de votre préfecture et les communications que vous auriez à faire.

Un plus grand nombre de ces brochures pourrait en outre vous être attribué au compte de votre département si vous le jugiez utile.

Pour le Ministre et pour le Directeur :
Le Sous-Directeur,
MORGAND.

XLIX

Circulaire ministérielle du 25 juillet 1907 concernant l'application de la loi du 15 février 1902

QUESTIONS A SOULEVER AUX CONSEILS GÉNÉRAUX [1]

(Direction de l'assistance et de l'hygiène publiques ; cabinet du directeur.)

Monsieur le Préfet, dans sa session d'avril 1907, le Conseil général de la Somme, justement ému de la lenteur avec laquelle progresse l'hygiène sociale en France, a fait de cette question une étude spéciale, pris à ce sujet des délibérations qu'il convient de porter à la connaissance des Assemblées départementales, émis des vœux que je juge utile de soumettre à leur examen, donné un exemple que la plupart d'entre elles, j'en ai l'espoir, tiendront à honneur de suivre.

Tout d'abord le Conseil général de la Somme a invité le Gouvernement à appliquer rigoureusement les prescriptions de la loi du 15 février 1902 sur la protection de la santé publique. C'est là une invitation qui, vous le savez, correspond à la volonté, maintes fois manifestée, du Gouvernement de la République. Dans le discours qu'il prononçait à Lyon, le 18 mai dernier, M. le Président de la République attirait de façon pressante l'attention du pays entier sur cette loi de 1902, et proclamait que nulle tâche n'est plus digne de la sollicitude des pouvoirs publics que celle qui consiste à s'efforcer de faire produire à cette loi organique son plein effet. J'ai eu souvent l'occasion de vous marquer moi-même l'intérêt exceptionnel que j'attachais à cette question. Le Gouvernement a fait et continuera à accomplir tout son devoir. Mais il ne faut point perdre de vue que l'action du Gouvernement ne suffit pas : pour atteindre dans le plus court délai le but visé, le Gouvernement a besoin de la collaboration méthodique, persévérante, passionnée de diverses collectivités, au premier rang desquelles se placent naturellement les Assemblées départementales.

C'est du Conseil général que dépendent notamment les mesures propres à assurer la protection des enfants du premier âge et le

---

[1] Circulaire insérée au *Journal Officiel*, du 29 juillet 1907.

développement de la puériculture; c'est de lui que dépend aussi l'organisation rationnelle des Services départementaux de vaccination et de désinfection ; il est du plus haut intérêt que, au cours de la session d'août, ces Services de désinfection soient établis. Mais la tâche du Conseil général ne se borne pas à s'acquitter seulement des obligations que la loi lui assigne; il peut en outre beaucoup pour stimuler et coordonner les initiatives; il peut beaucoup pour aider à répandre dans le peuple des villes et des campagnes les notions essentielles et les habitudes d'hygiène, pour préparer ainsi les esprits à l'application intégrale de la loi. Ses moyens d'action sont multiples : il peut, par ses subventions, encourager les diverses associations (sociétés de secours mutuels, syndicats agricoles, syndicats ouvriers, œuvres post-scolaires, ligues anti-alcooliques, etc.) en proportion des efforts qu'elles accomplissent pour acquérir et vulgariser la connaissance de l'hygiène; il peut subventionner les municipalités qui ont pris, dans ce domaine, d'heureuses initiatives; il peut récompenser les médecins et instituteurs qui se seront distingués dans cette propagande; il peut, comme la loi de 1902 l'y invite en son article 19, créer un service d'inspection et de contrôle dont le chef aurait pour mission, non pas seulement de veiller au bon fonctionnement des services départementaux, mais encore d'exercer de tous côtés, à travers le département, auprès des associations précitées comme auprès des municipalités, auprès des travailleurs des villes comme dans les populations agricoles, une action régulière, méthodique, un véritable apostolat, avec l'appui et sous le contrôle du préfet et du Conseil général.

Pour mener à bien cette œuvre de vulgarisation le concours est indispensable du Conseil d'hygiène et des Commissions sanitaires, de ces assemblées prises collectivement et de chacun de leurs membres ; ces commissions n'ont point accompli tout leur devoir social quand elles ont délibéré sur les diverses questions qui leur sont obligatoirement soumises ; elles peuvent et par conséquent elles doivent constituer les premiers cadres, si je puis ainsi parler, des propagandistes de l'hygiène sociale.

Faire appel à toutes les bonnes volontés et à toutes les compétences qui heureusement n'ont jamais manqué dans notre pays, s'assurer ces concours et les coordonner pour les fortifier l'un l'autre et leur faire donner leur maximum d'effet utile, organiser méthodiquement ce plan de campagne de la bonne croisade contre les préjugés et l'ignorance — auxquels sont dues tant de maladies, tant de misères et tant de morts — en adaptant les formes de l'action aux besoins et aux habitudes des diverses régions, c'est là une œuvre hautement patriotique et humanitaire que je signale à vos méditations et sur laquelle le Conseil général, j'en suis convaincu, ne se refusera pas de délibérer.

Cette organisation et ces efforts nouveaux s'imposent de façon toute spéciale à l'heure actuelle, au moment où les départements, avec le concours financier de l'État, vont établir, conformément à la loi, leurs Services de désinfection : ces opérations de désinfection réduites à l'accomplissement d'une besogne d'ordre matériel seraient déjà utiles en soi, par l'assainissement qu'elles réaliseront de beaucoup de logis contaminés, par l'obstacle qu'elles dresseront contre la dissémination des plus graves maladies transmissibles ; mais, des sacrifices financiers consentis à ce sujet par le département et l'État on doit espérer, on doit retirer un autre et plus considérable bienfait, si, dans le même temps où ces services seront matériellement établis, les efforts précités sont commencés et régulièrement poursuivis dans le but de préparer le peuple à l'application de ces mesures, de lui en faire comprendre la nécessité, de lui expliquer qu'en observant un certain nombre de précautions élémentaires l'homme peut se défendre victorieusement contre la plupart des maladies, de faire, en un mot, l'instruction hygiénique de la nation. Laisser échapper cette occasion d'entreprendre l'œuvre éducatrice dont je parle serait un acte coupable, indigne de ce pays qui s'honore justement de compter dans son sein tant d'hommes de science et tant d'hommes d'action.

L'Assemblée départementale de la Somme ne s'est pas contentée de viser, de façon générale, la loi de 1902 sur la protection de la santé publique ; elle a fait ensuite de la lutte contre la tuberculose l'objet d'un particulier examen : par l'intermédiaire des Commissions sanitaires et du Conseil départemental d'hygiène, elle a ouvert une minutieuse enquête sur les divers problèmes que soulève cette angoissante question en se plaçant au point de vue spécial des besoins et des ressources du département : elle a notamment recherché auprès des Commissions administratives de tous les hôpitaux et hospices quelles dispositions étaient prises aujourd'hui on pourraient l'être demain en vue de la séparation des tuberculeux dangereux d'avec les autres malades : elle a étudié, comparé les moyens les plus propres à assurer la prophylaxie de la tuberculose dans la population du département; elle a délibéré sur la question ainsi très nettement posée par son président : « Quel peut être le rôle tactique du département dans la lutte contre la tuberculose? », et, en outre des vœux formulés à l'adresse du Gouvernement et en même temps qu'elle décidait la création du Service départemental d'inspection et de contrôle de l'hygiène, conformément à l'article 19 de la loi du 15 février 1902, elle se déclarait prête à subventionner les municipalités et établissements hospitaliers pour les aider « à combattre l'alcoolisme, à créer des dispensaires dans les centres particulièrement atteints, à réformer les hôpitaux existants en se rapprochant le plus possible des prescriptions de la circulaire du 15 janvier 1904, à prendre des mesures pour la préservation de l'enfance, etc. » Nul doute d'une part que ces créations ne produisent de bienfaisants résultats, d'autre part que cette offre de participation financière du département ne stimule d'utiles initiatives locales. Je considère qu'il y aurait le plus grand intérêt, tant cette question de la lutte contre la tuberculose préoccupe tout Français soucieux de l'avenir, à ce que vous invitiez le Conseil général à entreprendre la même étude spéciale dont l'Assemblée départementale de la Somme a donné l'exemple.

Enfin, estimant que la loi et le règlement d'administration publique qui la complète n'avaient pas été assez loin en ce qui concerne la désinfection dans les cas de tuberculose (maladie qui, vous le savez, n'entraîne point aujourd'hui la déclaration obligatoire, et au cours de laquelle il n'est procédé à la désinfection que sur la demande de l'intéressé), mais estimant aussi que dans l'état actuel des mœurs, et aussi, disons-le, dans l'état actuel de mise en route des Services de désinfection, il serait prématuré d'envisager pour la tuberculose la déclaration obligatoire entraînant naturellement la désinfection obligatoire et continue, le Conseil général de la Somme a émis le vœu que le gouvernement modifiât le décret du 10 février 1903 « en rendant obligatoire la désinfection après chaque décès, sauf en cas de production d'un certificat médical établissant que la maladie, cause du décès, n'était pas contagieuse ». J'attacherais le plus haut prix à ce que ce vœu fût soumis au Conseil général de votre département;

Je suis convaincu, Monsieur le préfet, que le Conseil général —

auquel vous communiquerez cette dépêche — appréciera les patriotiques préoccupations qui l'ont dictée ; je suis convaincu qu'il se rendra au pressant appel que je vous prie de lui adresser, qu'il entreprendra — avec toute la noble passion dont elle est digne et qu'elle exige pour triompher — cette campagne, j'ai dit et je répète cette croisade contre les maladies évitables, pour l'efficace protection de la santé publique, c'est-à-dire pour le développement des forces vives de notre pays.

Vous ne manquerez pas de me faire connaître l'accueil que le Conseil général aura réservé à ces suggestions, les décisions qu'il aura prises et les efforts personnels que vous aurez vous même accomplis en cette circonstance.

Le président du Conseil, Ministre de l'intérieur,
G. CLÉMENCEAU.

L

Circulaires ministérielles relatives à l'application de l'article 9 de la loi du 15 février 1902

AUX COMMUNES D'APRÈS LE TAUX DE MORTALITÉ.

I. — 25 septembre 1907.
(Direction de l'assistance et de l'hygiène publiques, cabinet du directeur.)

Veuillez m'envoyer en communication et, j'insiste sur cette prescription, par retour du courrier, le tableau prescrit par la circulaire du 2 avril 1906 en vue de l'application de l'article 9 de la loi du 15 février 1902 sur la protection de la santé publique. Ce document vous sera retourné à huitaine.

Le président du Conseil, Ministre de l'intérieur,
G. CLÉMENCEAU.

II. — 3 octobre 1907.
(Direction de l'assistance et de l'hygiène publiques, 4e bureau.)

Je vous retourne ci-joint les tableaux de la mortalité des communes de votre département que vous m'avez communiqués conformément à ma circulaire du 25 septembre.

Dès le début de cette année, vous avez été en possession de tous les renseignements utiles pour vous permettre de vérifier la situation des communes de votre département en comparant leur mortalité, pour chacune des trois années 1903, 1904 et 1905, avec le chiffre de la mortalité moyenne de la France. Vous avez dû en conséquence, le cas échéant, engager la procédure instituée par l'article 9 de la loi du 15 février 1902.

Veuillez — *par retour du courrier* — en même temps que vous m'accuserez réception des documents ci-inclus retournés, me faire connaître à quelle date vous avez saisi le Conseil départemental d'hygiène.

Ultérieurement, afin de ne pas retarder d'un jour l'envoi des deux renseignements précités, mais néanmoins dans le plus bref délai, vous me ferez connaître — dans un tableau comprenant toutes les communes intéressées — si l'enquête prescrite par la loi a été ouverte, si elle est close et, dans ce cas, vous me résumerez les résultats qu'elle a produits. Vous m'indiquerez enfin si les mises en demeure ont été faites par vous, à quelle date, et quelle suite leur a été donnée.

Les communes seraient d'autant plus inexcusables aujourd'hui de ne pas exécuter les travaux jugés nécessaires que, d'une part, elles sont subventionnées sur les fonds du pari mutuel pour les adductions d'eau potable, et que, d'autre part — il conviendra que, sur ce point, vous les avisiez — elles peuvent, pour tous autres travaux d'assainissement, demander une subvention sur la caisse spéciale alimentée par le prélèvement de 15 pour 100 sur les jeux.

En aucune circonstance vous ne perdrez de vue que j'ai le devoir et la ferme volonté de ne pas laisser lettre morte la loi de 1902. Il faut que, grâce à votre impulsion, elle vive et agisse.

Le président du Conseil, Ministre de l'intérieur,
G. CLÉMENCEAU.

III. — 5 décembre 1907.
(Direction de l'assistance et de l'hygiène publique, 4e bureau.)

Ainsi que vous avez pu le voir, le ministre du travail vient de faire paraître au *Journal officiel* du 26 novembre le rapport sur le mouvement de la population de la France pendant l'année 1906.

Il ressort de ce document que le chiffre de la mortalité générale de la France a été, en 1906, de 1.99 pour 100 habitants.

Vous voudrez bien reporter cette indication sur le tableau de mortalité des communes de votre département et faire souligner à l'encre rouge les chiffres des décès et les proportions pour 100 habitants qui dépasseraient la moyenne.

Conformément aux instructions contenues dans ma circulaire du 2 avril 1906, vous devez saisir le Conseil déparmental d'hygiène de l'ensemble du travail ainsi préparé par vos bureaux.

Pour le président du Conseil, Ministre de l'intérieur :
Le Directeur de l'assistance et de l'hygiène publique,
L. MIRMAN.

DOCUMENTS DÉPARTEMENTAUX

I. — Règlement départemental du Rhône.
II. — — — de la Somme.
III. — — — du Doubs.
IV. — — — du Morbihan.
V. — — — de l'Isère.

DÉPARTEMENT DU RHONE

SERVICE DÉPARTEMENTAL DE LA DÉSINFECTION

RÈGLEMENT

Le Préfet du Rhône, Officier de la Légion d'Honneur,
Vu la loi du 15 février 1902, relative à la protection de la santé publique, notamment les articles 7, 19, 20, 26 et 33 ;
Vu le décret du 10 juillet 1906, portant règlement d'administration publique sur les conditions d'organisation et de fonctionnement des services municipaux et départementaux de désinfection ;
Vu les circulaires ministérielles des 28 juillet 1906 et 18 mars 1907;
Vu le rapport de M. l'Inspecteur départemental de l'hygiène publique, en date du 12 juin 1907 ;
Vu l'avis du Conseil départemental d'hygiène, en date du 27 juin 1907;
Vu les délibérations du Conseil général du Rhône des 24 août 1906, 13 avril et 21 août 1907 et 7 septembre 1908;
Vu la dépêche de M. le Président du Conseil, ministre de l'Intérieur, en date du 31 octobre 1907.
Arrête :

TITRE PREMIER. — Organisation.

ARTICLE PREMIER. — Le Service départemental de désinfection institué dans le département du Rhône, conformément à la loi du 15 février 1902, s'étend, dans les conditions spécifiées ci-après, à l'ensemble des communes du département, la ville de Lyon excepté.

ART. 2. — Il comprend trois postes établis au siège de chacune des Commissions sanitaires, savoir :

A Lyon, pour les communes de l'arrondissement ;

A Villefranche, pour les cantons d'Anse, de Beaujeu, Belleville, Monsols et Villefranche ;

A Tarare, pour les cantons d'Amplepuis, du Bois-d'Oingt, de Lamure, Tarare et Thizy ;

Art. 3. — Le service est placé sous l'autorité du Préfet et sous le contrôle de l'Inspecteur départemental de l'hygiène publique.

Art. 4. — Il est dirigé, dans chacune des circonscriptions, par un délégué de la Commission sanitaire, agréé par le Préfet.

Art. 5. — Le délégué de la Commission sanitaire a spécialement pour mission :

1° De surveiller l'exécution régulière et immédiate des mesures de désinfection dans les conditions techniques prescrites par le Conseil supérieur d'hygiène publique de France ;

2° De veiller à ce que le poste de désinfection desservant sa circonscription, soit constamment muni du matériel et des désinfectants nécessaires ;

3° De veiller à ce que le chef de poste tienne avec soin les registres de contrôle prévus à l'article 8 du décret du 10 juillet 1906 ;

4° De présenter tous les mois au moins, à la Commission sanitaire, un rapport sur les résultats et les besoins du service de la circonscription. Ce rapport est transmis au préfet avec l'avis de la Commission sanitaire.

Art. 6. — De son côté, l'Inspecteur départemental de l'hygiène publique devra adresser au Préfet, dans la première quinzaine de juillet, un rapport sur le fonctionnement du service pendant l'année précédente ; ce rapport sera soumis au Conseil général au cours de sa deuxième session ordinaire.

Art. 7. — A la tête de chaque poste est placé un chef de poste. Un agent auxiliaire est attaché d'une façon permanente au poste de Lyon.

Art. 8. — Leurs traitements de débuts sont ainsi fixés :

Pour le chef de poste de Lyon : 3.000 francs par an ;

Pour les chefs de postes de Villefranche et de Tarare : 2.000 francs par an ;

Le traitement de début de l'agent auxiliaire est de 1.500 francs.

Art. 9. — Les chefs de poste ainsi que l'agent auxiliaire sont assermentés.

Art. 10. — Les chefs de poste sont chargés tant de la conduite des opérations de désinfection à domicile que de la surveillance de ces opérations, lorsqu'elles sont pratiquées par la famille du malade, son entourage ou par des entreprises privées.

L'agent auxiliaire accompagne le chef de poste dans ses déplacements, le seconde et le supplée au besoin pour toutes les opérations du service.

TITRE II. — Fonctionnement.

Art. 11. — Le Service de la désinfection est chargé de l'exécution, sous les réserves indiquées aux articles 18 et 22 du présent arrêté, dans toutes les communes du département (Lyon excepté), des mesures de désinfection pour tous les cas de maladies transmissibles dont la déclaration et la désinfection sont obligatoires, en vertu de l'article 1er § 1, du décret du 10 février 1903.

Il est également chargé de l'exécution des mesures de désinfection pour tous les cas de maladies dont la déclaration n'est pas obligatoire, en vertu de l'article 1er § 2, du décret précité, lorsque la déclaration médicale a été faite, ou, à défaut de celle-ci, sur la demande des intéressés.

Le Service contrôle les opérations de désinfection pratiquées par des entreprises privées, s'assure qu'elles sont conformes aux instructions du Conseil supérieur d'hygiène et aux dispositions du présent arrêté.

Art. 12. — La désinfection doit être obligatoirement effectuée :

1° Dès le début de la maladie transmissible et pendant tout son cours, et elle porte alors essentiellement sur les linges et effets contaminés, sur les déjections et excrétions du malade ;

2° Après la terminaison de la maladie ou après le transport du malade hors de son domicile, et elle s'applique alors à l'ensemble des locaux qui ont été occupés par lui, et des objets, linges et effets contaminés;

Art. 13. — Dans toute commune comprise dans le ressort du Service départemental, dès que le maire a reçu la déclaration que comporte l'une des maladies mentionnées à l'article premier § 1 du décret du 10 février 1903, il transmet, sans délai, avis de cette déclaration sous pli fermé, au chef de poste de la circonscription.

Art. 14. — Si le maire est avisé de l'existence de l'une de ces maladies et qu'il n'y ait pas de médecin traitant, il envoie un médecin et prend ensuite, sur la déclaration de celui-ci, les mesures prescrites par le présent arrêté.

Art. 15. — En outre, le préfet, dans l'arrondissement de Lyon et le sous-préfet dans l'arrondissement de Villefranche, donnent avis immédiat des déclarations de maladies qui leur parviennent aux délégués des Commissions sanitaires et à l'inspecteur départemental de l'hygiène publique.

Art. 16. — Dès qu'il a reçu l'avis du maire, le chef de poste se rend au domicile du malade et s'adresse, en vue de l'exécution des mesures à prendre, au principal occupant, chef de famille ou d'établissement, des locaux où se trouve le malade, et, à son défaut dans l'ordre ci-après, au conjoint, à l'ascendant, au plus proche parent du malade ou à toute autre personne résidant avec lui ou lui donnant ses soins.

Art. 17. — Il remet à cette personne une note rappelant l'obligation de la désinfection, reproduisant les pénalités prévues par la loi et indiquant le tarif des taxes de désinfection établi par le Conseil général.

Il se met à sa disposition pour l'exécution des mesures prescrites par le Conseil supérieur d'hygiène publique de France, sans intervenir d'une façon quelconque dans le traitement du malade.

Art. 18. — La personne à qui a été remise la note prévue à l'article précédent peut exécuter elle-même ou faire exécuter par d'autres personnes que les agents du service public les mesures de désinfection prescrites. Elle doit, dans ce cas, en aviser immédiatement l'agent et signer une feuille d'engagement qui lui est remise par celui-ci.

Cet engagement comporte l'obligation :

1º De se conformer exactement, pendant le cours de la maladie aux instructions du Conseil supérieur d'hygiène publique de France approuvées par le Ministre de l'intérieur et dont un exemplaire est remis au signataire ;

2º De se soumettre, dans l'exécution des mesures prises, au contrôle effectif de l'agent du service public, qui ne pourra toutefois se présenter au domicile du malade plus d'une fois par jour ;

3º D'avertir sans délai le maire, le cas échéant, du transport du malade hors de son domicile ;

4º D'aviser le maire de la première sortie du malade après sa guérison, en vue de l'application de l'article 19 du présent arrêté.

Art. 19. — En cas de transport du malade hors de son domicile après la guérison, ou en cas de décès au cours ou à la suite d'une des maladies mentionnées à la première partie de la liste arrêtée par le décret du 10 février 1903, la désinfection totale des locaux occupés personnellement par le malade et des objets qui ont pu être contaminés pendant la maladie, doit être opérée sans délai.

Art. 20. — Le maire prévenu, soit par l'avis donné en exécution des troisième et quatrième paragraphes de l'article 18, soit par la déclaration de décès, informe le chef de poste desservant la circonscription. Le chef de poste adresse à la personne désignée à l'article 16 un avis faisant connaître, au moins, douze heures à l'avance, le moment où il sera procédé aux mesures de désinfection. Un pareil avis est adressé, en cas de décès, aux héritiers, s'ils habitent la commune et sont connus de l'administration.

Art. 21. — En cas d'urgence, le délai de douze heures ci-dessus peut être abrégé par un arrêté du maire ou, s'il y a lieu, du préfet.

A défaut d'une des personnes énumérées à l'article 16 et, en l'absence des héritiers, le maire prend les mesures nécessaires pour que les objets contenus dans le local à désinfecter ne soient ni détournés, ni détériorés.

Art. 22. — Sauf le cas d'urgence prévu à l'article précédent, les personnes énumérées à l'article 16 ou les héritiers peuvent exécuter ou faire exécuter par leurs soins la désinfection totale des locaux et des objets qu'ils renferment, à condition de prendre, par écrit par une formule qui leur est remise par le chef de poste, l'engagement :

1º De faire opérer la désinfection sans délai, et conformément aux instructions du Conseil supérieur d'hygiène publique de France approuvées par le Ministre de l'intérieur, et dont un exemplaire leur est remis ;

2º De prévenir au moins douze heures à l'avance le chef de poste du moment où l'opération doit avoir lieu ;

3º De se soumettre, dans l'exécution des mesures prises, au contrôle de l'agent du service public, qui s'assurera sur place si les opérations sont exécutées dans les conditions techniques formulées par le Ministre de l'intérieur, après avis du Conseil supérieur d'hygiène publique, et, spécialement quand il fait usage d'appareils, s'ils fonctionnent dans les conditions imposées par le certificat de vérification prévu au décret du 7 mars 1903.

Art 23. — Lorsque la désinfection sera effectuée soit par les intéressés, soit par des entreprises privées, les opérations devront avoir lieu, autant que possible, au domicile du malade.

Les objets ou linges contaminés ne pourront être enlevés du logement qu'après avoir été enveloppés dans des sacs préalablement arrosés d'une solution désinfectante.

Lorsque la désinfection n'aura pas lieu à domicile, ces sacs devront être transportés enfermés dans des récipients parfaitement étanches dont le modèle aura été au préalable soumis à l'administration préfectorale et approuvé par elle sur l'avis du Conseil départemental d'hygiène.

Les prescriptions du présent article sont expressément applicables aux opérations de désinfection pratiquées par l'industrie privée dans l'étendue du territoire de la ville de Lyon aussi bien que des autres communes du département.

Toute infraction motivera aussitôt l'intervention du service public, et les contrevenants seront poursuivis conformément à la loi.

Art. 24. — Lorsque le chef de poste constate que les engagements pris en vertu des articles 14 et 17 du décret du 10 juillet 1906, 18 et 22 du présent arrêté, n'ont pas été tenus ou que la désinfection opérée par les particuliers ou par leurs soins est insuffisante, il avertit le maire qui prescrit immédiatement l'exécution par le service public des mesures indispensables, sans préjudice des poursuites judiciaires à intenter.

Art. 25. — Si, au cours de la désinfection, la destruction d'un objet mobilier est jugée nécessaire par le service, il y est procédé sur l'ordre du maire. En cas de refus du maire, le préfet statue.

Art. 26. — Il est, au préalable, dressé par le chef de poste, contradictoirement avec le propriétaire de l'objet ou l'une des personnes désignées à l'article 16, un état descriptif et estimatif des objets à détruire. Cette personne peut être remplacée par un héritier s'il s'agit d'une désinfection après décès.

En cas de refus d'une des personnes ci-dessus énumérées de concourir à la rédaction de l'état, ou en cas d'impossibilité de le dresser contradictoirement, l'agent du service mentionne l'une ou l'autre de ces causes dans un procès-verbal auquel il est joint l'état dressé par lui seul.

L'état et, s'il y a lieu, le procès-verbal, sont déposés à la mairie.

Si une indemnité est réclamée, la demande est adressée au maire, qui la transmet au préfet, accompagnée de l'état descriptif. La demande doit être faite par l'intéressé dans le délai maximum d'un mois.

Art. 27. — Lorsque le maire reçoit la déclaration d'une des maladies mentionnées à la seconde partie de la liste arrêtée par le décret du 10 février 1903, il avertit le chef de poste desservant la circonscription. Celui-ci intervient aussitôt pour assurer la désinfection dans les conditions prescrites par le Conseil supérieur d'hygiène publique de France.

Art. 28. — Le chef de poste tient un registre des déclarations à lui adressées par les maires des opérations, transports et voyages effectués et dresse pour chaque série d'opérations une feuille spéciale du modèle arrêté par le Ministre de l'Intérieur. A la fin de chaque mois, ces feuilles d'opérations, visées par le délégué de la Commission sanitaire, sont transmises au préfet.

Le chef de poste tient la comptabilité matières des désinfectants et produits de toute nature qui lui sont confiés.

Il tient un carnet d'inventaire des appareils et objets mobiliers du poste appartenant au département.

Les chefs de poste de Villefranche et de Tarare adressent aux entrepreneurs chargés du transport des étuves un bulletin détaché d'un carnet à souche, mentionnant la date et l'heure auxquelles des chevaux devront être mis à la disposition du service, ainsi que l'endroit où ils devront se rendre. Ce bulletin, signé du chef de poste et de l'entrepreneur de transport ou de son représentant, mentionne le temps pendant lequel les chevaux ont été employés par le service; il est produit par l'entrepreneur à l'appui de son mémoire.

Art. 29. — Les chefs de poste peuvent se faire assister par des aides qui sont rétribués à raison de soixante centimes l'heure au maximum, et auxquels ils délivrent un bulletin d'emploi détaché d'un carnet à souche. Ces bulletins sont représentés par les aides à l'appui de leurs mémoires.

Exceptionnellement, les chefs de poste peuvent payer directement les aides sur simple reçu délivré par ces derniers.

Art. 30. — Les dépenses faites par les chefs de poste pour les besoins du service (frais de voyage, de séjour, vacances, etc.), leur sont remboursées sur la production de mémoires appuyés des justifications utiles.

TITRE III. — Taxes.

Art. 31. — Le tarif des taxes de remboursement prévues par l'article 26 de la loi du 15 février 1902 est établi comme suit :

Dans les communes de moins de 5.000 habitants 3 pour 100
— 5.000 à 20.000 — 2,50 —
— 20.000 à 100.000 — 2 —

de la valeur locative de l'ensemble des locaux d'habitation dont dépend la pièce occupée par le malade.

Art. 32. — Lorsque la taxe à percevoir en vertu de ce tarif dépasse trente francs par pièce soumise à la désinfection totale, elle est réduite d'office à ce maximum.

Art. 33. — La taxe comprend l'ensemble des opérations occasionnées par la même maladie; néanmoins si la maladie excède une période de six mois, cette taxe ne comprend que les opérations effectuées au cours de cette période et elle est renouvelable pour chaque période nouvelle de six mois.

Elle comprend également les frais de déplacement des agents du service et de transport du matériel.

Art. 34. — Dans le cas où la désinfection des objets est demandée indépendamment de celle des locaux, la taxe est réduite à la moitié de ce qu'elle eût été si la désinfection avait porté sur le local ayant renfermé lesdits objets.

Art. 35. — Sur la demande des intéressés, le service peut effectuer la nuit la désinfection totale prévue par l'article 19 du présent arrêté. Dans ce cas, l'opération donne lieu à une redevance supplémentaire montant à 50 pour 100 de la taxe.

Art. 36. — La taxe est fixée à la somme de cinq francs pour la désinfection des chambres d'hôtels garnis, ainsi que des loges de concierges, des chambres de domestiques et des chambres individuelles d'ouvriers logés chez leurs patrons, lorsque ces chambres font partie d'une habitation collective.

Art. 37. — Le même tarif de cinq francs par pièce est applicable aux établissements charitables ou scolaires.

Art. 38. — Ces mêmes tarifs sont applicables aux cas autres que ceux entraînant une obligation légale.

Art. 39. — La désinfection est gratuite pour les indigents.

Art. 40. — Les taxes sont dues par le malade ou, en cas de décès, par ses héritiers.

Toutefois, dans les cas visés à l'article 36, elles sont dues par les gérants, propriétaires, maîtres ou patrons.

Lorsqu'il s'agit d'établissements charitables ou scolaires, elles sont à la charge de ces établissements.

Art. 41. — Les taxes sont établies sur des états, d'après les feuilles dressées par le chef de poste et certifiées par le délégué de la Commission sanitaire.

Art. 42. — Le montant des taxes, porté en recettes au budget départemental, est déduit des dépenses de fonctionnement du service avant leur répartition entre les communes, le département et l'État.

TITRE IV. — Pénalités.

Art. 43. — Il est rappelé que quiconque aura commis une contravention aux prescriptions des règlements sanitaires municipaux relatives à la prophylaxie des maladies transmissibles, ainsi qu'à celles des articles 5 et 7 de la loi du 15 février 1902, sera puni des peines portées à l'article 471 du Code pénal.

L'article 29 de la loi du 15 février 1903 punit d'une amende de 100 à 500 francs et, en cas de récidive, de 500 à 1.000 francs, tous ceux qui auront mis un obstacle à l'accomplissement des devoirs des maires et des membres délégués des Commissions sanitaires.

Art. 44. — Les contraventions au présent arrêté seront constatées et poursuivies conformément aux lois.

Art. 45. — MM. le Secrétaire général pour la police, le Sous-Préfet, les Maires, l'Inspecteur départemental de l'hygiène publique et les délégués des Commissions sanitaires et tous officiers de police sont chargés d'assurer l'exécution du présent arrêté, qui sera inséré au *Recueil des actes administratifs de la préfecture,* publié et affiché dans toutes les communes du département.

Lyon, le 10 mai 1909.

Le préfet du Rhône,
Ch. Lutaud.

Approuvé par décision de M. le Président du Conseil, Ministre de l'intérieur, en date du 27 mai 1909.

DÉPARTEMENT DE LA SOMME

SERVICE DÉPARTEMENTAL DE DÉSINFECTION

RÈGLEMENT

Le Préfet de la Somme, chevalier de la Légion d'honneur et officier de l'Instruction publique,

Vu la loi du 15 février 1902, relative à la protection de la santé publique ;

Vu le décret du 10 juillet 1906, portant règlement d'administration publique sur les conditions d'organisation et de fonctionnement du Service de désinfection ;

Vu les circulaires en date des 28 juillet 1906 et 18 mars 1907, de M. le président du Conseil, Ministre de l'intérieur, relatives à l'application du décret susvisé du 10 juillet 1906 ;

Vu la délibération, en date du 4 juillet 1907, du Conseil d'hygiène départemental de la Somme ;

Vu les délibérations prises par le Conseil général de la Somme, dans ses séances des 23 août et 7 octobre 1907 ;

Arrête :

Article premier. — Le Service départemental de désinfection prévu par la loi du 15 février 1902 et le décret du 10 juillet 1906 portant règlement d'administration publique, est institué dans la Somme.

Organisation.

Art. 2. — Pour l'ensemble des communes relevant du Service départemental (communes de moins de 20.000 habitants), la direction et le contrôle du service seront exercés, sous l'autorité du Préfet, par l'Inspecteur départemental de l'hygiène.

Ce fonctionnaire sera nommé par voie de concours.

Il centralisera tous les renseignements qui lui seront adressés ou seront envoyés à la Préfecture par les chefs de poste de désinfection et par les délégués des Commissions sanitaires chargés de la direction du Service dans chaque circonscription.

Il donnera son avis sur toutes les questions relatives au Service, qui lui seront soumises par l'Administration.

Il se tiendra à la disposition de l'Administration pour se transporter, lorsqu'il y aura lieu, sur les points où des épidémies se seront déclarées.

Il vérifiera et visera les mémoires et les divers documents relatifs à la comptabilité du Service.

Il s'assurera que les prescriptions légales et réglementaires ont été exécutées, et notamment que la désinfection a été opérée rigoureusement et efficacement, conformément aux règlements en vigueur.

L'Inspecteur départemental devra se tenir constamment au courant de l'état sanitaire dans le département et dans la région ; être en rapports fréquents avec les délégués des Commissions sanitaires, les médecins des épidémies et les chefs des postes de désinfection. Il exercera un contrôle incessant sur le fonctionnement du Service afin d'assurer la sérieuse exécution des dispositions légales.

Il signalera au Préfet toutes infractions aux règlements qu'il constatera, ainsi que les mauvaises conditions d'hygiène qu'il remarquera pouvant constituer un danger pour la santé publique.

L'Inspecteur départemental de l'hygiène devra, par des conférences publiques et ratifiées par l'autorité préfectorale, renseigner les maires sur les obligations qui leur sont imposées en matière de maladies contagieuses et les principales mesures prescrites par la législation sanitaire.

L'Inspecteur départemental de l'hygiène adressera, à la fin de chaque trimestre, un rapport au Préfet, sur la situation sanitaire du département et sur les opérations effectuées par le Service de désinfection et leurs résultats.

Il rédigera, à la fin de l'année, un rapport d'ensemble. Ces rapports seront communiqués au Conseil départemental d'hygiène et transmis au Conseil général.

Art. 3. — Un poste de désinfection sera constitué dans chacune des circonscriptions sanitaires entre lesquelles le département est divisé, conformément à l'article 20 de la loi du 15 février 1902.

Le département comprendra ainsi les postes de désinfection indiqués au tableau ci-après :

(Suit la liste des treize postes.)

Art. 4. — Le matériel de chaque poste de désinfection sera constitué par les objets suivants :

Seaux, bassines, lessiveuses, arrosoirs en fer galvanisé, couvercles pour seaux et vases ; éponges, serpillières, chiffons, brosses, balais durs, brosses à badigeonner, grosse toile à sacs, échelle démontable, thermomètre de 0 à 101 degrés, mesures de 1 litre et 500 centimètres cubes en fer blanc, éprouvettes de 500 centimètres cubes graduées par 5 centimètres cubes, balance de commerce pouvant peser 10 kilogrammes, bandes de papier gommé, de papier ordinaire avec colle de pâte ; coton, ouate, étoupes pour obturer les portes, les fenêtres et toutes les fissures ; provisions de produits désinfectants : crésylol et crésylol sodique ; lessive de soude avec bouchon en caoutchouc, eau de javel concentrée, carbonate de soude, sulfate de cuivre, chlorure de chaux, solution d'aldéhyde formique à 40 pour 100, chaux vive ; siphons ou obus d'acide sulfureux liquide ; sacs en toile (vieux draps de lits militaires) pour l'empaquetage des objets souillés, blouses, casquettes se rabattant sur le cou, chaussures pour la tenue des désinfecteurs ; (acontage) cuvettes, serviettes, savon, brosses à ongles pour la toilette.

Enfin, un système ou appareil de désinfection en surface (autorisé) (cartouches de fumigator Gonin) ; un appareil de désinfection en profondeur (chambre à formol démontable) également autorisé (Étuve Gonin).

En outre, le poste rural, dont le siège est à Amiens, comprendra un dépôt d'étuves et de matériel, dit de secours, destiné, au besoin, à suppléer ou à renforcer le matériel des autres postes ruraux en cas d'accident ou d'épidémie.

Art. 5. — Dans chacune des circonscriptions sanitaires, le service sera dirigé par un délégué de la Commission sanitaire agréé par le Préfet.

Il veillera à l'exécution régulière et immédiate des mesures de désinfection dans les conditions techniques prescrites par le Conseil supérieur d'hygiène. Il veillera également à ce que le poste de désinfection soit constamment muni du matériel et des désinfectants nécessaires et à ce que le chef de poste tienne avec soin les registres de contrôle prévus à l'article 8 du décret du 10 juillet 1906.

Il présentera tous les mois, au moins, à la Commission sanitaire, un rapport sur les résultats et les besoins du Service de la circonscription. Ce rapport sera transmis au Préfet avec l'avis de la Commission.

Art. 6. — Chaque poste de désinfection sera dirigé par un chef de poste assermenté.

Les chefs de postes seront nommés et révoqués par le Préfet, sur la proposition du délégué de la Commission sanitaire et de l'Inspecteur départemental de l'hygiène.

Chaque chef de poste recevra une indemnité fixe annuelle de 800 francs.

Les chefs de postes toucheront, en plus, pour la visite initiale qu'ils auront à faire dans une commune après constatation de l'existence d'un premier cas de maladie contagieuse, une indemnité journalière de cinq francs, plus les frais de déplacement calculés à raison de vingt-cinq centimes par kilomètre parcouru.

Pour les déplacements relatifs à la désinfection totale après guérison, décès ou transfert du malade, les chefs de postes recevront les mêmes indemnités. Toutefois, l'allocation journalière sera portée à huit francs lorsque le chef de poste sera obligé de coucher dans la localité où se pratiquent les opérations de désinfection.

Art. 7. — Les chefs de postes pourront se faire assister d'auxiliaires accidentels.

Une personne sera, dans chaque commune, désignée éventuellement à l'avance pour prêter, en cas d'épidémie, son concours au chef de poste, à l'effet d'assurer l'exécution des mesures de désinfection prescrites par les règlements.

Ces auxiliaires seront nommés par le préfet sur la proposition du délégué de la Commission sanitaire et de l'Inspecteur de l'hygiène.

Il seront choisis de préférence parmi les agents communaux : gardes champêtres, appariteurs, cantonniers, sapeurs-pompiers, etc.

La liste de ces agents, au cas où il sera fait appel à leur concours, une allocation journalière de 3 francs.

En plus, il pourra leur être alloué, suivant l'importance et la durée de l'épidémie, une indemnité dont le chiffre pourra varier entre vingt et cinquante francs, et qui sera fixée après avis du délégué de la Commission sanitaire et de l'Inspecteur de l'hygiène.

Fonctionnement.

Art. 8. — Dans toutes les communes, dès que le maire a reçu la déclaration du médecin traitant, que comporte l'une des maladies mentionnées à la première partie de la liste[1] arrêtée par le décret du 10 février 1903, il avertit le chef de poste dans la circonscription duquel se trouve la maladie signalée. S'il est avisé de l'existence de l'une de ces maladies et qu'il n'y ait pas de médecin traitant, il envoie un médecin et, sur la déclaration de celui-ci, prévient le chef de poste.

Art. 9. — Le préfet ou le sous-préfet, à qui doit être également envoyée la déclaration du médecin, avertit le délégué de la Commission sanitaire et l'Inspecteur départemental de l'hygiène.

Art. 10. — Le chef de poste tient un registre des déclarations à lui adressées par les maires des opérations, transports et voyages effectués et dresse pour chaque série d'opérations une feuille spéciale suivant un modèle arrêté par le Ministre de l'intérieur.

Il adresse, en outre, chaque mois, au préfet, un relevé du registre précité accompagné de ses observations.

Il fait le même envoi au délégué de la Commission sanitaire.

Art. 11. — Dès qu'il a reçu une déclaration constatant l'existence dans une commune d'une maladie contagieuse, le chef de poste se rend immédiatement dans cette commune, muni des désinfectants appropriés. Il se met à la disposition des familles des malades pour assurer l'exécution des mesures de désinfection jugées indispensables dans le cours de la maladie. Cette visite ne peut avoir lieu que de jour. Il remet au chef de famille une note officielle rappelant l'obligation de la désinfection, ainsi qu'un exemplaire des instructions du Conseil supérieur d'hygiène publique.

Le chef de poste ne devra pas faire connaître à la famille le nom de la maladie indiquée sur la déclaration confidentielle qui lui est adressée. Toute infraction à cette règle exposerait l'agent qui s'en

---

[1] Maladies pour lesquelles la déclaration et la désinfection sont obligatoires :

1° Fièvre typhoïde ; 2° typhus exanthématique ; 3° variole et varioloïde ; 4° scarlatine ; 5° rougeole ; 6° diphtérie ; 7° suette miliaire ; 8° choléra ; 9° peste ; 10° fièvre jaune ; 11° dysenterie ; 12° infection puerpérale ; 13° méningite cérébro-spinale.

rendrait coupable aux pénalités édictées par l'article 378 du Code pénal.

Le chef de poste se concerte avec l'agent auxiliaire désigné pour la commune. Cet agent auxiliaire aura seul, pendant le cours de la maladie, à assurer l'application des instructions pour la pratique de la désinfection adoptée par le Conseil supérieur d'hygiène. Le maire tiendra le chef de poste au courant de la marche de l'épidémie et notamment de la guérison, du transport ou du décès de chaque malade.

Art. 12. — Les opérations de désinfection sont effectuées par le service public, à moins que le principal occupant, chef de famille ou autre, ne prenne l'engagement écrit de se soumettre pour leur exécution, pendant la durée de la maladie, aux instructions du Conseil supérieur d'hygiène publique, au contrôle de l'agence du service public et, le cas échéant, de faire connaître à l'agent le transport du malade hors de son domicile, ou son décès, ou sa première sortie après guérison.

Art. 13. — En cas de transfert hors du domicile, de guérison ou de décès, la désinfection des locaux devra être opérée sans délai par les soins du service public ou par le principal occupant qui est soumis aux mêmes obligations que pour les mesures prises en cours de maladie. Si la famille pratique elle-même la désinfection, elle aura à aviser l'agent du service au moins douze heures à l'avance.

Pour cette désinfection intégrale, le chef de poste se rend de nouveau dans la commune avec les appareils nécessaires, dont le transport est à la charge du service.

Il avise au moins douze heures à l'avance la famille intéressée, du moment où il sera procédé aux opérations de désinfection.

Art. 14. — Si le maire reçoit la déclaration d'une des maladies mentionnées à la seconde partie de la liste arrêtée par le décret du 10 février 1903 [1], il avertira le chef de poste. Celui-ci se mettra à la disposition du malade ou de sa famille pour assurer la désin-

---

[1] Maladies pour lesquelles la déclaration et la désinfection sont facultatives :
1° Tuberculose pulmonaire ; 2° coqueluche; 3° grippe ; 4° pneumonie et broncho-pneumonie ; 5° oreillons; 6° érysipèle ; 7° lèpre ; 8° teigne ; 9° conjonctivite purulente et ophtalmie granuleuse.

fection dans les conditions prescrites par le Conseil supérieur d'hygiène publique. Mais, dans ce cas, le service ne doit opérer que sur l'acquiescement exprès de la famille intéressée.

Art. 15. — Le maire ou, en cas de refus, le préfet fera opérer après inventaire, et sous réserve d'indemnité à réclamer dans les formes indiquées par le décret du 10 juillet 1906, la destruction des objets mobiliers jugée nécessaire pour assurer la désinfection.

Taxes.

Art. 16. — Les taxes de remboursement prévues par le paragraphe 4 de l'article 26 de la loi du 15 février 1902 sont établies suivant le barème ci-après, proportionnellement à la valeur locative de l'ensemble des locaux d'habitation dont dépend la pièce occupée par le malade :

Dans les communes de moins de 5.000 habitants : 3 pour 100 ;
Dans les communes de 5.000 à 20.000 habitants : 2,50 pour 100.

Si la taxe à percevoir en vertu de ce tarif dépasse trente francs par pièce soumise à la désinfection totale, elle est réduite d'office à ce maximum.

Art. 17. — La taxe est applicable quel que soit le mode de désinfection des locaux ou des objets qu'ils renferment ; que ces derniers soient désinfectés sur place ou au dehors, sous réserve, toutefois, d'une réduction de moitié pour le cas où ces opérations ne porteraient exceptionnellement que sur des objets désinfectés au dehors.

Art. 18. — La désinfection peut exceptionnellement être pratiquée la nuit si elle est demandée ; elle donne lieu, dans ce cas, à une redevance supplémentaire fixée à 50 pour 100.

Art. 19. — Le tarif est uniformément fixé à un taux qui ne dépassera pas cinq francs s'il s'agit de chambres d'hôtels, garnis, de loges de concierges, chambres de domestiques ou de chambres individuelles d'ouvriers logés chez leurs patrons.

Art. 20. — Les opérations sont gratuites pour les personnes indigentes inscrites sur les listes de l'assistance médicale gratuite.

Art. 21. — Les tarifs ci-dessus seront applicables aux opérations de désinfection effectuées dans les cas autres que ceux entraînant une obligation légale.

Art. 22. — Les taxes seront établies sur des états d'après les feuilles dressées par le chef de poste et certifiées par le délégué de la Commission sanitaire.

Fait à Amiens le 26 octobre 1907.

Le Préfet,
Henri BOUFFARD.

DÉPARTEMENT DU DOUBS

SERVICE DÉPARTEMENTAL DE DÉSINFECTION

RÈGLEMENT

Nous, Préfet du Doubs, chevalier de la Légion d'honneur,

Vu la loi du 15 février 1902, relative à la protection de la santé publique ;

Vu le décret du 10 février 1903, fixant la liste des maladies auxquelles sont applicables les dispositions de la loi du 15 février 1902 ;

Vu l'arrêté ministériel du 10 février 1903, relatif au mode de déclaration des cas de maladies déterminées par la loi du 15 février 1902 ;

Vu le décret du 7 mars 1903, portant règlement d'administration publique applicable aux conditions que doivent remplir les appareils destinés à la désinfection ;

Vu la circulaire ministérielle du 30 mai 1903, sur la réglementation sanitaire communale, et les règlements modèles annexés à cette circulaire pour l'application de l'article premier de la loi du 15 février 1902 ;

Vu la circulaire ministérielle du 5 juin 1903, relative à la liste des maladies auxquelles est applicable la loi du 15 février 1902 (art. 4) et à la déclaration des cas de maladies (art. 5) ;

Vu la circulaire ministérielle du 12 juin 1903, relative à la fourniture de carnets à souche permettant la déclaration des cas de maladies par les médecins et sages-femmes ;

Vu la circulaire ministérielle du 30 juillet 1903, relative à la division des départements en circonscriptions sanitaires ;

Vu les circulaires ministérielles des 15 mars 1904, 4 mars 1905 et 20 février 1906, relatives à la vérification et à la mise en service d'un certain nombre d'appareils de désinfection (fascicules A, B, C et D) ;

Vu notre arrêté en date du 3 avril 1906, fixant le nombre et la composition des circonscriptions sanitaires du département du Doubs

Vu la loi du 22 juin 1906, portant modification de l'article 26 de la loi du 15 février 1902 relatif aux dépenses ;

Vu le décret du 10 juillet 1906, portant règlement d'administration publique sur les conditions d'organisation et de fonctionnement du Service de désinfection (art. 7, 19, 20, 26 et 33 de la loi du 15 février 1902) ;

Vu la circulaire ministérielle du 28 juillet 1906, relative à l'application dudit décret ;

Vu la délibération du Conseil général du Doubs en date du 22 août 1906, nommant une Commission spéciale d'études pour la fixation des détails d'organisation de ce nouveau service d'hygiène ;

Vu la circulaire ministérielle du 29 janvier 1907, relative à l'organisation financière des services de protection de la santé publique ;

Vu la circulaire ministérielle du 18 mars 1907, relative à l'organisation et au fonctionnement des Services départementaux et communaux de désinfection et les instructions sur la pratique de la désinfection jointes à ladite circulaire ;

Vu le projet d'organisation d'un Service départemental de désinfection élaboré par le Conseil départemental d'hygiène du Doubs ;

Vu les résolutions prises, dans sa séance du 4 avril 1907, par la Commission spéciale nommée par le Conseil général du Doubs ;

Vu l'organisation adoptée par le Conseil général du Doubs dans sa séance du 16 avril 1907 ;

Vu notre arrêté en date du 17 avril 1907, nommant chef du Service départemental de désinfection, M. le Dr Bernard, secrétaire du Conseil départemental d'hygiène ;

Vu le certificat n° 79 en date du 21 juin 1907 délivré par M. le Président du Conseil, Ministre de l'intérieur, à la Société du Fumigator, à Paris, rue Saussure, 60, au vu de l'avis exprimé par le Conseil supérieur d'hygiène publique de France, dans sa séance du 6 mai 1907 ;

Vu la dépêche ministérielle, en date du 12 juillet 1907, approuvant l'organisation adoptée par le Conseil général du Doubs, dans sa séance du 16 avril 1907 ;

Vu la circulaire ministérielle, en date du 30 juillet 1907 contenant des instructions complémentaires relatives au mode de fonctionnement du Service de désinfection, suivant que les maladies se manifestent : par des symptômes intestinaux ou gastro-intestinaux, par des symptômes pulmonaires ou par des symptômes affectant la peau ou les muqueuses des voies respiratoires, oculaires ou génitales, et transmettant le texte d'une note à l'usage des chefs de poste ;

Vu le certificat n° 80, en date du 30 juillet 1907, délivré par M. le Président du Conseil, Ministre de l'intérieur, à MM. Gonin et fils, constructeurs d'étuves, à Paris, rue Saussure, 60, au vu de l'avis exprimé par le Conseil supérieur d'hygiène publique de France dans sa séance du 29 juillet 1907 ;

Vu la délibération du Conseil général du Doubs, en date du 21 août 1907, modifiant le taux précédemment fixé pour les taxes de désinfection des chambres des établissements scolaires et celles des établissements charitables ;

Vu les locaux mis à notre disposition par les municipalités de Baume, de Montbéliard, de Morteau, d'Ornans, de Pontarlier, de Saint-Hippolyte et de Vercel, pour le remisage des étuves, du matériel accessoire et de l'approvisionnement de substances désinfectantes ;

Vu les propositions de M. l'Agent voyer en chef du département du Doubs, en ce qui concerne la désignation des agents du service vicinal et les instructions à leur donner en vue de concilier leurs doubles attributions ;

Vu l'avis émis par la Commission départementale du Doubs dans sa séance du 11 novembre 1907 ;

Vu l'avis exprimé par le Conseil départemental d'hygiène dans sa séance du 23 novembre 1907 ;

Vu les crédits inscrits en recettes et en dépenses au budget départemental de l'exercice courant ;

Considérant que la ville de Besançon a seule une population supérieure à 20.000 habitants et que les 635 autres communes du département du Doubs ont toutes une population inférieure à 20.000 habitants ;

Vu l'arrêté préfectoral en date du 25 novembre 1907 fixant les conditions d'organisation et de fonctionnement du Service de la désinfection dans le département du Doubs ;

Vu la dépêche ministérielle en date du 9 janvier 1908 ;

Vu les objections auxquelles a donné lieu la rédaction des articles 3, 15, 16, 17, 18, 19 et 22 de l'arrêté préfectoral du 25 novembre 1907 ;

Vu la dépêche ministérielle, en date du 10 mars 1908, approuvant les remaniements apportés audit règlement ;

Arrêtons :

TITRE PREMIER. — Organisation.

Article premier. — Un Service public de désinfection est établi dans le département du Doubs, en exécution de la loi du 15 février 1902 sur la protection de la santé publique et du décret du 10 juillet 1906.

Ce service, placé sous notre autorité et sous le contrôle de M. le Dr Bernard, secrétaire du Conseil départemental d'hygiène, a pour objet d'assurer aux conditions ci-après, et *avec le concours des agents du service vicinal*, la désinfection dans les communes du Doubs dont la population n'atteint pas 20.000 habitants, la ville de Besançon devant avoir, aux termes de la loi, une organisation spéciale.

Art. 2. — La désinfection est *obligatoire* ou *facultative* dans les cas de maladies transmissibles dont la déclaration est obligatoire ou facultative.

Art. 3. — Un poste de désinfection est établi au chef-lieu de chacune des huit circonscriptions sanitaires du Doubs (Besançon, Ornans, Baume, Vercel, Montbéliard, Saint-Hippolyte, Pontarlier et Morteau).

Art. 4. — Chaque poste de désinfection est pourvu :

D'une étuve modèle Gonin et de ses accessoires ;

D'un approvisionnement de substances désinfectantes ;

D'un fourneau à alcool destiné, à défaut de gaz, à chauffer l'étuve, à vaporiser de l'eau ou une solution de formol dans les locaux et à élever en même temps la température pour rendre la désinfection plus énergique ;

De deux sacs en toile imperméabilisée à la suintine pour transport de linges souillés et d'objets à désinfecter ;

De trois costumes spéciaux et de trois paires de chaussures pour les aides désinfecteurs ;

D'accessoires divers (bandes de papier gommé, brosses, balais, pinceaux, linges, baquets, seaux en tôle) ;

Ce matériel pourra être modifié ou augmenté selon les nécessités du service, sur la proposition de l'inspecteur départemental et après avis du Conseil départemental d'hygiène et du Conseil général.

Art. 5. — Les municipalités des communes sièges de poste doivent, autant que possible, fournir un local spécial destiné au dépôt des appareils et du matériel énumérés à l'article précédent.

Ces postes pourront être installés également dans les dépendances ou annexes des hôpitaux hospices des communes dans lesquelles ils sont établis, moyennant le paiement à ces établissements d'une indemnité annuelle de location.

Les dépenses résultant de l'aménagement des locaux constituent des dépenses d'organisation à la charge de l'État et du département.

Art. 6. — Les différents cantons du département sont rattachés de la manière suivante aux divers postes de désinfection, savoir :

ARRONDISSEMENT DE BESANÇON

1° *Poste de désinfection à Besançon*, pour les cantons nord et sud de Besançon, d'Audeux, de Boussières et de Marchaux ;

2° *Poste de désinfection à Ornans*, pour les cantons d'Amancey, d'Ornans et de Quingey ;

ARRONDISSEMENT DE BAUME

3° *Poste de désinfection à Baume*, pour les cantons de Baume, de Clerval, de l'Isle-sur-le-Doubs, de Rougemont et de Roulans ;

4° *Poste de désinfection à Vercel*, pour les cantons de Pierrefontaine et de Vercel ;

ARRONDISSEMENT DE MONTBÉLIARD

5° *Poste de désinfection à Montbéliard*, pour les cantons d'Audincourt, d'Hérimoncourt et de Montbéliard ;

6° *Poste de désinfection à Saint-Hippolyte*, pour les cantons de Maiche, de Pont-de-Roide, du Russey et de Saint-Hippolyte ;

ARRONDISSEMENT DE PONTARLIER

7° *Poste de désinfection à Pontarlier*, pour les cantons de Levier, de Montbenoit, de Mouthe et de Pontarlier ;

8° *Poste de désinfection à Morteau*, pour le canton de Morteau.

Art. 7. — Conformément aux dispositions contenues dans les articles 5 et 7 du décret du 10 juillet 1906, la direction et le contrôle sont confiés, dans chacune des huit circonscriptions, à l'agent voyer cantonal agissant en qualité d'unique délégué de la Commission sanitaire.

Chaque poste est dirigé par un cantonnier chef assisté de trois cantonniers du service vicinal spécialement attachés à ce service.

La nomination de ces agents est faite par le Préfet, sur la proposition de l'agent voyer en chef.

Art. 8. — Le chef du Service départemental de désinfection est chargé :

1° De diriger l'installation des différents postes et l'aménagement des locaux destinés au remisage des étuves, du matériel et des désinfectants ;

2° De donner *sur place* des instructions pratiques aux délégués des Commissions sanitaires, aux chefs de poste et aux aides désinfecteurs ;

3° De contrôler le service et, en cas de besoin, de se transporter sur place et de faire effectuer, en sa présence, les opérations de désinfection reconnues nécessaires ;

4° De présenter tous les trois mois au Conseil départemental d'hygiène, et pour chacune des sessions du Conseil général, un rapport d'ensemble sur le fonctionnement du service, ses résultats et ses besoins.

Art. 9. — Dans chaque circonscription sanitaire, l'agent voyer directeur du service, agissant en qualité de délégué de la Commission sanitaire, est chargé de surveiller l'amélioration des locaux et l'installation du poste. Il doit veiller à l'exécution régulière et immédiate des mesures de désinfection dans les conditions techniques prescrites par le Conseil supérieur d'hygiène publique de France. Il veille également à ce que le poste de désinfection soit constamment muni du matériel et des désinfectants nécessaires. Il est chargé de s'entendre avec un voiturier pour assurer le transport régulier, à raison d'un prix forfaitaire de dix francs par jour, du personnel et du matériel nécessaire pour les désinfections à effectuer. Il doit s'assurer si le registre de contrôle est tenu avec soin par le chef de poste et certifier, après les avoir contrôlés, les états de remboursement établis par celui-ci.

Il doit signaler immédiatement à l'agent voyer d'arrondissement les déplacements des cantonniers chefs et ceux des cantonniers effectués pour les besoins du Service de la désinfection et s'assurer si ces opérations figurent bien sur les procès-verbaux de tournées.

Enfin, en cas de difficultés ou de résistances, il doit aussitôt en rendre compte au chef du Service départemental de désinfection, qui avise aux mesures à prendre en la circonstance.

Il doit transmettre, chaque mois, à la Commission sanitaire un rapport sur le fonctionnement du service dans la circonscription qu'il dirige; ce rapport est ensuite transmis au Préfet, accompagné de l'avis de la Commission sanitaire.

Art. 10. — Les chefs de poste sont assermentés. A aucun moment, ils ne doivent perdre de vue que leur mission est avant tout d'instruire, de renseigner, d'aider les intéressés avec intelligence, discrétion et dévouement. Ils doivent expliquer et compléter, s'il y a lieu, les prescriptions sommaires contenues dans la note spécialement rédigée à leur usage pour la pratique générale de la désinfection. Ils doivent contrôler les opérations de désinfection effectuées par un service privé et dans le cas où ces opérations seraient effectuées d'une manière insuffisante, ils doivent immédiatement en rendre compte à l'agent voyer directeur du service.

Ils sont chargés de prévenir, en temps voulu, les aides désinfecteurs qui leur sont adjoints, du lieu, du jour et de l'heure où chaque opération de désinfection devra être effectuée. Ils doivent en outre informer, après chaque opération, leurs chefs directs des déplacements faits par eux et par les aides désinfecteurs pour ce service spécial.

Les chefs de poste sont les agents d'exécution chargés soit de la conduite des opérations de désinfection à domicile ou au poste même, soit du contrôle de ces opérations, lorsque celles-ci sont pratiquées par la famille du malade, son entourage ou par des services privés.

Les notes et imprimés dont chaque chef de poste doit être constamment muni sont :

1° Les instructions du Conseil supérieur d'hygiène publique de France sur la pratique de la désinfection, qui doivent guider en toutes circonstances l'intervention du service et la conduite de ses agents ;

2° La note à remettre en tous cas en exécution de l'article 13 du décret (modèle A annexé à la circulaire du 18 mars 1907);

3° La formule d'engagement éventuel à prendre par les familles pour les désinfections en cours de maladie, suivant l'article 14 du même décret et le modèle B annexé à la circulaire;

4° La formule d'engagement éventuel à prendre par les familles pour la désinfection après terminaison de la maladie, suivant l'article 17 du décret et le modèle C annexé à la circulaire;

5° Les instructions prophylactiques (notices 1, 2 et 3) à remettre aux intéressés pour l'exécution des engagements ci-dessus. (Ces instructions peuvent être également mises à la disposition des maires, des médecins, des pharmaciens, des instituteurs et, en général, de toute personne susceptible de tirer profit des enseignements qu'elles contiennent);

6° La feuille d'opérations prescrite par l'article 8 du décret (modèle D annexé à la circulaire du 18 mars 1907);

7° Le registre des déclarations, opérations, transports et voyages, prescrits par le même article 8 susvisé;

8° La note spécialement destinée aux chefs de poste pour leur rappeler, en les précisant, leurs obligations et leurs devoirs;

9° Les certificats de vérification applicables aux appareils de désinfection qui sont utilisés dans la circonscription du poste.

Après chaque désinfection, le chef de poste mentionne sur un registre spécial la quantité de substances désinfectantes utilisées, de façon à faciliter le contrôle de l'approvisionnement.

ART. 11. — Les aides désinfecteurs peuvent être également assermentés si la nécessité en est reconnue.

Ils doivent répondre immédiatement à la convocation qui leur est transmise par le chef de poste.

Ils doivent seconder celui-ci pour l'exécution des opérations de désinfection, et ils sont, en outre, spécialement chargés du nettoyage de l'étuve après l'achèvement de chaque désinfection.

TITRE II. — Fonctionnement.

ART. 12. — Le Service de la désinfection est chargé de l'exécution, sous les réserves indiquées aux articles 18 et 22 du présent règlement, dans toutes les communes du département (Besançon excepté), des mesures de désinfection pour tous les cas de maladies transmissibles dont la déclaration et la désinfection sont obligatoires en vertu de l'article 1, § 1, du décret du 10 février 1903.

Le service est également chargé de l'exécution des mesures de désinfection pour tous les cas de maladies dont la déclaration n'est que facultative en vertu de l'article 1, § 2, du décret précité, au même titre que pour les maladies à déclaration obligatoire *mais seulement sur la demande qui lui en est faite par les intéressés.*

ART. 13. — La désinfection doit être obligatoirement effectuée :

1° Dès le début de la maladie transmissible et pendant tout son cours et elle porte alors essentiellement sur les linges et effets contaminés et sur les déjections et excrétions du malade ;

2° Après la terminaison de la maladie ou après le transport du malade hors de son domicile, et elle s'applique alors à l'ensemble des locaux qui ont été occupés par lui et des objets, linges et effets contaminés.

ART. 14. — Dans toute commune comprise dans le service départemental, dès que le maire a reçu la déclaration que comporte l'une des maladies mentionnées à l'article 1er, § 1, du décret du 10 février 1903, il transmet sans délai avis de cette déclaration, *sous pli fermé*, au chef de poste desservant la circonscription dans laquelle se trouve sa commune.

S'il est avisé de l'existence de l'une de ces maladies et qu'il n'y ait pas de médecin traitant, il envoie un médecin et prend ensuite, sur la déclaration de celui-ci, les mesures prescrites par le présent règlement.

ART. 15. — En outre, le préfet dans l'arrondissement chef-lieu, et les sous-préfets dans les autres arrondissements, donnent avis immédiat des déclarations de maladies qui leur parviennent aux délégués des Commissions sanitaires.

ART. 16. — A la réception de l'avis qui lui a été adressé par le maire, le chef de poste ou l'agent chargé de le suppléer se rend aussitôt, muni des désinfectants appropriés, au domicile du malade et s'adresse, en vue de l'exécution des mesures à prendre, au principal occupant, chef de famille ou d'établissement, des locaux où se trouve le malade, et, à son défaut, dans l'ordre ci-après au conjoint, à l'ascendant, au plus proche parent du malade ou à toute autre personne résidant avec lui ou lui donnant ses soins.

La visite des agents du service ne peut être effectuée que de jour.

Art. 17. — L'agent remet à la personne désignée ci-dessus une note rappelant l'obligation de la désinfection et reproduisant les pénalités prévues par la loi.

Il se met à sa disposition pour l'exécution des mesures prescrites par le Conseil supérieur d'hygiène publique de France, sans intervenir de façon quelconque dans le traitement du malade.

Art. 18. — La personne à qui a été remise la note prévue à l'article précédent peut exécuter elle-même ou faire exécuter par d'autres personnes que les agents du service les mesures de désinfection prescrites. Elle doit, dans ce cas, en aviser immédiatement l'agent et signer une feuille d'engagement qui lui est remise par celui-ci.

Aux termes de l'article 14 du décret du 10 juillet 1906, cet engagement comporte l'obligation :

1º De se conformer exactement, pendant le cours de la maladie, aux instructions du Conseil supérieur d'hygiène publique de France, approuvées par M. le Ministre de l'intérieur et dont un exemplaire lui est remis ;

2º De se soumettre, dans l'exécution des mesures prises, au contrôle effectif du chef de poste ou de l'agent chargé de le suppléer, qui ne peut se présenter au domicile du malade plus d'une fois par jour ;

3º D'avertir sans délai le maire, le cas échéant, du transport du malade hors de son domicile ;

4º D'aviser le maire de la première sortie du malade après la guérison, en vue de l'application de l'article 19 du présent règlement.

Art. 19. — La désinfection totale des locaux occupés par le malade et des linges et effets qui ont été contaminés pendant la maladie doit être opérée *sans délai*, soit en cas de transport du malade hors de son domicile, soit après guérison, soit en cas de décès au cours ou à la suite d'une des maladies, dont la déclaration et la désinfection sont obligatoires.

Art. 20. — Le maire prévenu, soit par l'avis donné en exécution des troisième et quatrième paragraphes de l'article 18 ci-dessus, soit par la déclaration de décès, informe le chef de poste desservant la circonscription. Celui-ci adresse à la personne désignée à l'article 16 ci-dessus un avis faisant connaître, au moins douze heures à l'avance, le moment où il sera procédé aux mesures de désinfection. Un pareil avis est adressé en cas de décès aux héritiers, s'ils habitent la commune et sont connus de l'administration.

Art. 21. — En cas d'urgence, le délai de douze heures pourra être abrégé par arrêté du maire, ou, à son défaut, par arrêté préfectoral.

A défaut d'une des personnes énumérées à l'article 16 ci-dessus et en l'absence des héritiers, le maire prend les mesures nécessaires pour que les objets contenus dans le local à désinfecter ne soient ni détournés, ni détériorés.

Art. 22. — Sauf le cas prévu à l'article précédent, les personnes énumérées à l'article 16 ci-dessus où les héritiers peuvent, conformément aux dispositions de l'article 17 du décret du 10 juillet 1906, exécuter ou faire exécuter par leurs soins la désinfection totale des locaux et des objets qu'ils renferment, à la condition de prendre par écrit, sur une formule qui leur est remise par le chef de poste, l'engagement :

1° De faire opérer la désinfection sans délai et, conformément aux instructions du Conseil supérieur d'hygiène publique de France, approuvées par le Ministre de l'intérieur et dont un exemplaire leur est remis ;

2° De prévenir, *au moins douze heures à l'avance*, le chef de poste du moment où l'opération doit avoir lieu ;

3° De se soumettre, dans l'exécution des mesures prises, *au contrôle* de l'agent du service public, qui s'assurera sur place si les opérations sont exécutées dans les conditions techniques formulées par le Ministre de l'intérieur, après avis du Conseil supérieur d'hygiène publique de France, et spécialement quand il est fait usage d'appareils, s'ils fonctionnent dans les conditions imposées par le certificat de vérification prévu au décret du 7 mars 1903.

Art. 23. — Lorsque le chef de poste ou l'agent qui le remplace constate que les engagements pris en vertu des articles 18 et 22 ci-dessus n'ont pas été tenus, ou que la désinfection opérée par les particuliers ou par leurs soins est insuffisante, il avertit le maire qui prescrit immédiatement par un arrêté spécial l'exécution par le service des mesures indispensables.

Art. 24. — Lorsque, au cours de la désinfection, les agents du service estiment que la destruction de certains objets mobiliers est nécessaire en raison, soit de leur contamination, soit de l'impossibilité de les désinfecter, ou de leur peu de valeur, ils en avisent le maire et n'y procèdent que sur son ordre ou, en cas de refus de sa part, sur une décision du préfet.

Art. 25. — Le chef de poste, ou l'agent le représentant, dresse, avant cette opération, contradictoirement avec le propriétaire de l'objet ou l'une des personnes désignées à l'article 16 ci-dessus, un état descriptif et estimatif des objets à détruire.

Dans le cas de refus par l'une des personnes ci-dessus énumérées, de concourir à la rédaction de l'état, ou en cas d'impossibilité de le dresser contradictoirement, l'agent mentionne l'une ou l'autre de ces causes dans un procès-verbal auquel il joint l'état dressé par lui seul.

L'état et, s'il y a lieu, le procès-verbal, sont déposés à la mairie et communiqués en duplicata au préfet ou au sous-préfet.

Toute demande d'indemnité doit être adressée au sous-préfet et au préfet dans l'arrondissement chef-lieu, dans un délai de quinze jours.

Art. 26. — Lorsque le maire reçoit la déclaration d'une des maladies mentionnées dans la seconde partie de la liste arrêtée par le décret du 10 février 1903 et pour lesquelles la désinfection est facultative, il avertit le chef de poste desservant la circonscription. Celui-ci est tenu de se mettre immédiatement à la disposition de la famille du malade ou de son entourage pour assurer ou contrôler la désinfection.

TITRE III. — Dépenses du service et taxe de remboursement.

Art. 27. — Les dépenses du service se divisent en dépenses d'organisation et en dépenses de fonctionnement.

Art. 28. — *Les dépenses d'organisation* comprennent :

L'acquisition de huit étuves, modèle Gonin, et de bâches destinées à les recouvrir et à les protéger, ainsi que les substances désinfectantes, contre les intempéries;

La constitution d'un approvisionnement de substances à emmagasiner pour les besoins du service (fumigator, crésylol, sulfate de cuivre, chlorure de chaux, permanganate de potasse, formol du commerce, lessive de soude, eau de Javel, alcool dénaturé pétrole);

L'acquisition de sacs en toile imperméabilisée à la suintine pour le transport de linges souillés et d'objets à désinfecter (2 sacs par poste);

L'acquisition de costumes spéciaux et de chaussures pour les équipes de désinfecteurs (3 costumes et 3 paires de chaussures par poste);

L'acquisition de fourneaux à alcool (un par poste) et d'accessoires divers (bandes de papier gommé, brosses, balais, pinceaux, linges, baquets, seaux en tôle) pour chacun des huit postes.

L'aménagement des locaux destinés au remisage des appareils, du matériel accessoire et des substances désinfectantes.

Ces dépenses sont à la charge du département et de l'Etat.

Art. 29. — *Les dépenses de fonctionnement* comprennent:

Le traitement annuel, les frais de bureau et les frais de déplacement du chef du service départemental;

L'indemnité forfaitaire (100 francs par an) et les frais de bureau (50 francs par an) attribués à chacun des huit agents voyers agissant en qualité de délégués des Commissions sanitaires;

Le traitement fixe annuel (50 fr.) de chacun des huit cantonniers chefs désignés pour remplir les fonctions de chefs de poste;

La répartition, à titre de gratification, d'une somme de 400 francs entre les chefs de poste s'étant plus particulièrement signalés dans l'année et, dans les mêmes conditions, d'une somme de 600 francs entre les aides désinfecteurs, par le prélèvement sur le crédit de 5.000 francs inscrit au chapitre 6, article 10 du budget départemental de l'exercice courant, pour allocation de gratifications aux cantonniers du service vicinal. (Cette répartition sera effectuée par le préfet au vu des propositions du chef de service départemental de désinfection);

Les frais de déplacement alloués aux chefs de poste et aux aides désinfecteurs (indemnité fixée à 50 centimes par kilomètre);

Le transport au lieu de désinfection, du personnel, du matériel de désinfection et des substances nécessaires (location de voiture avec cheval, à raison de 10 francs par jour);

Les indemnités pour destruction d'objets mobiliers;

La fourniture des désinfectants et le renouvellement de la provision de substances emmagasinées pour le service de la désinfection (fumigator, crésylol, sulfate de cuivre, chlorure de chaux, permanganate de potasse, formol du commerce, lessive de soude, eau de Javel, alcool dénaturé, pétrole);

L'entretien du matériel et des appareils;

Les dépenses imprévues et les imprimés.

Ces dépenses sont supportées par les communes, le département et l'État, suivant les règles fixées par les articles 27, 28, 29 de la loi du 15 juillet 1893, et réparties conformément aux dispositions de l'article 26 de la loi du 15 février 1902, complétée par la loi du 22 juin 1906.

Art. 30. — Les taxes de remboursement prévues par le paragraphe 4 de l'article 23 de la loi du 15 février 1902, et *établies proportionnellement à la valeur locative de l'ensemble des locaux d'habitation dont dépend la pièce occupée par le malade*, sont ainsi fixées :

Dans les communes dont la population est inférieure à 5.000 habitants, 3 pour 100 ;

Dans les communes d'Audincourt, de Montbéliard et de Pontarlier, dont la population se trouve comprise entre 5.000 et 20.000 habitants, 2,50 pour 100.

Art. 31. — La taxe est applicable quel que soit le mode de désinfection des locaux ou des objets qu'ils renferment, que ces derniers soient désinfectés sur place ou au dehors. Elle comprend les frais de transport et l'ensemble des opérations de désinfection effectuées, sans toutefois qu'elle puisse excéder la somme de trente francs par pièce soumise à la désinfection.

Elle comprend l'ensemble des opérations occasionnées par la même maladie ; néanmoins, si la maladie excède une période de six mois, la taxe ne comprend que les opérations effectuées au cours de cette période et elle est renouvelable pour chaque nouvelle période de six mois.

Art. 32. — Sur la demande des intéressés, le service peut effectuer *de nuit* la désinfection totale prévue par l'article 17, troisième alinéa. Dans ce cas l'opération donne lieu à une redevance supplémentaire montant à 50 pour 100 de la taxe qui aurait été fixée si l'opération avait été effectuée de jour.

Par contre, la taxe sera réduite de moitié si la désinfection ne porte que sur les objets contaminés et non sur le local.

Art. 33. — Les taxes sont dues par le malade ou, en cas de décès, par ses héritiers.

Art. 34. — Pour la désinfection des chambres d'hôtels garnis, ainsi que des loges de concierges, des chambres de domestiques et des chambres individuelles d'ouvriers logés chez leurs patrons, lorsque ces loges ou chambres font partie d'une habitation collective, la taxe est *uniformément* fixée à 4 francs.

Dans ces divers cas, la taxe est due par les propriétaires, gérants, maîtres ou patrons.

Art. 35. — La taxe est *uniformément* fixée à 10 francs pour la désinfection des chambres des établissements scolaires et à 6 francs pour la désinfection des chambres des établissements charitables.

Art. 36. — La désinfection des salles de classe dans les maisons d'école et des locaux situés dans des établissements municipaux et affectés à un usage communal est *entièrement* à la charge des communes.

De même le département supporte *seul* les frais de désinfection à effectuer dans les locaux situés dans les établissements départementaux et affectés à un usage départemental.

Dans ces deux cas, le tarif pour le remboursement des frais en résultant est proportionnel à la dimension des locaux.

Les opérations de désinfection sont gratuites pour les personnes inscrites sur les listes de l'assistance médicale gratuite à titre d'indigents.

Art. 37. — Les taxes sont établies sur des états, d'après les feuilles dressées par le chef de poste, et certifiées par l'agent voyer agissant en qualité de délégué de la Commission sanitaire.

Les taxes à percevoir sont les mêmes pour les opérations de désinfection facultative que pour celles de désinfection obligatoire.

Art. 38. — Le montant des taxes est versé en recettes, au budget départemental et déduit des dépenses de fonctionnement du service avant leur répartition entre les communes, le département et l'Etat.

TITRE IV. – Comptabilité.

Art. 39. — Les dépenses occasionnées par le fonctionnement du Service de la désinfection sont supportées par les communes, le département et l'Etat dans les conditions déterminées par les articles 27, 28 et 29 de la loi du 15 juillet 1893 sur l'assistance médicale gratuite et par la loi du 22 juin 1906 portant modification de l'article 26 de la loi du 15 février 1902 relatif aux dépenses de protection de la santé publique.

Art. 40. — Chaque année, à la *session de mai*, le Conseil municipal de toute commune comprise dans le Service doit inscrire à son budget primitif un crédit de prévision destiné à assurer le paiement du contingent incombant à la commune dans les dépenses présumées de désinfection pendant l'exercice suivant.

Ce crédit de prévision est fixé par un arrêté spécial du Préfet notifié en temps utile à chaque commune.

Art. 41. — Le compte des dépenses réelles du Service est, chaque année, arrêté par le Préfet et notifié à chaque commune pour ce qui la concerne.

Art. 42. — Si le compte de liquidation fait ressortir le contingent d'une commune à un chiffre supérieur au crédit de prévision, le Conseil municipal porte au prochain budget additionnel la somme suffisante pour parfaire ce contingent.

Art. 43. — Toutes les dépenses relatives au Service de la désinfection sont mandatées par le Préfet.

Art. 44. — Les dispositions contenues en notre règlement du 25 novembre 1907 sont et demeurent rapportées.

Art. 45. — M. le Secrétaire général de la Préfecture, MM. les Sous-Préfets et Maires du département, M. le Chef du Service départemental de désinfection, M. l'Agent-voyer en chef et MM. les Agents du Service vicinal spécialement désignés à cet effet sont chargés, chacun en ce qui le concerne, d'assurer l'exécution du présent règlement dont le texte sera inséré dans le *Recueil des Actes administratifs* de la Préfecture du Doubs.

Besançon, le 11 mars 1908.

Le Préfet du Doubs,
Robert GODEFROY.

DÉPARTEMENT DU MORBIHAN

SERVICE DÉPARTEMENTAL DE DÉSINFECTION

RÈGLEMENT

TITRE PREMIER. — Organisation générale.

ARTICLE PREMIER. — Conformément aux dispositions de la deuxième partie du deuxième paragraphe de l'article 7 de la loi du 15 février 1902 sur la protection de la santé publique, la désinfection est assurée, dans toutes les communes du département du Morbihan autres que celles de Vannes et de Lorient, par un Service départemental, placé sous l'autorité du Préfet et sous le contrôle de l'Inspecteur de l'hygiène publique.

Ce chef de service, spécialement délégué à l'effet d'assurer l'exécution des prescriptions contenues dans le présent règlement, exerce un contrôle général sur l'ensemble du service; il doit, notamment, visiter chaque poste de désinfection au moins une fois par an. Il présente au Préfet, tant au point de vue administratif qu'au point de vue technique, toutes propositions utiles quant au personnel et au fonctionnement du service, à l'achat et à l'entretien du matériel et des désinfectants nécessaires. Il reçoit, pour ses déplacements, les indemnités prévues par l'article 11 du règlement général sur la protection de la santé publique.

ART. 2. — Les maladies auxquelles est applicable la désinfection sont déterminées en vertu des articles 4, 5 et 7 de la loi du 15 février 1902, par le décret du 10 février 1903 et les décrets ultérieurs, rendus dans la même forme, suivant qu'il s'agit des maladies pour lesquelles la déclaration est obligatoire ou facultative,

Nota. — Les maladies pour lesquelles la déclaration et la désinfection sont obligatoires (1ʳᵉ partie) comprennent :
 1° La fièvre typhoïde ;
 2° Le typhus exanthématique ;
 3° La variole et la varioloïde ;
 4° La scarlatine ;
 5° La rougeole ;
 6° La diphtérie ;
 7° La suette miliaire ;
 8° Le choléra et les maladies cholériformes ;
 9° La peste ;
 10° La fièvre jaune ;
 11° La dysenterie ;
 12° Les infections puerpérales et l'ophtalmie des nouveau-nés, lorsque le secret de l'accouchement n'a pas été réclamé ;
 13° La méningite cérébro-spinale épidémique ;
 Les maladies pour lesquelles la déclaration est facultative (2ᵉ partie) sont :
 14° La tuberculose pulmonaire ;
 15° La coqueluche ;
 16° La grippe ;
 17° La pneumonie et la broncho-pneumonie ;
 18° L'érysipèle ;
 19° Les oreillons ;
 20° La lèpre ;
 21° La teigne ;
 22° La conjonctivite purulente et l'ophtalmie granuleuse.
 Dans les cas des maladies relevant de la première catégorie, la désinfection est obligatoire, tant pour le service public qui est chargé de la pratiquer ou de la contrôler, que pour les intéressés.
 Pour les cas de la deuxième catégorie, il est procédé à la désinfection après entente avec les intéressés, soit sur la déclaration des praticiens visés à l'article 5 de la loi du 15 février 1902, soit à la demande des familles, des chefs de collectivités publiques ou privées, des Administrations hospitalières ou des bureaux d'assistance, sans préjudice de toutes autres mesures prophylactiques déterminées par le règlement sanitaire prévu à l'article premier de ladite loi.
 Art. 3. — La désinfection a pour objet de détruire les germes des

maladies transmissibles ou de les rendre inoffensifs; elle doit se pratiquer dès que la maladie a été reconnue, pendant toute sa durée et après le transport du malade, sa guérison ou son décès, d'après les instructions et au moyen des procédés approuvés par le Conseil supérieur d'hygiène publique de France.

CIRCONSCRIPTIONS SANITAIRES	EMPLACEMENTS ET NUMÉROS DES POSTES (P) principaux (S) secondaires	CANTONS DESSERVIS
1. VANNES	1. Vannes	Vannes-Est, Vannes-Ouest, Grand-Champ, Elven, Sarzeau, Questembert.
	6. Rochef^t-en-T. (S)	Rochefort-en-Terre, La Gacilly, Allaire.
	9. La Roche-B^{ard} (S)	La Roche-Bernard, Muzillac.
2. LORIENT	2. Lorient (P)	Lorient 2e, Hennebont, Port-Louis, Pont-Scorff, Plouay.
	5. Auray (S)	Auray, Belz, Pluvigner, Quiberon (moins les îles de Houat et d'Hœdic).
	10. Palais (B.-Ile) (S)	Belle-Ile (plus les îles de Houat et d'Hœdic).
3. PONTIVY	3. Pontivy (P)	Pontivy, Guémené, Locminé, Baud, Cléguérec.
	8. Gourin (S)	Gourin, Le Faouët.
4. PLOERMEL	4. Ploërmel (P)	Ploërmel, La Trinité-Porhoët, Mauron, Guer, Malestroit.
	7. Josselin	Josselin, Rohan, Saint-Jean-Brévelay.

ART. 4. — Un poste principal de désinfection est établi au chef-lieu de chacune des quatre circonscriptions sanitaires entre

lesquelles le département du Morbihan est divisé; en outre des postes secondaires sont créés par décision spéciale du Conseil général dans certains centres trop éloignés du chef-lieu d'arrondissement.

Le rayon d'action de chacun de ces postes, principaux ou secondaires, est déterminé par le tableau ci-contre :

Dans des circonstances extraordinaires, notamment s'il s'agit d'une épidémie offrant un caractère de gravité exceptionnelle, et sur la décision spéciale du Préfet, le poste de désinfection installé à Vannes constituera un poste central dont l'action s'exercera, à titre temporaire et sous le contrôle de l'Inspecteur de l'hygiène publique, sur toute l'étendue du département.

Art. 5. — Dans chaque circonscription, le service est dirigé par un délégué de la Commission sanitaire agréé par le Préfet.

Cette désignation devra avoir lieu par élection et dans des conditions qui engagent son intervention effective; le délégué peut être choisi en dehors de la commission.

Art. 6. — Le délégué de la commission sanitaire veille à l'exécution régulière et immédiate des mesures de désinfection dans les conditions techniques prescrites par le Conseil supérieur d'hygiène. Il veille également à ce que les postes de désinfection soient constamment munis du matériel et des désinfectants nécessaires et à ce que les chefs de poste tiennent avec soin les registres de contrôle prévus à l'article 8 ci-après.

Il présente, tous les mois, au moins, à la Commission sanitaire un rapport sur les résultats et les besoins du service de la circonscription; ce rapport est transmis au Préfet avec l'avis de la commission et donne lieu à une rétribution de dix francs en faveur du délégué sanitaire.

Les délégués de la Commission sanitaire reçoivent, en cas de déplacement sur réquisition du Préfet ou des Sous-Préfets, l'indemnité prévue à l'article 33 du présent règlement. Toutefois, en cas d'extrême urgence, le délégué de la Commission sanitaire pourra se déplacer sans attendre la réquisition prévue ci-dessus et aura droit à l'indemnité, sauf à en rendre compte immédiatement au Préfet ou au Sous-Préfet.

Art. 7. — Chaque poste de désinfection est dirigé par un chef de poste, lequel sera secondé par un certain nombre d'agents sanitaires désignés à l'avance. Les chefs de poste et les agents sont nommés et révoqués par le Préfet sur la proposition du délégué de la Commission sanitaire et après avis de l'Inspecteur départemental. Chaque chef de poste est, en cas d'empêchement majeur, d'absence régulière ou de maladie et sur autorisation spéciale du Préfet ou du Sous-Préfet, remplacé momentanément par un sous-chef de poste, désigné d'avance et nommé par le Préfet dans les conditions ci-dessus indiquées.

Les chefs et sous-chefs de poste seuls sont assermentés.

Art. 8. — Les chefs de poste procèdent eux-mêmes aux opérations de désinfection après transport, guérison ou décès du malade.

Le chef de poste tient un registre des déclarations à lui adressées par les maires, des opérations, transports et voyages effectués, et dresse, pour chaque série d'opérations, une feuille spéciale suivant un modèle arrêté par le Ministre de l'intérieur. Les chefs et sous-chefs de poste sont rémunérés suivant le tarif fixé à l'article 33 ci-après.

Art. 9. — Les agents sanitaires prévus à l'article 7 sont :

1° L'agent cantonal, spécialement chargé, dans toute l'étendue du canton, des opérations de désinfection au début et au cours de la maladie (par mesure tout à fait exceptionnelle il pourra être nommé plusieurs agents cantonaux dans le canton de Quiberon);

2° L'agent communal, destiné à aider le chef de poste dans toute l'étendue de la commune lors des opérations de désinfection après transport, décès ou guérison du malade.

Les sous-chefs de poste remplissent, dans le canton de leur résidence, les fonctions d'agent cantonal; ils sont alors rétribués comme tels.

Ces divers agents sont rétribués suivant le tarif fixé par l'article 33 ci-après :

TITRE II. — Fonctionnement.

Art. 10. — Dans toutes les communes, dès que le maire a reçu la déclaration d'un des cas rentrant dans la première catégorie des maladies visées à l'article 2, il avertit le Chef de poste dans la circonscription duquel se trouve le malade signalé. S'il est avisé de l'existence de l'une de ces maladies et qu'il n'y ait pas de médecin traitant, il envoie un médecin et prend ensuite, sur la déclaration de celui-ci, les mesures prescrites par le présent règlement.

En outre, le Préfet ou le Sous-Préfet avertit immédiatement le délégué de la Commission sanitaire ainsi que le chef de poste.

Art. 11. — Toutes les opérations de désinfection sont effectuées par le service public, sous les réserves indiquées aux articles 14 et 17.

Art. 12. — Le chef de poste envoie au lieu où se trouve le malade l'agent cantonal muni des désinfectants appropriés.

Cette visite ne peut être effectuée que de jour.

L'agent s'adresse, en vue de l'exécution des mesures à prendre, au principal occupant, chef de famille ou d'établissement, des locaux où se trouve le malade et, à son défaut, dans l'ordre ci-après, au conjoint, à l'ascendant, au plus proche parent du malade ou à toute personne résidant avec lui ou lui donnant ses soins.

Art. 13. — Il remet à cette personne une note (modèle A) rappelant l'obligation de la désinfection et reproduisant les pénalités prévues par la loi et le tarif de désinfection.

Il se met à sa disposition pour l'exécution des mesures indispensables.

Ces mesures, pendant le cours de la maladie concernent essentiellement la désinfection des linges contaminés ou souillés et des déjections ou excrétions; elles ne peuvent constituer une intervention quelconque dans le traitement du malade.

Art. 14. — La personne à qui a été remise la note prévue par l'article précédent peut exécuter ou faire exécuter elle-même la désinfection, à la condition de prendre sur une formule (modèle B) qui est mise à sa disposition par l'agent, l'engagement :

1º De se conformer exactement pendant le cours de la maladie aux instructions du Conseil supérieur d'hygiène publique de France, approuvées par M. le Ministre de l'intérieur et dont un exemplaire lui est remis;

2º De se soumettre, dans l'exécution des mesures prises, au contrôle de l'agent du service public, qui ne pourra se présenter au domicile du malade plus d'une fois par jour;

3º D'avertir sans délai le maire, le cas échéant, du transport du malade hors de son domicile;

4º D'aviser le maire de la première sortie du malade après sa guérison, en vue de l'application de l'article 15 du présent règlement.

Art. 15. — En cas de transport du malade hors de son domicile, après guérison, ou en cas de décès au cours ou à la suite d'une des maladies rentrant dans la première catégorie visée à l'article 2, la désinfection totale des locaux occupés personnellement par le malade et des objets qui ont pu être contaminés pendant la maladie doit être opérée sans délai.

Art. 16. — Le maire prévenu, soit par l'avis donné en exécution de 3ᵉ et 4ᵉ paragraphes de l'article 14, soit par la déclaration du décès informe le chef de poste dans la circonscription duquel se trouve le domicile à désinfecter; le chef de poste adresse à la personne désignée à l'article 12 un avis faisant connaître au moins douze heures à l'avance le moment où il sera procédé aux mesures de désinfection. Un pareil avis est adressé en cas de décès aux héritiers, s'ils habitent dans la commune et sont connus de l'Administration.

Le délai de douze heures ci-dessus pourra être abrégé par une décision motivée du maire.

A défaut d'une des personnes énumérées à l'article 12 et en l'absence des héritiers, le maire prend les mesures nécessaires pour que les objets contenus dans le local à désinfecter ne soient ni détournés ni détériorés.

Art. 17. — Sauf le cas d'urgence constaté par un arrêté du maire où, à son défaut, par un arrêté du Préfet, les personnes énumérées à l'article 12 du présent décret ou les héritiers peuvent exécuter ou faire exécuter par leurs soins la désinfection, à la condition de prendre par écrit, sur une formule (modèle C) qui leur est remise par le service public, l'engagement :

1º De faire opérer la désinfection sans délai, et conformément aux instructions du Conseil supérieur d'Hygiène publique de France, approuvées par le Ministre de l'Intérieur, et dont un exemplaire leur est remis ;

2º De prévenir au moins douze heures à l'avance le Chef de poste du moment où l'opération doit avoir lieu ;

3º De se soumettre, dans l'exécution des mesures prises, au contrôle de l'agent du service public, qui s'assurera sur place si les opérations sont exécutées dans les conditions techniques formulées par le Ministre de l'Intérieur après avis du Conseil supérieur d'Hygiène publique et, spécialement, quand il est fait usage d'appareils, s'ils fonctionnent dans les conditions imposées par le certificat de vérification prévu au décret du 7 mars 1903.

Art. 18. — S'il résulte des constatations faites par les agents que les engagements pris en vertu des articles 14 et 17 du présent décret n'ont pas été tenus, ou que la désinfection a été opérée par les particuliers ou par leurs soins d'une façon insuffisante, le Maire prescrit immédiatement l'exécution par le service public des mesures indispensables.

Art. 19. — Si, au cours de la désinfection, la destruction d'un objet mobilier est jugée nécessaire par le service, il y est procédé sur l'ordre du Maire. En cas de refus du Maire, le Préfet statue.

Art. 20. — Il est dressé un état descriptif et estimatif des objets à détruire par le chef de poste ou l'agent qui s'est rendu à domicile, contradictoirement avec le propriétaire de l'objet ou l'une des personnes désignées à l'article 12. Cette personne peut être remplacée par un héritier, s'il s'agit d'une désinfection après décès.

En cas de refus d'une des personnes ci-dessus énumérées de concourir à la rédaction de l'état, ou en cas d'impossibilité de le dresser contradictoirement, le Chef de poste ou l'agent mentionne l'une ou l'autre de ces causes dans un procès-verbal auquel il joint l'état dressé par lui seul.

L'état et, s'il y a lieu, le procès-verbal sont déposés à la mairie et communiqués en duplicata au Préfet, pour l'arrondissement chef-lieu, et au Sous-Préfet pour les autres arrondissements. Si une indemnité est réclamée, la demande est, selon le cas, adressée au Préfet ou au Sous-Préfet. Les indemnités afférentes à la destruction des objets mobiliers de peu de valeur, tels que paillasses, balles d'avoine, etc., sont immédiatement payées aux intéressés par le Chef de poste, chargé d'en faire l'avance ; ce dernier en est remboursé sans retard sur production d'un état d'avances établi dans les formes légales et accompagné des reçus consignés au verso des états descriptifs dûment signés par les intéressés et certifiés exacts par le maire.

Les avances ne pourront, en aucun cas, dépasser, pour une même opération, la somme de dix francs.

Les objets mobiliers de quelque valeur dont la destruction a été jugée nécessaire sont remboursés aux intéressés au moyen d'un mandat spécial établi par le service départemental.

Art. 21. — Si le Maire reçoit la déclaration d'une des maladies rentrant dans la deuxième catégorie visée à l'article 2, il avertit le Chef de poste, lequel est tenu de se mettre immédiatement à la disposition du malade ou de sa famille, pour assurer la désinfection dans les conditions prescrites par le Conseil supérieur d'Hygiène publique.

TITRE III. — Taxes.

Art. 22. — Les taxes de remboursement prévues par le paragraphe 4 de l'article 26 de la loi du 15 février 1902 sont établies proportionnellement à la valeur locative de l'ensemble des locaux d'habitation dont dépend la pièce occupée par le malade.

Le tarif est arrêté ainsi qu'il suit :

Pour les communes de moins de 5.000 habitants, 2,50 p. o/o.

Pour les communes de 5.000 à 20.000 habitants, 2 p. o/o.

Si la taxe à percevoir en vertu de ce tarif dépasse 30 francs par pièce soumise à la désinfection totale, elle est réduite d'office à ce maximum.

Art. 23. — La taxe est applicable quel que soit le mode de désinfection des locaux ou des objets qu'ils renferment, que ces derniers soient désinfectés sur place ou au dehors.

Elle comprend l'ensemble des opérations occasionnées par la même maladie : néanmoins, si la maladie excède une période de six mois, la taxe ne comprend que les opérations effectuées au cours de cette période et elle est renouvelable pour chaque période nouvelle de six mois.

Elle comprend également les frais de transport.

Il appartient au service départemental de déterminer quelles sont les pièces à désinfecter ; dans le cas où la famille du malade demanderait la désinfection de locaux où il n'y aurait manifestement aucune raison de l'effectuer, le service n'y sera tenu que si la famille s'engage préalablement à payer les frais de désinfection à raison de 10 centimes par mètre cube.

Art. 24. — Dans le cas où la désinfection des objets est demandée indépendamment de celle des locaux, la taxe est réduite à la moitié de ce qu'elle eût été si la désinfection avait porté également sur le local ayant renfermé lesdits objets.

Art. 25. — Sur la demande des intéressés, le service peut

effectuer de nuit la désinfection totale prévue par l'article 15 du présent règlement. Dans ce cas l'opération donne lieu à une redevance supplémentaire montant à 50 o/o de la taxe.

Art. 26. — Pour la désinfection des chambres d'hôtels garnis, ainsi que des loges de concierges, des chambres de domestiques et des chambres individuelles d'ouvriers logés chez leurs patrons, lorsque ces loges ou chambres font partie d'une habitation collective, la taxe est réduite et uniformément fixée à 4 francs.

Art. 27. — La désinfection est gratuite pour les indigents ; il en est de même pour les opérations de désinfection effectuées dans les locaux occupés par les services publics de l'État, du Département et des Communes pour les cas de maladies transmissibles dûment attestés par un certificat du médecin des épidémies.

Art. 28. — Les taxes prévues aux articles 22 et 26 sont réduites de moitié pour toutes les opérations de désinfection dans les établissements charitables ou scolaires privés.

Les tarifs à appliquer aux opérations de désinfection dans les cas de maladies contagieuses autres que ceux qui entraînent une obligation légale, sont également réduits de moitié.

Art. 29. — Ces taxes sont dues par le malade ou, en cas de décès, par ses héritiers.

Toutefois, dans les cas visés à l'article 26, elles sont dues par les gérants, propriétaires, maîtres ou patrons. Dans les cas où il s'agit d'établissements charitables ou scolaires, elles sont à la charge des établissements.

Art. 30. — Les taxes sont établies sur des états d'après les feuilles (modèle D) dressées par le chef de poste et certifiées par le délégué de la Commission sanitaire.

Dans tous les cas exceptionnels prévus au deuxième paragraphe de l'article 4, les feuilles (modèle D) dressées par le chef de poste sont certifiées par l'Inspecteur départemental de l'Hygiène publique.

Art. 31. — Le montant des taxes, porté en recette au budget départemental est déduit des dépenses de fonctionnement du service, avant leur répartition entre les Communes, le Département ou l'État.

TITRE III. — Locaux. — Rétribution du personnel des Postes de désinfection. — Matériel

Art. 32. — Les postes de désinfection principaux ou secondaires sont établis dans les locaux spécialement loués à cet effet par le service départemental. Le poste central doit comprendre un local suffisant pour permettre le remisage de l'étuve mobile à vapeur sous pression appartenant au département.

Art. 33. — Les délégués sanitaires recevront, en cas de déplacement, les indemnités fixées pour les médecins des épidémies par le règlement général sur la protection de la santé publique.

Les chefs des postes principaux, nommés en conformité de l'article 7 du présent règlement, recevront une indemnité annuelle de douze cents francs, au plus, payable par douzièmes ; les chefs des postes secondaires recevront une indemnité annuelle de quatre cents francs au moins payable de la même façon.

Ces indemnités sont fixées pour chaque poste d'après son importance.

Les sous-chefs de poste recevront mais seulement lorsqu'ils seront régulièrement désignés pour remplacer le chef de poste, une indemnité de trois francs par vacation d'une demi-journée, temps normal du voyage compris.

Les agents cantonaux recevront une indemnité de un franc par visite faite au domicile du malade, plus une indemnité de déplacement calculée à raison de vingt-cinq centimes par kilomètre parcouru, établie, pour la commune de résidence de l'agent, de son domicile à celui du malade et, pour les autres communes du canton, de clocher à clocher, d'après le tableau des distances légales. Toute fraction ne dépassant pas cinq cents mètres sera négligée, toute fraction supérieure à cinq cents mètres comptera pour un kilomètre. En aucun cas l'indemnité fixe ne devra dépasser la somme de trois francs pour une même journée.

Les agents communaux seront rétribués à raison de cinquante centimes l'heure, temps normal de voyage compris, sur la présentation d'un mémoire régulier vérifié par le chef de poste, en ce qui concerne la durée des opérations.

Art. 34. — La composition du matériel nécessaire au fonctionnement du service départemental, la nature des désinfectants devant former l'approvisionnement normal et permanent des postes sont déterminés ainsi qu'il suit :

a) *Poste principal de Vannes.*

1° Une grande étuve mobile à vapeur sous pression (système Geneste-Herscher, et son pulvérisateur);

2° Une voiture étuve à formol (système Gonin);

3° Des fumigators Gonin;

4° Un matériel secondaire comprenant des ustensiles de lavage, de trempage et d'arrosage, des brosses, des pinceaux à blanchir, des blouses pour le personnel, etc... ;

5° Des désinfectants, savoir : formol, sulfate de fer, permanganate de potasse, chaux vive, crésylol sodique, agermol, soufre, sublimé, etc.

b) *Postes principaux et secondaires.*

(Même composition que ci-dessus, sauf l'étuve à vapeur sous pression et son pulvérisateur.)

Le poste central de Vannes est chargé d'approvisionner les postes principaux et secondaires sur la production d'une demande, établie par le chef de poste sur une formule spéciale, visée par le délégué sanitaire et revêtue de l'autorisation de l'Inspecteur départemental.

Des approvisionnements de produits désinfectants sont, en outre, déposés au domicile des agents cantonaux par les soins du chef du poste dont dépendent ces derniers.

TITRE V. — Organisation financière.

Art. 35. — Les dépenses rendues nécessaires par la loi du 15 février 1902, notamment celles causées par la destruction des objets mobiliers, sont obligatoires. En cas de contestation sur leur nécessité, il est statué par décret rendu en Conseil d'Etat.

Ces dépenses sont réparties entre les communes, le département et l'Etat, suivant les règles fixées par les articles 27, 28 et 29 de la loi du 15 juillet 1893.

Pour servir de base à cette répartition, il est établi au préalable pour chaque commune un contingent déterminé proportionnellement à la population municipale sur la totalité des dépenses effectuées — à l'exception de celles concernant les bureaux d'hygiène — d'après la liquidation faite par le Préfet à la clôture de l'exercice.

Celles des dépenses qui n'auraient pas été comprises dans cette liquidation demeureront à la charge du département.

Les dépenses du service d'organisation du Service départemental de la désinfection sont supportées par le département et par l'Etat dans les proportions établies au barème du tableau B.

Vannes, le 20 octobre 1909.

Le Préfet,
Alfred ROTH.

DÉPARTEMENT DE L'ISÈRE

SERVICE DÉPARTEMENTAL DE LA DÉSINFECTION

RÈGLEMENT.

Organisation générale.

ARTICLE PREMIER. — Pour l'ensemble des communes relevant du Service départemental, le service de la désinfection est placé sous l'autorité du Préfet et sous le contrôle de l'Inspecteur de l'Assistance et de l'hygiène publiques de l'Isère.

ART. 2. — 25 postes de désinfection seront établis dans les communes ci-après :

A. — *Circonscription de Grenoble :*

Allevard, pour le canton ;
Goncelin, pour les cantons de Goncelin et du Touvet ;
Grenoble, pour les trois cantons de Grenoble et celui de Sassenage ;
Saint-Laurent-du-Pont, pour le canton ;
Villard-de-Lans, pour le canton ;
Villard-Bonnot, pour le canton de Domène ;
Voiron, pour le canton.

B. — *Circonscription de La Mure :*

Corps, pour le canton.
La Mure, pour les cantons de Mens, La Mure et Valbonnais.

C. — *Circonscription de Vizille :*

Bourg-d'Oisans, pour le canton ;

Monestier-de-Clermont, pour les cantons de Clelles et de Monestier-de-Clermont ;

Vizille, pour les cantons de Vif et de Vizille.

D. — *Circonscription de Saint-Marcellin :*

Saint-Marcellin, pour les cantons de Pont-en-Royans, Saint-Marcellin et Roybon.

E. — *Circonscription de Rives :*

Rives, pour les cantons de Rives et de Saint-Etienne-de-Saint-Geoirs ;

Tullins, pour les cantons de Tullins et de Vinay.

F. — *Circonscription de la Tour-du-Pin :*

Le Grand-Lemps, pour les cantons du Grand-Lemps et de Virieu ;

Pont-de-Beauvoisin, pour les cantons de Pont-de-Beauvoisin et de Saint-Geoire ;

La Tour-du-Pin, pour le canton.

G. — *Circonscription de Bourgoin :*

Bourgoin, pour le canton ;

Morestel, pour les cantons de Crémieu et de Morestel ;

H. — *Circonscription de Vienne :*

Meyzieu, pour les cantons de Meyzieu et de Saint-Symphorien-d'Ozon ;

La Verpillière, pour les cantons de Heyrieux et de la Verpillière ;

Vienne, pour les deux cantons.

I. — *Circonscription de Beaurepaire :*

Beaurepaire, pour les cantons de Beaurepaire et de Roussillon-

La Côte-Saint-André, pour les cantons de La Côte-Saint-André et de Saint-Jean-de-Bournay.

Un poste secondaire est créé dans chacune des communes du département.

Art. 3. — Le chef de poste et ses agents communaux sont désignés par le Préfet, sur la présentation du délégué de la Commission sanitaire.

Il procède lui-même ou fait procéder, par son personnel, aux opérations de désinfection, tient un registre des déclarations à lui adressées par les maires, des opérations, transports et voyages effectués, et dresse, pour chaque série d'opérations, une feuille spéciale, suivant le modèle arrêté par M. le Ministre de l'Intérieur. Il tient la comptabilité matière des désinfectants à lui adressés par le Service de la Préfecture, et approvisionne chacune des communes de son ressort, au fur et à mesure des besoins.

Il touchera une rétribution annuelle de 200 francs, les agents communaux recevront une indemnité de 3 francs pour chaque désinfection.

Art. 4. — Dans chaque circonscription, le service est dirigé par un délégué de la Commission sanitaire agréé par le Préfet.

Ce délégué veille à l'exécution régulière et immédiate des mesures de désinfection dans les conditions techniques prescrites. Il veille également à ce que le chef de poste tienne avec soin les registres de contrôle prévus à l'article ci-après. Il présente, tous les mois au moins, à la Commission sanitaire, un rapport sur les résultats et les besoins du service de la circonscription, rapport qui doit ensuite être transmis au Préfet avec l'avis de la Commission sanitaire. Le délégué aura droit au remboursement de ses frais de déplacement.

Fonctionnement.

Art. 5. — Le fonctionnement du Service départemental de la désinfection est assuré conformément aux prescriptions des articles 10 à 21 du décret du 10 juillet 1906, ci-après reproduits :

« Art. 10. — Dans toutes les communes, dès que le maire a reçu la déclaration que comporte l'une des maladies mentionnées à la première partie de la liste arrêtée par le décret du 10 février 1903, il avertit le chef de poste dans la circonscription duquel se trouve le malade signalé. S'il est avisé de l'existence de l'une de ces maladies et qu'il n'y ait pas de médecin traitant, il envoie un médecin et prend ensuite, sur la déclaration de celui-ci, les mesures prescrites par le présent décret.

« En outre, si la commune où demeure le malade est comprise dans le Service départemental, le préfet ou le sous-préfet avertit le délégué de la Commission sanitaire.

« Art. 11. — Toutes les opérations de désinfection sont effectuées par le Service public, sous les réserves indiquées aux articles 14 et 17.

« *Art. 12*. — Le chef de poste envoie au lieu où se trouve le malade un agent muni des désinfectants appropriés.

« Cette visite ne peut être effectuée que de jour.

« L'agent s'adresse, en vue de l'exécution des mesures à prendre au principal occupant, chef de famille ou d'établissement, des locaux où se trouve le malade et, à son défaut, dans l'ordre ci-après, au conjoint, à l'ascendant, au plus proche parent du malade ou à toute personne résidant avec lui ou lui donnant ses soins.

« *Art. 13*. — Il remet à cette personne une note dont le modèle est arrêté par le Ministre de l'intérieur, rappelant l'obligation de la désinfection et reproduisant les pénalités prévues par la loi et le tarif de désinfection.

« Il se met à sa disposition pour l'exécution des mesures indispensables.

« Ces mesures, pendant le cours de la maladie, concernent essentiellement la désinfection des linges contaminés ou souillés et des déjections ou excrétions ; elles ne peuvent constituer une intervention quelconque dans le traitement du malade.

« *Art. 14*. — La personne à qui a été remise la note prévue par l'article précédent peut exécuter ou faire exécuter elle-même la désinfection, à la condition de prendre, sur une formule qui est mise à sa disposition par l'agent, l'engagement :

« 1° De se conformer exactement, pendant le cours de la maladie, aux instructions du Conseil supérieur d'hygiène publique de France, approuvées par le Ministre de l'intérieur, et dont un exemplaire lui est remis ;

« 2° De se soumettre, dans l'exécution des mesures prises, au contrôle de l'agent du Service public, qui ne pourra se présenter au domicile du malade plus d'une fois par jour ;

« 3° D'avertir sans délai le maire, le cas échéant, du transport du malade hors de son domicile ;

« 4° D'aviser le maire de la première sortie du malade après sa guérison, en vue de l'application de l'article 15 du présent décret.

« *Art. 15*. — En cas de transport du malade hors de son domicile, après la guérison, ou en cas de décès au cours ou à la suite d'une des maladies mentionnées à la première partie de la liste arrêtée par le décret du 10 février 1903, la désinfection totale des locaux occupés personnellement par le malade et des objets qui ont pu être contaminés pendant la maladie doit être opérée sans délai.

« Art. 16. — Le maire, prévenu, soit par l'avis donné en exécution des 3° et 4° de l'article 14, soit par la déclaration de décès, informe le chef de poste dans la circonscription duquel se trouve le domicile à désinfecter ; le chef de poste adresse à la personne désignée à l'article 12 un avis faisant connaître au moins douze heures à l'avance le moment où il sera procédé aux mesures de désinfection. Un pareil avis est adressé, en cas de décès, aux héritiers, s'ils habitent la commune et sont connus de l'administration.

« Le délai de douze heures ci-dessus pourra être abrégé par une décision motivée du maire.

« A défaut d'une des personnes énumérées à l'article 12 et en l'absence des héritiers, le maire prend les mesures nécessaires pour que les objets contenus dans le local à désinfecter ne soient ni détournés, ni détériorés.

« Art. 17. — Sauf le cas d'urgence constaté par un arrêté du maire ou, à son défaut, par un arrêté du préfet, les personnes énumérées à l'article 12 du présent décret ou les héritiers peuvent exécuter ou faire exécuter par leurs soins la désinfection, à la condition de prendre par écrit, sur une formule qui leur est remise par le Service public, l'engagement :

« 1° De faire opérer la désinfection sans délai, et conformément aux instructions du Conseil supérieur d'hygiène publique de France, approuvées par le Ministre de l'intérieur, et dont un exemplaire leur est remis ;

« 2° De prévenir au moins douze heures à l'avance le chef de poste du moment où l'opération doit avoir lieu ;

« 3° De se soumettre, dans l'exécution des mesures prises, au contrôle de l'agent du service public, qui s'assurera sur place si les opérations sont exécutées dans les conditions techniques formulées par le Ministre de l'intérieur après avis du Conseil supérieur d'hygiène publique et, spécialement, quand il est fait usage d'appareils, s'ils fonctionnent dans les conditions imposées par le certificat de vérification prévu au décret du 7 mars 1903.

« Art. 18. — S'il résulte des constatations faites par les agents que les engagements pris en vertu des articles 14 et 17 du présent décret n'ont pas été tenus, ou que la désinfection a été opérée par les particuliers ou par leurs soins d'une façon insuffisante, le maire prescrit immédiatement l'exécution, par le Service public, des mesures indispensables.

« Art. 19. — Si, au cours de la désinfection, la destruction d'un objet mobilier est jugée nécessaire par le Service, il y est procédé sur l'ordre du maire. En cas de refus du maire, le préfet statue.

« Art. 20. — Il est dressé un état descriptif et estimatif des objets à détruire par le chef de poste ou l'agent qui s'est rendu à domicile, contradictoirement avec le propriétaire de l'objet ou l'une des personnes désignées à l'article 12. Cette personne peut être remplacée par un héritier s'il s'agit d'une désinfection après décès.

« En cas de refus d'une des personnes ci-dessus énumérées de concourir à la rédaction de l'état ou en cas d'impossibilité de le dresser contradictoirement, le chef de poste ou l'agent mentionne l'une ou l'autre de ces causes dans un procès-verbal auquel il joint l'état dressé par lui seul.

« L'état et, s'il y a lieu, le procès-verbal sont déposés à la mairie et communiqués en duplicata au sous-préfet si le Service est départemental. Si une indemnité est réclamée, la demande est adressée, suivant le cas, au maire ou au sous-préfet.

« Art. 21. — Si le maire reçoit la déclaration d'une des maladies mentionnées à la seconde partie de la liste arrêtée par le décret du 10 février 1903, il avertit le chef de poste, lequel est tenu de se mettre immédiatement à la disposition du malade ou de sa famille, pour assurer la désinfection dans les conditions prescrites par le Conseil supérieur d'hygiène publique. »

Art. 6. — La désinfection est pratiquée conformément aux instructions approuvées par le Conseil supérieur d'hygiène publique de France à la date du 18 février 1907.

Taxes.

Art. 7. — Les taxes de remboursement prévues par le paragraphe 4 de l'article 26 de la loi du 15 février 1902 sont établies proportionnellement à la valeur locative de l'ensemble des locaux d'habitation dont dépend la pièce occupée par le malade, et suivant le tarif ci-après :

Dans les communes de moins de 5.000 habitants, 3 pour 100.

Dans les communes de 5.000 à 20.000 habitants, 2,50 pour 100.

Si la taxe à percevoir en vertu de ce tarif dépasse trente francs par pièce soumise à la désinfection totale, elle est réduite d'office à ce maximum.

La taxe est applicable quel que soit le mode de désinfection des locaux ou des objets qu'ils renferment, que ces derniers soient désinfectés sur place ou au dehors.

Elle comprend l'ensemble des opérations occasionnées par la même maladie ; néanmoins, si la maladie excède une période de six mois, la taxe ne comprend que les opérations effectuées au cours de cette période et elle est renouvelable pour chaque période nouvelle de six mois.

Elle comprend également les frais de transport.

Dans le cas où la désinfection des objets est demandée indépendamment de celle des locaux, la taxe est réduite à la moitié de ce qu'elle eût été si la désinfection avait porté également sur le local ayant renfermé lesdits objets.

Sur la demande des intéressés, le Service peut effectuer de nuit la désinfection totale prévue par l'article 15 du décret du 10 juillet 1906. Dans ce cas, l'opération donne lieu à une redevance supplémentaire montant à 50 pour 100 de la taxe.

Pour la désinfection des chambres d'hôtels garnis, ainsi que des loges de concierges, des chambres de domestiques et des chambres individuelles d'ouvriers logés chez leurs patrons, lorsque ces loges ou chambres font partie d'une habitation collective, la taxe est réduite à une somme fixe de cinq francs, due par les gérants, propriétaires, maîtres ou patrons.

En dehors de ces cas, ces taxes sont dues par le malade ou, en cas de décès, par les héritiers.

Les désinfections qui seront demandées au Service dans les cas autres que ceux qui entraînent une obligation légale, donneront lieu à l'application des mêmes tarifs.

La désinfection est gratuite pour les indigents inscrits sur la liste d'assistance médicale gratuite.

Dans les cas où il s'agit d'établissements charitables ou scolaires, elles sont à la charge de ces établissements et sont fixées à cinq francs par cent mètres cubes.

Les taxes sont établies sur des états, d'après les feuilles dressées par le chef de poste et certifiées par le délégué de la Commission sanitaire.

Le montant des taxes, porté en recette aux budgets municipaux et départementaux, est déduit des dépenses de fonctionnement du Service avant leur répartition entre les communes, le département et l'Etat, dans les conditions prévues par la loi du 15 février 1902 (art. 26), complétée par la loi du 22 juin 1906.

Art. 8. — MM. les Sous-Préfets et Maires, M. le Directeur du Service départemental de la désinfection, MM. les Délégués sanitaires et Chefs de postes sont chargés, chacun en ce qui le concerne, de l'exécution du présent règlement qui sera inséré au *Recueil des actes administratifs de la Préfecture.*

Grenoble, le 1er juin 1909.

Le Préfet,
Henry Boncourt.

DOCUMENTS MUNICIPAUX

I. — Ville de Lyon. Réorganisation du Bureau municipal d'Hygiène.

II. — Ville de Lyon. Réorganisation du Service municipal de désinfection.

III. — Ville de Lyon. Règlement sanitaire.

IV. — Ville de Grenoble. Règlement sanitaire.

V. — Ville de Grenoble. Règlement du Bureau municipal d'Hygiène (Réorganisation).

VI. — Ville de Grenoble. Réorganisation du Service municipal de la désinfection (projet de règlement).

I

VILLE DE LYON

RÉORGANISATION DU BUREAU MUNICIPAL D'HYGIÈNE

ARRÊTÉ

Le Maire de la ville de Lyon ;
Vu la loi du 15 février 1902, relative à la protection de la santé publique ;
Vu le décret du 27 juillet 1903, portant règlement d'administration publique sur la vaccination et la revaccination ;
Vu le décret du 3 juillet 1905, portant règlement d'administration publique pour déterminer, en vertu des articles 16, 26 et 34 de la loi du 15 février 1902, les conditions d'organisation et de fonctionnement des Bureaux municipaux d'hygiène ;
Vu la loi du 22 juin 1906, modifiant l'article 26 de la loi du 15 février 1902, ainsi que la circulaire de M. le Président du Conseil, Ministre de l'intérieur, en date du 29 janvier 1907, concernant la répartition entre l'Etat, les départements et les communes des dépenses occasionnées par l'application des mesures de protection de la santé publique ;
Vu la délibération du Conseil municipal du 27 mai 1890, et l'arrêté municipal du 20 décembre suivant, qui ont créé un Bureau d'hygiène à Lyon ;
Vu la délibération du 3 juin 1907, concernant la réorganisation de ce service ;
Vu la loi du 5 avril 1884 ;
Considérant qu'il y a lieu, conformément aux instructions

ministérielles, de réorganiser ledit Bureau sur des bases en harmonie avec les dispositions des lois et décrets susvisés ;

Arrête :

ARTICLE PREMIER. — Le Bureau municipal d'hygiène de Lyon constituera, conformément à la loi, un service municipal chargé, sous la direction et l'autorité du Maire, de l'application de toutes les mesures se rapportant à la protection de la santé publique.

Il sera régi, quant au personnel, aux attributions, au mode de fonctionnement et aux ressources matérielles et financières, par les dispositions contenues dans les articles ci-après :

TITRE PREMIER. – Personnel.

ART. 2. — Le Directeur du Bureau d'hygiène sera nommé par le Maire, dans les conditions de l'article 2 du décret du 3 juillet 1905, et la circulaire de M. le Ministre de l'intérieur du 23 mars 1906.

ART. 3. — Le Bureau d'hygiène comprendra, comme personnel technique permanent, attaché à titre exclusif à ce service, savoir :

Un Directeur.
Un Sous-Directeur.
Un Architecte.
Un Commis d'architecte (dessinateur).
Un Contrôleur.
Un Inspecteur principal des vidanges.
Deux Inspecteurs ordinaires (vérificateurs experts).
Six Contrôleurs.
Un Contrôleur auxiliaire.
Un Médecin chef de laboratoire.
Un Garçon de laboratoire.

Il comprendra enfin comme personnel de bureau :

Un Secrétaire économe.
Trois expéditionnaires.
Un Garçon de bureau.
Un Concierge.

ART. 4. — Le Bureau d'hygiène utilisera, pour certains besoins spéciaux, et notamment pour la conduite de la voiture d'ambulance, pour la distribution du lait stérilisé et pour les soins à donner aux veaux vaccinifères :

Un cocher du service des Transports.

Deux cochers du service d'Incendie.

Un palefrenier du service des Inhumations.

Il collaborera, d'autre part, avec d'autres services, tels que ceux de l'Inspection de la boucherie, du Laboratoire municipal, de l'Inspection des denrées alimentaires, des Services de la voirie et des eaux, pour l'application des mesures sanitaires rentrant dans les attributions respectives de ces divers services.

Art. 5. — Le personnel attaché, à quelque titre que ce soit, au Bureau d'hygiène, est nommé par le Maire et soumis aux conditions du règlement général du personnel des services municipaux. Toutefois, cette disposition ne sera pas applicable au Directeur.

En outre, le personnel médical devra être pourvu du certificat d'hygiène délivré par l'Université de Lyon.

TITRE II. — Attributions.

Art. 6. — Le Bureau municipal d'hygiène est plus spécialement chargé de l'application des diverses mesures sanitaires auxquelles la circulaire ministérielle, ci-dessus visée, du 23 mars 1906, attribue le caractère d'obligation et qui sont énumérées ci-après :

1° *Mesures sanitaires concernant les individus.*

a) Réception des déclarations des cas de maladies transmissibles ou contagieuses, contrôle de la prophylaxie et de l'isolement.

b) Contrôle de l'exécution du règlement sanitaire municipal.

c) Vaccination et revaccination obligatoires en tant qu'elles relèvent de l'autorité municipale.

d) Surveillance des hôtels et logements loués en garni, au point de vue de la salubrité.

e) Statistique des cas de maladies transmissibles et contagieuses.

f) Application du règlement relatif au service de la désinfection.

2° *Mesures sanitaires concernant les immeubles.*

a) Contrôle de l'exécution du règlement sanitaire municipal.

b) Permis de construire (application de l'article 2 de la loi du 15 février 1902).

c) Assainissement des immeubles insalubres.

d) Surveillance des eaux d'alimentation provenant de puits.
e) Surveillance des fosses d'aisance, puisards, etc.
f) Casier sanitaire des immeubles.

3° *Mesures sanitaires concernant l'ensemble de la ville.*

a) Assainissement général de la ville et de la voie publique.
b) Contrôle de la distribution publique d'eau potable.
c) Contrôle du service des égouts.
d) Carte sanitaire de la commune.

Art. 7. — Le Bureau d'hygiène aura également, dans ses attributions, les services suivants :

a) Hygiène du premier âge : crèches municipales, consultations de nourrissons, distribution de lait stérilisé.

b) Hygiène scolaire : inspection médicale des écoles municipales, service ophtalmologique et dentaire de ces écoles, dispensaire médico-pédagogique et colonies scolaires de vacances.

c) Certificats d'aptitude physique pour le travail (art. 2 de la loi du 5 novembre 1884).

d) Conditions d'installation et surveillance des établissements dangereux, incommodes ou insalubres.

e) Ambulance urbaine et boîtes de secours.

f) Statistique démographique.

Art. 8. — Au Bureau d'hygiène sera annexé un laboratoire de microbiologie.

TITRE III. — Mode de fonctionnement.

Art. 9. — L'exercice des diverses attributions conférées au Bureau d'hygiène sera assuré dans les conditions et conformément à la répartition indiquées aux articles ci-après.

Art. 10. — *Salubrité des immeubles.* — Le Bureau d'hygiène aura à s'occuper de tout ce qui touche à la salubrité des immeubles.

A ce titre, il sera chargé de l'instruction des plaintes en insalubrité de logements adressées à la Mairie, de la vérification des mesures sanitaires ordonnées dans ces logements par application des articles 12 et suivants de la loi du 15 février 1902, et de la constatation des infractions aux arrêtés du Maire prescrivant des travaux ou portant interdiction d'habiter.

Il sera chargé également de l'instruction des demandes de permis de construire prévus par l'article 11 de la susdite loi et par l'article 51 du règlement sanitaire.

Il veillera à l'exécution des articles du règlement sanitaire visant la salubrité des immeubles et notamment des articles suivants du titre II :

1 à 25 (règles générales de la salubrité des immeubles); 28 (mode de construction des puits); 31 à 38 (évacuation des eaux pluviales et ménagères); 53 (locaux à usage collectif).

Avec le concours du service des eaux, il assurera l'observation de l'article 17 du titre Ier : (emploi de l'eau de la ville dans les commerces de l'alimentation), et des articles 26 et 27 du titre II : (alimentation en eau des immeubles et réglementation de réservoirs d'eau potable).

Enfin, il collaborera avec les services de police et de voirie à l'application des articles 50 (salubrité des voies privées) et 52 (entretien des habitations), et veillera à l'application des mesures prescrites par les articles 39 à 49 du règlement (évacuation des eaux usées).

Le personnel du service d'inspection des fosses d'aisance sera plus spécialement chargé de l'observation de ces mêmes articles dans les constructions neuves et, dans celles existantes, des articles 41, 42, 43, 46 et 48 du règlement sanitaire. Il fera respecter l'article 18, titre Ier dudit règlement, interdisant l'arrosage des légumes avec des matières de vidange, ainsi que toutes les mesures sanitaires prescrites par les divers arrêtés municipaux et notamment par l'arrêté du 8 février 1879 concernant le service des vidanges (coulage).

Art. 11. — *Prophylaxie des maladies contagieuses.* — *Casier sanitaire des immeubles et carte sanitaire de la commune.* — Le Bureau d'hygiène aura à veiller à l'application des dispositions générales contenues dans les articles 1 à 9 (préservation des maladies transmissibles), et 12 à 16 (mesures générales de prophylaxie), du titre Ier du règlement sanitaire, ainsi que des dispositions spéciales visant les garnis et autres logements en commun (articles 2 § 3, 4, 5 et 9, § 3 du titre II).

Il sera également chargé de faire tenir à jour la liste des déclarations de maladies contagieuses, adressées au Maire, en vertu de l'article 5 de la loi du 15 février 1902.

Les déclarations de maladies contagieuses qui auront provoqué les mesures de désinfection, ainsi que tous les renseignements qui auront été recueillis sur place à l'occasion de l'application de ces mesures seront mis à profit par le Bureau d'hygiène, en vue de l'établissement du casier sanitaire des immeubles.

Dans le même but, les plans des constructions neuves dont le Bureau d'hygiène aura été mis en possession pour la délivrance des permis de construire, de même que les résultats des enquêtes faites par ce service et les rapports indiquant les mesures à prescrire dans les immeubles signalés comme insalubres, seront réservés pour faire partie intégrante du casier sanitaire de ces immeubles.

Enfin, les renseignements fournis par ce casier serviront à établir chaque année une carte sanitaire de la ville.

Art. 12. — *Vaccination antivariolique.* — Des séances publiques de vaccination gratuite, auxquelles seront admises toutes les personnes ayant leur domicile réel à Lyon, auront lieu au Bureau d'hygiène tous les jours non fériés, de 2 à 4 heures du soir. Indépendamment de ces séances régulières, des séances supplémentaires seront tenues toutes les fois que l'affluence du public le rendra nécessaire, notamment en cas d'épidémie de variole.

Ce service aura à veiller, en particulier, à ce que les enfants et les jeunes gens portés sur les listes de vaccination prescrites par l'article 6 du susdit décret et établies par les mairies d'arrondissement, conformément à l'article 11, titre Ier, du règlement sanitaire, soient vaccinés en temps voulu.

Il fera mentionner sur ces listes les résultats obtenus, surveillera la délivrance des certificats de vaccination et fera dresser procès-verbal contre les parents ou tuteurs qui, malgré un avertissement individuel, persisteraient à ne pas se conformer à la loi.

Enfin, il fera établir, en temps utile, les copies des listes de vaccination et des états récapitulatifs prévus dans la circulaire ministérielle du 25 janvier 1907.

Art. 13. — *Hygiène générale de la ville.* — Le Bureau d'hygiène devra s'attacher d'une façon toute particulière à l'étude et à la réalisation de toutes les mesures se rapportant à l'assainissement général de la ville et de la voie publique.

A ce point de vue il sera chargé de la surveillance des établissements dangereux, incommodes ou insalubres et, le cas échéant, signalera les infractions commises par les propriétaires de ces établissements aux conditions de leurs arrêtés d'autorisation, ainsi que les dangers pouvant en résulter pour l'hygiène et la salubrité publiques.

Il sera chargé, d'autre part, du contrôle de la distribution publique d'eau potable et de la surveillance des eaux d'alimentation provenant de puits (articles 28 et 30 du règlement sanitaire). Il utilisera, pour ce double objet, le Laboratoire de microbiologie annexé au Bureau d'hygiène et se concertera avec le Laboratoire municipal de chimie pour les analyses complémentaires dont il pourrait avoir besoin.

Il sera également chargé de tout ce qui touche à l'évacuation des eaux usées et au service des égouts, et en particulier des études concernant la suppression des fosses fixes, l'évacuation par des canalisations spéciales des matières de vidanges et l'utilisation ou la transformation de ces matières.

Concurremment avec le service municipal de la voirie, il aura à rechercher le meilleur mode d'enlèvement et d'utilisation des ordures ménagères.

Enfin, il pourra être consulté par les divers services municipaux sur toutes les questions ayant des rapports plus ou moins directs avec la protection de la santé publique (travaux publics en général, constructions d'écoles, marchés publics, abattoirs, etc.).

ART. 14. — *Hygiène du premier âge.* — Le Bureau d'hygiène aura parmi ses attributions facultatives la direction des crèches municipales installées dans les divers quartiers de la ville, ainsi que du service de stérilisation du lait installé à la vacherie municipale du parc de la Tête-d'Or.

Ce service des crèches et celui de la stérilisation du lait seront placés sous la surveillance immédiate du sous-directeur chargé de la vaccination, lequel aura, en outre, à assurer le service des consultations de nourrissons.

Ces consultations auront lieu une fois par semaine dans chaque crèche. Elles seront données non seulement aux enfants reçus dans les crèches, mais à tous les bénéficiaires du lait stérilisé.

Ces bénéficiaires devront être présentés au moins une fois par mois à la consultation, afin de permettre au médecin de se rendre compte de leur état et d'indiquer la quantité de lait à attribuer à chaque enfant pendant le mois suivant.

ART. 15. — *Hygiène scolaire.* — Chaque médecin inspecteur

procèdera, au moins une fois par mois, à la visite de toutes les écoles comprises dans sa circonscription. Il fera connaître, dans des rapports adressés au Directeur du Bureau d'hygiène et par celui-ci au maire, ses observations sur l'état sanitaire de ces écoles et sur les défectuosités hygiéniques qu'il aurait constatées au cours de ses visites.

De leur côté, les Directeurs et Directrices d'écoles publiques ou privées seront tenus d'adresser au Bureau d'hygiène les bulletins signalant les enfants malades, la nature de la maladie, etc.

Les renseignements contenus dans ces bulletins seront mis à profit par les médecins inspecteurs pour enrayer, dès le début, les épidémies qui viendraient à se déclarer dans une école.

Ce service d'inspection sera complété par un service ophtalmologique et par un service dentaire.

Les médecins ophtalmologistes donneront au Bureau d'hygiène des consultations gratuites aux élèves des écoles municipales, tous les jours non fériés de 9 heures à 11 heures du matin.

Le médecin dentiste procédera tous les jeudis aux mêmes lieu et heures à l'examen de la dentition des enfants qui lui seront présentés. Il fera également les petites opérations dentaires.

Enfin un dispensaire médico-pédagogique, ayant pour but l'amélioration des enfants anormaux fonctionnera tous les jeudis de 3 à 5 heures du soir, à l'Hôtel municipal, rue de la Tunisie, 7.

Le Bureau d'hygiène sera également chargé de l'organisation et de la surveillance des « Colonies scolaires de vacances » instituées en faveur des enfants débiles ou anémiés des écoles municipales.

Il délivrera enfin aux enfants de ces écoles les certificats d'aptitude physique prévus par l'article 2 de la loi du 2 novembre 1892.

ART. 16. — *Ambulance urbaine et boîtes de secours.* — Le Bureau d'hygiène sera chargé de l'entretien, sur différents points de la Ville, des boîtes de secours servant à donner les premiers soins aux personnes blessées sur la voie publique.

Il sera également chargé, concurremment avec le service de secours contre l'incendie, du fonctionnement de l'ambulance urbaine.

Le service de la voiture d'ambulance sera fait par un cocher du service d'incendie et par un infirmier pris, par roulement, parmi les trois employés attachés au Service de la désinfection.

La voiture d'ambulance est destinée exclusivement à transporter à l'hôpital de leur domicile ou à l'hôpital le plus proche les malades et blessés recueillis sur la voie publique.

Un service de transport des malades atteints de maladies contagieuses complètera ultérieurement le service actuel de l'ambulance urbaine.

ART. 17. - *Statistique démographique. — Partie administrative.* — Le Bureau d'hygiène devra s'occuper de la tenue des registres, de la perception des recettes telles que les taxes de désinfection, du paiement des menues dépenses, en un mot de toute la partie administrative du service.

Il sera en outre chargé de l'établissement de la statistique démographique. Il surveillera enfin l'application de l'article 10 du règlement sanitaire, visant le délai dans lequel doivent être faites les déclarations de décès.

ART. 18. — Le Bureau d'hygiène sera installé rue Bât-d'Argent, 21, au rez-de-chaussée et aux 1er et 2e étages de l'immeuble dont la Ville s'est assuré la disposition et qui comprennent : six locaux affectés au bureau du directeur, au bureau du personnel, au laboratoire de microbiologie, à la bibliothèque.

ART. 19. — Le budget de la ville de Lyon ne possédant ni ressources spéciales, ni ressources ordinaires sur lesquelles pourraient être imputées les dépenses résultant de l'application du présent arrêté, ces dépenses seront couvertes au moyen des ressources provenant exclusivement de l'impôt.

La comptabilité des divers crédits destinés à assurer le fonctionnement du Bureau d'hygiène sera tenue de façon à faire ressortir, à part, à la clôture de chaque exercice, le montant des dépenses ayant un caractère obligatoire.

Lyon, le 1er février 1908.

Le Maire de Lyon,
Edouard HERRIOT.

Par lettre du 18 juillet 1908, adressée à M. le Préfet du Rhône, M. le Président du Conseil, Ministre de l'intérieur, a fait connaître qu'il avait approuvé l'arrêté qui précède, portant réorganisation du Bureau d'hygiène.

II

Application de la loi du 15 février 1902.

RÉORGANISATION DU SERVICE MUNICIPAL DE DÉSINFECTION

ARRÊTÉ

Le Maire de la ville de Lyon,

Vu la loi du 15 février 1902, relative à la protection de la santé publique, notamment les articles 7, 19, 20, 26 et 33 ;

Vu le décret du 10 février 1903 ;

Vu le décret du 10 juillet 1906, portant règlement d'administration publique sur les conditions d'organisation et de fonctionnement des Services municipaux et départementaux de désinfection ;

Vu les circulaires ministérielles des 28 juillet 1906 et 18 mars 1907 ;

Vu le règlement sanitaire de la ville de Lyon ;

Vu le rapport de M. le Directeur du Bureau municipal d'hygiène de Lyon ;

Vu la délibération du Conseil municipal de la ville de Lyon en date du 27 avril 1908 ;

Vu la loi du 5 avril 1884 ;

Arrête :

TITRE I. — Organisation.

ARTICLE PREMIER. — Le Service municipal de désinfection existant déjà dans la ville de Lyon est réorganisé conformément aux prescriptions de la loi du 15 février 1902. Ce service est strictement limité à l'ensemble de la commune de Lyon.

ART. 2. — Ce service est placé sous la direction et la responsabilité du Directeur du Bureau municipal d'hygiène.

Il sera momentanément assuré par un poste unique de désinfection ayant son siège central au Bureau municipal d'hygiène, rue du Bât-d'Argent, 21.

Art. 3. — Le personnel technique du Service municipal de désinfection est composé de la façon suivante :

Un chef de poste, un chef d'équipe, un chef de poste adjoint, un mécanicien, trois infirmiers désinfecteurs.

Art. 4. — Le matériel affecté au poste de désinfection comprend :

Une étuve fixe à vapeur sous pression système Geneste Herscher.

Une étuve mobile à vapeur sous pression système Geneste Herscher. Une étuve mobile à vapeur sous pression système Geneste Dehaître.

Les étuves à vapeur sous pression seront remplacées lorsqu'il y aura lieu par des étuves au formol ou de tout autre système réalisant les desiderata les plus récents de l'hygiène prophylactique.

Pulvérisateurs pour solutions antiseptiques.

Un Formolateur combiné Hélios.

Un appareil à dégagement de vapeur d'ammoniaque.

Un désinfecteur au Forcématone (système Fournier), sa naphteuse et ses accessoires.

Dix cuves de trempage (récipients à immersion) ou lessiveuses.

Vêtements de toile avec couvre-chefs (pour désinfecteurs) accessoires divers (sacs en toile, brosses, éponges, pinceaux, bandes de papier gommé, etc.).

(Ce matériel pourra être augmenté ou modifié selon les nécessités du service sur la proposition de M. le Directeur du Bureau d'hygiène et après avis du Conseil municipal et du Conseil départemental d'hygiène ou de la Commission sanitaire.)

Art. 5. — Le chef de poste est l'agent direct d'exécution chargé soit de la conduite des opérations de désinfection à domicile ou à l'étuve fixe, en l'absence du chef d'équipe, soit du contrôle de ces opérations, lorsque celles-ci sont pratiquées par la famille du malade, son entourage, ou par des services privés.

Le chef de poste est assermenté; il inscrit journellement sur un registre *ad hoc* toutes les opérations effectuées et prépare les états indispensables pour le recouvrement des taxes à percevoir.

Le chef d'équipe est plus spécialement chargé de la conduite et de la surveillance de l'équipe de désinfection ; il supplée, le cas échéant, le chef de poste.

Le chef de poste adjoint est l'aide et le collaborateur immédiat du chef de poste, particulièrement dans ses rapports avec les malades ou les personnes qui leur donnent des soins,

Le mécanicien est exclusivement chargé de la conduite des étuves qu'il doit maintenir en bon état d'entretien et de fonctionnement.

Les infirmiers-désinfecteurs exécutent d'après les ordres et sous la surveillance du chef de poste ou du chef d'équipe toutes les opérations de désinfection.

Art. 6. — Chaque semestre, il est dressé par les soins du Bureau d'hygiène et à l'aide des pièces justificatives fournies par le chef de poste un état détaillé des opérations du Service de la désinfection qui, après avoir été approuvé par lui, sera transmis par M. le Maire de Lyon à M. le Préfet du Rhône (art. 3 du Décret du 10 juillet 1906.

TITRE II. — Fonctionnement.

Art. 7. — Le Service de la désinfection est chargé de l'exécution sous les réserves indiquées aux articles 14 et 17 du décret du 10 juillet 1906, dans toute l'étendue de la commune de Lyon, des mesures de désinfection pour tous les cas de maladies transmissibles dont la déclaration et la désinfection sont obligatoires en vertu de l'article Ier § Ier du décret du 10 février 1903.

Le service est également chargé de l'exécution des mesures de désinfection pour tous les cas de maladies dont la déclaration n'est que facultative, en vertu de l'article Ier § 2 du décret précité, au même titre que pour les maladies à déclaration obligatoire, mais seulement après entente avec les intéressés.

Art. 8. — La désinfection doit être obligatoirement effectuée :

1° Dès de le début de la maladie et pendant tout son cours ; elle porte alors essentiellement sur les linges et effets contaminés et sur les déjections et excrétions du malade (art. 13 § 3 du décret du 10 juillet 1906) ;

2° Après la terminaison de la maladie ou après e transport du malade hors de son domicile ; elle s'applique alors à l'ensemble des locaux qui ont été occupés par lui ou par des objets, linges et effets contaminés.

Art. 9. — Aussitôt reçue la déclaration d'une des maladies rendues obligatoirement déclarables par le décret du 10 février 1903, le chef de poste se rend au domicile du malade (cette visite ne peut avoir lieu que le jour) et remet à l'une des personnes visées par l'article 12 du décret du 10 juillet 1906 : principal occupant, chef de famille ou d'établissement, conjoint, ascendant, plus proche parent du malade ou, à défaut, toute personne résidant avec lui ou lui donnant des soins, une note imprimée, conforme au modèle arrêté par M. le Ministre de l'intérieur, rappelant l'obligation de la désinfection et reproduisant les pénalités prévues par la loi et le tarif de la désinfection ; il procède ensuite conformément aux instructions des articles 13, 14 et, si cela est reconnu nécessaire, des articles 15 et 16 du décret du 10 juillet 1906, en ayant soin notamment de faire connaître aux intéressés, **au moins douze heures à l'avance, le moment précis où il sera procédé aux mesures de désinfection totale**, au cas où cette désinfection doit être opérée par service municipal, sauf cependant, en cas d'urgence, où le délai peut être abrégé par arrêté du maire (art. 16 § 2 du décret du 10 juillet 1906).

Art. 10. — Au cas où une maladie à déclaration facultative est signalée au maire par un médecin, le chef de poste doit s'entendre avec le malade ou sa famille pour pratiquer la désinfection.

Art. 11. — Si, au cours de la désinfection, la destruction d'un objet mobilier est jugée nécessaire par le service, il y est procédé sur l'ordre du maire, conformément aux prescriptions de l'article 20 du décret du 10 juillet 1906 et après que les formalités indiquées à l'article 8 § 2 du titre Ier du règlement sanitaire de la ville de Lyon auront été remplies.

TITRE III. — Taxes.

Art. 12. — Les taxes de remboursement des opérations de désinfection prévues par l'article 26 de la loi du 15 février 1902 sont fixées pour toute l'étendue de la commune de Lyon :

A 1 fr. 50 pour 100 de la valeur locative de l'ensemble des locaux d'habitation dont dépend la pièce occupée par le malade.

Si toutefois la taxe à percevoir excède 30 francs par pièce soumise à la désinfection totale, elle est réduite d'office à cette somme (art. 22 § 3 du décret du 10 juillet 1906).

Pour l'établissement de la taxe, on négligera dans les calculs la fraction de valeur locative inférieure à 10 francs.

En ce qui concerne les opérations de désinfection pratiquées dans des établissements charitables ou scolaires, la taxe est réduite à 0 fr. 50 pour 100 de la valeur locative de l'ensemble des locaux.

Les autres conditions d'application du tarif seront conformes aux dispositions des articles 22 à 31 du décret sus-visé du 10 juillet 1906.

Art. 13. — Les dépenses de fonctionnement du service municipal de désinfection seront réparties entre la Ville, le département et l'État, conformément aux dispositions prévues à l'article 26 de la loi du 15 février 1902.

TITRE IV. — Pénalités.

Art. 14. — Quiconque aura commis une contravention aux prescriptions du règlement sanitaire municipal relatives à la prophylaxie des maladies transmissibles ainsi qu'à celles de l'article 7 de la loi du 15 février 1902, sera puni des peines portées à l'article 471 du Code pénal (amende de 1 à 5 francs).

Art. 15. — Seront punis d'une amende de cent à cinq cents francs et, en cas de récidive, de cinq cents à mille francs tous ceux qui auraient mis obstacle à l'accomplissement des devoirs du maire dont un des plus importants est de faire pratiquer la désinfection dans les cas prévus dans le présent arrêté (art. 29 de la loi du 15 février 1902).

Lyon, le 27 mai 1908.

Le Maire de Lyon,
Edouard HERRIOT.

Vu et approuvé après avis
du Conseil départemental d'hygiène.
Lyon, le 31 juillet 1908.
Le Préfet du Rhône,
LUTAUD.

III

ARRÊTÉ PORTANT RÈGLEMENT SANITAIRE

Le Maire de Lyon,

Vu les lois du 5 avril 1884 sur l'organisation municipale et du 15 février 1902 sur la santé publique;

Vu la délibération du Conseil municipal de Lyon en date du 26 avril 1909.

RÈGLEMENT D'HYGIÈNE GÉNÉRALE

Préservation et répression des maladies transmissibles.

Article premier. — Est obligatoire la déclaration au Maire, dans la forme et par les personnes désignées à l'article 2, des maladies dénommées :

1. Fièvre typhoïde.
2. Typhus exanthématique.
3. Variole et varioloïde.
4. Scarlatine.
5. Rougeole.
6. Diphtérie (croup et angine couenneuse).
7. Suette miliaire.
8. Choléra et maladies cholériformes.
9. Peste.
10. Fièvre jaune.
11. Dysenterie.
12. Infections puerpérales et ophtalmie des nouveau-nés, lorsque le secret de l'accouchement n'a pas été réclamé.
13. Méningite cérébro-spinale épidémique.

Est facultative la déclaration des maladies dénommées :

14. Tuberculose pulmonaire.
15. Coqueluche.
16. Grippe.
17. Pneumonie et broncho-pneumonie.
18. Erysipèle.
19. Oreillons.
20. Lèpre.
21. Teigne.
22. Conjonctivite purulente et ophtalmie granuleuse.

Art. 2. — La déclaration est obligatoire pour tout docteur en médecine, officier de santé ou sage-femme, qui constate l'existence de l'une de ces maladies, tant en ce qui concerne les malades soignés à domicile que ceux traités dans les hôpitaux, hospices ou dispensaires.

Elle est obligatoire pour les maîtres d'hôtel, aubergistes, logeurs en garni ou autres, maîtres de pension, directeurs d'institutions, quelles qu'elles soient, supérieurs de communautés, etc., en un mot, pour toutes personnes ayant la direction, à quelque titre que ce soit, d'une collectivité autre que la famille, en ce qui concerne les maladies frappant l'un quelconque des individus appartenant à ces collectivités.

Art. 3. — Les médecins, officiers de santé, sages-femmes devront faire la déclaration aussitôt leur diagnostic établi. Les autres personnes devront faire appeler un médecin dès que l'état de maladie aura été constaté chez l'un des membres de l'agglomération placée sous leur responsabilité. Ils déclareront immédiatement le diagnostic des médecins, s'il établit l'existence d'une des maladies énumérées à l'article premier.

Art. 4. — Les médecins, officiers de santé, sages-femmes feront leur déclaration à l'aide de cartes-lettres détachées d'un carnet à souches qui porte nécessairement la date de la déclaration, l'indication du malade et de l'habitation contaminée, la nature de la maladie désignée par un numéro d'ordre, suivant la nomenclature inscrite à la première page du carnet. Elles peuvent contenir en outre l'indication des mesures prophylactiques jugées utiles; des carnets sont mis gratuitement à la disposition de tous les docteurs en médecine, officiers de santé, sages-femmes.

Les autres personnes désignées à l'article 2 (§ 2), adresseront leurs déclarations écrites à la Mairie, en faisant connaître :

L'adresse actuelle du malade ;

La date de l'arrivée du malade dans l'établissement dont ils ont la responsabilité ;

Le lieu où il avait séjourné immédiatement avant son arrivée dans leur établissement ;

Et, s'il n'est pas soigné dans leur établissement, le lieu sur lequel il a été dirigé.

Art. 5. — Tout malade atteint d'une des maladies énumérées à l'article premier, s'il habite dans un logement collectif : hôpital, hospice, caserne, prison, communauté, collège, pensionnat, maison de retraite ou de refuge, orphelinat, patronage, internat, pension de famille, hôtel, auberge, logement en garni dans un établissement quelconque où existent des dortoirs ou chambres destinées à l'habitation commune de jour ou de nuit, sera immédiatement isolé des autres habitants du même établissement et placé dans un local absolument distinct ; les personnes qui lui donneront des soins n'auront aucune communication avec les autres habitants de l'établissement. Les agents du bureau municipal d'hygiène auront le droit de vérifier, à toute heure du jour, l'efficacité de cet isolement et de prendre les mesures nécessaires pour l'assurer.

Art. 6. — Pendant toute la durée de la maladie, sont obligatoires les précautions suivantes :

Les crachats et les déjections des malades seront jetés dans les cabinets d'aisances après avoir été noyés, pendant vingt-cinq minutes, dans une solution antiseptique. Les linges des malades seront enfermés à part, à défaut d'une enveloppe imperméable, dans un sac de grosse toile, d'où ils ne seront tirés qu'après avoir subi la désinfection prévue à l'article 7.

Art. 7. — Les mesures de désinfection sont assurées dans toute l'étendue de la commune de Lyon, pour tous les cas de maladies transmissibles énumérées à l'article premier, dans les conditions prescrites par le décret du 10 juillet 1906 et l'arrêté municipal du 27 mai 1908.

Art. 8. — Chaque fois qu'il le jugera nécessaire, le Bureau d'hygiène prescrira le mode de désinfection dans tous ces détails ; si la désinfection est faite par une entreprise privée, ces prescriptions seront obligatoires pour cette entreprise.

Le Bureau d'hygiène pourra, s'il le juge à propos, faire détruire par tel procédé qu'il choisira les objets de toute nature dont la désinfection lui semblerait impossible. Avant de réaliser cette destruction, l'estimation de ces objets, si le possesseur ne consent pas par écrit à leur destruction, sera faite par un estimateur du Mont-de-Piété ou un Commissaire-priseur.

Art. 9. — Il est interdit à tout individu atteint de variole, de scarlatine ou d'érysipèle de sortir hors de la chambre où il est isolé, de louer des livres dans les cabinets de lecture publics, de recevoir des clients dans un bureau, cabinet, magasin ou boutique, de pénétrer dans un atelier, tant que la desquamation de la peau n'est pas absolument complète.

La même interdiction est faite à tout individu atteint de la diphtérie, tant qu'il a du coryza ou de la toux.

Il est formellement interdit aux logeurs de faire coucher deux persnones dans le même lit, dans les chambres contenant plusieurs lits. Le matériel de literie devra être désinfecté au moins une fois l'an.

Art. 10. — Tout décès, quelle qu'en soit la cause, survenu avant minuit, sera déclaré au plus tard le lendemain à midi; la déclaration sera accompagnée d'un certificat médical indiquant la cause de la mort.

Cette déclaration sera faite par les soins de l'occupant légal du local dans lequel a eu lieu le décès.

Art. 11. — La vaccination antivariolique est obligatoire au cours de la première année de la vie, ainsi que la revaccination au cours de la onzième et de la vingt et unième année.

Les séances de vaccination gratuite et les séances de revision des résultats de ces opérations ont lieu tous les jours, de 2 à 4 heures, sauf les dimanches et jours fériés, dans les locaux du Bureau d'hygiène.

Les parents ou tuteurs sont tenus d'envoyer les enfants aux séances de vaccination, de les soumettre à l'opération vaccinale et à la constatation des résultats de cette opération au cours de la séance de revision. Toutefois, ils sont libres de satisfaire à leur obligation en déposant un certificat constatant la vaccination ou la revaccination de leurs enfants, avec la date et le résultat de ces opérations délivré par le médecin ou la sage-femme qui les aura pratiquées.

Les directeurs d'écoles publiques ou privées, de patronages, orphelinats, etc., feront connaître, chaque année, avant le 15 décembre, à la mairie de l'arrondissement où siège leur établissement, les noms, prénoms et dates de la naissance de tous les enfants ayant dix ans révolus à la fin de l'année et les noms et adresses des parents ou tuteurs de ces enfants.

Mesures générales de prophylaxie.

Art. 12. — Il est absolument interdit de balayer *à sec* les cours, corridors, allées, escaliers, trottoirs et toutes les parties des maisons communes à plusieurs locataires ou s'ouvrant sur la voie publique.

Le nettoyage du sol de ces divers endroits sera pratiqué par l'essuyage avec un linge humide ou le balayage avec de la sciure de bois mouillée, de façon à supprimer absolument la souillure de l'atmosphère par les poussières.

Quand il sera nécessaire de pratiquer le nettoyage des murs ou plafonds, la destruction des toiles d'araignées, le râclage des poussières déposées sur les murs, le nettoyage du sol au linge humide suivra immédiatement.

Art. 13. — Il est absolument interdit de secouer des tapis, torchons, linges, balais, plumeaux et tous objets par les fenêtres, soit sur les rues, soit sur les cours intérieures, soit dans les cages d'escaliers, à quelle heure que ce soit. Il est interdit de carder les matelas dans les cours intérieures des maisons ou sur la voie publique.

Le battage des tapis et tentures, etc., pourra être autorisé sur les berges des fleuves ou autres emplacements désignés par l'Administration, avant 10 heures du matin, et là seulement où n'existent pas des marchés de denrées alimentaires.

Le cardage des matelas pourra se pratiquer à l'air libre, sur les berges, dans les points désignés par le service d'inspection de la Voirie.

Art. 14. — Il est interdit de cracher dans les rues et les places publiques ailleurs que dans les ruisseaux ; il est absolument interdit de cracher sur le sol des gares de chemins de fer, musées, bibliothèques, théâtres, et généralement sur le sol des salles de tous les édifices publics.

Les directeurs de ces établissements seront tenus d'installer dans toutes les parties servant de lieux de passage ou de promenades, tels que corridors, salles des pas perdus, salles d'attente, halls, couloirs, promenoirs, fumoirs, etc., des crachoirs portés sur des consoles et il en sera de même pour les cages d'escaliers.

Il est absolument défendu de cracher dans les voitures publiques, tramways, omnibus, fiacres, etc.

Art. 15. — Les véhicules servant à un service public de transport particulier ou commun : bateaux, tramways, omnibus, fiacres, seront tous les jours soigneusement nettoyés. Le sol des bateaux, tramways, omnibus, sera constitué par des claies mobiles lavées tous les soirs à grande eau, ainsi que le sol qu'elles recouvrent.

Les coussins seront, avant le lavage du sol, baguettés et brossés.

Dans l'avenir, aucun coussin ne sera toléré dans les véhicules destinés au transport en commun des voyageurs, les sièges seront construits en bois ou en métal sans aucune garniture.

Art. 16. — Les voitures servant au transport du linge sale seront fermées sur tous leurs côtés par des parois solides ou des bâches imperméables. Le linge ne sera jamais transporté à l'air libre du domicile à la voiture, mais enfermé dans des sacs de toile épaisse.

Dans les lavoirs publics, les linges seront, avec les sacs les renfermant, plongés dans un liquide, et le triage ne sera fait qu'après cette immersion, les linges étant humides.

Le lavage du linge dans les cours est interdit.

Art. 17. — Tous les boulangers devront se fournir de l'eau de la Ville; il en est de même des laitiers, débitants de boissons, restaurateurs, fabricants de glace à rafraîchir, pâtissiers, confiseurs, fabricants de limonades et eaux de sels.

Les ustensiles destinés à contenir des aliments solides ou liquides seront lavés uniquement avec l'eau de la Ville.

Art. 18. — L'arrosage direct des légumes avec des eaux de vidanges est formellement interdit, il en est de même de la mise en vente des légumes arrosés par ce procédé.

Art. 19. — Les légumes avariés, les fruits pourris, mis en vente sur les marchés, la voie publique, dans les boutiques privées, ainsi que les fruits insuffisamment mûrs, lorsqu'ils seront vendus au détail, seront saisis et détruits par les soins des agents de la municipalité. Il en sera de même de tous les comestibles, gibiers, poissons, mollusques, crustacés, viandes fraîches ou conservées, dont la consommation constituerait un danger pour la santé publique.

Art. 20. — Les denrées alimentaires ne pourront être étalées sur la voie publique que recouvertes d'une gaze ou sous des cloches de verre les préservant des poussières.

RÈGLEMENT D'HYGIÈNE DES HABITATIONS [1]

Article premier. — *Règles générales de salubrité des habitations.* — Les constructions destinées à l'habitation comporteront

---

[1] Ce règlement est celui qui a fait l'objet des arrêtés en date des 17 octobre 1903 et 1ᵉʳ mai 1906, portant règlement sanitaire de la ville de Lyon, le premier modifié par arrêt du Conseil d'État en date du 15 janvier 1909.

Les dispositions nouvelles qui ont été introduites ont été extraites des règlements de voirie et de vidanges actuellement en vigueur.

des logements salubres, éclairés et aérés convenablement. Elles seront munies de moyens d'évacuation des eaux pluviales, des eaux ménagères, des matières usées, et répondront aux prescriptions du présent règlement.

Art. 2. — Toute pièce pouvant servir à l'habitation, soit de jour, soit de nuit, c'est-à-dire toute pièce dans laquelle le séjour peut être habituel de jour ou de nuit, aura une capacité d'au moins vingt-cinq mètres cubes, minimum fixé pour l'habitation d'une personne.

Toute pièce habitée de nuit par plusieurs personnes aura une capacité d'au moins quinze mètres cubes par personne.

Elle sera aérée et éclairée directement sur rue ou sur cour par une ou plusieurs baies. L'ensemble de celles-ci présentera une surface d'au moins deux mètres carrés et pour les pièces d'un cube supérieur à soixante mètres, égale au quotient de la capacité exprimée en mètres cubes par le nombre trente.

L'espace occupé par des alcôves entrera, pour chaque pièce, dans le calcul des surfaces des baies ou ouvertures.

Les jours de souffrance ne pourront jamais être considérés comme baies d'aération.

Cube de la pièce d'après le nombre de personnes :

1 personne	25 mètres cubes.	
2 —	30	—
3 —	45	—
4 —	60	—
5 —	75	—
6 —	90	—
10 —	150	—

Surface des baies d'après le cube des pièces :

2 mètres carrés jusqu'à	60 mètres cubes.	
2 m. 50 d. carrés pour	75	—
3 mètres carrés pour	90	—
3 m. 50 d. carrés pour	105	—
4 mètres carrés.	120	—
5 —	150	—
10 —	300	—

Art. 3. — *Caves.* — Les caves ne pourront servir à l'habitation

de jour ou de nuit. Elles seront toujours ventilées par des soupiraux communiquant avec l'extérieur.

Il est interdit, à l'avenir, d'ouvrir une porte ou une trappe de communication avec une cave, dans une pièce destinée à l'habitation de nuit.

Art. 4. — *Sous-sols.* — Les sous-sols destinés à l'habitation de jour auront chacune de leurs pièces aérée et éclairée au moyen de baies ouvrant sur rue ou sur cour et ayant les dimensions indiquées à l'article 2. Leur hauteur sous plafond devra être au moins de deux mètres soixante.

L'habitation de nuit est interdite dans les sous-sols.

Art. 5. — *Rez-de-chaussée et étages.* — Tout bâtiment destiné à servir d'habitation devra être établi soit sur caves ou sous-sols, soit sur un espace vide sur le rez-de-chaussée, d'au moins cinquante centimètres de hauteur et convenablement ventilé, soit, à défaut, sur une aire imperméable au-dessous du rez-de-chaussée, mais en contrehaut du sol extérieur.

Lorsque l'immeuble sera adossé à un terre-plein et lorsqu'en raison, soit de la pente de la rue, soit de toute autre cause, il y aura impossibilité d'établir le sol intérieur en contrehaut du sol extérieur, des ouvrages imperméables seront établis, de manière à interposer une couche isolante entre la terre et les parois intérieures du local.

Les murs extérieurs des locaux habités de jour et de nuit, construits en maçonnerie de moellons ou pisé de mâchefer, devront avoir une épaisseur minimum de quarante centimètres.

Art. 6. — Dans les bâtiments, de quelque nature qu'ils soient, destinés à l'habitation de jour ou de nuit, la hauteur des pièces ne sera pas inférieure aux dimensions suivantes, mesurées sous plafond : deux mètres quatre-vingts centimètres pour le rez-de-chaussée et l'étage immédiatement au-dessus; deux mètres soixante centimètres pour les autres étages.

Par dérogation aux dispositions qui précèdent, les magasins du rez-de-chaussée ayant une hauteur de cinq mètres au minimum pourront être divisés par un faux-entresol qui sera soumis aux prescriptions de l'article 2, et à la condition que celui-ci soit exclusivement affecté au service de ces magasins.

Art. 7. — A l'étage le plus élevé du bâtiment, la hauteur minima de deux mètres soixante centimètres sera mesurée à la partie la plus haute du rampant. Toute chambre lambrissée aura une surface de plafond horizontal d'au moins deux mètres. La partie lambrissée comprendra une épaisseur ou un choix de matériaux protégeant l'occupant, autant que possible, contre les variations atmosphériques

Art. 8. — *Hauteur maxima des maisons. Façades sur la rue.* — La hauteur des bâtiments bordant les voies publiques est déterminée par la largeur légale de ces voies pour les bâtiments bien alignés ou hors d'alignement, et par la largeur effective pour les bâtiments en saillie sur l'alignement.

La largeur légale des voies publiques est celle du plan d'alignement.

La hauteur de tout bâtiment sera mesurée au milieu de la façade, depuis le point de rencontre de celle-ci avec le trottoir ou le revers du pavé jusques et y compris les entablements, attiques et toutes constructions aplomb du mur de face.

La hauteur maxima des maisons est fixée de la manière suivante :

Voies de moins de quatorze mètres, hauteur de six mètres, augmentée d'une dimension égale à la largeur de la voie.

Voies au-dessus de quatorze mètres, hauteur de seize mètres cinquante, augmentée d'une dimension égale au quart de la largeur de la voie, avec un maximum de vingt-deux mètres de hauteur sur les voies de vingt-quatre mètres et au-dessus.

Largeur des voies	8 m.	Hauteur des maisons	14 m.
—	9 »	—	15 »
—	10 »	—	16 »
—	11 »	—	17 »
—	12 »	—	18 »
—	12 50	—	18 50
—	13 »	—	19 »
—	14 »	—	20 »
—	15 »	—	20 25
—	16 »	—	20 50
—	17 »	—	20 75
—	18 »	—	21 »
—	19 »	—	21 25
—	20 »	—	21 50

Largeur des voies . . 21 »   Hauteur des maisons . 21 75
—   —   . . 22 »   —   — . 22 »
      (et au-dessus)   (maximum)

Art 9. — *Dérogation exceptionnelle. Monuments et édifices monumentaux.* — Les dispositions qui précèdent ne sont pas applicables aux édifices publics.

Lorsqu'il s'agira de constructions privées se recommandant par leur caractère monumental, ou lorsque les besoins de l'art, de la science ou de l'industrie paraîtront l'exiger, l'Administration pourra, après avis conforme du Conseil municipal, autoriser des dérogations au profil réglementaire.

Art. 10. — *Façades sur cour.* — Les façades sur cour ne pourront pas avoir une hauteur supérieure à celle des façades sur rue.

Dans le cas où une cour aurait une largeur supérieure à celle de la rue, la façade sur cour pourra être de la hauteur admise pour les rues de la largeur de cette cour.

Les bâtiments dont les façades sont construites, partie sur l'alignement, partie en retrait ou fruit du mur de face, soit de toute autre manière, devront être inscrits dans le même gabarit que si la construction était entièrement à l'alignement.

Art. 11. — *Gabarit des combles.* — Des combles pourront être établis au-dessus des hauteurs fixées à l'article 8 qui précède ; leur profil sur les façades, sur les ailes et sur cour, devra être renfermé dans un arc de cercle dont le rayon sera égal à la moitié de la largeur légale ou effective de la voie publique, sans, toutefois, que ce rayon puisse être supérieur à neuf mètres ni inférieur à six mètres.

Le point de départ des arcs de cercle sera situé à l'aplomb des murs de face, et leur centre sera pris sur une horizontale passant par les sommets des façades dont la hauteur est fixée à l'article 8.

Lorsque les bâtiments auront une profondeur supérieure à la largeur de la rue, les arcs de cercles indiqués précédemment seront raccordés par deux tangentes dont l'inclinaison sur l'horizontale ne pourra être supérieure à quarante-cinq degrés.

Celles-ci compléteront, en le fermant, le profil réglementaire. Quelle que soit la forme des combles, elle devra rigoureusement être inscrite dans le périmètre ci-dessus défini, lequel constituera un gabarit qui ne pourra être excédé.

Il est fait exception pour les cages d'escaliers dont le plafond pourra être établi au même niveau que le plafond de l'étage desservi par lesdits escaliers.

Art. 12. — *La largeur de la rue est assignée par le plan d'alignement.* — La largeur de la voie publique qui sert de base pour limiter la hauteur des bâtiments, sera mesurée au-devant et au milieu de la façade à construire, en considérant non la largeur actuelle, mais celle qui est assignée par le plan d'alignement.

Art. 13. — *Maison située en face du débouché d'une rue.* — Si le débouché d'une voie publique est vis-à-vis de la façade à construire, la largeur de la rue sera prise à partir d'une ligne fictive allant de l'un à l'autre angle de ce débouché.

Art. 14. — *Maison faisant angle de deux rues.* — Si un bâtiment fait angle de deux voies publiques de largeurs différentes, la hauteur fixée pour la rue la plus large sera autorisée en retour sur la rue la moins large, dans l'étendue desservie par l'escalier de la partie en façade sur la rue principale.

Art. 15. — *Bâtiment simple entre deux rues de largeur inégale.* — Si un bâtiment simple en profondeur et de moins de vingt mètres d'épaisseur entre façades, est situé entre deux rues comportant pour les immeubles des hauteurs différentes, les deux façades pourront être arasées au même niveau et à la hauteur accordée sur la rue la plus large ; mais, dans ce cas, il ne pourra pas être fait de mansardes du côté de la rue la plus étroite ; toutefois, si le propriétaire veut établir des mansardes sur les deux rues, il pourra y être autorisé, à la condition que les corniches seront établies à une hauteur égale à la moyenne de celles autorisées sur chacune d'elles.

Art. 16. — *Bâtiment double entre deux rues de largeur inégale.* — Si le bâtiment situé entre deux rues comportant des hauteurs différentes est double en profondeur, la hauteur de chaque corps de bâtiment sera fixée d'après la largeur de la rue à laquelle il fait face.

Art. 17. — *Bâtiment simple entre deux rues de niveau très différent.* — Si un bâtiment simple en profondeur est situé entre deux rues de niveau très différent, on prendra la moitié de la différence de niveau entre l'une et l'autre rue ; cette moitié sera ajoutée à l'une des façades et retranchée à l'autre, mais à la condition expresse qu'en aucun point la hauteur réelle de la façade ne dépasse de plus de deux mètres la hauteur légale.

Art. 18. — *Bâtiment double entre deux rues de niveau très*

différent. — Lorsque le bâtiment situé entre deux rues de niveau très différent sera double en profondeur, la hauteur de chaque corps de bâtiment sera fixée séparément et mesurée à partir du trottoir de la rue sur laquelle il fait face.

Art. 19. — *Bâtiment simple entre trois rues de largeur et de niveau différents.* — Lorsqu'un bâtiment simple en profondeur sera sur trois rues de largeur et niveau différents, il sera statué sur chaque cas en appliquant les principes ci-dessus.

Art. 20. — *Bâtiment sur les rues très pentues.* — Dans les rues dont la déclivité atteindra quinze centimètres par mètre la hauteur sera mesurée à partir du point le plus bas du trottoir, mais afin de permettre au propriétaire d'utiliser son terrain, il pourra reprendre de dix mètres en dix mètres, au moins, la hauteur maxima du règlement.

Toutefois, si le propriétaire veut placer sa corniche de niveau sur toute la longueur de la façade, la hauteur sera prise sur le milieu de la façade, pourvu que celle-ci ne dépasse pas vingt mètres de longueur.

Art. 21. — *Récolement des hauteurs.* — Aussitôt que la corniche sous forget sera posée, le propriétaire ou son architecte devra demander par écrit qu'il soit procédé par le Voyer à une première vérification de la hauteur verticale du bâtiment, puis, lorsque l'étage en mansardes sera suffisamment avancé pour que l'on puisse en contrôler le profil, le propriétaire ou son architecte devra encore demander par écrit qu'il soit procédé à ce contrôle.

Les vérifications qui précèdent seront faites dans les trois jours qui suivront la demande, et le résultat en sera consigné sur le registre des constructions.

Art. 22. — *Bâtiments situés sur des voies non classées.* — Les hauteurs des bâtiments édifiés en bordure de voies privées, passages, impasses, cités et autres espaces intérieurs seront déterminées d'après la largeur de ces voies ou espaces conformément à l'article 8, réglant la hauteur des bâtiments en bordure des voies publiques.

Les articles 1, 2, 3, 4, 5, 6, 7, 9, 10, 11, 12, 13, 14, 15, 16, 17, 18, 19, 20 et 21 sont également applicables auxdits bâtiments.

Art. 23. — *Construction en dehors de la voie publique.* — 1° Il est expressément défendu, dans l'intérêt de la sûreté et de la salubrité, à tous propriétaires et locataires, de construire, reconstruire, exhausser un bâtiment quelconque, soit sur cour, soit sur impasse, soit dans un enclos, avant d'en avoir fait la déclaration et soumis les plans à l'Administration ;

2° Ils seront tenus de faire cette déclaration et de déposer au Secrétariat de la Mairie le plan et les coupes cotées des constructions projetées, vingt jours au moins avant de faire commencer les travaux ; ils devront se soumettre aux prescriptions qui leur seront faites dans l'intérêt de la sûreté publique et de la salubrité ;

3° Si l'emplacement à construire n'est traversé par aucun projet de voies publiques régulièrement approuvé, le propriétaire en sera informé sans frais ni droit de voirie :

Art. 24. — *Cours et courettes.* — Les cours sur lesquelles prennent jour et air des pièces pouvant servir à l'habitation, soit de jour, soit de nuit, auront une surface d'au moins trente mètres carrés et les vues directes prises dans l'axe de chaque baie ne seront pas inférieures à quatre mètres.

Si ces vues directes sont réduites, la surface de la cour sera augmentée en conséquence.

Art. 25. — Avec une surface moindre de trente mètres, mais ne pouvant jamais descendre au-dessous de quatre mètres, les cours ne pourront servir à aérer des pièces destinées à l'habitation ; la vue directe prise dans l'axe de chaque baie ne sera pas inférieure à un mètre soixante.

Art. 26. — Il est interdit de placer des combles vitrés au-dessus des cours et des courettes, à moins qu'il ne soit établi à la partie supérieure de ces cours et courettes, ainsi qu'à leur partie inférieure, des prises d'air constamment ouvertes, d'une surface suffisante pour assurer une ventilation efficace dans toute la hauteur.

Art. 27. — *Escaliers.* — Les escaliers seront convenablement éclairés et ventilés dans toutes leurs parties, et auront vue soit sur la rue, soit sur une cour.

Art. 28. — *Loges de concierge.* — Lorsque les loges de concierge seront établies extérieurement aux maisons, les prescriptions pour leur édification seront conformes à celles assignées pour les maisons habitables et les dimensions des cours seront comptées en déduisant les surfaces occupées par ces constructions.

Art. 29. — *Chauffage.* — Les appareils de chauffage et les conduits de fumée seront construits de telle sorte qu'il ne s'en dégage, à l'intérieur des pièces habitables, ni fumée, ni aucun gaz, pouvant compromettre la santé des habitants.

Les prises d'air des calorifères ne pourront se faire qu'à l'extérieur, sur une rue ou sur une cour.

Art. 30. — *Hauteur des cheminées au-dessus des toits.* — Les gaines de cheminées d'une maison basse joignant une maison plus élevée, quand elles seront contiguës au mur mitoyen, ou qu'elles n'en seront distantes que de un mètre quatre-vingt-dix centimètres, devront être élevées jusqu'à cinquante centimètres au moins au-dessus du toit de la maison la plus élevée.

Les cheminées servant à l'industrie devront être élevées suffisamment pour n'incommoder en aucune façon les maisons voisines.

Art. 31. — *Alimentation d'eau.* — Les maisons ayant accès sur des voies publiques ou privées parcourues par une canalisation d'eau lui seront reliées par un branchement spécial desservant tous les étages. Ce branchement devra ou bien aboutir sur chaque évier, ou bien alimenter des robinets de palier à l'usage commun des locataires de chaque étage.

Art. 32. — Les réservoirs d'eau potable auront leurs parois formées de matières qui ne puissent pas être altérées par les eaux. Le plomb en sera exclu.

Ils seront clos à leur partie supérieure, de façon que les poussières, les liquides ou toutes autres matières étrangères n'y puissent pénétrer. Néanmoins l'aération en sera assurée.

Le fonds sera établi en forme de cône renversé et la partie inférieure sera munie d'un robinet de nettoyage.

Ils seront soustraits au rayonnement solaire et éloignés des conduits d'évacuation des eaux ménagères et des matières usées.

Art. 33. — Dans les points où n'existera pas encore de canalisation d'eau, les puits pourront être utilisés après avis du Bureau d'hygiène, qui s'assurera de la salubrité de l'eau par l'analyse bactériologique et chimique et de l'isolement du puits par rapport aux cabinets d'aisances, fosses à fumiers, dépôts d'immondices, etc.

Les parois des puits seront étanches. Ils seront fermés à leur orifice et protégés contre toute infiltration d'eaux superficielles, par l'établissement d'une aire bétonnée d'un diamètre supérieur à celui du puits, hermétiquemement rejointe aux parois de celui-ci et légèrement inclinée du centre vers la périphérie.

Art. 34. — Les puits seront tenus en état constant de propreté. Il sera procédé, en outre, à leur nettoyage et à leur désinfection sur injonction du maire, après avis conforme du Bureau d'hygiène ou de l'autorité sanitaire, dans les conditions prévues à l'article 12 de la loi du 15 février 1902.

Art. 35. — Dans les maisons en bordures de rues canalisées, l'eau des puits sera exclusivement utilisée au lavage du sol, des objets non employés à l'alimentation, au pansage et à l'alimentation des animaux.

Tous les puits porteront, sur un écriteau du modèle fixé par l'Administration, l'inscription : *eau non potable, dangereuse.*

Si l'analyse bactériologique démontrait l'insalubrité d'un de ces puits, la fermeture définitive en sera la conséquence.

Cette fermeture entraînera l'obligation de les combler jusqu'au niveau du sol.

Art. 36. — *Evacuation des eaux pluviales.* — Des cheneaux et gouttières, étanches, de dimensions appropriées, recevront les eaux pluviales à la partie basse des couvertures, de façon à les diriger rapidement, sans stagnation, vers les orifices des tuyaux de descente.

L'orifice supérieur des tuyaux de descente sera muni d'une crapaudine mi-sphérique et d'un diamètre supérieur à celui des tuyaux.

Art. 37. — Il est interdit de projeter des eaux usées, de quelque nature qu'elles soient, dans les cheneaux et gouttières.

Art. 38. — Toute construction dans une rue pourvue d'égout devra être disposée de manière à conduire audit égout les eaux pluviales, ménagères et industrielles.

Les travaux seront exécutés conformément à ce qui sera prescrit par l'Administration et sous son contrôle, sans préjudice du paiement par le permissionnaire, à la Recette municipale, de la redevance qui pourrait être exigible pour les branchements à établir des maisons aux aqueducs municipaux.

Il est absolument interdit de faire écouler dans les égouts de la ville des liquides infects ou nuisibles, ainsi que les jets de vapeur et les eaux de condensation ayant une température supérieure à quarante degrés.

Art. 39. — Le sol des cours et courettes sera revêtu en matériaux imperméables, avec des pentes convenablement réglées pour diriger les eaux pluviales sur les canalisations conduisant à l'égout.

Art. 40. — Les canalisations dirigées sur l'égout seront munies, à leur origine, d'un siphon, déterminant une occlusion hermétique et permanente.

Ces siphons, dont l'entretien est à la charge du propriétaire, seront pourvus de tampons et de regards, pour rendre le nettoyage facile et rapide.

Les clapets de retenue sont interdits.

Art. 41. — Les eaux usées provenant des éviers, lavabos, baignoires, etc., etc., pourront être dirigées sur les tuyaux de descente des eaux pluviales ; mais un siphon, comportant un tampon de nettoyage, sera placé entre ces éviers, lavabos, etc..., et lesdits tuyaux de descente.

Dans toute maison, il y aura, pour chaque appartement comportant une cuisine, un évier destiné à l'évacuation des eaux ménagères.

Art. 42. — A chaque changement de direction ou de pente, il sera aménagé une tubulure ou un regard de visite facilement accessible.

Art. 43. — La projection des corps solides, débris de cuisine, vaisselle, etc., dans les conduites d'eaux ménagères et pluviales, est formellement interdite.

Art. 44. — *Évacuation des matières usées.* — *Cabinets d'aisances.* — Dans toute maison, il y aura par appartement, quelle qu'en soit l'importance, à partir de trois pièces habitables (non compris la cuisine), un cabinet d'aisances installé dans un local éclairé et aéré directement, soit sur cour ou courette, soit sur rue, soit par un système de gaine et de ventilation approuvé au préalable par le Service municipal compétent.

Art. 45. — Il sera établi également et dans les mêmes conditions, pour le service des pièces habitables louées isolément ou par groupe de deux, *un cabinet d'aisances et un robinet de palier par six pièces habitables.*

Ce cabinet commun sera fermé à clef et chaque locataire disposera d'une clef.

Art. 46. — Les cabinets d'aisances auront leurs parois revêtues de parements lisses et imperméables, susceptibles d'être facilement lavés ou blanchis à la chaux.

Le sol sera également imperméable.

Ils seront suffisamment éclairés et aérés ;

Leur baie d'aération sera établie de telle sorte qu'elle puisse rester ouverte en permanence.

Art. 47. — Les cabinets d'aisances installés dans les maisons ne communiqueront directement, ni avec les chambres à coucher, ni avec les cuisines. Cette interdiction ne s'applique pas aux cabinets dont l'usage sera exclusivement réservé aux occupants de la chambre contiguë.

Art. 48. — Tous les cabinets d'aisances seront munis d'une cuvette en porcelaine ou en grès vernissé. Les tuyaux d'évacuation des cuvettes seront fermés hydrauliquement, de manière à supprimer toute communication avec les tuyaux de descente, et les siphons seront remplis d'eau propre.

Dans tous les immeubles qui ont actuellement, ou qui obtiendront par la suite la permission de déverser à l'égout les produits des cabinets d'aisances, tous ces cabinets devront être munis de réservoirs de chasse automatiques.

Art. 49. — Les chutes des cabinets d'aisances, avec leurs branchements, ne pourront être placées sous un angle supérieur à quarante-cinq degrés avec la verticale.

La projection des corps solides, débris de cuisine, vaisselle, etc., dans les tuyaux de chute, est formellement interdite.

Il sera établi, parallèlement au tuyau de chute, un tuyau d'évent. Le tuyau d'évent, ainsi que les tuyaux de chute, seront prolongés au-dessus des parties les plus élevées de la construction, ainsi que des constructions contiguës.

Les orifices supérieurs des tuyaux de chute ou d'évent, d'une même fosse, seront établis à des niveaux différents entre eux.

Art. 50. — *Fosses d'aisances.* — A l'avenir, tous les bâtiments publics ou particuliers de la ville de Lyon devront être munis de fosses d'aisances, établies dans les conditions prescrites par le présent arrêté.

Tout propriétaire construisant une maison nouvelle devra demander à l'Administration une autorisation spéciale pour l'établissement des fosses d'aisances.

Cette autorisation indiquera les conditions que le permissionnaire devra remplir.

Les fosses d'aisances seront construites sur un plan circulaire, elliptique ou rectangulaire.

Il ne sera permis aucune construction de fosses d'aisances à angles rentrants, hors le seul cas où la surface de la fosse sera au moins de 4 mètres carrés de chaque côté de l'angle rentrant; et alors, il sera pratiqué une ouverture d'extraction de l'un et de l'autre côté.

Les fosses seront couvertes par une voûte en plein cintre ou qui n'en diffère que d'un tiers de rayon. Quelles que soient leurs capacités, elles ne pourront avoir moins de deux mètres de hauteur sous clé.

Le fond des fosses sera en forme de cuvette concave ayant vingt centimètres au moins d'épaisseur de béton et comportant des pentes d'au moins deux centimètres par mètre allant du périmètre vers un point situé au-dessous de l'ouverture d'extraction où se trouvera un puisard de cinquante centimètres de diamètre au moins et de soixante-quinze centimètres de hauteur.

Les murs devront avoir au moins quarante-cinq centimètres d'épaisseur et les voûtes trente-cinq centimètres.

Toutes les parois intérieures de la fosse devront être revêtues d'un enduit en mortier de ciment, de manière à être complètement étanches; les angles seront arrondis avec un rayon de dix centimètres au moins.

Il est interdit d'établir dans les fosses des compartiments ou divisions, d'y construire des piliers et d'y faire des chaînes ou des arcs en pierres apparentes.

Lorsque les fosses seront placées sous le sol des caves, celles-ci devront être en communication immédiate avec l'air extérieur, avoir au moins deux mètres de hauteur sous voûte et être assez spacieuses pour contenir quatre travailleurs et leurs ustensiles.

Si ces conditions ne peuvent être remplies ou que lesdites fosses ne puissent être modifiées, elles seront comblées à la première vidange.

L'ouverture d'extraction de la fosse sera placée, autant que possible, au milieu de la voûte. Elle aura au moins soixante-cinq centimètres de largeur et une longueur égale aux deux tiers de la hauteur de la cheminée.

Cette ouverture sera fermée par une pierre de taille, laissant un trou circulaire de soixante-cinq centimètres de diamètre au contact de l'un de ses deux petits côtés, et ce trou sera fermé par un tampon en pierre garni dans son milieu d'un anneau en fer.

Les fosses actuellement existantes, dont l'ouverture ne remplira pas les conditions ci-dessus seront comblées à la première vidange si on ne peut les modifier de manière à ce que ces conditions soient remplies.

Le tuyau de chute sera toujours vertical. Son diamètre ne pourra avoir moins de dix centimètres, ni être supérieur à seize centimètres.

Il sera en terre cuite ou en fonte, et son orifice intérieur ne pourra être descendu au-dessous de l'intrados de la voûte.

S'il communique avec la fosse au moyen d'un glacis, celui-ci ne pourra être établi sous un angle supérieur à quarante-cinq degrés avec la verticale.

Il sera établi, parallèlement au tuyau de chute, un tuyau d'évent d'au moins dix centimètres de diamètre partant de l'intrados de la voûte et qui s'élèvera jusqu'à la hauteur des souches de cheminées de la maison ou de celles des maisons contiguës, si celles-ci sont plus élevées.

Le tuyau d'évent, dans les maisons existantes, ne pourra être exigé qu'autant que l'un des murs en élévation au-dessus de la fosse devra être reconstruit ou que le tuyau pourra se placer intérieurement ou extérieurement sans altérer la décoration des maisons.

Art. 51. — Les fosses actuellement pratiquées dans des puits, puisards, égouts anciens, aqueducs ou carrières abandonnées, etc., seront comblées ou reconstruites après la première vidange.

Les fosses à compartiments ou étranglements seront comblées ou reconstruites à la première vidange, si on ne peut faire disparaître ces étranglements ou compartiments lorsqu'ils seront reconnus dangereux.

Toute fosse comblée devra avoir été, au préalable, curée à fond.

Art. 52. — Dans toutes les fosses existantes et lors de la première vidange, l'ouverture d'extraction sera agrandie si elle n'a pas les dimensions prescrites ci-dessus. Le tampon mobile sera, au besoin, agrandi et replacé dans les conditions précitées.

Au premier curage qui aura lieu, les piliers isolés établis dans les fosses seront supprimés ou reliés aux murs par un massif de maçonnerie.

Les étranglements existants dans les fosses et qui ne laisseraient pas un passage de soixante-dix centimètres au moins de largeur, seront élargis à la première vidange autant qu'il sera possible, s'ils ne sont pas considérés comme dangereux.

Lorsque le tuyau de chute communiquera avec la fosse par un couloir, celui-ci sera établi en glacis jusqu'au fond de la fosse, sous une inclinaison qui ne dépassera pas quarante-cinq degrés avec la verticale.

Toute fosse qui laisserait filtrer les eaux par les murs ou par le fond sera réparée.

Toute fosse qui ne sera pas munie d'un puisard ou dont le fond ne sera pas réglé suivant les pentes voulues, sera réparée à la première vidange pour y établir le puisard et régler les pentes du sol, en conformité des prescriptions précitées.

Lorsqu'une fosse sera en communication avec les égouts de la ville et les éviers des maisons sans que le propriétaire ait été autorisé à cet effet, ces communications seront bouchées lors de la première vidange, et ce, indépendamment des poursuites qui pourront être exercées devant les tribunaux compétents.

Art. 53. — Tout propriétaire ou régisseur de maison sera tenu, à première réquisition, de remettre à l'Administration un plan indiquant la situation de ses fosses, leurs systèmes, leurs formes et dimensions.

Aucune réparation de fosse ne pourra être faite sans une autorisation spéciale délivrée par l'Administration, qui ordonnera les travaux à exécuter pour mettre la fosse dans les conditions prescrites par le présent arrêté.

Toutes les constructions ou réparations de fosses seront exécutées, aux frais, risques et périls du propriétaire, d'après les instructions des agents de l'Administration et sans qu'il puisse être mis aucun empêchement, sous quelque prétexte que ce soit, au contrôle de ces agents.

Les matériaux employés dans les constructions et réparations des fosses seront exclusivement les matériaux agréés par le service municipal pour les travaux qu'il exécute.

Les contraventions aux dispositions qui précèdent seront constatées par des procès-verbaux ou rapports, poursuivis par les voies de droit, sans préjudice des mesures administratives encourues par les contrevenants.

Art. 54. — Les éviers, lavabos, postes d'eau, vidoirs, bains, etc., seront pourvus d'une occlusion hermétique. Leurs conduits d'évacuation seront indépendants de ceux des cabinets d'aisances.

Art. 55. — Tous ouvrages appelés à conduire ou à recevoir des matières usées (avec ou sans mélange d'eaux pluviales, d'eaux ménagères et de tous autres liquides), tels qu'égouts, conduites, fosses, puisards, etc., auront leurs revêtements lisses et imperméables. Leurs dimensions seront proportionnées au volume des matières ou liquides qu'ils reçoivent.

Leurs communications avec l'extérieur seront établies de telle sorte qu'aucun reflux de liquides ou de gaz nocifs ne puisse se produire dans l'intérieur des habitations.

Art. 56. — Les puits et puisards absorbants sont généralement interdits. Dans les cas particuliers et de force majeure, il sera accordé, s'il y a lieu et après examen de l'autorité sanitaire, une autorisation spéciale.

Art. 57. — Les écuries et étables auront leur sol imperméable. Elles seront convenablement éclairées et aérées. Si leur aération exige des conduits spéciaux, ceux-ci s'élèveront au-dessus du point le plus élevé de la construction et des constructions contiguës.

Le plafond sera hourdé, plein ou enduit en plâtre, de manière à former une surface unie.

Les fumiers et purins seront déposés ou recueillis sur des emplacements ou dans des fosses étanches et enlevés au moins tous les quinze jours en hiver et tous les huit jours en été. Au besoin, cet enlèvement sera fait tous les jours sur l'injonction de l'autorité.

Art. 58. — Les propriétaires du sol et les propriétaires riverains des passages, rues, impasses ou autres voies privées ouvertes au public sur des propriétés particulières, devront en entretenir constamment le sol en bon état.

Ils seront tenus de conserver ou d'établir les ruisseaux et les pentes nécessaires pour procurer aux eaux un écoulement facile et régulier.

Le sol et les ruisseaux devront être balayés et lavés chaque jour et tenus en constant état de propreté

Les propriétaires des maisons et terrains bordant les rues ou autres voies privées seront tenus de faire enlever, chacun devant sa propriété, les dépôts de fumiers, gravois et immondices et de prendre toutes les dispositions convenables pour que la salubrité ne soit pas compromise.

A cet égard, ils seront soumis aux mêmes obligations que les propriétaires des immeubles bordant les voies publiques, notamment au point de vue de l'emploi des seaux à immondices.

Art. 59. — *Permis de construire*. — A dater de la publication du présent règlement, aucun immeuble destiné à l'habitation de jour ou de nuit ne pourra être construit s'il ne satisfait pas aux prescriptions qui précèdent.

Les mêmes dispositions sont applicables aux grosses réparations.

Les propriétaires, architectes, entrepreneurs ou directeurs des travaux présenteront à cet effet et avant tout commencement de travaux, un ou plusieurs plans, coupes et profils en double exemplaire, précisant les dispositions imposées et projetées. Il en sera donné récépissé.

Les plans et coupes devront être faits sur toute la profondeur des constructions et représenter exactement l'épaisseur des murs, planchers, hauteurs d'étages, ainsi que l'inclinaison des mansardes et des combles.

Il devra être fourni également toutes les indications nécessaires pour justifier de la salubrité de la construction projetée.

Si des prescriptions réglementaires sont régulièrement observées, l'autorisation sera délivrée dans le plus bref délai possible. Un double du permis et des plans sera conservé à la mairie.

Si des modifications sont reconnues nécessaires ou s'il y a lieu de refuser l'autorisation, la décision sera notifiée dans un délai de vingt jours.

Les mêmes dispositions sont applicables aux grosses réparations. Si les agents de la municipalité constataient après achèvement des travaux, que ces travaux n'ont pas été exécutés en conformité exacte avec les plans autorisés, il sera procédé à l'accomplissement des formalités prévues par les articles 12 et suivants de la loi du 15 février 1902, en vue de faire prononcer l'interdiction d'habiter jusqu'au jour où les modifications nécessaires pour assurer l'exécution conforme aux données du plan approuvé auront été exécutées.

Art. 60. — *Nettoiement des façades, allées, escaliers, etc.* — Les façades des maisons, tant sur rue que sur cour, les pignons et clôtures seront tenus constamment en bon état de propreté. Elles seront, suivant leur nature, nettoyées, brossées, repeintes ou badigeonnées, au moins une fois tous les dix ans, sur l'injonction qui en sera faite au propriétaire par l'autorité municipale.

Afin d'éviter les tons criards, de quelque nuance qu'ils puissent être, lesquels sont formellement interdits, la nuance des badigeons ou peintures ne devra jamais être plus foncée que la teinte de même nature obtenue par un des mélanges ci-après :

1° Lait de chaux pure ;

2° Pour cent grammes de lait de chaux, un décigramme de noir d'imprimeur ;

3° Pour cent grammes de lait de chaux, trois décigrammes de noir d'imprimeur et un décigramme d'ocre rouge ;

4° Pour cent grammes de lait de chaux, cinq décigrammes de noir d'imprimeur ;

5° Pour cent grammes de lait de chaux, cinq décigrammes de noir d'imprimeur et un décigramme de terre de Cassel ;

6° Pour cent grammes de lait de chaux, un décigramme d'ocre jaune et un décigramme de terre de Vérone ;

7° Pour cent grammes de lait de chaux, un décigramme d'ocre jaune ;

8° Pour cent grammes de lait de chaux, trois décigrammes d'ocre jaune et quatre décigrammes d'ocre rouge ;

9° Pour cent grammes de lait de chaux, cinq décigrammes d'ocre jaune et un décigramme d'ocre rouge ;

10° Pour cent grammes de lait de chaux, cinq décigrammes d'ocre jaune et un décigramme de terre d'ombre brûlée.

Dans un but artistique, il pourra être dérogé à l'application de ces teintes sur demande spéciale adressée à l'Administration.

Il sera permis de placer sur les trottoirs des avant-toits en bois pour protéger les magasins du rez-de-chaussée, pendant la durée du travail des badigeons ; ils seront supportés par des poteaux en bois placés à cinquante centimètres en retrait de la bordure du trottoir et consolidés au moyen d'un soubassement en ciment.

La saillie de ces avant-toits n'excédera pas celle des poteaux de plus de vingt centimètres.

Les parois des allées, vestibules, escaliers et couloirs à usage commun seront nettoyées, lavées, lessivées ou blanchies à la chaux au moins tous les cinq ans.

Les murs, les plafonds et les boiseries des cabinets d'aisances à usage commun seront lessivés ou blanchis à la chaux chaque année.

ART. 61. — *Locaux à usage de logement collectif.* — Les locaux à usage de logement collectif devront satisfaire à toutes les prescriptions du présent règlement, quant au cube d'air, à l'éclairage, etc.

Art. 62. — Les propriétaires des maisons déjà construites devront se conformer sans autre injonction aux prescriptions stipulées par les articles 31, 32, § 1, 2 et 3 ; 35, § 3 et 4 ; 38, § 1 ; 41, 46, § 1, 2 et 3 ; 48, 54, § 1 et 56.

Art. 63. — Le présent arrêté sera publié et affiché dans toute l'étendue de la ville de Lyon.

Lyon, le 25 mai 1909.

Le Maire de Lyon,
Edouard Herriot.

Vu et approuvé par application de l'article 2 de la loi du 15 février 1902, et conformément à l'avis du Conseil départemental d'hygiène, en date du 18 octobre 1909.

Lyon, le 13 novembre 1909.

Le Préfet du Rhône,
Ch. Lutaud.

IV

VILLE DE GRENOBLE

RÈGLEMENT SANITAIRE

(Exécution de la loi du 15 février 1902)

Nous, Maire de la ville de Grenoble, officier de la Légion d'honneur,

Vu la loi du 15 février 1902 ;

Vu le décret du 10 février 1903 ;

Vu la délibération du Conseil municipal du 30 mars 1904,

TITRE PREMIER. — Salubrité de la voie publique.

Chapitre premier. — *Nettoiement.*

Arrêtons :

Article premier. — Il est interdit de déposer les immondices provenant de l'intérieur des habitations sur le sol des rues, places, quais, passages et ruelles compris dans l'enceinte de la ville.

Les immondices seront déposés par les habitants dans des seaux ou caisses placés à l'intérieur des allées ou sur le trottoir, à côté de la porte d'allée.

Les seaux devront être en métal, munis d'une anse, d'une capacité suffisante pour les besoins de la maison, mais ne pourront excéder 5o litres. Le contenu de ces seaux sera versé dans les tombereaux par les agents du service de nettoiement.

Art. 2. — Les seaux devront être apportés une heure avant l'enlèvement.

Du 1er avril au 1er octobre, l'enlèvement aura lieu de 6 heures à 9 heures.

Du 1er octobre au 1er avril, il se fera de 7 heures à 10 heures.

La tournée des balayeurs se fera tous les jours de la même manière, afin que les habitants ne soient pas trompés par les heures de passage qui ne devront pas varier.

Art. 3. — Les tombereaux qui enlèvent les immondices devront être couverts, bas sur roues, et disposés de manière à ce que l'acte de vider les seaux produise le moins de poussière possible.

Art. 4. — Il est défendu de jeter ou d'entreposer, sur quelque partie que ce soit de la voie publique, des verres cassés, des débris de bouteilles ou de vaisselle, des cendres, des mâchefers, et généralement aucun objet quelconque qui serait de nature à embarrasser la circulation ou à causer des accidents, soit aux personnes, soit aux animaux. Il est également et très expressément défendu de secouer et tamiser sur la voie publique les charbons et cendres provenant des poêles.

Art. 5. — Tous les objets énumérés à l'article qui précède devront être recueillis séparément par les habitants, sans être mêlés aux balayures, et portés directement au tombereau du nettoiement qui sera pourvu d'une caisse destinée à les recevoir. Les établissements et industries qui ont des mâchefers ou résidus d'un volume plus important que celui d'un simple ménage devront les faire enlever à leurs frais, soit par les boueurs, mais en dehors des heures de service, soit par d'autres voituriers.

Art. 6. — Les habitants du rez-de-chaussée des maisons bordant la voie publique sont tenus de faire râcler, nettoyer et balayer tous les jours, et deux fois par jour s'il en est besoin, les trottoirs existant au-devant de leurs habitations, de façon qu'ils soient toujours entretenus en bon état et complètement débarrassés des neiges et glaces ainsi que d'aspérités quelconques.

Art. 7. — Il est défendu d'y jeter ou déposer aucun débris ou immondice, comme aussi d'y placer aucun objet qui oblige les piétons à se détourner de leur chemin. En temps de gel, il n'y doit jamais être jeté d'eau sous quelque prétexte que ce soit.

Art. 8. — Les rigoles qui bordent les trottoirs doivent être également tenues purgées et balayées par les soins des habitants des rez-de-chaussée.

Art. 9. — Les glaces et neiges et les immondices provenant du nettoiement des trottoirs et des rigoles seront déposées en tas sur le bord extérieur des rigoles mêmes et non point jetées en avant dans la rue.

Art. 10. — Défenses sont faites aux étalagistes des divers marchés, aux maraîchers, jardiniers et autres, de jeter sur la voie publique des débris quelconques de viandes, poissons, légumes, fruits, fleurs, plantes et autres objets qu'ils exposent en vente.

Ces débris ou épluchures devront être réunis dans des caisses dont chaque étalagiste aura soin d'être pourvu et dont le contenu sera versé tous les jours dans les tombereaux, au moment de leur passage, à la fin de chaque marché.

Il est de nouveau enjoint à chaque étalagiste de balayer, laver et maintenir constamment propre à la place qu'il occupe.

Art. 11. — Il est expressément défendu aux bouchers, charcutiers, tripiers et volaillers, de déposer et verser, dans les basses-cours et sur la voie publique, les dépouilles, les excréments et le sang des animaux qu'ils tuent.

Ces dépouilles, excréments et sang devront, par eux, être versés dans les tombereaux des balayeurs publics, au moment de leur passage.

Art. 12. — Défenses sont faites et réitérées aux habitants de jeter par les fenêtres, dans les rues et basses-cours, tant de jour que de nuit, aucunes eaux, propres ou sales, urines, matières fécales, gravois et ordures de quelque nature qu'elles puissent être, comme aussi de secouer par les fenêtres les tapis, balais, etc.

Art. 13. — Il est défendu de battre ou carder les matelas dans les rues, places, allées ou cours. Cette opération ne peut être faite que dans les terrains vagues et emplacements désignés par la Municipalité.

Art. 14. — Il est de nouveau fait défense à toute personne de laver du linge, du fil, des herbages aux fontaines publiques, d'y rincer des tonneaux, bennes et autres vases, comme aussi d'y mener boire les chevaux et bestiaux, en un mot d'altérer, de quelque manière que ce soit, la limpidité et la pureté des eaux desdites fontaines.

Il est pareillement défendu de laisser sous le jet des fontaines des seaux, cruches, baquets et autres vases ou récipients comme aussi d'arrêter dans les rigoles, le cours des eaux par des barrages ou par tout autre moyen.

Défense expresse est faite à toute personne de toucher en aucune manière aux appareils des fontaines.

Art. 15. — Les décombres, gravois dits marrains et autres matériaux provenant des démolitions, devront être enlevés dans le jour par les entrepreneurs, maçons, plâtriers et autres qui les auraient fait déposer sur la voie publique, en se conformant, d'ailleurs, aux règlements de voirie. Les emplacements occupés par ces décombres devront toujours être arrosés et balayés avec soin.

Art. 16. — Les urinoirs fixes seront lavés à grande eau et deux fois par jour.

Il est interdit d'uriner dans les rues, places, promenades, cours, allées et partout ailleurs qu'aux urinoirs publics.

Art. 17. — Toute ordure sur les quais, sur les rampes, sur les escaliers qui conduisent à l'Isère et sur les ouvrages accessoires est expressément défendue.

Art. 18. — Il est absolument interdit de jeter dans les égouts les boues ou immondices provenant du balayage, ni aucune matière pouvant encombrer les bouches de ces égouts et arrêter l'écoulement des eaux des rigoles.

Art. 19. — Défenses sont faites à toute personne de faire des amas de fumiers dans les rues, places, quais et basses-cours.

Tout dépôt de fumier mis en tas pour être vendu ne pourra être fait que hors la ville, à trois cents mètres au delà des remparts et à cinquante mètres au moins de tout chemin public.

Chapitre II. — *Arrosage.*

Art. 20. — Pendant tout le temps que dureront les chaleurs, l'arrosage de la voie publique aura lieu à 7 heures du matin et à 3 heures de l'après-midi.

Il sera fait par l'Administration sur les quais, places et promenades publiques, et par les propriétaires ou locataires au-devant de leurs maisons, boutiques, jardins et autres emplacements, jusqu'à six mètres de distance sur les places et quai et jusqu'au milieu de la chaussée dans les rues, quelle que soit leur largeur.

Art. 21. — Il est défendu de se servir, pour l'arrosage de la voie publique, de l'eau des rigoles ou d'eaux sales et insalubres.

Il est également défendu de lancer de l'eau sur la voie publique de manière à gêner la circulation ou à éclabousser les passants.

Chapitre III. — *Balayage.*

Art. 22. — Dans aucun cas, même en hiver, le balayage ne devra être fait à sec. La brosse ou le balai devront être humides. Cela est suffisant pour empêcher la poussière et insuffisant pour former la boue.

TITRE II. — Salubrité des habitations.

Chapitre premier. — *Mesures générales.*

Art. 23. — Les habitants de chaque habitation sont tenus de maintenir leurs appartements et dépendances dans le plus grand état de propreté. Ils devront, chacun à leur tour, faire balayer au moins deux fois par semaine l'allée, l'escalier et la cour dans toute leur étendue.

Art. 24. — Aucun dépôt de volailles, pigeons, lapins, porcs, chèvres, etc., ne pourra être toléré dans l'intérieur de la ville à moins que ces dépôts ne soient établis dans des bâtiments séparés des habitations, de sorte que les voisins ne soient incommodés ni par la mauvaise odeur, ni par le bruit.

Les aubergistes et tous ceux qui tiennent des écuries doivent faire nettoyer ces écuries, porter hors de la Ville les fumiers qui en proviennent, tous les huit jours en été, tous les quinze jours en hiver. Cet enlèvement devrait avoir lieu plus fréquemment si l'Autorité en reconnaissait l'utilité.

Art. 25. — Il est enjoint à tout propriétaire, dont la maison ou corps de bâtiment à toute destination sera en état constaté de malpropreté et de dégradation, de faire, selon ce qui sera rapporté de cet état, recrépir, éparverer ou au moins blanchir à la chaux les murs et plafonds d'allée, les murs de la cour et de l'escalier sur toute leur hauteur, de faire réparer ladite cour, de faire établir ou rétablir et d'entretenir dans le meilleur état les tuyaux de descente pour conduire les eaux pluviales, celles des éviers et toutes eaux ménagères jusqu'au pavé, en leur donnant depuis ce pavé, par le rétablissement de bonnes rigoles sur toute la longueur et de chaque côté de l'allée, l'écoulement complet qui est nécessaire.

Tout propriétaire de latrines établies sur les escaliers, dans les allées et cours intérieures, devra les faire laver à grande eau et les nettoyer chaque jour, les faire fermer par de bonnes portes qui seront lavées aussi tous les jours, y faire établir des bouchons fermant exactement les orifices et faire blanchir les murs sur tout leur pourtour avec un double lait de chaux. Il leur est enjoint aussi de visiter leurs fosses et de prendre toutes mesures nécessaires pour qu'il ne s'en échappe aucune émanation.

Art. 26. — Les directeurs, concierges, portiers et gardiens des établissements publics sont responsables, en ce qui concerne lesdits établissements, de l'exécution des dispositions ci-dessus.

Art. 27. — Toutes dispositions des règlements existants, contraires au présent arrêté, sont formellement abrogées.

Art. 28. — M. le Commissaire central de police et les commissaires et agents sous ses ordres, M. le Directeur de la Voirie et des eaux et les employés de son service, sont chargés, chacun en ce qui le concerne, d'assurer l'exécution du présent arrêté.

Chapitre II. — *Pièces destinées à l'habitation.*
Prescriptions générales.

Art. 29. — Le minimum de vue directe des pièces destinées à l'habitation de jour ou de nuit, ou des cuisines ouvrant sur les voies privées, est de six mètres.

Art. 30. — Les cuisines de concierges qui seraient aérées et éclairées sur une courette doivent être munies, en plus du tuyau de fumée réglementaire contigu, d'une cheminée de ventilation d'une section minimum de quatre centimètres et montant à un mètre au-dessus de la partie la plus élevée de la construction. La cheminée de ventilation sera, autant que possible, contiguë au tuyau de fumée.

Art. 31. — Quand des pièces destinées à l'habitation de jour ou de nuit, ou des cuisines ouvrant sur une cour couverte d'un vitrage, ne sont pas, d'autre part, éclairées et aérées sur une rue ou sur une cour réglementaire non couverte, la section libre de ventilation doit être au moins équivalente à la surface exigible pour la première cour.

Chapitre III. — *Caves et sous-sols.*

Art. 32. — Les caves devront toujours être ventilées par des soupiraux communiquant avec l'air extérieur et ayant au moins douze centimètres de hauteur avec une section libre minimum de six décimètres carrés.

Il sera, en outre, réservé des ouvertures dans le haut des cloisons de distribution.

Art. 33. — Toute porte ou trappe de communication avec les caves ne pourra s'ouvrir dans une pièce destinée à l'habitation de nuit.

Les caves ne pourront, en aucun cas, servir à l'habitation de jour ou de nuit.

Art. 34. — L'habitation de nuit est interdite dans les sous-sols. Les sous-sols destinés à l'habitation de jour devront remplir les conditions suivantes :

1° Les murs ainsi que le sol devront être imperméables ;

2° Chaque pièce aura une surface minimum de douze mètres. Elle sera éclairée et aérée au moyen de baies ouvrant sur rue ou sur cour et dont les sections réunies devront avoir au moins un dixième de la surface.

Chapitre IV. — *Rez-de-chaussée et étages divers.*

Art. 35. — Le sol des locaux sis à rez-de-chaussée au-dessus des caves ou des terre-pleins devra toujours être imperméable.

Il devra se trouver en contre-haut du sol de la rue ou de la cour la plus proche.

Art. 36. — Les murs à rez-de-chaussée comporteront, dans toute leur surface, une couche horizontale isolatrice imperméable en contre-haut du sol extérieur.

Art. 37. — A rez-de-chaussée et aux étages autres que celui le plus élevé de la construction, le sol de toute pièces pouvant servir à l'habitation de jour ou de nuit aura une surface minimum de neuf mètres.

Chaque pièce sera munie de moyens d'aération suffisants et aérée sur rue ou sur cour au moyen d'une ou plusieurs baies dont l'ensemble devra présenter une section totale au moins égale au cinquième du sol de ladite pièce.

Par exception, une loge de concierge ne pourra avoir une surface inférieure à douze mètres carrés.

Art. 38. — A l'étage le plus élevé de la construction, le sol de toute pièce pouvant servir à l'habitation de jour ou de nuit aura une surface minimum de huit mètres carrés.

Chaque pièce sera munie de moyens d'aération et sera éclairée et aérée directement au moyen d'une ou plusieurs baies dont l'ensemble devra présenter une section totale au moins égale au huitième du sol de ladite pièce.

Pour les pièces lambrissées, la surface sera mesurée à mi-hauteur de l'étage.

Toute partie lambrissée sera disposée de façon à défendre l'habitation contre les variations de la température extérieure.

Art. 39. — Les cages d'escalier seront éclairées et aérées directement dans toutes leurs parties.

Art. 40. — Les escaliers devront être lavés au moins une fois par semaine.

Art. 41. — En aucun cas, les jours de souffrance ou de tolérance ne pourront être considérés comme baies d'aération.

Chapitre V. — *Chauffage, cuisines, éclairage.*

Art. 42. — Les conduits desservant les cheminées, poêles, calorifères, fourneaux et autres appareils, ne devront avoir entre eux aucune communication et ne donner lieu à aucun dégagement de gaz ou de fumée à travers leurs parois. Ils s'élèveront d'au moins quarante centimètres au-dessus de la partie la plus élevée de la construction.

Art. 43. — Les appareils de chauffage, cheminées d'appartement, poêles, calorifères, etc., devront être construits et installés de telle façon qu'il ne s'en dégage, à l'intérieur des pièces habitées, ni fumée, ni aucun gaz pouvant compromettre la santé des habitants. Les prises d'air des calorifères ne pourront se faire qu'à l'extérieur, sur rue ou sur cour.

Art. 44. — Les foyers alimentés par des combustibles ne donnant pas de fumée ou par des produits liquides ou gazeux, et servant au chauffage des locaux destinés à l'habitation de jour ou de nuit, seront munis d'un courant d'évacuation des produits de la combustion d'un minimum de huit centimètres de diamètre.

Art. 45. — Les fourneaux potagers, mobiles ou non, seront, dans tous les cas, surmontés d'une hotte munie d'un tuyau d'évacuation de quatre centimètres de section minimum et montant au-dessus de la partie supérieure du comble.

Art. 46. — Les fourneaux de cuisine alimentés par le gaz ou tout autre combustible de même nature brûlant à l'air libre, aussi bien que ceux dans lesquels la combustion se fera dans une enveloppe fermée, seront surmontés, comme les fourneaux potagers, d'une hotte établie dans les mêmes conditions.

Art. 47. — Les chambres servant à l'habitation de jour ou de nuit pourvues d'un appareil de chauffage et, en général, les locaux renfermant des poêles ou calorifères, devront être convenablement ventilés.

Chapitre VI. — *Locaux destinés à la vente ou à la conservation des denrées alimentaires.*

Art. 48. — Toutes les boutiques dans lesquelles seront vendus et conservés des produits alimentaires, tels que poissons frais, volailles, gibiers, légumes frais, fromages, viandes fraîches de toute nature, sans préjudice des dispositions spéciales à la boucherie et à la charcuterie, devront être disposées de telle sorte que l'air y soit constamment renouvelé.

Elles devront être, à cet effet, munies d'un conduit de ventilation d'au moins huit centimètres de diamètre, s'ouvrant dans la partie du plafond la plus éloignée de la devanture et s'élevant jusqu'au-dessus de la partie la plus élevée de la construction.

La devanture devra être à claire-voie au moins sur un tiers de sa surface. Les murs et le sol seront revêtus de matériaux imperméables et imputrescibles.

Le sol sera disposé de manière à permettre de fréquents lavages ; la pente en sera réglée de manière à diriger les eaux de lavage vers un orifice muni d'une occlusion hermétique permanente conduisant les eaux, par une canalisation souterraine, à l'égout. Cet orifice sera, en outre, muni d'un grillage pour arrêter la projection des corps solides.

Ces boutiques ne pourront servir, dans aucun cas, à l'habitation de nuit et ne devront renfermer ni soupentes, ni cabinet d'aisances, ni servir de passage aux gargouilles destinées à l'évacuation des eaux de tout ou partie de l'immeuble.

TITRE III. — Vidanges.

Art. 49. — Les entrepreneurs de vidange devront employer le système de vidange par le vide.

Art. 50. — A raison des perfectionnements apportés par les systèmes modernes de vidange, les fosses qui seront vidées par ce système ne seront plus assujetties à la désinfection préalable. Mais lorsqu'il s'agira de vidanger complètement une fosse pour la nettoyer à fond vif, on ne pourra descendre dans ladite fosse avant qu'elle ait été désinfectée au moyen du sulfate de fer. Toutes les précautions prescrites par arrêté du 6 mars 1875 devront, en outre, être observées ponctuellement, sous la responsabilité des entrepreneurs de vidange qui déclarent expressément avoir une parfaite connaissance dudit arrêté.

Art. 51. — Toute fosse où il devra être effectué une visite ou une réparation sera ventilée immédiatement avant chaque descente, par aspiration d'un volume d'air au moins triple de celui de la fosse. L'air ainsi retiré passera à travers un foyer incandescent avant d'être dégagé dans l'atmosphère.

Art. 52. — La vidange des fosses pourra se faire, provisoirement, pendant le jour. Toutes les précautions seront prises pour qu'elle s'opère sans odeur et sans répandre aucune matière sur la voie publique, dans les allées et cours des maisons et pour que la circulation générale ne soit pas entravée.

Immédiatement après l'achèvement de l'opération de vidange de chaque fosse, les matières extraites seront transportées au dépotoir au moyen de tonneaux inodores.

TITRE IV. — Prophylaxie des maladies contagieuses.

Art. 53. — Les précautions à prendre pour prévenir ou faire cesser les maladies transmissibles, dont la déclaration est obligatoire en vertu de l'article 1er du décret du 10 février 1903, conformément à l'article 4 de la loi du 15 février 1902, et notamment l'isolement du malade et la désinfection sont déterminées par les conditions ci-après.

Art. 54. — Les mesures prévues dans les articles ci-après sont également applicables aux maladies énumérées à l'article 5 du décret précité du 10 février 1903, soit sur la demande des familles, des chefs de collectivités publiques ou privées, des administrations hospitalières ou des bureaux d'assistance, après entente avec les intéressés.

Art. 55. — Le malade atteint d'une des maladies prévues aux articles 1 et 2 du présent règlement doit être isolé de telle sorte qu'il ne puisse la propager par lui-même ou par ceux qui sont appelés à le soigner.

Art. 56. — L'isolement doit être pratiqué soit à domicile, soit dans un local spécialement aménagé à cet effet, soit à l'hôpital.

Art. 57. — L'isolement à domicile comporte l'éloignement de toutes personnes autres que celles qui sont directement appelées à donner leurs soins au malade, l'affectation à celui-ci d'une partie distincte de l'habitation, l'absence de toute communication directe avec les personnes ou les choses du dehors jusqu'à la disparition complète du danger de transmission.

Art. 58. — Les personnes qui approchent ou assistent le malade doivent prendre les précautions convenables pour éviter la propagation de la maladie dont il est atteint.

Art. 59. — Il est interdit de transporter des malades atteints de maladies transmissibles dans des voitures publiques. La voiture dans laquelle a été transporté un de ces malades doit être désinfectée immédiatement après le transfert.

Art. 60. — Il est interdit de déverser aucune déjection ou excrétion (crachats, matières fécales, etc.), provenant du malade, sur les voies publiques ou privées, dans les cours, dans les jardins ou sur les fumiers.

Ces déjections ou excrétions doivent être recueillies dans des vases spéciaux et désinfectées avant d'être projetées exclusivement dans les cabinets d'aisances. Ces matières pourront encore être incorporées à une certaine quantité de sciure de bois qui sera ensuite brûlée.

Art. 61. — Pendant toute la durée de la maladie, les objets à usage domestique ou personnel du malade et des personnes qui l'assistent, et qui peuvent être considérés comme pouvant servir de véhicule à la contagion, sont désinfectés.

Art. 62. — Il est interdit, sans désinfection préalable, de jeter, secouer ou exposer aux fenêtres ouvrant sur une rue, une cour, une courette, un jardin ou un terrain vague, aucun linge, vêtement ou objet de literie, tapis ou tenture ayant servi au malade ou provenant de locaux occupés par lui.

Art. 63. — Le nettoyage à sec de la pièce et des objets qui la garnissent est interdit pendant toute la durée de la maladie. Le nettoyage humide doit être fait à l'aide de linges, étoffes, tissus ou substances imprégnés, autant que possible, de solutions antiseptiques.

Art. 64. — Après guérison, le malade ne doit sortir qu'après avoir pris les précautions convenables de propreté et de désinfection.

Art. 65. — Les enfants ne peuvent être réadmis à l'école qu'après un avis favorable du médecin traitant et l'autorisation du médecin-inspecteur de l'école. Ils ne doivent fréquenter aucun établissement ni jardin public tant qu'ils ne sont pas complètement guéris.

Art. 66. — La remise, pour être livrés dans des lavoirs publics ou privés ou dans les blanchisseries, des linges et effets à usage, contaminés ou souillés par un malade atteint d'une affection transmissible ou par les personnes qui l'assistent, est interdite sans désinfection préalable.

Dans le cas où ce lavage y aurait été néanmoins pratiqué, le propriétaire du lavoir doit le tenir fermé jusqu'à ce que la désinfection et l'assainissement prescrits par l'autorité municipale aient été régulièrement et complètement opérés.

Art. 67. — Les locaux occupés par le malade doivent être désinfectés aussitôt après son transport au dehors de son domicile, sa guérison ou son décès. Cette désinfection portera sur les parois, les objets de literie, les meubles et les objets à usage qu'elle renferme. Si l'autorité sanitaire ou le médecin traitant le juge nécessaire, ou si la famille le demande, la désinfection est également pratiquée dans tout ou partie du reste de l'habitation.

L'exécution de cette prescription est constatée par un certificat délivré aux intéressé, sur leur demande, par le maire. Ce certificat ne mentionne ni le nom du malade, ni la nature de la maladie ; il désigne les locaux désinfectés.

D'une manière générale la désinfection ne devra être pratiquée qu'à l'époque fixée par le médecin traitant ou, à son défaut, par le Directeur du Bureau d'hygiène.

Art. 68. — Dans les établissements publics ou privés recueillant, à titre temporaire ou permanent, des personnes sans asile, les vêtements et effets à usage de celles-ci doivent être aussitôt désinfectés.

La désinfection du matériel et des locaux de ces établissements est pratiquée, chaque jour, pour toute la partie du matériel ayant servi aux réfugiés et des locaux qu'ils ont occupés.

Art. 69. — La désinfection doit être pratiquée, soit par les services publics, soit par les particuliers, dans les conditions prescrites à l'article 7 de la loi du 15 février 1902. Toutefois, les procédés mis en usage doivent être approuvés par le Ministre de l'intérieur, après avis du Comité consultatif d'hygiène publique de France. Des instructions spéciales sont données à cet effet pour les maladies dont la liste est établie par le décret du 10 février 1903.

Art. 70. — Les cadavres des personnes mortes de maladies transmissibles sont, le plus promptement possible, isolés. Les dispositions nécessaires sont immédiatement prises pour assurer la mise en bière et l'inhumation en exécution du décret du 27 avril 1889.

Art. 71. — Pour tout ce qui est relatif à la voirie, aux conduites d'eau, à l'alimentation en eau potable, à l'écoulement des eaux potables, à l'évacuation des eaux usées, le présent règlement respecte les arrêtés municipaux préexistants, lorsqu'ils ne sont pas contradictoires, et se réfère aux divers articles du règlement de voirie du 5 avril 1904.

Fait à Grenoble, en l'Hôtel de Ville, le 15 avril 1904.

Le Maire,
Signé : S. Jay.

Vu et approuvé :
Grenoble, le 8 octobre 1904.
Pour le Préfet de l'Isère :
Le Conseiller de préfecture délégué,
Signé : L. Mottet.

Mesures complémentaires concernant l'enlèvement des ordures ménagères.

ARRÊTÉ

Le Maire de la ville de Grenoble,

Vu la loi du 5 avril 1884, article 97 ;

Vu le règlement sanitaire de la ville de Grenoble du 15 avril 1904 et spécialement les dispositions prévues au titre premier relatif à la salubrité de la voie publique qui prescrivent aux habitants de déposer les seaux ou caisses contenant les ordures ménagères à l'entrée ou au-devant des habitations, une heure avant le passage des agents du service de nettoiement ;

Considérant qu'un grand nombre d'habitants ne peuvent se conformer à ces dispositions, étant appelés, par leurs obligations professionnelles, en dehors de leur domicile au moment du nettoiement de la voie publique ;

Considérant qu'il y a lieu, pour remédier à cet état de choses, d'appliquer un système déjà en vigueur dans d'autres villes, consistant à prescrire le placement, dans chaque maison, d'un récipient commun où les locataires pourront, pendant la journée, apporter les résidus de ménage et qui sera déversé tous les matins dans le tombereau de nettoiement.

Arrête :

ARTICLE PREMIER. — Les articles 1 et 2 du règlement sanitaire du 15 avril 1904 sont modifiés ainsi qu'il suit :

Article premier. — Il est interdit, d'une façon absolue, de jeter, de pousser ou de déverser sur la voie publique, à n'importe quelle heure du jour ou de la nuit, les immondices ou détritus quelconques provenant de l'intérieur des habitations privées ou des établissements publics.

Tout propriétaire de maison sera tenu de mettre à la disposition des locataires, dans une partie commune de l'immeuble et autant que possible au rez-de-chaussée, un récipient destiné à recevoir les résidus du ménage.

Chaque matin, avant le passage du tombereau de nettoiement, ce récipient devra être rangé sur le trottoir ou à l'entrée de la maison,

Ledit récipient aura les dimensions nécessaires pour recevoir les ordures ménagères de la maison, sans être d'un poids qui ne permette à un homme de le transporter et de le vider dans le tombereau.

Dans les maisons appartenant à plusieurs propriétaires, ceux-ci devront s'entendre pour l'acquisition et l'entretien d'un récipient commun. A défaut d'entente, chaque propriétaire sera tenu de fournir un récipient pour l'usage de ses locataires.

Au moment de son passage, le balayeur public prendra ce récipient sur le trottoir ou devant la maison, en déversera le contenu dans son tombereau et puis il remettra le récipient à sa place et enlèvera lui-même les immondices qu'il aura laissé tomber sur la voie publique.

Art. 2. — Les heures de passage des tombereaux varient nécessairement pour chaque rue et sont comprises dans les limites suivantes :

En été, c'est-à-dire du 1er avril au 1er octobre, de 6 heures à 9 heures ;

En hiver, c'est-à-dire du 1er octobre au 1er avril, de 7 heures à 10 heures.

Les récipients à ordures ne pourront être déposés sur les trottoirs ou devant les maisons qu'à partir de 5 heures du matin en été et de 6 heures en hiver.

Sous peine de contravention, chaque récipient devra être repris par son propriétaire immédiatement après le passage du tombereau, de manière à ce que la voie publique soit complètement dégagée.

Il est interdit aux chiffonniers de se livrer à aucune espèce de recherche ou de triage dans lesdits récipients. Défense expresse est faite à toute personne de les déplacer ou d'en répandre le contenu sur la voie publique.

Art. 2. — Le règlement sanitaire du 15 avril 1904 est maintenu dans tout ce qui n'est pas contraire au présent.

Il est rappelé, notamment, qu'il est défendu : 1° De jeter ou d'entreposer, sur quelque partie que ce soit de la voie publique, des verres cassés, des débris de bouteille ou de vaisselle, des cendres, des mâchefers, fils de fer et généralement aucun objet qui serait de nature à embarrasser la circulation ou à causer des accidents, soit aux personnes, soit aux animaux ; 2° de secouer et de tamiser sur la voie publique les charbons et cendres provenant des poêles. Tous ces objets devront être recueillis séparément par les habitants sans être mêlés aux balayures et portés directement au tombereau de nettoiement, qui sera pourvu d'une caisse destinée à les recevoir.

Art. 3. — M. le Directeur du Bureau d'hygiène, M. le Directeur du service de la Voirie et M. le Commissaire central de Police sont chargés, chacun en ce qui le concerne, d'assurer l'exécution du présent arrêté, qui aura son effet à compter du *1er janvier 1905*.

Fait à Grenoble, en l'Hôtel de Ville, le 8 octobre 1904.

Le Maire,
Signé : Ch. Rivail.

Vu et approuvé :
Grenoble, le 17 octobre 1904.
Pour le Préfet de l'Isère :
Le Conseiller de Préfecture délégué,
Signé : Bonnefoux.

Pour copie conforme :
Le Maire de Grenoble,
Ch. Rivail.

V

MAIRIE DE GRENOBLE

BUREAU D'HYGIÈNE

RÈGLEMENT

Nous, Maire de la ville de Grenoble,
Vu la délibération du Conseil municipal du 2 décembre 1889, qui autorisait à Grenoble la création d'un Bureau municipal d'hygiène ;
Vu la loi du 5 avril 1884 ;
Vu la loi du 15 février 1902 ;
Vu le décret du 3 juillet 1905 ;

Vu les délibérations du Conseil municipal des 28 décembre 1903, 2 juin et 10 septembre 1909, 25 mars 1910 ;

Vu la délibération du Conseil départemental d'hygiène en date du 22 décembre 1909 ;

Arrêtons :

TITRE PREMIER.

Article premier. — Le Bureau municipal d'hygiène est installé, comme par le passé, à l'Hôtel de Ville.

Il est réorganisé conformément aux exigences de la loi du 15 février 1902.

Art. 2. — Il a à sa tête un directeur relevant du maire et nommé par lui dans les conditions de l'article 2 du décret du 3 juillet 1905 et de la circulaire du Ministre de l'intérieur en date du 23 mars 1906.

Il est chargé de la direction et de la surveillance de toutes les affaires intéressant l'hygiène et la salubrité publiques même relevant d'autres services.

Il est en même temps directeur du Laboratoire municipal d'analyses agréé par l'Etat.

Art. 3. — Ce directeur a sous ses ordres :

Un secrétaire, chef de bureau ;

Un commis ;

Un agent-inspecteur chargé de l'inspection des hôtels, logements loués en garni, asiles et refuges de nuit, au point de vue de la salubrité, chargé du service extérieur ;

Trois médecins inspecteurs, chargés de l'inspection des écoles, de l'Asile Gerin, de la Nursery et du Dispensaire ;

Trois médecins inspecteurs adjoints nommés au concours ;

Un inspecteur des marchés ;

Un chef de poste de désinfection ;

Deux aides pour la désinfection ;

Le personnel du Laboratoire municipal, comprenant un ou des bactériologistes, chimiste et naturaliste, qui seront désignés par voie de concours,

TITRE II.

Art. 4. — Les attributions du Bureau d'hygiène sont les suivantes :

1° Mesures sanitaires concernant les individus :

a) Contrôle de l'exécution du règlement sanitaire (art. 1, 2 et 3) pour les prescriptions concernant les individus ;

b) Réception des déclarations des cas de maladies transmissibles et contagieuses ;

c) *Détermination des mesures à prendre pour éviter la propagation des maladies transmissibles et contagieuses ;*

d) Contrôle de la prophylaxie et de l'isolement ;

e) Service de la vaccination et de la revaccination obligatoire pour ce qui concerne l'autorité municipale ;

f) Surveillance des hôtels, logements loués en garni, asiles et refuges de nuit, au point de vue de la salubrité ;

g) Statistique des cas de maladies transmissibles ;

h) Statistique démographique de la population. Le Bureau d'hygiène recevra à cet effet, du service de l'état civil, tous les documents relatifs à la constatation médicale des naissances, des décès, mariages, divorces, etc.

2° Mesures sanitaires concernant les immeubles et la localité :

a) Contrôle de l'exécution du règlement sanitaire pour les prescriptions concernant les immeubles ;

b) Délivrance des permis de construire ;

c) Mesures à proposer pour l'assainissement des immeubles insalubres ;

d) Surveillance des eaux de puits ;

e) Surveillance des fosses d'aisance, puisards, et interdiction suivant le cas ;

f) Établissement et tenue à jour du casier sanitaire des immeubles ;

g) Assainissement de la voie publique ;

h) Contrôle de la distribution publique d'eau potable ;

i) Contrôle du service des égouts.

TITRE III. — Prophylaxie des maladies transmissibles et contagieuses.

ART. 5. — Le Directeur recevra et centralisera les déclarations des maladies transmissibles faites au maire et provoquera soit les mesures générales que peut réclamer la protection de la collectivité, soit les mesures particulières d'isolement et de prophylaxie qu'il y aurait lieu d'appliquer et aussi, le cas échéant, celles d'assainissement du domicile du malade.

Art. 6. — *Le Directeur du Bureau d'hygiène se renseignera, autant que possible, sur les cas de maladies contagieuses.* Il recherchera les circonstances et les causes au milieu desquelles a pu se produire l'invasion d'une maladie contagieuse et celles qui pourraient concourir à sa propagation. *Il assurera la désinfection.* Il constatera les limites dans lesquelles s'étendra la maladie : rue, quartier ou canton.

Il informera immédiatement le maire des cas de maladies contagieuses dont il aura connaissance.

Art. 7. — Les directeurs des hôpitaux et hospices sont invités à envoyer au Bureau d'hygiène les renseignements relatifs aux malades atteints d'affections contagieuses dans l'hôpital même ou apportés du dehors.

Art. 8. — MM. les docteurs sont tenus de déclarer les maladies contagieuses et la désinfection devra être assurée par le Bureau d'hygiène dans les conditions déterminées par les décrets du 10 février 1903 et 10 juillet 1906.

Art. 9. — Les déclarations de maladies faites par les médecins ne seront jamais communiquées ; elles sont et demeureront secrètes entre les mains de l'autorité chargée de les recueillir.

Le directeur étudiera d'une façon constante et effective l'assainissement général de la localité et de la voie publique et toutes les questions concernant la salubrité, à quelque titre que ce soit, tant au point de vue scientifique qu'au point de vue des initiatives à prendre en vue d'améliorer ou de préserver la santé publique.

Art. 10. — Le *Service de la désinfection* est fait par le Bureau d'hygiène, conformément aux prescriptions de la loi et au règlement spécial qui sera pris ultérieurement pour organiser ce service.

Art. 11. — La *vaccination* est exécutée par le département dans les salles du Bureau d'hygiène. Les listes des personnes à vacciner, les certificats de succès, les procès-verbaux, les lettres de mise en demeure sont assurés par le Bureau d'hygiène, qui est chargé de tout ce qui est municipal dans l'exécution de la loi.

TITRE IV

Art. 12. — Le Bureau est chargé de l'examen des incurables et de signer les certificats pour l'assistance aux vieillards.

Art. 13. — Le Bureau est chargé également de l'*inspection médicale des enfants* dans toutes les écoles publiques de la ville, dans les écoles privées, crèches, garderies, etc. Il fournira au maire, en temps utile, les rapports nécessaires concernant ces inspections.

Il recevra communication des décisions prises par les Commissions scolaires et veillera à leur exécution en ce qui le concerne.

Art. 14. — Les trois médecins inspecteurs des écoles doivent visiter les écoles de leur canton au moins une fois par mois ; en temps d'épidémie, ils les visiteront autant de fois qu'il est nécessaire.

Art. 15. — Un registre à souche sera déposé dans chaque école. Mention sera faite sur la souche de la date de la visite et des observations faites ; les mêmes indications seront reproduites sur la feuille à détacher, qui sera envoyée le jour même au directeur du Bureau d'hygiène par les soins du directeur ou de la directrice.

Art. 16. — Les directeurs ou directrices d'écoles, lorsqu'un cas de maladie contagieuse se produira à l'école ou lorsqu'ils apprendront qu'un enfant est absent pour cause de maladie contagieuse, en informeront au plus tôt le médecin inspecteur.

Art. 17. — Tout enfant atteint de maladie contagieuse sera renvoyé momentanément de l'école. Il pourra y être réadmis sur le vu d'un certificat du médecin traitant.

Art. 18. — La *Nursery municipale* est assimilée à une école ; toutefois, le médecin qui en est chargé devra la visiter au moins deux fois par semaine.

Art. 19. — Le service médico-pharmaceutique de nuit, dimanches et jours fériés, fonctionne pour le service de nuit de 8 heures du soir à 6 heures du matin ; les dimanches et jours fériés de 6 heures du matin à 8 heures du soir.

Il est assuré par le Bureau d'hygiène au moyen d'un roulement qui comprend les médecins-inspecteurs ou leurs adjoints et les médecins qui voudront bien se faire inscrire ; par les pharmaciens, conformément au roulement fixé par eux pour le service de nuit, ainsi que par les sages-femmes qui se sont fait inscrire.

Il sera rétribué conformément au règlement déjà en vigueur.

TITRE V. — Salubrité de l'alimentation.

Art. 20. — Le Directeur des abattoirs enverra tous les mois au

Bureau d'hygiène un bulletin mentionnant les opérations de l'abattoir et signalant le nombre d'animaux reconnus sains ou malades. Il visitera les vacheries établies sur le territoire de la commune et s'assurera que les vaches n'ont pas de maladies pouvant se transmettre par le lait.

Art. 21. — L'Inspecteur des denrées alimentaires assurera, concurremment avec le service de la police, l'exacte observation des règlements relatifs à la *salubrité des viandes, denrées, champignons et fruits* mis en vente dans les étals et sur les marchés. Il pourra prélever sur toutes les denrées alimentaires exposées les échantillons qui lui seront demandés par le Bureau d'hygiène, afin de les soumettre à l'analyse.

Il rendra compte tous les huit jours de ses opérations dans un rapport adressé au Directeur du Bureau d'hygiène.

Art. 22. — Le *Laboratoire municipal*, agréé par l'Etat pour la répression des fraudes, examine les produits qui lui sont envoyés par le Bureau d'hygiène, ainsi que ceux qui sont envoyés par les Préfectures faisant partie de la zone du laboratoire de Grenoble.

Il examine les *produits morbides* sur lesquels l'administration de la santé publique demande son avis.

Il examine, au point de vue chimique et bactériologique, les *eaux potables* dont les communes proposent l'adduction.

TITRE VI

Art. 23. — Tous les services municipaux : état civil, voirie, travaux, distribution d'eau, écoles, marchés, assistance publique, théâtre, etc., auront à lui communiquer toute affaire intéressant de près ou de loin l'application de la loi du 15 février 1902 et généralement sur la santé publique.

Le Directeur du Bureau d'hygiène devra donner son avis quand il n'aura pas à proposer lui-même de décisions.

Cet avis sera transmis au Maire qui, le cas échéant, le portera à la connaissance du service ou de l'autorité intéressée. Mention de cet avis sera faite sur la décision qui interviendra.

Enfin, le Directeur du Bureau d'hygiène assure l'application des lois et règlements sanitaires, étudie les questions qui intéressent la santé publique et propose au maire des mesures qui n'auraient pas été prévues par les règlements et qui pourraient être utiles ou nécessaires.

Art. 24. — Le Bureau d'hygiène recevra du service des cimetières tous renseignements utiles pour établir un dossier spécial se rattachant à ce service, au point de vue de la salubrité et, le cas échéant, soumettre à l'administration telles mesures qui paraîtront nécessaires.

Art. 25. — Le *service des mœurs* continuera à fonctionner conformément aux règlements en vigueur. Le Bureau d'hygiène devra veiller à l'exécution de ces règlements et recevoir tous documents et toutes communications émanant du médecin attaché à ce service.

Ces documents et communications seront classés et feront, quand il y aura lieu, de la part du Bureau d'hygiène l'objet de rapports et de propositions à l'administration municipale.

TITRE VII

Art. 26. — L'Inspecteur de la salubrité devra recueillir tous les renseignements relatifs à l'hygiène de la voie publique, des édifices et des habitations, notamment des hôtels et des logements en garni. Il transmettra ses observations au Bureau d'hygiène.

Art. 27. — Les fosses d'aisance seront une fois par an vidées complètement, de façon à permettre l'examen de leur état.

Art. 28 et 29. — (Supprimés.)

Art. 30. — Au point de vue de l'assainissement général de la localité, le Bureau d'hygiène recevra et tiendra en ordre tous les documents et renseignements relatifs à la salubrité des voies publiques et privées, cours, impasses, etc.

Art. 31. — Le balayage public, l'enlèvement des boues et immondices et, d'une manière générale, le service de la propreté de la ville, revêtant un caractère de salubrité au premier chef, le directeur du Bureau d'hygiène signalera à l'administration municipale, chaque fois que le cas se présentera, les infractions aux arrêtés municipaux règlementant cet objet.

TITRE VIII

Art. 32. — Il est chargé de la *surveillance de la prostitution* et, au point de vue purement médical, de la *prophylaxie des maladies vénériennes*.

Il fournira au maire, en temps utile, un rapport sur toutes les inspections dont il est chargé et son avis sur les mesures à prendre.

Art. 33. — L'intervention du Bureau d'hygiène est obligatoire dans tous les cas intéressant de près ou de loin l'application de la loi du 15 février 1902 et autres dispositions légales ou règlementaires, relatives à l'hygiène, mentionnées dans le présent arrêté.

Art. 34. — Les fonctionnaires du Bureau d'hygiène et les différents chefs de services municipaux rattachés au Bureau d'hygiène sont chargés, chacun en ce qui le concerne, d'assurer l'exécution du présent arrêté.

Art. 35. — Tous les rapports des chefs de service devront être transmis par leurs auteurs au Directeur du Bureau d'hygiène, qui les synthétisera dans le rapport général du Bureau d'hygiène.

Fait à Grenoble, en l'Hôtel de Ville, le 1er avril 1910.

Le Maire,
Signé : Viallet.

BUREAU D'HYGIÈNE

SERVICE DE DÉSINFECTION

PROJET DE RÈGLEMENT

élaboré par le Docteur BORDIER
Directeur du Bureau d'hygiène.

TITRE PREMIER. — Organisation.

Article premier. — Il est créé à Grenoble un service municipal de désinfection.

Art. 2. — Ce service est placé sous l'autorité du Maire et sous la direction du Directeur du Bureau d'hygiène.

Art. 3. — Outre le Directeur, le personnel du Service de la désinfection comprendra :
1° Un chef de poste ;
2° Deux aides.

TITRE II. — Attributions.

Les désinfections sont effectuées dans les conditions prévues par les décrets des 10 février 1903 et 10 juillet 1906.
Désinfections obligatoires :
1° Fièvre typhoïde ;
2°
Etc.
Désinfections facultatives :
14° Tuberculose pulmonaire ;
15°
Etc.

TITRE III. — Fonctionnement.

Article premier. — La désinfection doit être pratiquée :
a) En cours de maladie ;
b) Après transport, guérison ou décès.
a) Désinfection en cours de maladie :
Elle est assurée par le médecin traitant et le Bureau d'hygiène veille à ce que des mesures soient prises pour préserver les voisins de la contagion.
b) Désinfection après transport, guérison ou décès :
Article premier. — En cas de transport du malade hors de son domicile après guérison, transport dans une maison de santé ou décès à la suite d'une des maladies mentionnées plus haut, la désinfection totale des locaux occupés personnellement par le malade et les objets qui ont pu être contaminés pendant la maladie doit être opérée sans délai.
Art. 2. — Le Bureau d'hygiène prévient la personne désignée du moment où il sera procédé à la désinfection.
Art. 3. — La famille du malade peut faire exécuter elle-même la désinfection, à la condition de s'engager à la faire sans délai et conformément aux instructions du Conseil supérieur d'hygiène de France.

Art. 4. — De prévenir, douze heures à l'avance, le Bureau d'hygiène et de se soumettre à la vérification du Bureau d'hygiène exercée soit au moment de l'opération, soit après.

Art. 5. — S'il résulte des constatations faites que la désinfection a été opérée par les particuliers d'une façon insuffisante, le Maire prescrit immédiatement l'exécution par le Service public.

TITRE IV. — Taxe.

Article premier. — Les taxes doivent être perçues suivant un tarif proportionnel dont la base est la valeur locative de l'ensemble des locaux dont dépend la pièce occupée par le malade.

Art. 2. — Cette taxe est de 2 pour 100 de la valeur locative par chaque pièce désinfectée.

Art. 3. — Lorsque la taxe à percevoir dépasse trente francs par pièce soumise à la désinfection, elle est réduite d'office à ce maximum.

Art. 4. — Toute désinfection pratiquée la nuit donne lieu à une redevance supplémentaire de 50 pour 100 du prix total de la désinfection.

Art. 5. — Les opérations sont gratuites pour les personnes inscrites sur les registres de l'Assistance publique.

Art. 6. — Par application de l'article 26 du décret du 10 juillet 1906, le tarif sera uniformément fixé à cinq francs pour les chambres d'hôtels garnis, les loges de concierges, les chambres de domestiques, les chambres individuelles d'ouvriers logés chez leurs patrons, lorsque ces chambres ou loges font partie d'une habitation collective.

En ce qui concerne les désinfections après décès ou avant la réoccupation d'un logement ou pour tous autres cas que ceux qui entraînent une obligation légale, la taxe à percevoir sera la même que celle fixée aux paragraphes 1, 2, 3 et 4, majorée de 5 pour 100.

Art. 7. — Les taxes sont dues par le malade ou, en cas de décès, par les héritiers.

Toutefois, dans les cas prévus à l'article 6 ci-dessus, elles sont dues par les gérants, propriétaires, maîtres ou patrons.

Art. 8. — Le recouvrement sera effectué par le Receveur municipal suivant bordereau établi par le Bureau d'hygiène.

TITRE V. — Local et matériel.

Article premier. — Le poste de désinfection sera installé dans un bâtiment spécial aménagé pour cette destination.

Art. 2. — Il sera pourvu :

1° D'une étuve Gonin mobile (appareil ayant reçu approbation ministérielle en date du 31 juillet 1907);

2° D'un appareil Trillat;

3° De deux voitures couvertes : l'une pour le transport des objets contaminés, l'autre pour celui des objets désinfectés;

4° D'une voiture à bras pour le transport des appareils;

5° De six sacs pour linge souillé.

Fait à Grenoble, en l'Hôtel de Ville, le 15 septembre 1909.

Le Maire.

TABLE DES MATIÈRES

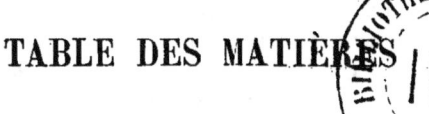

Préface (J. Courmont)	1
Avant-propos (L.-F. Blanchard)	2
Introduction (L.-F. Blanchard)	5
Rhône (J. Courmont et Blanchard)	11
Loire (Emeric)	31
Seine (Préfet de police)	47
Seine-Inférieure (Ott)	54
Doubs (Maréchal)	89
Morbihan (G. Benoist)	100
Isère (L.-F. Blanchard)	132
Chambre des députés. Rapport du budget de l'Intérieur (Arago)	165
Conclusions (L.-F. Blanchard)	179

I. — Documents du Ministère de l'Intérieur et des Cultes.

I. Loi des 15 février 1902 et 7 avril 1903 relatives à la protection de la santé publique. 199

    Annexes. — Extrait de la loi du 5 avril 1884 sur l'organisation municipale (art. 97 et 99), p. 214. — Extrait de l'arrêté du Chef du pouvoir exécutif du 18 décembre 1848 sur l'organisation des Conseils d'hygiène publique et de salubrité, p. 215. — Extrait de la loi du 15 juillet 1893 sur l'assistance médicale gratuite (art. 27 et 29 et barèmes), p. 216. — Loi du 22 mars 1890 sur les syndicats de communes, p. 219. — Extrait de la loi du 21 juin 1898 sur le Code rural (police rurale), p. 221.

II. Circulaire ministérielle du 10 mai 1902. 226
III. Circulaire ministérielle du 19 juillet 1902. 228

IV. Décret du 18 décembre 1902 sur le fonctionnement du Comité consultatif d'hygiène publique de France. . . . 231
V. Décret du 10 février 1903 sur la désignation des maladies visées par l'article 4 de la loi du 15 février 1902. . . . 235
VI. Arrêté ministériel du 10 février 1903 sur le mode de déclaration des maladies contagieuses. 237
VII. Décret du 7 mars 1903 sur les appareils à désinfection. . 239
VIII. Circulaire ministérielle du 30 mai 1903 sur l'application des articles 1, 2 et 3 de la loi du 15 février 1902 et annexes (modèles de règlements sanitaires communaux) 241
IX. Circulaire ministérielle du 5 juin 1903 sur l'application des articles 4 et 5 de la loi (désignation des maladies visées par la loi et déclaration des cas). 267
X. Circulaire ministérielle du 12 juin 1903 relative à l'envoi des carnets à souche destinés à la déclaration des cas de maladies visées par les articles 4 et 5 de la loi. 279
XII. Circulaire ministérielle du 20 juillet 1903 relative à la répartition des départements en circonscriptions sanitaires, en vertu de l'article 20 de la loi. 281
XXIII. Circulaires ministérielles des 6 avril et 11 juin 1904 relatives à l'application dans l'armée et dans la marine de la loi du 15 février 1902. 284
XXVI. Décret du 3 juillet 1905 portant règlement d'administration publique pour déterminer les conditions d'organisation et de fonctionnement des bureaux municipaux d'hygiène. 288
XXVII. Circulaire ministérielle du 23 mars 1906 relative à l'organisation et au fonctionnement des bureaux municipaux d'hygiène (application du décret du 3 juillet 1905). . . . 291
XXVIII. Lettre ministérielle (juillet 1905) relative à la réunion des Assemblées sanitaires, à leurs attributions et à leur droit d'initiative 320
XXIX. Lettre ministérielle (janvier 1906) relative à l'élaboration définitive des règlements sanitaires municipaux. 322
XXX. Loi du 29 janvier 1906 modifiant les articles 20 et 25 de la loi du 15 février 1902 (Commissions sanitaires de circonscription et Conseil supérieur d'hygiène publique de France) 323
XXXI. Circulaire ministérielle du 27 mars 1906 relative à l'application de la loi du 29 janvier 1906 en ce qui concerne la composition des Commissions sanitaires. 325
XXXII. Circulaire ministérielle du 2 avril 1906 relative à l'assainissement des communes (application de l'article 9 de la loi de 1902, mortalité moyenne). 327

XXXVI. Décret du 19 juin 1906 modifiant les articles 6 et 7 du décret du 18 décembre 1902, relatif au fonctionnement du Conseil supérieur d'hygiène publique de France 330
XXXVII. Circulaire ministérielle du 19 décembre 1906 relative à l'assainissement des communes (application de l'article 9 de la loi de 1902, mortalité moyenne). 332
XXXIX. Loi du 22 juin 1906 portant modification de l'article 26 de la loi du 15 février 1902 relatif aux dépenses. 333
XL. Circulaire ministérielle du 29 janvier 1907 concernant l'organisation financière des services de la santé publique. . . 334
XLI. Circulaire ministérielle du 23 avril 1907 (direction de l'administration départementale et communale, 1er bureau) réglant les dispositions spéciales de comptabilité applicables aux dépenses résultant de la loi de 1902. . . . 353
XLII. Décret du 10 juillet 1906 portant règlement d'administration publique sur l'organisation et le fonctionnement des services de désinfection. 361
XLIII. Circulaire ministérielle du 28 juillet 1906 relative à l'application du décret susvisé. 369
XLIV. Circulaire ministérielle du 18 mars 1907 sur l'organisation et le fonctionnement des services départementaux et municipaux de désinfection et modèles-annexes. 374
XLV. Instructions pour la pratique de la désinfection adoptées par le Conseil supérieur d'hygiène publique de France . . 396
XLVI. Discours prononcé par M. G. Clémenceau, président du Conseil, Ministre de l'Intérieur, le 27 avril 1907 (organisation de l'hygiène publique en France : Bureaux municipaux d'hygiène; Services publics de désinfection). 419
XLVII. Instructions prévues par les articles 14 et 17 du décret du 10 juillet 1906 sur la désinfection et circulaire d'envoi du 30 juillet 1907. 425
XLVIII. Circulaire ministérielle du 8 août 1907 relative à la vérification et à la mise en service des appareils de désinfection (envoi du fascicule annexe E contenant les certificats délivrés sous les nos 74 à 85). 449
XLIX. Circulaire ministérielle du 25 juillet 1907 concernant l'application de la loi du 15 février 1902 (question à soumettre aux Conseils généraux) 450
L. Circulaire ministérielle des 25 septembre, 3 octobre et 5 décembre 1907 sur l'application de l'article 9 de la loi de 1902 aux communes d'après le taux de mortalité 454

II. — Documents départementaux.

I. Règlement départemental du Rhône 459
II. Règlement départemental de la Somme. 468
III. Règlement départemental du Doubs 476
IV. Règlement départemental du Morbihan. 492
V. Règlement départemental de l'Isère. 505

III. — Documents municipaux.

I Ville de Lyon. Règlement du Bureau municipal d'Hygiène. . 515
II. Ville de Lyon. Règlement du service municipal de désinfection. 524
III. Ville de Lyon. Règlement sanitaire. 528
IV. Ville de Grenoble. Règlement sanitaire. 552
V. Ville de Grenoble. Règlement du bureau municipal d'Hygiène. 567
VI. Ville de Grenoble. Projet de règlement du Service municipal de désinfection 574

Motocyclette légère

MAGNAT-DEBON

67-71, Cours de Saint-André

GRENOBLE

Lyon. — Imp. A. Rey, rue Gentil.

www.ingramcontent.com/pod-product-compliance
Lightning Source LLC
Chambersburg PA
CBHW060308230426
43663CB00009B/1625